Suspensão de Tutelas Jurisdicionais contra o Poder Público
Atualizado pela recente Lei nº 12.016, de 7.8.2009

Isabel Cecília de Oliveira Bezerra

Prefácio
José Antonio Dias Toffoli

Suspensão de Tutelas Jurisdicionais contra o Poder Público

Atualizado pela recente Lei nº 12.016, de 7.8.2009

Belo Horizonte

2009

© 2009 Editora Fórum Ltda.

É proibida a reprodução total ou parcial
desta obra, por qualquer meio eletrônico,
inclusive por processos xerográficos, sem
autorização expressa do Editor.

Editora Fórum Ltda.
Av. Afonso Pena, 2770 – 15º/16º andar
Funcionários – CEP 30130-007
Belo Horizonte – Minas Gerais
Tel.: (31) 2121.4900 / 2121.4949
www.editoraforum.com.br
editoraforum@editoraforum.com.br

Editor responsável: Luís Cláudio Rodrigues Ferreira
Coordenação editorial: Olga M. A. Sousa
Revisor: Marcelo Belico
Ficha catalográfica: Paloma Fernandes Figueiredo – CRB 2932 – 6ª região
Indexação: Leila Aparecida Anastácio – CRB 2513 – 6ª região
Projeto gráfico: Walter Santos
Formatação e capa: Marcelo Belico

B574s   Bezerra, Isabel Cecília de Oliveira

       Suspensão de Tutelas Jurisdicionais contra o Poder Público: atualizado pela recente
       Lei nº 12.016, de 7.8.2009 / Isabel Cecília de Oliveira Bezerra; prefácio de José Antonio
       Dias Toffoli. Belo Horizonte: Fórum, 2009.

       379 p.
       ISBN 978-85-7700-245-0

       1. Direito Processual (Civil). 2. Direito Público. I. Título. II. Toffoli, José Antonio
       Dias.

                                       CDD: 341.46
                                       CDU: 347.9

Informação bibliográfica deste livro, conforme a NBR 6023:2002 da Associação Brasileira de
Normas Técnicas (ABNT):

BEZERRA, Isabel Cecília de Oliveira. *Suspensão de Tutelas Jurisdicionais contra o Poder
Público*: atualizado pela recente Lei nº 12.016, de 7.8.2009. Belo Horizonte: Fórum, 2009. 379
p. ISBN 978-85-7700-245-0.

Dedico este livro a todos os brasileiros íntegros e éticos, que diariamente, efetivamente, estudam e trabalham para o progresso desta Nação, e aos demais que carregam nas costas o fracasso da consciência que pesa, e os desígnios da inadiável justiça universal.

Agradecimentos

Tenho muito a agradecer, pois o presente trabalho, desde a sua apresentação no âmbito da Universidade Federal do Ceará, tem obtido o reconhecido do seu valor científico pelo meio acadêmico mais qualificado, e incentivado os estudos e a produção científica sobre o tema em todo o país.

Agradeço, portanto, especialmente, ao Deus todo-poderoso, que me tem abençoado com saúde, perseverança e justiça.

Aos meus amados Milton Marzzo e Ana Letícia, pelo dedicado amor e pela compreensão nas ausências dedicadas à produção do presente livro.

A todos os demais membros de minha família. Ao Desembargador Ernani Barreira Porto, atual Presidente do Tribunal de Justiça do Estado do Ceará, que me acolheu, ainda na adolescência, para me ensinar os primeiros passos do Direito, e o amor e o respeito ao ser humano e às suas limitações, como únicos valores absolutos. Aos amigos do Tribunal de Justiça do Estado do Ceará, pelas palavras de incentivo nas mais duras horas da caminhada.

Ao Ministro José Antônio Dias Toffoli, por ter recebido e acolhido a Advocacia-Geral da União como verdadeiro pai, dando-lhe o devido reconhecimento, e lutando, diariamente, pelo seu engrandecimento, muitas vezes extrapolando suas próprias limitações humanas. À Norma Cyreno Rolim, a Mauro Luciano Hauschild, e a todos os demais nobres membros da Advocacia-Geral da União, especialmente aos amigos integrantes da nossa ESAGU, da Procuradoria Regional da União (5ª Região) e da Procuradoria da União no Estado do Ceará, que bravamente têm atuado em defesa do patrimônio público federal e dos interesses do nosso país.

A todos os bibliotecários que gentilmente localizaram e forneceram os trabalhos doutrinários necessários para as pesquisas realizadas, especialmente Terezinha e Ivoneide, da Biblioteca da Procuradoria da União no Estado do Ceará, e Mônica Fisher, da

Biblioteca do Supremo Tribunal Federal, a quem devo o fornecimento das obras raras citadas no estudo do Direito Comparado.

A Edson Vidigal, ex-Ministro Presidente do Superior Tribunal de Justiça, por sua disponibilidade no fornecimento dos dados estatísticos inseridos na presente obra.

À Maria Vital da Rocha, Marciane Zaro Dias e Luiz Dias, e aos Diretores da Faculdade 7 de Setembro, pelo convite para o início de uma das mais marcantes e gratificantes experiências da minha vida: o magistério.

Aos meus Mestres Marcelo Lima Guerra, Germana de Oliveira Moraes e Juvêncio Vasconcelos Viana, e a todos os julgadores e doutrinadores que bravamente se dedicaram ao anterior estudo da matéria versada. Aos que me ensinam, diariamente, pequenas grandes lições.

Aos meus alunos, pelo incentivo e respeito, doses diárias de sopro extra de vida, que me enche de esperança e vivacidade mesmo diante das maiores dificuldades.

Sumário

Prefácio
Min. José Antonio Dias Toffoli 13

Introdução 15

Capítulo 1
Considerações preliminares 21
1.1   Conceito 21
1.2   Denominação 22
1.3   Finalidade 24
1.4   Objeto 26

Capítulo 2
Previsão normativa 27
2.1   Desenvolvimento histórico-normativo 27
2.2   Normatização vigente 54

Capítulo 3
Tratamento doutrinário e jurisprudencial 63

Capítulo 4
Direito comparado 69

Capítulo 5
Hipóteses de cabimento 75
5.1   Hipóteses de cabimento em espécie.. 83
5.1.1   Mandados de segurança 83
5.1.2   Ações civis públicas, ações cautelares inominadas e ações populares.... 84
5.1.3   Ações judiciais diversas: tutelas jurisdicionais antecipadas..................... 86
5.1.4   *Habeas data* 88
5.2   Tutelas jurisdicionais prolatadas em juízo cível ou criminal 88

Capítulo 6
Natureza jurídica 91
6.1   Natureza jurídica sob o aspecto substancial 92
6.1.1   Natureza jurisdicional 92
6.1.1.1 Ação... 97
6.1.1.2 Exceção ou defesa 108
6.1.1.3 Recurso ou sucedâneo recursal... 109

6.1.2	Natureza administrativa	116
6.2	Natureza jurídica sob o aspecto formal	119

Capítulo 7
Processamento do pedido de suspensão 127

7.1	Requisitos processuais	130
7.1.1	Legitimidade ativa	131
7.1.1.1	Legitimidade ativa e participação na anterior relação jurídico-processual	132
7.1.1.2	Legitimados ativos em espécie	133
7.1.1.2.1	Pessoas jurídicas de direito público	133
7.1.1.2.2	Pessoas jurídicas de direito privado	136
7.1.1.2.3	Pessoas físicas	146
7.1.1.2.4	Órgãos públicos despersonalizados	151
7.1.1.2.5	Ministério Público	158
7.1.2	Interesse processual	160
7.1.3	Possibilidade jurídica do pedido	167
7.2	Pressupostos processuais	168
7.2.1	Pressupostos processuais positivos e negativos	169
7.2.1.1	Órgão jurisdicional competente	169
7.2.1.1.1	Competências jurisdicionais em espécie	174
7.2.1.1.2	Outros aspectos relevantes sobre a competência do órgão jurisdicional	176
7.2.1.2	Órgão jurisdicional imparcial	181
7.2.1.3	Petição inicial apta	182
7.2.1.3.1	Imprescindibilidade do pedido	182
7.2.1.3.2	Petição inicial	184
7.2.1.3.3	Documentos indispensáveis	186
7.2.1.4	Capacidade processual e capacidade postulatória	189
7.2.1.5	Contraditório	191
7.2.1.6	Ausência de coisa julgada, litispendência e perempção	191
7.3	Prazo para o ajuizamento do pedido de suspensão	192
7.4	Procedimento	195
7.4.1	Fase postulatória	197
7.4.2	Fase preliminar: providências jurisdicionais preliminares	198
7.4.2.1	Deferimento liminar do pedido de suspensão	201
7.4.2.2	Ouvida da parte demandada	204
7.4.2.3	Ouvida do Ministério Público	209
7.4.2.4	Ouvida do órgão jurisdicional de origem	211
7.4.3	Fase decisória	211
7.4.3.1	A cognição	211
7.4.3.2	A cognição e as questões processuais e meritórias pertinentes à demanda originária	214
7.4.3.3	A decisão que aprecia o pedido de suspensão	247
7.4.3.4	Efeitos da decisão que defere o pedido de suspensão	262
7.4.4	Fase recursal	273

7.4.4.1	Agravo legal	275
7.4.4.2	Agravo regimental	280
7.4.4.3	Embargos de declaração	281
7.4.4.4	Recurso especial e recurso extraordinário	282
7.4.4.5	Reclamação	287

Capítulo 8
Pressupostos materiais para o deferimento do pedido de suspensão 289

8.1	Gravidade da lesão: excepcionalidade da tutela suspensiva	292
8.2	Ordem, saúde, segurança e economia públicas	296
8.2.1	Ordem pública	304
8.2.2	Saúde pública	324
8.2.3	Segurança pública	338
8.2.4	Economia pública	340
8.2.5	Manifesto interesse público e flagrante ilegitimidade	348

Conclusões 351

Informativo de legislação 361

Referências 363

APÊNDICE: Proposta de reformulação legislativa 371

Índice 373

Prefácio

Orgulha-me muito o convite para prefaciar essa importante obra jurídica que representa o reconhecimento do trabalho desenvolvido pela autora e que também simboliza mais um passo no reconhecimento da Advocacia Pública Federal como instrumento de defesa do Estado.

A cada dia a Advocacia Pública Federal se consolida como função essencial à justiça. São inúmeras as iniciativas que tem trazido relevantes resultados na defesa dos interesses públicos e na concretização de direitos do cidadão, em especial no âmbito da Advocacia-Geral da União.

Da mesma forma nota-se a busca pelo aprimoramento dos integrantes da advocacia pública e o conseqüente reconhecimento desses profissionais no meio acadêmico e editorial. Esse cenário é perceptível na AGU pelas constantes notícias veiculadas nas nossas páginas institucionais. Esse reconhecimento se traduz a partir de estudos e trabalhos jurídicos que vem sendo produzidos, publicados e ganhando notoriedade pela sua qualidade.

O sucesso na defesa do interesse da sociedade ganha notoriedade a cada dia e está relacionado, entre outras coisas, fundamentalmente, com a melhoria da qualificação dos quadros de advogados públicos federais em razão do processo seletivo mais rigoroso, pelo aperfeiçoamento promovido pela instituição e pelo envolvimento de seus integrantes com o mundo acadêmico.

Muito importante, também, que os estudos acadêmicos permeiem não apenas grandes discussões teóricas, mas consigam, principalmente, confrontar a teoria com as questões práticas enfrentadas quotidianamente pelos advogados públicos no poder judiciário e nas consultorias jurídicas.

A presente obra segue fielmente essa orientação ao enfrentar a questão da suspensão de concessão de medida liminar, importante instrumento do direito processual, relacionado com a atividade quotidiana da Advocacia-Geral da União.

Não há dúvidas que a presente obra trará importante contribuição para o mundo jurídico face ao primoroso estudo realizado acerca do tema, sopesando os mais destacados conceitos e entendimentos doutrinários e as mais recentes decisões dos tribunais regionais e dos tribunais superiores do país.

Em nome de toda a Advocacia Pública Federal só posso agradecer pela dedicação ao estudo do tema e por brindar a todos nós, operadores do direito, pela oportunidade de poder compartilhar o presente livro para o desempenho das atividades quotidianas de defesa do Estado, da sociedade e de cada cidadão.

Min. José Antonio Dias Toffoli
Advogado-Geral da União

Introdução

As pessoas jurídicas de direito público ou a estas equiparadas, para resguardar os interesses públicos que tutelam, podem postular judicialmente *a suspensão dos efeitos normais da execução provisória de determinadas tutelas jurisdicionais*, sendo o referido instituto jurídico-processual disciplinado por diversos diplomas normativos, dentre a recente Lei nº 12.016, de 7.8.2009 (que revogou as leis nº 1.533, de 31.12.1951 e nº 4.348, de 26.6.1964); e a Lei nº 8.038, de 28.5.1990, que prevêem o cabimento do pedido de suspensão em face de tutelas jurisdicionais exaradas em mandados de segurança; a Lei nº 7.347, de 24.7.1985, que estabelece a possibilidade da suspensão de liminares exaradas em ações civis públicas; a Lei nº 8.437, de 30.6.1992, que dispõe sobre o pedido de suspensão em face de liminares cautelares ou sentenças prolatadas em ações cautelares inominadas, ações populares e ações civis públicas; a Lei nº 9.494, de 10.9.1997, que disciplina o cabimento do pedido de suspensão diante da tutela antecipada prevista nos artigos 273 e 461 do Código de Processo Civil; e a Lei nº 9.507, de 12.11.1997, que prevê o pedido de suspensão da sentença exarada em *habeas data.*

Como a própria legislação sugere, a suspensão em estudo implica na paralisação ou cessação temporária dos efeitos normais decorrentes da execução provisória de decisões exaradas pelo Poder Judiciário, assegurando à Administração Pública a operacionalização de um instrumento processual extremamente rápido e eficaz para a proteção dos interesses públicos sob sua guarda e especialmente tutelados pelo ordenamento jurídico — a ordem, a saúde, a segurança e a economia públicas.

Diante do seu elevado grau de rapidez e eficácia, a Administração Pública não tem moderado a utilização do pedido de suspensão em face de tutelas jurisdicionais contra a mesma exaradas, ora para a proteção de legítimos interesses públicos primários sob séria iminência de periclitação irreparável, ora como simples meio impugnativo adicional, sem que rigorosamente atendidos os pressupostos que a qualificavam como medida excepcional. Sem atentar, pois, para suas graves conseqüências, as pessoas jurídicas de direito público, ao longo dos últimos anos, têm usualmente manejado pedidos de suspensão para coibir os efeitos advindos de decisões jurisdicionais a elas desfavoráveis, desprezando o caráter excepcional do instrumento e ignorando suas reais possibilidades de resultarem em restrições de direitos fundamentais, restrições estas nem sempre autorizadas pela vigente ordem jurídico-constitucional.[1]

Sobre a utilização abusiva dos pedidos de suspensão no ordenamento jurídico brasileiro, não se pode, todavia, deixar de registrar que os próprios agentes públicos representantes judiciais das entidades de direito público, em muitas ocasiões a esta conduta foram conduzidos por *deficiências doutrinárias* existentes na matéria ora ventilada, posto que, embora largamente postulado por seus legitimados ativos e diversas vezes deferido pelo Poder Judiciário, *raras são as obras jurídicas especialmente destinadas ao seu estudo aprofundado e sistematizado.* Além disso, *os diversos artigos doutrinários publicados sobre o tema em revistas jurídicas especializadas,* de *acesso mais restrito,* expõem *formulações divergentes,* dificultando sua correta e uniforme operacionalização. Diante destas circunstâncias, não se discute que os próprios integrantes das relações jurídico-processuais instauradas, Magistrados, membros do Ministério Público e Advogados Públicos e Privados, ao exercerem suas funções, encontram enormes dificuldades no manejo do instituto jurídico-processual em estudo, como, aliás, pode a autora pessoalmente constatar em anterior experiência profissional junto à Procuradoria Regional da União da 5ª Região, órgão da Advocacia-Geral da União.

Com efeito, tais *deficiências doutrinárias* não escaparam da sensibilidade de Cândido Rangel Dinamarco, segundo o qual o

---

[1] Segundo Marcelo Abelha Rodrigues, "à proporção que possuía uma finalidade louvável e salutar de proteção do interesse público, embora criticável sob o ponto de vista da competência para sua apreciação, acabou tendo a sua utilização desvirtuada, na medida em que passou a ser utilizada indiscriminada e abusivamente em situações que não exigiam a proteção do remédio" (RODRIGUES. *Suspensão de segurança*: sustação da eficácia de decisão judicial proferida contra o poder público, p. 86).

instituto jurídico-processual em alusão "permanece à sombra dos ricos progressos da doutrina brasileira do mandado de segurança, e ainda constitui, para todos nós, intérpretes, uma verdadeira ilha de mistérios a desvendar".[2] No mesmo sentido, Gleydson Kleber Lopes de Oliveira assevera que, apesar da importância da matéria, "na doutrina não são encontrados trabalhos que estudem com profundidade esse tema" e que "os poucos trabalhos que existem apenas descrevem as normas contidas na legislação infraconstitucional, a partir de uma ultrapassada perspectiva kelsiana";[3] Luiz Vicente de Medeiros Queiroz Neto comenta que "o instituto em tela não está completamente delineado no ordenamento jurídico pátrio";[4] e Cristina Gutiérrez, no mesmo sentido, assevera ter observado, ao realizar suas pesquisas sobre a matéria, que, "não obstante a sua grande relevância, não houve uma abordagem profunda por parte da doutrina".[5]

Neste contexto, nos tempos atuais, realmente não se discute sobre a crescente necessidade de realização de estudos aprofundados e sistematizados sobre a matéria, decorrente da indubitavelmente *elevação quantitativa e qualitativa* dos pedidos de suspensão ajuizados, posto que o instituto em analise, além de passar por um processo de elastecimento quantitativo, eis que utilizado pela Administração Pública em um número maior de casos nos últimos anos, sofreu ainda um processo de elastecimento qualitativo, já que às hipóteses de cabimento inicialmente previstas na Lei nº 191, de 16.1.1936, adicionaram-se outras previstas por normas que se lhe seguiram.[6]

---

[2] DINAMARCO. Suspensão do mandado de segurança pelo presidente do tribunal. *ADV Advocacia Dinâmica – Seleções Jurídicas*, p. 2.

[3] OLIVEIRA. Incidente de suspensão de execução de liminar e de sentença em mandado de segurança. In: BUENO; ALVIM; WAMBIER (Coord.). *Aspectos polêmicos e atuais do mandado de segurança*: 51 anos depois, p. 380.

[4] QUEIROZ NETO. Suspensão de segurança: uma análise à luz da doutrina e da jurisprudência. *Revista do Tribunal Regional Federal – 1ª Região*, p. 22.

[5] GUTIÉRREZ. *Suspensão de liminar e de sentença na tutela do interesse público*, p. 1.

[6] Consoante acima destacado, nos dias atuais, além da Lei nº 12.016/2009 e da Lei nº 8.038/90, que prevêem o cabimento do pedido de suspensão em face de tutelas jurisdicionais exaradas em mandados de segurança, outras normas jurídicas estabelecem a possibilidade do seu emprego em diversas outras hipóteses, como: a Lei nº 7.347/85, que disciplina a suspensão de liminares exaradas em ações civis públicas; a Lei nº 8.437/92, que cuida da suspensão em face de liminares cautelares ou sentenças prolatadas em ações cautelares inominadas, ações

Consoante dados estatísticos colhidos do Banco Nacional de Dados do Poder Judiciário (BNDPJ), no Supremo Tribunal Federal, desde o ano de 1990, até jun. 2005, mais de 2.323 pedidos de suspensão foram ajuizados;[7] e no Superior Tribunal de Justiça, conforme dados estatísticos colhidos diretamente do seu Núcleo de Estatística, desde o ano de 1989, até jun. 2005, mais de 1.852 pedidos de suspensão foram interpostos.[8] Além disso, de acordo com o mesmo BNDPJ, no Supremo Tribunal Federal, no ano de 1990, foram ajuizados 21 pedidos de suspensão, ao passo que, no ano de 2004, este número se elevou para 303. Neste mesmo caminho, de acordo com informações fornecidas pelo Núcleo de Estatística do Superior Tribunal de Justiça, no ano de 1990 foram ajuizados 31 pedidos de suspensão, ao passo que, no ano de 2004, este número também se elevou para 325, o que realmente demonstra que o crescimento quantitativo e qualitativo do instituto representa um fato que não pode ser desconsiderado.

Outra problemática envolvendo o instituto em estudo reside na *imprecisão técnica* verificada nas diversas normas jurídicas vigentes para sua regulamentação, bem como na *ausência de uniformidade* entre elas, dificultando sobremaneira sua aplicação e exigindo da doutrina e da jurisprudência redobrado esforço visando à definição dos seus precisos contornos e sua compatibilização com as demais normas processuais e constitucionais.[9]

Some-se a isto também os *reflexos sociais* que decorrem da operacionalização do instituto, o que também confirma a necessidade do seu estudo. Consoante dados colhidos do jornal

---

populares e ações civis públicas; a Lei nº 9.494/97, que estende o cabimento do pedido de suspensão contra a tutela antecipada prevista nos artigos 273 e 461 do Código de Processo Civil; e a Lei nº 9.507/97, que dispõe sobre o pedido de suspensão da sentença exarada em *habeas data*.

[7] Disponível em: <http://www.stf.jus.gov.br/bndpj>.

[8] Informações fornecidas pelo servidor Walber Araújo, do Núcleo de Estatística do Superior Tribunal de Justiça, em fevereiro de 2005.

[9] Segundo Marcelo Abelha Rodrigues, "ao esticar a experiência do pedido de suspensão de execução de liminar e sentença em mandado de segurança para outros diplomas e procedimentos, o legislador não teve a menor cautela ou preocupação de criar uma uniformidade entre os institutos (...)" (RODRIGUES. *Suspensão de segurança*: sustação da eficácia de decisão judicial proferida contra o poder público, p. 84).

O Povo, publicado diariamente na capital cearense, somente neste ano, diversas decisões judiciais tiveram seus efeitos suspensos ou restaurados em virtude do provimento de pedidos de suspensão ou dos seus recursos, com indubitável *repercussão social.*[10] Diante do exposto, considerando as deficiências doutrinárias acima apontadas, o crescimento quantitativo e qualitativo da suspensão dos efeitos de tutelas jurisdicionais no direito brasileiro, a imprecisão técnica e a ausência de uniformidade entre as normas que regulamentam o instituto e a indubitável repercussão social decorrente da sua operacionalização, entende-se como fato a necessidade de que sejam desenvolvidos novos estudos científicos sobre seus variados aspectos, em consonância, aliás, com a vigente ordem jurídico-constitucional.

A presente dissertação, deste modo, tem por escopo a análise dos diversos aspectos atinentes à *suspensão dos efeitos de tutelas jurisdicionais deferidas contra o Poder Público*, a *formulação de uma proposta doutrinária de sistematização e de uniformização da matéria* em consonância com a vigente ordem jurídico-constitucional brasileira, e a *formulação de uma proposta de reformulação legislativa* para a regulamentação da matéria, visando com isto contribuir para a correta operacionalização do instituto por seus diversos aplicadores.

Para sua elaboração, a autora realiza detalhada pesquisa científica mediante a coleta, leitura e interpretação:

1. De *dados secundários* coletados de normas constitucionais e infraconstitucionais brasileiras e estrangeiras e de trabalhos científicos publicados pela doutrina nacional e internacional;

2. De *dados primários*, coletados a partir de:

   a) *decisões judiciais* prolatadas para a resolução de casos concretos pelo Supremo Tribunal Federal e pelo Superior Tribunal de Justiça, sempre por sua composição plenária;

---

[10] Vejam-se as edições de 6 jan. 2005, 21 jan. 2005, 26 jan. 2005, 3 fev. 2005, 14 maio 2005 e 17 jun. 2005, dentre outras.

b) *dados estatísticos* fornecidos pelo Supremo Tribunal Federal e pelo Superior Tribunal de Justiça;

c) informações veiculadas em *jornais de grande circulação* da capital cearense.

Capítulo 1

Considerações preliminares

Sumário: **1.1** Conceito - **1.2** Denominação - **1.3** Finalidade - **1.4** Objeto

1.1 Conceito

Segundo De Plácido e Silva, o termo *suspensão*, juridicamente, "importa numa paralisação, ou na cessação temporária, ou por tempo limitado, de uma atividade, ou de um procedimento".[11] No mesmo sentido, Maria Helena Diniz doutrina que na linguagem jurídica em geral, *suspensão* representa: "a) ato ou efeito de suspender; b) interrupção do curso de alguma coisa; c) descontinuação; d) pausa momentânea; e) paralisação temporária de alguma atividade; f) estado do que se acha suspenso ou dependurado".[12] E segundo a doutrina de Francesco Carnelutti, "a suspensão do procedimento é uma detenção temporária do seu curso, o qual deve prosseguir assim que cesse a causa ou tenha vencido o prazo para ela".[13]

Em consonância com a doutrina citada, a suspensão dos efeitos de tutelas jurisdicionais deferidas contra o Poder Público, instituto jurídico-processual previsto nas leis nº 12.016/09, nº 7.347/85, nº 8.038/90, nº 8.437/92, nº 9.494/97, e nº 9.507/97, conforme a própria denominação esclarece, deve ser compreendida como *o incidente processual destinado à paralisação, cessação, sustação ou detenção temporária dos efeitos normais decorrentes da execução provisória de tutelas jurisdicionais cautelares, antecipadas ou definitivas*, nas hipóteses legalmente previstas,

---

[11] SILVA. *Vocabulário jurídico*, v. 4, p. 16.
[12] DINIZ. *Dicionário jurídico*, v. 4, p. 479.
[13] CARNELUTTI. *Instituições do processo civil*, v. 2, p. 172.

mediante provimento jurisdicional deferido principalmente pelos Presidentes dos Tribunais nacionais, exarado após prévia postulação formalizada por pessoa jurídica de direito público ou equiparada, e para evitar ou impedir grave lesão à ordem, à saúde, à segurança e à economia públicas ou outros interesses públicos primários.

1.2 Denominação

O objeto do presente estudo se faz conhecido na seara jurídica, usualmente, por "suspensão de segurança", denominação decorrente da sua originária aplicabilidade em face de tutelas jurisdicionais exaradas em mandados de segurança, consoante uníssona manifestação dos doutrinadores brasileiros.

Com efeito, sobre a assertiva de se relacionar ao mandado de segurança a denominação mais conhecida do instituto jurídico-processual em estudo, Marcelo Abelha Rodrigues esclarece que "a expressão suspensão de segurança, promiscuamente utilizada para as demais modalidades de suspensão de execução de decisão judicial, guarda atávica correspondência com sua origem, pois surgiu para sustar a eficácia de liminar em mandado de segurança";[14] Leonardo José Carneiro da Cunha também comenta que a terminologia "suspensão de segurança" passou a ser adotada por convenção ou por tradição, porquanto o pedido de suspensão foi originariamente criado para o processo de mandado de segurança, com vistas a suspender os efeitos da liminar ou da sentença concedida;[15] e Marcela Trigo de Souza, a seu turno, assevera que a nomenclatura mais referida atribuída ao instituto "suspensão de segurança" tem sua origem na sua previsão legislativa atrelada à ação de mandado de segurança.[16]

Deve-se ressaltar, contudo, que muito embora a "suspensão de segurança" tenha surgido em nosso ordenamento jurídico com o mandado de segurança, de onde adveio sua primeira designação, a utilização desta, nos dias atuais, não mais se faz rigorosamente

---

[14] RODRIGUES. *Suspensão de segurança*: sustação da eficácia de decisão judicial proferida contra o poder público, p. 74, nota de rodapé n. 9.

[15] CUNHA. *A fazenda pública em juízo*, p. 227.

[16] SOUZA. O incidente da suspensão de execução de decisões liminares de sentenças no âmbito das agências reguladoras. *Revista da ABPI*, p. 37.

adequada, posto que, além da Lei n⁰ 12.016/09 (revogatória das leis n⁰ 1.533/51 e n⁰ 4.348/64) e da Lei n⁰ 8.038/90, que prevêem o cabimento do pedido de suspensão em face de tutelas jurisdicionais exaradas em mandados de segurança, outras normas jurídicas foram posteriormente editadas estabelecendo a possibilidade do seu emprego em diversas outras hipóteses: a Lei n⁰ 7.34785 estabeleceu a possibilidade da suspensão de liminares exaradas em ações civis públicas, a Lei n⁰ 8.437/92 previu a possibilidade do pedido de suspensão em face de liminares cautelares ou sentenças prolatadas em ações cautelares inominadas, ações populares e ações civis públicas, a Lei n⁰ 9.494/97 estendeu o cabimento do pedido de suspensão contra a tutela antecipada prevista nos artigos 273 e 461 do Código de Processo Civil, e a Lei n⁰ 9.507/97 disciplinou o pedido de suspensão da sentença exarada em *habeas data*.

Observa-se, portanto, que a "suspensão de segurança", inicialmente prevista unicamente em face de tutelas jurisdicionais prolatadas em mandados de segurança, foi se elastecendo, ao longo dos anos, para alcançar outros provimentos jurisdicionais, cujos efeitos, semelhantemente ao que se verificava relativamente ao *writ*, poderiam causar graves prejuízos aos interesses públicos. Deste modo, às decisões exaradas em mandados de segurança, seguiram-se sucessivamente passíveis de impugnação através do pedido de suspensão as decisões liminares em ações civis públicas, as decisões liminares ou sentenças em ações cautelares inominadas, ações populares e ações civis públicas, as tutelas antecipadas e finalmente as sentenças em *habeas data*.

Este desenvolvimento qualitativo inspirou vários doutrinadores brasileiros a denominar o instituto em estudo de modo diferenciado do termo tradicionalmente utilizado "suspensão de segurança": Ellen Gracie Northfleet utiliza a expressão "suspensão de sentença e de liminar";[17] Marcelo Abelha Rodrigues, "incidente de suspensão de execução de decisão judicial";[18] José dos Santos

---

[17] NORTHFLEET. Suspensão de sentença e de liminar. *Revista do Instituto dos Advogados de São Paulo – Nova Série*, p. 168.

[18] RODRIGUES. *Suspensão de segurança*: sustação da eficácia de decisão judicial proferida contra o poder público, p. 71.

Carvalho Filho, "suspensão da execução da liminar";[19] Fernando da Costa Tourinho Neto, "suspensão de segurança e de liminares pelos Presidentes dos Tribunais";[20] Arnaldo Esteves de Lima, "suspensão da execução de liminar ou de sentença";[21] Leonardo José Carneiro da Cunha, "suspensão de liminar, de sentença e de tutela antecipada";[22] Juvêncio Vasconcelos Viana, "suspensão das liminares e das sentenças contra o Poder Público";[23] Marcela Trigo de Souza, "incidente da suspensão de execução de decisões liminares e de sentenças";[24] Flavia Monteiro de Castro Brandão, "suspensão das medidas de urgência nas ações contra o Poder Público".[25]

Para a autora, à semelhança dos doutrinadores citados, o desenvolvimento da "suspensão de segurança" também lhe impele a reconhecer que a primeira denominação do instituto não mais corresponde ao verdadeiro ser significante, ao elemento portador do significado. E desta conclusão parte a decisão para a utilização, no presente trabalho, de denominação mais ampla, capaz de acolher todas as modalidades do instituto jurídico-processual em estudo: "suspensão dos efeitos de tutelas jurisdicionais deferidas contra o Poder Público".

1.3 Finalidade

As pessoas jurídicas de direito público ou a estas equiparadas, em diversas ocasiões, podem integrar relações jurídico-processuais na qualidade de partes demandadas, e serem compelidas à execução de decisões judiciais muitas vezes contrárias aos seus diversos interesses.

Os interesses titularizados pelo Poder Público, e, portanto, públicos, podem ser qualificados como primários e secundários: os

---

[19] CARVALHO FILHO. *Ação civil pública*: comentários por artigo: Lei nº 7.347, de 24.7.85.

[20] TOURINHO NETO. *Suspensão de segurança e de liminares pelos presidentes dos tribunais*, p. 1.

[21] LIMA. Suspensão da execução de liminar ou de sentença: observações. *Revista Emarf – Escola de Magistratura Regional Federal*, p. 203.

[22] CUNHA. *A fazenda pública em juízo*, p. 227.

[23] VIANA. *Efetividade do processo em face da fazenda pública*, p. 235.

[24] SOUZA. O incidente da suspensão de execução de decisões liminares de sentenças no âmbito das agências reguladoras. *Revista da ABPI*, p. 36.

[25] BRANDÃO. A suspensão das medidas de urgência nas ações contra o poder público à luz do devido processo legal. *Revista Dialética de Direito Processual*, p. 29.

interesses públicos primários são aqueles diretamente relacionados com a coletividade, os quais, segundo a doutrina do administrativista italiano Renato Alessi, são aqueles interesses públicos "formado dal complesso degli interessi individuali prevalenti in una determinada organizzazione giuridica della colettività", ou, em outros termos, "l'espressione unitaria di molteplici interessi individuali coincidenti próprio ad ogni singolo soggeto giuridico (individuo od ente giuridico) membro della collettività"; e os *interesses públicos secundários* são aqueles somente indiretamente relacionados com a coletividade, aqueles interesses públicos, segundo o mesmo doutrinador, representativos de "l'interesse dell'amministrazione intesa come apparato organizzativo".[26] E na doutrina nacional, sobre a correta diferenciação entre os interesses públicos primários e os interesses públicos secundários, bastante esclarecedoras são as considerações tecidas por Celso Antônio Bandeira de Melo, segundo o qual "não existe coincidência necessária entre interesse público e interesse do Estado e demais pessoas de Direito Público", posto que os primeiros, os *interesses públicos primários,* "correspondem à dimensão pública dos interesses individuais", ou, em outros termos, "consistem no plexo dos interesses dos indivíduos enquanto partícipes da sociedade", enquanto os segundos, os *interesses públicos secundários,* são aqueles "interesses individuais do Estado", similares aos interesses de qualquer outro sujeito de direito, mas instrumentais ao interesse público.[27]

Quando compelida à execução provisória de uma decisão judicial, percebendo a Administração Pública que os seus efeitos podem causar sérios danos a interesses diretos da coletividade, a interesses públicos primários, pode e deve a mesma, nos casos legalmente previstos, e para impedir referidos danos, ajuizar pedido de suspensão dos efeitos da aludida decisão judicial, para que, com o seu deferimento, e com a conseqüente interrupção do procedimento da execução provisória, possa:

   a) *impedir a consumação de lesões irreparáveis* aos interesses sob sua tutela, na hipótese do advento do

---

[26] ALESSI, Renato. *Sistema istituzionale del diritto amministrativo italiano,* p. 198.
[27] BANDEIRA DE MELLO. *Curso de direito administrativo,* p. 57-58.

julgamento improcedente da pretensão autoral e da execução definitiva;

b) *adotar as medidas administrativas* de que dispõe visando compatibilizar ao aludidos interesses da coletividade com uma futura e eventual execução definitiva, na hipótese do advento do julgamento procedente da pretensão autoral.

Diante de tais considerações, não divergem os doutrinadores sobre a finalidade do instituto em análise, sendo uníssono o entendimento de que o mesmo colima a *proteção de interesses públicos primários, o resguardo de interesses próprios da coletividade*[28] dentre os quais aqueles enumerados pela legislação de regência, como a ordem, a saúde, a segurança e a economia públicas.[29] O instituto da suspensão, portanto, não se presta para a proteção de *interesses públicos secundários*, interesses próprios das pessoas jurídicas de direito público que somente de modo indireto atingem a coletividade, nem para a proteção de *interesses particulares*.

1.4 Objeto

A suspensão dos efeitos de tutelas jurisdicionais deferidas contra o Poder Público, representa, em termos exatos, a *paralisação, cessação, sustação ou detenção temporária dos efeitos normais decorrentes da execução provisória de tutelas jurisdicionais cautelares, antecipadas ou definitivas*, para evitar ou impedir grave lesão à ordem, à saúde, à segurança e à economia públicas, nos moldes do que disciplina sua legislação de regência, que estabelece seus precisos limites:

a) sua incidência repercute não sobre o conteúdo da tutela jurisdicional impugnada, mas somente sobre seus *efeitos*;

b) sua extensão alcança unicamente a *execução provisória* de tutelas jurisdicionais, cessando diante do advento da possibilidade de iniciação da execução definitiva.

---

[28] Neste sentido, José Maria Othon Sidou ressaltou que o instituto tem por finalidade evitar "grave dano irreparável à coletividade" (*Do mandado de segurança*, p. 455).

[29] Consoante será analisado adiante, os conhecidos pressupostos ordem, saúde, segurança e economia públicas, não devem ser concebidos como elementos taxativos da legislação, mas como *elementos meramente exemplificativos*, sendo autorizada a agregação de outros bens relevantes assemelhados por interpretação extensiva.

Capítulo 2

Previsão normativa

Sumário: **2.1** Desenvolvimento histórico-normativo - **2.2** Normatização vigente

2.1 Desenvolvimento histórico-normativo

Embora o instituto jurídico-processual em estudo tenha ingressado no ordenamento jurídico brasileiro somente com a Lei nº 191/36, pode-se apontar como seu precursor a *Lei nº 221, de 20.11.1894*, que inseriu em nosso país a *ação sumária especial*, destinada a invalidar atos ou decisões de autoridades administrativas federais que causassem lesões a direitos individuais, os quais, segundo o seu §7º do art. 13, poderiam ter sua execução suspensa *desde que a ordem pública não restasse malferida*:

> Art. 13. Os juízes e tribunais federais processarão e julgarão as causas que se fundarem na lesão de direitos individuais por atos ou decisão das autoridades administrativas da União. (...)
>
> §7º A requerimento do autor, a autoridade administrativa que expediu o ato ou medida em questão suspenderá a sua execução, *se a isso não se opuserem razões de ordem pública.*[30]

Surgiu em nosso ordenamento jurídico simultaneamente com o mandado de segurança, através da *Lei nº 191/36*, norma que primeiramente disciplinou o *writ* após sua criação pelo art. 113, §33, da Constituição Federal de 1934.[31] E isto certamente conduz

---

[30] Cf. BUZAID. Juicio de amparo e o mandado de segurança: contrastes e confrontos. In: OLIVEIRA et al. *Estudos de direito processual in memoriam do Ministro Costa Manso*, p. 151.

[31] "Dar-se-á mandado de segurança para a defesa de direito, certo e incontestável, ameaçado ou violado por ato manifestamente inconstitucional ou ilegal de qualquer autoridade. O

Marcelo Abelha Rodrigues a asseverar, dentre vários outros doutrinadores, que o instituto jurídico-processual em estudo tem a sua origem histórica atrelada ao próprio mandado de segurança.[32]

A Lei nº 191/36, estabelecia, em seu art. 13, a possibilidade de que o Presidente da Corte Suprema ou da Corte de Apelação determinasse a manutenção da execução do ato impugnado pelo mandado de segurança, até o julgamento definitivo do processo, quando referida providência fosse requerida pelo representante da pessoa jurídica de direito público interessada, e para evitar grave lesão à ordem, à saúde ou à segurança pública, nos seguintes termos:

> Art. 13. Nos casos do art. 8º, §9º, e art. 10, poderá o Presidente da Côrte Suprema, quando se tratar de decisão da Justiça Federal, ou da Côrte de Apelação, quando se tratar de decisão da justiça local, requerimento do representante da pessoa jurídica de direito público interno interessada, para evitar grave lesão à ordem, à saúde ou à segurança pública, manter a execução do ato impugnado até o julgamento do feito, em primeira ou em segunda instâncias.

Os artigos 8º, §9º, e 10, citados, a seu turno, assim dispunham:

> Art. 8º. (...)
>
> §9º Quando se evidenciar, desde logo, a relevância do fundamento do pedido, e decorrendo do acto impugnado lesão grave irreparável do direito do impetrante, poderá o juiz, a requerimento do mesmo impetrante, mandar, preliminarmente sobrestar ou suspender o acto aludido. (...)
>
> Art. 10. Julgando procedente o pedido, o juiz:
>
> a) transmitirá, em ofício, por mão do oficial do juízo ou pelo correio, sob registro, o inteiro teor da sentença a representante legal da pessoa jurídica de direito público interno interessada, e no caso do art. 1º, parágrafo único, também ao representante legal da pessoa que praticou o acto impugnado;
>
> b) fará expedir, incontinenti, como título executório a favor de quem o impetrou, o mandado de segurança, determinando as providências especificadas na sentença contra a ameaça ou a violência.

---

processo será o mesmo do *habeas corpus*, devendo ser sempre ouvida a pessoa de direito público interessada. O mandado não prejudica as ações petitórias competentes".

[32] RODRIGUES. *Suspensão de segurança*: sustação da eficácia de decisão judicial proferida contra o poder público, p. 74.

Deste modo, segundo o primeiro dispositivo normativo que disciplinou a suspensão de tutela jurisdicional no Direito Brasileiro, a pessoa jurídica de direito público, mediante requerimento formal do seu representante judicial, poderia postular ao Presidente da Côrte Suprema[33] ou das Côrtes de Apelação,[34] quando se tratassem de medidas liminares ou sentenças, prolatadas, respectivamente, pela Justiça Federal ou pela Justiça Estadual, a manutenção da execução do ato impugnado até o julgamento do feito, em primeira ou em segunda instâncias, para evitar grave lesão à ordem, à saúde ou à segurança pública, estabelecendo, portanto, num único artigo, todos os elementos necessários ao processamento do pedido de suspensão, prevendo os casos do seu cabimento, a competência do órgão jurisdicional, a legitimidade ativa, os pressupostos necessários ao seu deferimento e finalmente os efeitos da decisão concessiva do pedido.

Surgiu o pedido de suspensão não propriamente como postulação à suspensão dos efeitos da decisão jurisdicional deferitória da liminar mandamental, como se verifica nos dias atuais, mas como pretensão à manutenção da execução do ato impugnado pelo mandado de segurança, o que, em termos práticos, resultam em semelhantes conseqüências: suspender a execução da tutela jurisdicional que afastou os efeitos do ato administrativo vergastado pela ação mandamental corresponde à manutenção da execução do mesmo ato administrativo. Sobre o assunto, embora Othon Sidou tenha ressaltado que as normas revogadas não autorizavam a vulneração de sentenças nem de liminares, mas a simples execução do ato impugnado, o que, para o autor, não seria a mesma coisa, reconheceu que, na prática, viriam a dar no mesmo, ou seja, resultariam em efeitos práticos semelhantes.[35]

Os efeitos normais decorrentes da medida liminar ou da sentença concessivas da tutela mandamental, deste modo, desde a inserção no ordenamento jurídico nacional da suspensão de tutela jurisdicional, poderiam ser provisoriamente sustados até que o

---

[33] Atual Supremo Tribunal Federal.
[34] Atuais Tribunais de Justiça Estaduais.
[35] SIDOU. *Do mandado de segurança*, p. 451-452.

mandado de segurança fosse definitivamente julgado em primeira instância, ou até que o recurso de apelação interposto contra a sentença concessiva da segurança fosse também apreciado.

A norma ainda estabeleceu os pressupostos necessários para o deferimento da tutela suspensiva, servindo-se o pedido de suspensão para o resguardo de relevantes interesses públicos, para a prevenção de lesões de natureza grave à ordem, à saúde ou à segurança pública.[36]

O pedido de suspensão, ademais, não se prestava necessariamente para a atribuição do efeito suspensivo aos recursos eventualmente cabíveis contra a decisão que julgava procedente o mandado de segurança. Com efeito, embora o Projeto nº 197, de 1934, do Deputado Federal Alcântara Machado, tenha estabelecido a possibilidade excepcional de atribuição do efeito suspensivo ao recurso cabível contra a decisão favorável à concessão do mandado, para que assim ficasse resguardado o interesse coletivo, o dispositivo em comento não restou aprovado.[37]

O §3º do art. 5º do Projeto nº 197, de 1934, assim rezava:

> Art. 5º. Haverá recurso *ex-officio* da sentença que conceder o mandado, e recurso voluntário, dentro de cinco dias da intimação, qualquer que seja a conclusão do julgado. (...)

---

[36] "(...) havia, já na pioneira Lei 191/36, a declinação de razões de macro-interesse público relevante, qual a ocorrência de lesão grave à ordem, à saúde ou à segurança pública, de sorte que, desde os primórdios da legislação específica do mandado de segurança, a suspensão da execução da ordem mandamental (liminar ou final) era condicionada à verificação da presença da situação de dano grave e iminente" (MAIA FILHO. *Estudos processuais sobre o mandado de segurança*, p. 129-130).

[37] O parecer, da lavra do parlamentar citado, assim justificava a adoção da norma: "7) Não daremos por terminada esta pálida justificação de nosso trabalho, sem chamar a atenção dos colegas, para essas disposições, que se nos afiguram de grande importância. (...) A segunda é o efeito suspensivo que, em casos de todo em todo excepcionais, o projeto atribui ao recurso da decisão favorável à concessão do mandado. Parece-nos que, com as cautelas de que cercamos a providência, ficam resguardados a um tempo o interesse coletivo e o direito individual. O que nos impressiona a possibilidade da concessão do mandado, por um juiz faccioso ou mal esclarecido, em circunstâncias que podem sacrificar de modo irreparável a saúde ou a ordem públicas ou a segurança nacional. Imagine-se que tenha deferimento o pedido de um portador de doença infectuosa, que se não quer submeter às medidas profiláticas; ou de um proprietário de rebanho atacado de epizootia, que pretenda introduzi-lo em região idene do mal, ou de um empreiteiro de desordens, que deseja armar e municiar os seus correligionários. O provimento do recurso não viria, senão depois de consumado o malefício" (In: WALD. *O mandado de segurança na prática judiciária*, p. 464-465).

§3º Não terá efeito suspensivo o recurso da decisão que conceder o mandado. Se entretanto, o cumprimento imediato acarretar dano irreparável à ordem ou à saúde pública ou à segurança nacional, o presidente do Tribunal *ad quem* poderá suspender, a requerimento da autoridade, a execução do mandado até a decisão do recurso.

Mas a norma transcrita, como dito, não restou aprovada, posto que reconhecida a impertinência do instituto simplesmente para atribuir-se efeito suspensivo a recurso dele desprovido. E consoante antecedentes pesquisas realizadas por Marcelo Abelha Rodrigues, o projeto foi corretamente alterado por iniciativa do Deputado Federal Levi Carneiro, de acordo com as seguintes justificativas:

> O dispositivo do projeto, que acabamos de transcrever, encerra uma inovação interessante, que se pode tornar muito valiosa. Acha-se, porém, mal colocado no artigo que regula o processo do recurso — por isso mesmo que *nem só neste caso se deve admitir a suspensão da execução do mandado*. Máxime, se se adotasse, como fez o substitutivo no §6º do art. 4º, já apreciado, a regra de ter sempre efeito suspensivo do ato impugnado o simples despacho inicial do pedido de mandado de segurança. Admito que o juiz suspenda, desde logo, os efeitos do ato impugnado, *quando circunstâncias especiais justifiquem tão melindrosa determinação*. Por isso mesmo, *estabeleço que, não só no caso de recurso* — que não tem efeito suspensivo — mas também nessa outra hipótese, *caiba a representação tendente a excluir a suspensão imediata do ato*. O dispositivo, assim completado, constituirá artigo separado. Também não me parece que a representação deva caber ao Ministério Público, mas, sim, ao representante da Pessoa Jurídica de Direito Público Interno. O Ministério Público poder ser o representante judicial dessa pessoa — mas é a ela mesma que compete *atender aos altos interesses públicos salvaguardados pelo dispositivo*. Finalmente, esses casos não devem ser os que possam acarretar simples "danos irreparáveis" à ordem ou à saúde pública, mas *grave dano irreparável*. O dispositivo deverá constituir o art. 9º do projeto, para ficar depois do preceito referente aos julgamentos originários dos tribunais.[38]

Das razões explicitadas pelo Deputado Federal Levi Carneiro observa-se, portanto, que *desde o aparecimento do instituto jurídico-processual em alusão, se constatou a impossibilidade de sua vinculação ao eventual recurso cabível contra a decisão cujos*

---

[38] Cf. RODRIGUES. *Suspensão de segurança*: sustação da eficácia de decisão judicial proferida contra o poder público, p. 79.

efeitos normais da execução se faziam necessários suspender. O pedido de suspensão não deveria servir unicamente para conferir efeito suspensivo ao aludido recurso, condicionando-se o manejo do primeiro ao segundo. A previsão legislativa da suspensão de tutela jurisdicional, "quando circunstâncias especiais justifiquem tão melindrosa determinação", para "atender aos altos interesses públicos", evitando-se, deste modo, "grave dano irreparável", não poderia restar condicionada a qualquer outra providência adicional à própria postulação da "pessoa jurídica de direito público interno", o que tornava imprópria a sua implementação com caráter acessório ao meio impugnativo recursal.

Deve-se, pois, compreender, que *a suspensão de tutela jurisdicional não surgiu em nosso ordenamento jurídico para atribuir efeito suspensivo ao recurso cabível contra a decisão mandamental desfavorável ao Poder Público.*[39] Muito embora a redação do projeto original da Lei nº 191/36 tenha estabelecido o liame do pedido de suspensão com o referido recurso, a mesma não restou aprovada, sendo exitosa a redação elaborada pelo Deputado Federal Levi Carneiro, que de modo contrário desvinculava um do outro, estabelecendo, com muita proficiência, que o pedido de suspensão, para a tutela de relevantes interesses públicos, não deveria restar submetido a qualquer outro pressuposto processual senão à própria postulação da pessoa jurídica de direito público interessada. Não se prestava o pedido de suspensão, pois, para atribuição de efeito suspensivo ao recurso cabível contra a tutela mandamental, mas para a sustação excepcional dos efeitos normais decorrentes desta mesma tutela, quando capazes de gerar graves danos aos interesses públicos.

A Lei nº 191/36 não permaneceu muito tempo em vigor, sendo posteriormente revogada pelo *Código de Processo Civil de 1939*, que reunificou a legislação processual civil anterior, disciplinado dentre outras matérias, o mandado de segurança. Em seu art. 328,

---

[39] Em sentido contrário, assevera, dentre outros, Flávia Monteiro de Castro Brandão, sobre a Lei nº 191/36, que "a sua intenção era dar efeito suspensivo ao recurso interposto contra a decisão favorável ao impetrante (...)" (BRANDÃO. A suspensão das medidas de urgência nas ações contra o poder público à luz do devido processo legal. *Revista Dialética de Direito Processual*, p. 29).

manteve a previsão do pedido de suspensão, a requerimento do representante da pessoa jurídica de direito público interessada, para evitar lesão grave à ordem, à saúde ou à segurança pública, submetido à competência jurisdicional dos Presidentes do Supremo Tribunal Federal ou dos Tribunais de Apelação, que poderiam autorizar a execução do ato impugnado, nos seguintes termos:

> Art. 328. A requerimento do representante da pessoa jurídica de direito público interessada e para evitar lesão grave à ordem, à saúde ou à segurança pública, poderá o presidente do Supremo Tribunal Federal ou do Tribunal de Apelação, conforme a competência, autorizar a execução do ato impugnado.

O Código de Processo Civil de 1939 não promoveu qualquer alteração no disciplinamento da suspensão de segurança relativamente à sua anterior norma de regência. Muito embora tenha sido mais sucinto do que a Lei nº 191/36, deixando de explicitar até quando perdurariam os efeitos da decisão concessiva do pedido de suspensão, a lacuna não resultou em qualquer inovação sobre a questão, posto que a doutrina continuou entendendo que a suspensão da execução da liminar mandamental permaneceria "até o julgamento do feito, em primeira ou em segunda instâncias", nos moldes do que dispunha a legislação anterior. Marcelo Abelha Rodrigues, a propósito, assevera que após a edição do Código de Processo Civil de 1936, o entendimento doutrinário permaneceu o de que "a suspensão da execução da liminar perduraria até a sua substituição pela sentença ou pelo acórdão, caso tivesse sido concedida, nesta última hipótese, em sede de mandado de segurança de competência originária do tribunal".[40]

As normas do Código de Processo Civil de 1939, no que pertine ao mandado de segurança, foram posteriormente revogadas pela Lei nº 1.533/51, que passou a discipliná-lo inteiramente, reservando espaço para o pedido de suspensão, em seu art. 13:

> Art. 13. Quando o mandado fôr concedido e o Presidente do Supremo Tribunal Federal, do Tribunal Federal de Recursos ou do Tribunal de

---

[40] RODRIGUES. *Suspensão de segurança*: sustação da eficácia de decisão judicial proferida contra o poder público, p. 80.

Justiça ordenar ao juiz a suspensão da execução da sentença, desse seu ato caberá agravo de petição para o tribunal a que presida.

Consoante se observa, a Lei nº 1.533/51 implementou diversas alterações na sistemática da suspensão de segurança, algumas das quais objeto de veementes críticas formuladas pela doutrina nacional, que reconheceu na aludida norma muitos aspectos dela comprometedores.

Com efeito, embora as aludidas alterações tenham inovado positivamente com a previsão do recurso de agravo de petição contra a decisão concessiva do pedido de suspensão, o que inexistia na legislação anterior, a mesma pecou em diversos momentos, principalmente ao deixar de explicitar os elementos necessários para o processamento do pedido de suspensão. E, segundo Marcelo Abelha Rodrigues, "o artigo citado retro, na tentativa de melhorar o tema, acabou por complicar o instituto, já que (...) deixou de prever as hipóteses que dariam suporte ao pedido e ao deferimento da suspensão de execução de liminar".[41]

Sobre o aludido agravo de petição contra a decisão concessiva do pedido de suspensão, saliente-se que sua interposição somente se admitia, como diz a norma, da decisão que acolhia o pedido, descabendo o mesmo recurso contra a decisão que indeferia a suspensão postulada. Ademais, registre-se que o referido recurso se submetia à competência plenária do Supremo Tribunal Federal, do Tribunal Federal de Recursos ou dos Tribunais de Justiça, conforme o prolator da decisão recorrida fosse, respectivamente, o Presidente do Supremo Tribunal Federal, do Tribunal Federal de Recursos ou dos Tribunais de Justiça.

No que pertine à ausência de regulamentação das hipóteses em que se faria possível a interposição do pedido de suspensão, ao contrário da legislação anterior, que a permitia "para evitar lesão grave à ordem, à saúde ou à segurança pública", manifestou-se a doutrina nacional no sentido de que esta, ao contrário do que poderia aparentar, não poderia conferir aos Presidentes dos Tribunais

---

[41] RODRIGUES. *Suspensão de segurança*: sustação da eficácia de decisão judicial proferida contra o poder público, p. 81.

amplas prerrogativas na concessão da tutela suspensiva.[42] Dentre outros, observaram, a propósito, Castro Nunes,[43] Othon Sidou,[44] Celso Agrícola Barbi,[45] que a legislação anterior deveria ser utilizada como parâmetro para a apreciação dos motivos fundamentadores do pedido de suspensão, posto que a norma, ao omitir tais motivações, somente aparentemente conferia ilimitada discrição aos Presidentes dos Tribunais.

A norma jurídica em referência também omitiu qualquer esclarecimento sobre a legitimidade ativa para a oferta do pedido de suspensão, retrocedendo relativamente à normatização antecessora, que aludia à "pessoa jurídica de direito público interessada", deixando ainda de estabelecer até quando perdurariam os efeitos da tutela suspensiva, repetindo, neste ponto, a omissão perpetrada pelo art. 328 do Código de Processo Civil de 1936.

Ademais, a mesma norma previu o cabimento do pedido de suspensão somente contra as sentenças exaradas em mandado de segurança, contrariando o entendimento doutrinário e jurisprudencial da época, que pacificamente reconhecia o seu cabimento também contra as cautelares exaradas nas mesmas ações judiciais, posto que "o maior compreende o menor".[46] Celso Agrícola Barbi, ao doutrinar sobre a mencionada deficiência, comenta que a norma:

> (...) não fazia, porém, referência à suspensão da execução da "medida cautelar", concedida no início da ação. Todavia, considerando a identidade

---

[42] Em sentido contrário asseverou Marcela Trigo de Souza que "o dispositivo da Lei nº 1.533/51, no que tange ao pedido de suspensão de segurança, deixou muito a desejar, até para disposições anteriores, já que não definiu sequer os requisitos para a sua concessão, o que atribuiu liberdade excessiva ao Presidente do Tribunal" (O incidente da suspensão de execução de decisões liminares de sentenças no âmbito das agências reguladoras. *Revista da ABPI*, p. 38).

[43] "Sustentamos, a propósito, que, pelo princípio da continuidade das leis não expressas ou implicitamente revogadas, a clausulação imposta naquela lei e no Código de Processo Civil subsistia, a restringir a faculdade de suspensão aos casos enumerados" (NUNES. *Do mandado de segurança*: e de outros meios de defesa contra atos do poder público, p. 316).

[44] "(...) a regra se prendia a um princípio, de modo que a faculdade não era assegurada sem freios" (SIDOU. *Do mandado de segurança*, p. 451-448).

[45] "Entendemos, também, de acordo com Castro Nunes, Seabra Fagundes e com o Ministro Nísio Batista de Oliveira, por este citado, que as regras do art. 328 do Código não eram obrigatórias, mas sim um critério, que o intérprete tem por bom e adota" (BARBI. *Do mandado de segurança*, p. 317).

[46] ALVIM. *Mandado de segurança e direito público*, p. 368.

de fins, a menor importância da liminar em comparação com a sentença final e a inutilidade do texto legislativo, se interpretado literalmente, a opinião predominante, e mais acertada, firmou-se no sentido de permitir a suspensão da execução da liminar, nos mesmos termos em que era permitida a suspensão da execução da sentença definitiva da ação.[47]

E no mesmo sentido, leciona Othon Sidou que "seria patente ilogismo que uma ordem da espécie (...) fosse expedida contra os efeitos de um julgado em trancamento de instância e não se dirigisse também contra uma decisão tomada no curso da lide".[48]

Além disso, o art. 13 da Lei nº 1.533/51 inaugurou a possibilidade de que a suspensão das tutelas jurisdicionais exaradas em mandados de segurança fosse efetivada por iniciativa dos próprios Presidentes dos Tribunais, advertindo, a propósito, Othon Sidou que: "a própria norma não impede (...) que o dito presidente tome a iniciativa *motu proprio*, porque não condiciona a medida a requerimento de interessado, como fazia a norma ab-rogada".[49]

Não se pode deixar de registrar que a mesma norma alterou a dicção do instituto jurídico-processual em estudo, posto que as que lhe são antecessoras simplesmente "autorizavam a execução do ato impugnado", determinando esta, de modo diverso, a "suspensão da execução da sentença". A modificação, embora objeto de veementes críticas formuladas por J. M. Othon Sidou (1969, p. 451-452), que a considerou "uma eversão da sistemática processual",[50] não causou, contudo, qualquer alteração na substância do objeto estudado, eis que suspender a execução da tutela jurisdicional que afasta os efeitos do ato administrativo impugnado pela ação mandamental, corresponde, no plano fático, à manutenção da execução do mesmo ato administrativo.

Aponta-se ainda como deficiência da norma em análise, o fato desta ter utilizado a expressão "ordenar ao juiz a suspensão da execução da sentença", impedindo, por sua redação, que adotou "juiz" e não "julgador", que o pedido fosse formulado diante de

---

[47] BARBI. *Do mandado de segurança*, p. 152.
[48] SIDOU. *Do mandado de segurança*, p. 457.
[49] SIDOU. *Do mandado de segurança*, p. 450.
[50] SIDOU. *Do mandado de segurança*, p. 452.

decisões exaradas pelos relatores em mandados de segurança de competência originária dos diversos tribunais brasileiros.[51] Para finalizar, a redação do art. 13 da Lei nº 1.533/51, também pode ser considerada deficiente em face desta ter utilizado a expressão "Presidente do Supremo Tribunal Federal, do Tribunal Federal de Recursos ou do Tribunal de Justiça", deixando, deste modo, de prever hipóteses de suspensão sob a competência dos Presidentes dos Tribunais militares, Tribunais eleitorais e Tribunais trabalhistas. Em face das veementes críticas formuladas ao art. 13 da Lei nº 1.533/51, surge então a *Lei nº 4.348/64*, que, em seu art. 4º, assim dispõe:

> Art. 4º. Quando, a requerimento de pessoa jurídica de direito público interessada e para evitar grave lesão à ordem, à saúde, à segurança e à economia públicas, o presidente do tribunal, ao qual couber o conhecimento do respectivo recurso (vetado), suspender, em despacho fundamentado, a execução da liminar, e da sentença, dessa decisão caberá agravo, sem efeito suspensivo, no prazo de dez (10) dias, contados da publicação do ato.

Editada sob a vigência da ditadura militar de Castello Branco, a norma em comento, apontada por juristas mais apressados como a implementadora do pedido de suspensão no direito brasileiro,[52]

---

[51] Neste sentido, ao analisar o aludido art. 13, concluiu Othon Sidou que "o poder de discrição do presidente do tribunal só abrange os feitos processados em instância unipessoal e não os de competência colegiada" e que, "pelo mesmo motivo, não tem ensejo de aplicação o art. 13 por parte do presidente do Supremo Tribunal Federal para autorizar execução ou abstenção de ato quando o mandado de segurança seja originariamente da competência do Tribunal Federal de Recursos ou dos Tribunais locais estaduais" (*Do mandado de segurança*, p. 453).

[52] "*Sucedeu lapso temporal exíguo entre a tomada militar do poder estatal e a inserção, em 03 de julho de 1964, no nosso sistema jurídico-positivo da suspensão da execução da liminar ou da sentença por decisão do Presidente do Tribunal, o que se efetivou por meio do art. 4º da Lei nº 4.348*. Tal instituto tinha sua aplicabilidade restrita às ações de mandado de segurança e sua fundamentação baseada em critérios políticos, eis que seu pressuposto único era o perigo de lesão à ordem, à saúde, à segurança e à economia públicas; enquadrava-se, pois, em um contexto de restrição das liberdades individuais em favorecimento do regime ditatorial" (VELLOSO. Pedido de suspensão da execução e o princípio da inafastabilidade do controle judicial. *Boletim dos Procuradores da República*, p. 16, grifos nossos).

"Entendemos que o poder discricionário, dado ao presidente do tribunal competente, de suspender a execução de liminar e de sentença em mandado de segurança é um resquício do autoritarismo do Estado. Em conseqüência se vê que *a Lei nº 4.348 é datada de 28.6.64, poucos meses após a instalação da Revolução de 1964 em nosso país*" (BARCELOS. Medidas liminares em mandado de segurança: suspensão de execução de medida liminar, suspensão de execução de sentença, medidas cautelares. *Revista dos Tribunais*, p. 45, grifos nossos).

foi diversas vezes responsável pela suposta incompatibilidade do instituto jurídico-processual em estudo com a vigente ordem jurídico-constitucional, por não possuir o mesmo origem democrática. Todavia, consoante estudamos acima, *o instituto em análise não foi inserido em nosso ordenamento jurídico durante o regime militar revolucionário de 1964, mas durante o governo democrático de Getúlio Vargas.*[53]

Com a edição da Lei nº 4.348/64, o legislador nacional, prestigiando o princípio da segurança jurídica, resgatou a explicitação de vários elementos necessários à operacionalização do pedido de suspensão, os quais, inicialmente estabelecidos pela Lei nº 191/36, haviam sido suprimidos por legislações posteriores, principalmente pela norma que lhe antecedeu, a Lei nº 1.533/51.

Com efeito, a norma corrigiu várias omissões perpetradas pela legislação anterior, explicitando:

1. as hipóteses em que seria autorizado o deferimento do pedido de suspensão, quais sejam, para evitar grave lesão à ordem, à saúde, e à segurança públicas, acrescentando, ademais, uma quarta hipótese, para evitar grave lesão à economia pública,[54] pacificando, deste modo, as insurgências de parcela da doutrina que entendia por ilimitadas as prerrogativas dos Presidentes dos Tribunais, relativamente aos pressupostos para a concessão do pedido;

2. a legitimidade ativa para a oferta do pedido de suspensão, conferida às pessoas jurídicas de direito público interessadas;

3. a necessidade de que a atuação dos Presidentes dos Tribunais fosse subordinada ao requerimento da parte, afastando, deste modo, a possibilidade de suspensão *ex officio*;

---

[53] Consoante visto acima, a suspensão de tutela jurisdicional surgiu em nosso ordenamento jurídico simultaneamente com o mandado de segurança, através da Lei nº 191/36, norma que primeiramente disciplinou o *writ* após sua criação pelo art. 113, §33, da Constituição Federal de 1934.

[54] Segundo Marcelo Abelha Rodrigues, a Lei nº 4.348/64 "não só delimitou, mas também ampliou o rol dos bens protegidos pelo pedido de suspensão de execução, já que, depois de inúmeras reclamações da doutrina, também a economia pública passava a ser alvo de tutela pelo incidente de suspensão de execução" (*Suspensão de segurança*: sustação da eficácia de decisão judicial proferida contra o poder público, p. 83).

4. o cabimento do pedido de suspensão em face de cautelares e de sentenças exaradas em mandado de segurança;

5. o cabimento do pedido de suspensão em face de decisões prolatadas por juízos singulares ou colegiados, posto que, ao deixar de utilizar a expressão "ordenar ao juiz" adotada pela Lei nº 1.533/51, permitiu, explicitamente, que os provimentos exarados pelos diversos Tribunais Brasileiros, em última ou única instância, em mandados de segurança, pudessem ser objeto de pedidos de suspensão submetidos ao "Presidente do Tribunal, ao qual couber o conhecimento do respectivo recurso".

Além disso, a Lei nº 4.348/64 manteve a previsão de recurso somente contra a decisão concessiva do pedido de suspensão, qual seja, o recurso de agravo, sem efeito suspensivo, a ser interposto "no prazo de (10) dez dias, contados da publicação do ato", inovando, relativamente à Lei nº 1.533/51, que previa simplesmente o cabimento do recurso do agravo de petição regulamentado genericamente pelo Código de Processo Civil, determinando, pois, o surgimento de uma nova modalidade recursal, com cabimento, tempestividade e efeitos bem delimitados.

Também inovou a Lei nº 4.343/64, e agora, relativamente a todas as normas que lhe são anteriores, ao exigir "despacho fundamentado" para o deferimento do pedido de suspensão, o que exigia dos seus prolatores maior empenho e dedicação na análise dos argumentos e na elaboração de suas manifestações.

Pecou, outrossim, ao deixar de estabelecer até quando perdurariam os efeitos da tutela suspensiva, repetindo, neste ponto, a omissão perpetrada pelo art. 328 do Código de Processo Civil de 1936 e repetida pela Lei nº 1.533/51.

A Lei nº 4.348/64 não permaneceu incólume ao longo destes últimos anos, tendo sido objeto de diversas alterações, dentre as quais se destaca a Medida Provisória nº 2.180-35, de 24.8.2001, objeto de posterior apreciação. Além disso, outras normas jurídicas foram posteriormente editadas e outras ainda alteradas, sempre visando o disciplinamento do instituto jurídico-processual em estudo, inclusive em nível constitucional, posto que a norma não autorizava a utilização do pedido de suspensão em face de tutelas jurisdicionais deferidas em ações judiciais diversas do mandado de segurança, muito embora se verificasse a mesma necessidade da utilização do instituto em hipóteses diversas. Deste modo, o legislador nacional editou sucessivas normas, todas sob o mesmo fundamento jurídico, para estabelecer a possibilidade da utilização do pedido de suspensão em face de outras tutelas jurisdicionais.

Em ocasião posterior, a Lei nº 1.533/51, teve o seu art. 13[55] alterado pelo art. 3º da *Lei nº 6.014/73*, norma responsável por sua adaptação ao Código de Processo Civil de 1973, passando a possuir os seguintes termos:

> Art 13. Quando o mandado for concedido e o Presidente do Tribunal, ao qual competir o conhecimento do recurso, ordenar ao juiz a suspensão da execução da sentença, desse seu ato caberá agravo para o Tribunal que presida.

As alterações implementadas pela mencionada Lei nº 6.014/73, todavia, foram consideradas insuficientes pela doutrina, posto que, muito embora tenha ajustado a Lei nº 1.533/51 à nova legislação processual civil, deixou de corrigir as diversas deficiências existentes no seu art. 13, o que poderia ter ocorrido. Em face destas circunstâncias, embora tenha defendido parcela da doutrina[56] a revogação da Lei nº 4.348/64, pela Lei nº 6.014/73, manifestou-se em sentido diverso o Tribunal Federal de Recursos, por sua composição plenária, em 21.8.1980, ao analisar o Agravo Regimental na Suspensão de Segurança nº 5.287-RJ, sendo Relator o Ministro Néri da Silveira: "A Lei nº 4.348/64 não foi revogada pela Lei nº 6.014/73, nem é inconstitucional o seu art. 4º".

Foram positivas, outrossim, as modificações realizadas, posto que a Lei nº 1.533/51, ao utilizar a expressão "Presidente do Supremo Tribunal Federal, do Tribunal Federal de Recursos ou do

---

[55] "Art. 13. Quando o mandado fôr concedido e o Presidente do Supremo Tribunal Federal, do Tribunal Federal de Recursos ou do Tribunal de Justiça ordenar ao juiz a suspensão da execução da sentença, desse seu ato caberá agravo de petição para o tribunal a que presida."

[56] Em sentido contrário, defende Alfredo Buzaid, ao asseverar: "A Lei nº 6.014/73, que adaptou ao novo Código de Processo Civil as leis que mencionou, não alterou nem revogou o art. 4º da Lei nº 4.348/64 na parte em que se refere à cassação da liminar" (BUZAID. *Do mandado de segurança*, v. 1, p. 219-220).

Tribunal de Justiça", ao passo da expressão "Presidente do Tribunal, ao qual competir o conhecimento do recurso", deixava de prever hipóteses de suspensão sob a competência dos Presidentes dos Tribunais militares, Tribunais eleitorais e Tribunais do Trabalho.

Em seguida, a Constituição Federal de 24.1.1967, substituída pela Emenda Constitucional nº 1 de 17.10.1969, e alterada pela *Emenda Constitucional nº 7, de 13.4.1977*, previa, em seu art. 119, inc. I, alínea "o", nova modalidade de suspensão de tutelas jurisdicionais deferidas contra o Poder Público, estabelecendo a competência do Supremo Tribunal Federal para avocar, processar, julgar e suspender os efeitos das decisões judiciais prolatadas por quaisquer juízos ou Tribunais, a pedido do Procurador-Geral da República, para impedir imediato perigo de grave lesão à ordem, à saúde, à segurança ou às finanças públicas. Vejamos o conteúdo da referida norma:

> Art. 119. Compete ao Supremo Tribunal Federal:
>
> I - processar e julgar originariamente; (...)
>
> o) as causas processadas perante quaisquer juízos ou Tribunais, cuja avocação deferir a pedido do Procurador-Geral da República, quando decorrer imediato perigo de grave lesão à ordem, à saúde, à segurança ou às finanças públicas, para que se suspendam os efeitos de decisão proferida e para que o conhecimento integral da lide lhe seja devolvido;

Consoante se observa, a norma constitucional autorizava que o Supremo Tribunal Federal determinasse a avocação de quaisquer causas processadas pelos diversos órgãos do Poder Judiciário da época (Tribunal Federal de Recursos e juízes federais; Tribunais e juízes militares; Tribunais e juízes eleitorais; Tribunais e juízos do Trabalho; Tribunais e juízes estaduais), para que, com a finalidade de evitar imediato perigo de lesão à ordem, à saúde, à segurança ou às finanças públicas, ordenasse a suspensão dos efeitos de tutelas jurisdicionais deferidas contra o Poder Público, sendo-lhe ainda atribuída a competência para o processamento e julgamento da lide. Para tanto, o Procurador-Geral da República, que chefiava o Ministério Público da União, o qual acumulava as funções de representação judicial da União, deveria peticionar, sendo vedada a atuação *ex officio* do Supremo Tribunal Federal.

A mencionada norma constitucional *inaugurou o cabimento do pedido de suspensão em face de decisões prolatadas em ações judiciais diversas da ação de mandado de segurança*, estabelecendo, portanto, pela primeira vez no ordenamento jurídico brasileiro, a possibilidade de que o instituto jurídico-processual em análise pudesse ser utilizado fora do *writ*, em quaisquer causas processadas pelos órgãos do Poder Judiciário nacional.

A norma constitucional em alusão teve vigência por período de tempo pouco superior a 11 anos, perdendo sua eficácia com a edição da Constituição Federal de 5.10.1988, deixando de existir, a partir desta data, a modalidade da suspensão de tutela jurisdicional em face de quaisquer tutelas jurisdicionais deferidas contra o Poder Público, por avocação do Supremo Tribunal Federal.

Também disciplinando o instituto da suspensão de tutela jurisdicional contra o Poder Público, o art. 12, §1º, da *Lei nº 7.347/85*, estabeleceu que, a requerimento de pessoa jurídica de direito público interessada, e para evitar grave lesão à ordem, à saúde, à segurança e à economia pública, poderiam os Presidentes dos Tribunais determinar a suspensão da execução de decisões concessivas de tutelas cautelares deferidas em ações civis públicas, *in verbis*:

> Art. 11. (...).
>
> §1º A requerimento de pessoa jurídica de direito público interessada, e para evitar grave lesão à ordem, à saúde, à segurança e à economia pública, poderá o Presidente do Tribunal a que competir o conhecimento do respectivo recurso suspender a execução da liminar, em decisão fundamentada, da qual caberá agravo para uma das turmas julgadoras, no prazo de 5 (cinco) dias a partir da publicação do ato.

A referida Lei nº 7.347/85, além de disciplinar a ação civil pública de responsabilidade por danos causados ao meio-ambiente, ao consumidor, a bens e direitos de valor artístico, estético, histórico, turístico e paisagístico, disciplinou, em nosso ordenamento jurídico, a suspensão de tutela jurisdicional em face de decisões liminares exaradas em seu seio.

A norma, consoante se constata, seguiu a redação adotada pela Lei nº 4.348/64, explicitando:

1. a necessidade de formalização da postulação da parte interessada, ou seja, a necessidade do "requerimento", sendo vedada a atuação *ex officio* dos Presidentes dos Tribunais;
2. a legitimidade ativa das pessoas jurídicas de direito público interessadas;
3. os pressupostos necessários para a concessão do pedido, "para evitar grave lesão, à ordem, à saúde, à segurança e à economia pública";
4. a competência do órgão jurisdicional, qual seja, o "Presidente do Tribunal a que competir o conhecimento do respectivo recurso"; e
5. a necessidade de que a suspensão fosse procedida por decisão devidamente fundamentada.

Mas da Lei nº 4.348/64, divergiu a Lei nº 7.347/85, ao prever o cabimento do pedido de suspensão somente contra cautelares, e não contra sentenças, bem como ao prever o recurso de agravo, para uma das turmas julgadoras, no prazo de cinco dias a partir da publicação do ato.

Em seqüência, o Poder Legislativo Brasileiro fez editar a *Lei nº 8.038/90*, que instituiu normas procedimentais para os processos submetidos à competência do Superior Tribunal de Justiça e do Supremo Tribunal Federal, estabelecendo, em seu art. 25, o seguinte:

> Art. 25. Salvo quando a causa tiver por fundamento matéria constitucional, compete ao Presidente do Superior Tribunal de Justiça, a requerimento do Procurador-Geral da República ou da pessoa jurídica de direito público interessada, e para evitar grave lesão à ordem, à saúde, à segurança e à economia pública, suspender, em despacho fundamentado, a execução de liminar ou de decisão concessiva de mandado de segurança, proferida, em única ou última instância, pelos Tribunais Regionais Federais ou pelos Tribunais dos Estados e do Distrito Federal.
>
> 1º O Presidente pode ouvir o impetrante, em cinco dias, e o Procurador-Geral quando não for o requerente, em igual prazo.
>
> 2º Do despacho que conceder a suspensão caberá agravo regimental.
>
> 3º A suspensão de segurança vigorará enquanto pender o recurso, ficando sem efeito, se a decisão concessiva for mantida pelo Superior Tribunal de Justiça ou transitar em julgado.

A norma em referência regulamentou o pedido de suspensão processado perante o Superior Tribunal de Justiça e o Supremo Tribunal Federal, estabelecendo que o Presidente deste último seria o competente para a apreciação da postulação "quando a causa tiver por fundamento matéria constitucional", e que o Presidente do primeiro, *a contrario sensu*, seria o competente para a apreciação da postulação quando a causa tiver por fundamento matéria infraconstitucional. Previu, pois, o cabimento do pedido de suspensão em face de cautelares ou sentenças prolatadas em mandados de segurança, proferidas, em única ou última instância, pelos Tribunais Regionais Federais ou pelos Tribunais dos Estados e do Distrito Federal, vedando, pois, a interposição do pedido de suspensão, para conhecimento dos Presidentes do Supremo Tribunal Federal e do Superior Tribunal de Justiça, de decisões prolatadas pelos juízos monocráticos.

Elasteceu a norma a legitimidade ativa para a propositura do pedido de suspensão, conferindo essa às pessoas jurídicas de direito público interessadas e ainda ao Procurador-Geral da Republica, dirigente máximo do Ministério Público Federal, como assim o fizera, pela primeira vez, a Constituição Federal de 1967, substituída pela EC n$^{\underline{o}}$ 1/69, e alterada pela EC n$^{\underline{o}}$ 7/77.

Coube ainda, à Lei n$^{\underline{o}}$ 8.038/90, à semelhança das legislações que lhe antecederam, a explicitação dos pressupostos necessários ao deferimento do pedido de suspensão, também "para evitar grave lesão à ordem, à saúde, à segurança e à economia pública", bem como "à necessidade de decisão devidamente fundamentada".

A norma ainda, prestigiando o princípio constitucional do contraditório, em seu §1$^{\underline{o}}$, estabeleceu a possibilidade de que os Presidentes dos Tribunais determinassem a *ouvida da parte impetrante*, no prazo de cinco dias, *procedimento este jamais disciplinado por qualquer das normas anteriormente comentadas*. Ademais, também inovando relativamente à legislação anterior, previu a possibilidade de *prévia manifestação do Procurador-Geral da República*, quando este não fosse o requerente, no prazo de cinco dias, para atuar na qualidade de *custus legis*.

Disciplinou ainda, em seu §2º, o cabimento do recurso de agravo regimental, somente contra a decisão concessiva da suspensão. E em seu §3º estabeleceu que os efeitos da decisão concessiva da suspensão postulada vigorariam somente "enquanto pender o recurso, ficando sem efeito, se a decisão concessiva for mantida pelo Superior Tribunal de Justiça ou transitar em julgado".

Dando seqüência ao estudo sobre o desenvolvimento normativo do instituto jurídico-processual da suspensão dos efeitos de tutelas jurisdicionais contra o Poder Público, pode-se citar a edição da *Lei nº 8.437/92*, que dispõe sobre a concessão de cautelares contra o Poder Público, estabelecendo, no que pertine ao objeto do presente trabalho, o seguinte:

> Art. 4º. Compete ao presidente do tribunal, ao qual couber o conhecimento do respectivo recurso, suspender, em despacho fundamentado, a execução da liminar nas ações movidas contra o Poder Público ou seus agentes, a requerimento do Ministério Público ou da pessoa jurídica de direito público interessada, em caso de manifesto interesse público ou de flagrante ilegitimidade, e para evitar grave lesão à ordem, à saúde, à segurança e à economia públicas.
>
> §1º Aplica-se o disposto neste artigo à sentença proferida em processo de ação cautelar inominada, no processo de ação popular e na ação civil pública, enquanto não transitada em julgado.
>
> 2º O presidente do tribunal poderá ouvir o autor e o Ministério Público, em cinco dias.
>
> 3º Do despacho que conceder ou negar a suspensão, caberá agravo, no prazo de cinco dias.

A Lei nº 8.437/92, consoante se observa, restabeleceu a possibilidade de interposição do pedido de suspensão em face de tutelas jurisdicionais cautelares liminares exaradas em quaisquer ações judiciais, como assim o fizera a Constituição Federal de 1967, substituída pela EC nº 1/69, e alterada pela EC nº 7/77.

Parametrizando a legislação que lhe antecedeu em muitos aspectos, a Lei nº 8.437/92, contudo, delas diferiu, relativamente:

1. ao cabimento do pedido de suspensão, estabelecendo a possibilidade de sua utilização, genericamente, em face de *quaisquer decisões liminares* exaradas em ações judiciais movidas contra o Poder Público ou seus agentes,

bem como em face de *sentenças prolatadas em ações cautelares inominadas, ações populares e ações civis públicas*[57] desde que não transitadas em julgado;

2. aos pressupostos necessários ao deferimento da suspensão, que, além de objetivar "evitar grave lesão à ordem, à saúde, à segurança e à economia públicas", deveria submeter-se à configuração de "manifesto interesse público" ou "flagrante ilegitimidade";

3. ao atribuir legitimidade ativa ao Ministério Público; e

4. ao prever o cabimento do recurso de agravo, no prazo de cinco dias, tanto em face da decisão que deferisse, como em face da decisão que indeferisse o pedido de suspensão.

Não se pode deixar de registrar a edição da *Medida Provisória nº 375, de 23.11.1993*, a primeira editada sobre o instituto em estudo, cujos efeitos, em face de sucessivas reedições, perduraram até 7.1.1994, perdendo, a partir desta data sua eficácia, em face da sua não conversão em lei pelo Congresso Nacional. A norma assim dispunha:

> Art. 1º. As disposições desta medida provisória aplicam-se às medidas cautelares regidas pelo art. 798 do Código de Processo Civil, às liminares autorizadas pelo inciso II do art. 7º da Lei nº 1.533, de 31 de dezembro de 1951, e pelo §1º do art. 12 da Lei nº 7.347, de 24 de julho de 1985. (...)
>
> Art. 3º. A autoridade do Poder Judiciário à qual for pedida a concessão de medida cautelar ou de liminar considerará, além dos pressupostos de direito aplicáveis à espécie, a ocorrência, ou o seu risco, de grave lesão ao interesse público, ou à ordem, à saúde, à segurança ou à economia pública, assim entendida a situação em que, da ordem judicial, puder decorrer dano de difícil reparação em conseqüência da suspensão ou interrupção de atos e procedimentos administrativos ou da execução de serviço ou obra de interesse público, bem como do desembolso de importâncias ou da liberação de bens.
>
> Art. 4º. Ao apreciar a alegação de receio de que a autoridade, órgão ou entidade da administração pública possa causar dano de difícil reparação a ente privado, o juiz cotejará os interesses em confronto, ponderando a prevalência do interesse geral sobre o particular. (...)

---

[57] A anterior Lei nº 7.347/85 havia previsto o cabimento do pedido de suspensão apenas em face de liminares exaradas em ações civis públicas.

Art. 6º. O órgão ou entidade da Administração Pública poderá, a qualquer tempo, requerer a suspensão da medida cautelar ou da liminar ao Presidente do Tribunal competente para julgar o recurso de ofício.

Segue-se, ademais, a *Lei nº 9.494/97*, que determina a aplicação o disposto no art. 4º da Lei nº 8.437/92, à *tutela antecipada* prevista nos artigos 273 e 461 do Código de Processo Civil, extensão esta promovida pelo legislador brasileiro em face da possibilidade da sua execução imediata, semelhantemente ao que se verificava com a liminar exarada em mandado de segurança:

> Art. 1º. Aplica-se à tutela antecipada prevista nos arts. 273 e 461 do Código de Processo Civil o disposto nos arts. 5º e seu parágrafo único e 7º da Lei nº 4.348, de 26 de junho de 1964, no art. 1º e seu §4º da Lei nº 5.021, de 9 de junho de 1966, e nos arts. 1º, 3º e 4º da Lei nº 8.437, de 30 de junho de 1992.

A *Lei nº 9.507/97*, ademais, norma que regula o direito de acesso a informações e disciplina o rito processual do *habeas data*, também previu o pedido de suspensão da sua sentença, conforme podemos observar do seu art. 16:

> Art. 16. Quando o *habeas data* for concedido e o Presidente do Tribunal ao qual competir o conhecimento do recurso ordenar ao juiz a suspensão da execução da sentença, desse seu ato caberá agravo para o Tribunal a que presida.

A partir deste momento, lamenta-se, encerra-se a fase serena do desenvolvimento normativo do objeto estudado, posto que a legislação que se produziu a partir de então foi profundamente marcada por sucessivas edições e reedições de Medidas Provisórias, as quais, em variados aspectos alteraram a redação das normas anteriormente editadas, em curtos períodos de tempo, dificultando, a contento, o paralelo desenvolvimento doutrinário da matéria.

Em 13.1.1999, o Poder Executivo nacional determinou a publicação da Medida Provisória nº 1.798, cinco vezes reeditada sem alterações, sem promover quaisquer modificações no que pertine à matéria ora tratada. A partir da sua sexta reedição, a MP nº 1.798/99 foi re-enumerada sob o nº 1.906, de 29.6.1999, sendo reeditada mais cinco vezes, também sem promover alterações na suspensão de tutela jurisdicional. O mesmo deve ser dito relativamente à sua décima segunda reedição, que ganhou nova numeração, a de nº 1.984, de 10.12.1999. Somente a partir da décima terceira reedição da MP nº 1.798 operaram-se alterações na suspensão de tutela jurisdicional. A MP nº 1.984-13, de 11.1.2000, realizou modificações na Lei nº 8.437/92,[58] acrescentando os parágrafos 4º e 5º ao seu art. 4º, nos seguintes termos:

> Art. 1º. A Lei nº 8.437, de 30 de junho de 1992, passa a vigorar acrescida dos seguintes dispositivos:
>
> "Art. 4º. (...)
>
> §4º Negada a suspensão mesmo antes da interposição do agravo a que se refere o parágrafo pertencente, caberá novo pedido de suspensão ao Presidente do Tribunal competente para julgar eventual recurso especial ou extraordinário.
>
> §5º A interposição do agravo de instrumento contra liminar concedida nas ações movidas contra o Poder Público nos seus agentes não prejudica nem condiciona o julgamento do pedido de suspensão a que se refere este artigo."

A aludida MP nº 1.984-13 revigorou-se por mais dois períodos sem alterações, sendo, outrossim, em sua décima sexta reedição, novamente modificada para implementar novas diretivas na suspensão de tutela jurisdicional. A Medida Provisória nº 1.984, de 6.4.2000, em seu art. 1º, novamente causou alterações no art. 4º da Lei nº 8.437/92:

> Art. 1º. A Lei nº 8.437, de 30 de junho de 1992, passa a vigorar com as seguintes alterações: (...).

---

[58] A redação original assim dispunha:

"Art. 4º Compete ao presidente do tribunal, ao qual couber o conhecimento do respectivo recurso, suspender, em despacho fundamentado, a execução da liminar nas ações movidas contra o Poder Público ou seus agentes, a requerimento do Ministério Público ou da pessoa jurídica de direito público interessada, em caso de manifesto interesse público ou de flagrante ilegitimidade, e para evitar grave lesão à ordem, à saúde, à segurança e à economia públicas.

§1º Aplica-se o disposto neste artigo à sentença proferida em processo de ação cautelar inominada, no processo de ação popular e na ação civil pública, enquanto não transitada em julgado.

§2º O presidente do tribunal poderá ouvir o autor e o Ministério Público, em cinco dias.

§3º Do despacho que conceder ou negar a suspensão, caberá agravo, no prazo de cinco dias".

"Art. 4º. (...).

§3º Do despacho que conceder ou negar a suspensão, caberá agravo, no prazo de cinco dias, que poderá ser recebido com efeito suspensivo.

§4º Negada a suspensão, mesmo antes da interposição do agravo a que se refere o parágrafo precedente, caberá novo pedido de suspensão ao Presidente do Tribunal competente para julgar eventual recurso especial ou extraordinário.

§5º A interposição do agravo de instrumento contra liminar concedida nas ações movidas contra o Poder Público e seus agentes não prejudica nem condiciona o julgamento do pedido de suspensão a que se refere este artigo.

§6º O Presidente do tribunal poderá conferir ao pedido efetivo suspensivo liminar, se constatar, em juízo prévio, a plausibilidade do direito invocado e a urgência na concessão da medida.

§7º Ao verificar que a liminar esgotou, no todo ou em qualquer parte, ou objeto da ação ou foi deferida em flagrante ofensa á lei ou a jurisprudência de tribunal superior, o presidente do tribunal poderá suspendê-la com eficácia retroativa á data em que foi concedida, tornando sem efeito qualquer ato executivo dela decorrente.

§8º As liminares cujo objeto seja idêntico poderão ser suspensa em uma única decisão, podendo o presidente do tribunal estender os efetivos da suspensão a limares supervenientes, mediante simples aditamento do pedido original."

A redação de abril de 2000, todavia, somente permaneceu inalterada por dois trintídeos, posto que a Medida Provisória nº 1.984, de 1º de junho de 2000, em sua décima oitava reedição, novamente implementou alterações no objeto estudado:

Art. 1º. A Lei nº 8.437, de 30 de junho de 1992, passa a vigorar com as seguintes alterações: (...)

"Art. 4º. (...).

§3º Do despacho que conceder ou negar a suspensão, caberá agravo, no prazo de cinco dias, que será levado a julgamento na sessão seguinte a sua interposição.

§4º Negado provimento ao agravo de que trata o parágrafo anterior, caberá novo pedido de suspensão ao Presidente do Tribunal competente para julgar eventual recurso especial ou extraordinário.

§5º É cabível também o pedido de suspensão a que se refere o parágrafo anterior, quando negado provimento a agravo de instrumento interposto contra a liminar a que se refere este artigo.

§6º A interposição do agravo de instrumento contra liminar concedida nas ações movidas contra o Poder Público e seus agentes não prejudica nem condiciona o julgamento do pedido de suspensão a que se refere este artigo.

§7º O presidente do tribunal poderá conferir ao pedido efeito suspensivo liminar, se constatar, em juízo prévio, a plausibilidade do direito invocado e a urgência na concessão da medida.

§8º Ao verificar que a liminar esgotou, no todo ou em qualquer parte, ou objeto da ação ou foi deferida em flagrante ofensa à lei ou a jurisprudência de tribunal superior, o presidente do tribunal poderá suspendê-la com eficácia retroativa à data em que foi concedida, tornando sem efeito qualquer ato executivo dela decorrente.

§9º As liminares cujo objeto seja idêntico poderão ser suspensas em uma única decisão, podendo o presidente do tribunal estender os efeitos da suspensão a liminares supervenientes, mediante simples aditamento do pedido original."

Vinte e oito dias seguintes, a décima nona reedição da MP nº 1.984, de 29.6.2000, sofreu nova modificação:

Art. 1º. A Lei nº 8.437, de 30 de junho de 1992, passa a vigorar com as seguintes alterações: (...).

"Art. 4º. (...).

§2º O Presidente do Tribunal poderá ouvir o autor e o Ministério Público, em setenta e duas horas.

§3º Do despacho que conceder ou negar a suspensão, caberá agravo, no prazo de cinco dias, que será levado a julgamento na sessão seguinte a sua interposição.

§4º Se o julgamento no agravo de que trata o parágrafo anterior resultar a manutenção ou restabelecimento da decisão de que pretende suspender, caberá novo pedido de suspensão ao Presidente do Tribunal competente para conhecer de eventual recurso especial ou extraordinário.

§5º É cabível também o pedido de suspensão a que se refere o parágrafo anterior quando negado provimento a agravo de instrumento interposto contra a liminar a que se refere este artigo.

§6º A interposição do agravo de instrumento contra liminar concedida nas ações movidas contra o Poder Público e seus agentes não prejudica nem condiciona o julgamento do pedido de suspensão a que se refere este artigo.

§7º O presidente do tribunal poderá conferir ao pedido efeito suspensivo liminar, se constatar, em juízo prévio, a plausibilidade do direito invocado e a urgência na concessão da medida.

§8º Ao verificar que a liminar esgotou, no todo ou em qualquer parte, ou objeto da ação ou foi deferida em flagrante ofensa à lei ou a jurisprudência de tribunal superior, o presidente do tribunal poderá suspendê-la com eficácia retroativa à data em que foi concedida, tornando sem efeito qualquer ato executivo dela decorrente.

§9º As liminares cujo objeto seja idêntico poderão ser suspensas em uma única decisão, podendo o presidente do tribunal estender os efetivos da suspensão a limares supervenientes, mediante simples aditamento do pedido original."

A redação da décima nona reedição da MP nº 1.984 foi mantida em suas duas reedições seguintes, sendo, contudo, mais uma vez modificada em sua vigésima segunda reedição, nos seguintes termos:

Art 1º. A Lei nº 8.437, de 30 de junho de 1992, passa a vigorar com as seguintes alterações: (...)

"Art. 4º. (...).

§2º O Presidente do Tribunal poderá ouvir o autor e o Ministério Público, em setenta e duas horas.

§3º Do despacho que conceder ou negar a suspensão, caberá agravo, no prazo de cinco dias, que será levado a julgamento na sessão seguinte a sua interposição.

§4º Se do julgamento do agravo de que trata o parágrafo anterior resultar a manutenção ou restabelecimento da decisão de que se pretende suspender, caberá novo pedido de suspensão ao Presidente do Tribunal competente para conhecer de eventual recurso especial ou extraordinário.

§5º É cabível também o pedido de suspensão a que se refere o parágrafo anterior, quando negado provimento a agravo de instrumento interposto contra a liminar a que se refere este artigo.

§6º A interposição do agravo de instrumento contra liminar concedida nas ações movidas contra o Poder Público e seus agentes não prejudica nem condiciona o julgamento do pedido de suspensão a que se refere este artigo.

§7º O presidente do tribunal poderá conferir ao pedido efeito suspensivo liminar, se constatar, em juízo prévio, a plausibilidade do direito invocado e a urgência na concessão da medida.

§8º As liminares cujo objeto seja idêntico poderão ser suspensas em uma única decisão, podendo o presidente do tribunal estender os efetivos da suspensão a liminares supervenientes, mediante simples aditamento do pedido original."

Além disso, a MP nº 1.984, de 27.9.2000, em sua vigésima segunda reedição, revogou integralmente a primeira e única edição da MP nº 2.059, de 8.9.2000, estabelecendo a primeira reforma na Lei nº 4.348/64,[59] acrescentando-lhe os parágrafos 1º e 2º, como semelhantemente assim fizera a aludida norma revogada:

> Art 14. O art. 4º da Lei nº 4.348, de 26 de junho de 1964, passa a vigorar com as seguintes alterações:
>
> "Art. 4º. (...)
>
> §1º Indeferido o pedido de suspensão ou provido o agravo a que se refere o caput, caberá novo pedido de suspensão do Presidente do Tribunal competente para conhecer de eventual recurso especial ou extraordinário.
>
> §2º Aplicam-se à suspensão de segurança de que trata esta Lei, as disposições dos §§5º a 8º do art. 4º da Lei nº 8.437, de 30 de junho de 1992".

A mencionada MP nº 1.984, em sua vigésima sexta reedição, alterou sua numeração para nº 2.102, de 27.12.2000, e em sua trigésima terceira reedição, para nº 2.180, mantendo, outrossim, toda a redação dos dispositivos da sua vigésima segunda reedição. Entretanto, a partir da trigésima quinta reedição, a MP nº 2.180, de 27.8.2001, implementou nova reforma às leis nº 8.437/92 e nº 4.348/64:

> Art. 1º A Lei nº 8.437, de 30 de junho de 1992, passa a vigorar com as seguintes alterações: (...).
>
> "Art. 4º. (...).
>
> §2º O Presidente do Tribunal poderá ouvir o autor e o Ministério Público, em setenta e duas horas.
>
> §3º Do despacho que conceder ou negar a suspensão, caberá agravo, no prazo de cinco dias, que será levado a julgamento na sessão seguinte a sua interposição.
>
> §4º Se do julgamento do agravo de que trata o §3º resultar a manutenção ou o restabelecimento da decisão que se pretende suspender, caberá novo pedido de suspensão ao Presidente do Tribunal competente para conhecer de eventual recurso especial ou extraordinário.

---

[59] A redação original da norma assim dizia:

"Art. 4º. Quando, a requerimento de pessoa jurídica de direito público interessada e para evitar grave lesão à ordem, à saúde, à segurança e à economia públicas, o presidente do tribunal, ao qual couber o conhecimento do respectivo recurso (vetado), suspender, em despacho fundamentado, a execução da liminar, e da sentença, dessa decisão caberá agravo, sem efeito suspensivo, no prazo de dez (10) dias, contados da publicação do ato."

§5º É cabível também o pedido de suspensão a que se refere o §4º, quando negado provimento a agravo de instrumento interposto contra a liminar a que se refere este artigo.

§6º A interposição do agravo de instrumento contra liminar concedida nas ações movidas contra o Poder Público e seus agentes não prejudica nem condiciona o julgamento do pedido de suspensão a que se refere este artigo.

§7º O Presidente do Tribunal poderá conferir ao pedido efeito suspensivo liminar, se constatar, em juízo prévio, a plausibilidade do direito invocado e a urgência na concessão da medida.

§8º As liminares cujo objeto seja idêntico poderão ser suspensas em uma única decisão, podendo o Presidente do Tribunal estender os efeitos da suspensão a liminares supervenientes, mediante simples aditamento do pedido original.

§9º A suspensão deferida pelo Presidente do Tribunal vigorará até o trânsito em julgado da decisão de mérito na ação principal." (...)

Art. 14. O art. 4º da Lei nº 4.348, de 26 de junho de 1964, passa a vigorar com as seguintes alterações:

"Art. 4º. (...).

§1º Indeferido o pedido de suspensão ou provido o agravo a que se refere o caput, caberá novo pedido de suspensão ao Presidente do Tribunal competente para conhecer de eventual recurso especial ou extraordinário.

§2º Aplicam-se à suspensão de segurança de que trata esta Lei, as disposições dos §§5º a 8º do art. 4º da Lei nº 8.437, de 30 de junho de 1992."

A MP nº 2.180, em sua trigésima quinta edição, encontra-se atualmente em vigor em face do disposto no art. 2º da Emenda Constitucional nº 32, de 11.9.2001.[60]

O instituto permaneceu sem alterações até o advento da Lei nº 12.016, de 7.8.2009, que promoveu a unificação das diversas normas jurídicas que regulavam a aplicação do mandado de segurança no país, revogando principalmente a Lei nº 1.533/51, a Lei nº 4.348/64 e a Lei nº 5.021/66. Em seu art. 15, a recente lei assim disciplinou a *suspensão de segurança:*

Art. 15. Quando, a requerimento de pessoa jurídica de direito público interessada ou do Ministério Público e para evitar grave lesão à ordem,

---

[60] "Art. 2º As medidas provisórias editadas em data anterior à da publicação desta emenda continuam em vigor até que medida provisória ulterior as revogue explicitamente ou até deliberação definitiva do Congresso Nacional."

à saúde, à segurança e à economia públicas, o presidente do tribunal ao qual couber o conhecimento do respectivo recurso suspender, em decisão fundamentada, a execução da liminar e da sentença, dessa decisão caberá agravo, sem efeito suspensivo, no prazo de 5 (cinco) dias, que será levado a julgamento na sessão seguinte à sua interposição.

§1º Indeferido o pedido de suspensão ou provido o agravo a que se refere o caput deste artigo, caberá novo pedido de suspensão ao presidente do tribunal competente para conhecer de eventual recurso especial ou extraordinário.

§2º É cabível também o pedido de suspensão a que se refere o § 1o deste artigo, quando negado provimento a agravo de instrumento interposto contra a liminar a que se refere este artigo.

§3º A interposição de agravo de instrumento contra liminar concedida nas ações movidas contra o poder público e seus agentes não prejudica nem condiciona o julgamento do pedido de suspensão a que se refere este artigo.

§4º O presidente do tribunal poderá conferir ao pedido efeito suspensivo liminar se constatar, em juízo prévio, a plausibilidade do direito invocado e a urgência na concessão da medida.

§5º As liminares cujo objeto seja idêntico poderão ser suspensas em uma única decisão, podendo o presidente do tribunal estender os efeitos da suspensão a liminares supervenientes, mediante simples aditamento do pedido original.

2.2 Normatização vigente

O anterior estudo sobre o desenvolvimento histórico-normativo revela a problemática envolvendo o instituto jurídico-processual em estudo, consistente na multiplicidade de textos legislados e na inexistência de precisão técnica e uniformidade nas diversas normas jurídicas que disciplinam a sua aplicação. Deste modo, considera-se importante explicitar quais daquelas normas jurídicas encontram-se atualmente em vigor.

A Constituição Federal Brasileira de 1988 não contém nenhuma norma jurídica que expressamente preveja a suspensão dos efeitos de tutelas jurisdicionais no direito pátrio, muito embora tal previsão, em nível constitucional, não seja estranha ao ordenamento jurídico brasileiro, conforme se observa ao analisar a Constituição Federal de 1967, substituída pela EC nº 1/69, e alterada pela EC nº 7/77.

Outrossim, releva considerar que os diversos dispositivos constitucionais que estabelecem normas processuais, os quais se encontram dispostos em vários art.s da Constituição Federal de 1988, devem ser observados no processamento da suspensão dos efeitos de tutelas jurisdicionais. E embora a necessidade de aplicação destas *normas processuais constitucionais* não se encontre prevista em qualquer das leis especiais que regulam a matéria, tal aplicação decorre obviamente da própria supremacia constitucional. Dentre tais dispositivos constitucionais, pode-se elencar o disposto no art. 5º, inc. LIV,[61] que prescreve o princípio do *devido processo legal*, postulado constitucional do processo civil; no art. 5º, inc. LV, que estabelece a observância do princípio da *ampla defesa* e do *contraditório*[62] em favor de quaisquer dos litigantes em processos judiciais; no art. 5º, inc. LVI,[63] que torna inadmissíveis, no processo civil, as *provas obtidas por meios ilícitos*; no art. 5º, inc. LX,[64] que dispõe sobre o princípio da *publicidade* dos atos processuais; e no art. 93, inc. IX,[65] que impõe o dever de *motivação das decisões judiciais*, sob pena de nulidade.

Mas incumbe, quase integralmente à *legislação ordinária federal*, a regulamentação do instituto jurídico-processual estudado, considerando o disposto no art. 22, inc. I, da Constituição Federal,[66] que estabelece competir exclusivamente à União a edição de normas jurídicas de natureza processual, e, especificamente, de natureza processual civil. Deste modo, desde a criação da suspensão da execução de tutela jurisdicionais no direito brasileiro, diversas leis foram especialmente editadas visando a sua regulação, dentre as quais as que ora se encontram vigentes:

---

[61] "LIV - ninguém será privado da liberdade ou de seus bens sem o devido processo legal."

[62] "LV - aos litigantes, em processo judicial ou administrativo, e aos acusados em geral são assegurados o contraditório e ampla defesa, com os meios e recursos a ela inerentes."

[63] "LVI - são inadmissíveis, no processo, as provas obtidas por meios ilícitos."

[64] "LX - a lei só poderá restringir a publicidade dos atos processuais quando a defesa da intimidade ou o interesse social o exigirem."

[65] "IX - todos os julgamentos dos órgãos do Poder Judiciário serão públicos, e fundamentadas todas as decisões, sob pena de nulidade, podendo a lei, se o interesse público o exigir, limitar a presença, em determinados atos, às próprias partes e a seus advogados, ou somente a estes."

[66] "Art. 22. Compete privativamente à União legislar sobre:
I - direito civil, comercial, penal, processual, eleitoral, agrário, marítimo, aeronáutico, espacial e do trabalho."

1. A Lei nº 12.016/2009, que revogou as leis nº 1.533/51 e a lei nº 4.348/64, com o seu art. 15.[67] Referidas normas assim dispunham:

a) Lei nº 4.348/64, com as alterações implementadas pela MP nº 2.180/2001:

Art. 4º. Quando, a requerimento de pessoa jurídica de direito público interessada e para evitar grave lesão à ordem, à saúde, à segurança e à economia públicas, o presidente do tribunal, ao qual couber o conhecimento do respectivo recurso (vetado), suspender, em despacho fundamentado, a execução da liminar, e da sentença, dessa decisão caberá agravo, sem efeito suspensivo, no prazo de dez (10) dias, contados da publicação do ato.

§1º Indeferido o pedido de suspensão ou provido o agravo a que se refere o caput, caberá novo pedido de suspensão ao Presidente do Tribunal competente para conhecer de eventual recurso especial ou extraordinário.

§2º Aplicam-se à suspensão de segurança de que trata esta Lei, as disposições dos §§5º a 8º do art. 4º da Lei nº 8.437, de 30 de junho de 1992.

b) A Lei nº 1.533/51, com as alterações implementadas pela Lei nº 6.014/73, por seu turno, assim determinava:

Art 13. Quando o mandado for concedido e o Presidente do Tribunal, ao qual competir o conhecimento do recurso, ordenar ao juiz a suspensão da execução da sentença, desse seu ato caberá agravo para o Tribunal que presida.

---

[67] "Art. 15. Quando, a requerimento de pessoa jurídica de direito público interessada ou do Ministério Público e para evitar grave lesão à ordem, à saúde, à segurança e à economia públicas, o presidente do tribunal ao qual couber o conhecimento do respectivo recurso suspender, em decisão fundamentada, a execução da liminar e da sentença, dessa decisão caberá agravo, sem efeito suspensivo, no prazo de 5 (cinco) dias, que será levado a julgamento na sessão seguinte à sua interposição.

§1º Indeferido o pedido de suspensão ou provido o agravo a que se refere o caput deste artigo, caberá novo pedido de suspensão ao presidente do tribunal competente para conhecer de eventual recurso especial ou extraordinário.

§2º É cabível também o pedido de suspensão a que se refere o § 1o deste artigo, quando negado provimento a agravo de instrumento interposto contra a liminar a que se refere este artigo.

§3º A interposição de agravo de instrumento contra liminar concedida nas ações movidas contra o poder público e seus agentes não prejudica nem condiciona o julgamento do pedido de suspensão a que se refere este artigo.

§4º O presidente do tribunal poderá conferir ao pedido efeito suspensivo liminar se constatar, em juízo prévio, a plausibilidade do direito invocado e a urgência na concessão da medida.

§5º As liminares cujo objeto seja idêntico poderão ser suspensas em uma única decisão, podendo o presidente do tribunal estender os efeitos da suspensão a liminares supervenientes, mediante simples aditamento do pedido original."

2. Lei nº 7.347/85:

Art. 12. (...).

§1º A requerimento de pessoa jurídica de direito público interessada, e para evitar grave lesão à ordem, à saúde, à segurança e à economia pública, poderá o Presidente do Tribunal a que competir o conhecimento do respectivo recurso suspender a execução da liminar, em decisão fundamentada, da qual caberá agravo para uma das turmas julgadoras, no prazo de 5 (cinco) dias a partir da publicação do ato.

3. Lei nº 8.038/90:

Art. 25. Salvo quando a causa tiver por fundamento matéria constitucional, compete ao Presidente do Superior Tribunal de Justiça, a requerimento do Procurador-Geral da República ou da pessoa jurídica de direito público interessada, e para evitar grave lesão à ordem, à saúde, à segurança e à economia pública, suspender, em despacho fundamentado, a execução de liminar ou de decisão concessiva de mandado de segurança, proferida, em única ou última instância, pelos Tribunais Regionais Federais ou pelos Tribunais dos Estados e do Distrito Federal.

1º O Presidente pode ouvir o impetrante, em cinco dias, e o Procurador-Geral quando não for o requerente, em igual prazo.

2º Do despacho que conceder a suspensão caberá agravo regimental.

3º A suspensão de segurança vigorará enquanto pender o recurso, ficando sem efeito, se a decisão concessiva for mantida pelo Superior Tribunal de Justiça ou transitar em julgado.

4. Lei nº 8.437/92, com as alterações da MP nº 2.180/2001:

Art. 4º. Compete ao presidente do tribunal, ao qual couber o conhecimento do respectivo recurso, suspender, em despacho fundamentado, a execução da liminar nas ações movidas contra o Poder Público ou seus agentes, a requerimento do Ministério Público ou da pessoa jurídica de direito público interessada, em caso de manifesto interesse público ou de flagrante ilegitimidade, e para evitar grave lesão à ordem, à saúde, à segurança e à economia públicas.

§1º Aplica-se o disposto neste artigo à sentença proferida em processo de ação cautelar inominada, no processo de ação popular e na ação civil pública, enquanto não transitada em julgado.

§2º O Presidente do Tribunal poderá ouvir o autor e o Ministério Público, em setenta e duas horas.

§3º Do despacho que conceder ou negar a suspensão, caberá agravo, no prazo de cinco dias, que será levado a julgamento na sessão seguinte a sua interposição.

§4º Se do julgamento do agravo de que trata o §3º resultar a manutenção ou o restabelecimento da decisão que se pretende suspender, caberá novo pedido de suspensão ao Presidente do Tribunal competente para conhecer de eventual recurso especial ou extraordinário.

§5º É cabível também o pedido de suspensão a que se refere o §4º, quando negado provimento a agravo de instrumento interposto contra a liminar a que se refere este artigo.

§6º A interposição do agravo de instrumento contra liminar concedida nas ações movidas contra o Poder Público e seus agentes não prejudica nem condiciona o julgamento do pedido de suspensão a que se refere este artigo.

§7º O Presidente do Tribunal poderá conferir ao pedido efeito suspensivo liminar, se constatar, em juízo prévio, a plausibilidade do direito invocado e a urgência na concessão da medida.

§8º As liminares cujo objeto seja idêntico poderão ser suspensas em uma única decisão, podendo o Presidente do Tribunal estender os efeitos da suspensão a liminares supervenientes, mediante simples aditamento do pedido original.

§9º A suspensão deferida pelo Presidente do Tribunal vigorará até o trânsito em julgado da decisão de mérito na ação principal.

5. Lei nº 9.494/97:

Art. 1º. Aplica-se à tutela antecipada prevista nos arts. 273 e 461 do Código de Processo Civil o disposto nos arts. 5º e seu parágrafo único e 7º da Lei nº4.348, de 26 de junho de 1964, no art. 1º e seu §4º da Lei nº 5.021, de 9 de junho de 1966, e nos arts. 1º, 3º e 4º da Lei nº 8.437, de 30 de junho de 1992.

6. Lei nº 9.507/97:

Art. 16. Quando o *habeas data* for concedido e o Presidente do Tribunal ao qual competir o conhecimento do recurso ordenar ao juiz a suspensão da execução da sentença, desse seu ato caberá agravo para o Tribunal a que presida.

Vale salientar, ademais, que a disciplina da suspensão da execução de tutelas jurisdicionais em nosso ordenamento não se faz unicamente pelas diversas leis especialmente editadas para sua normatização, posto que diversos dispositivos do próprio Código de Processo Civil Brasileiro[68] se aplicam ao instituto em estudo, de modo subsidiário, nas questões em que forem omissas as mencionadas leis especiais.

E vários argumentos podem ser adotados para justificar a *aplicação subsidiária* do Código de Processo Civil ao processamento

---

[68] Lei nº 5.869, de 11.1.1973.

do pedido de suspensão, principalmente aquele que se assenta na necessidade de assegurar a *plenitude do ordenamento jurídico*, um dos postulados do positivismo jurídico, considerando-se, obviamente, que as leis especiais que regulam a suspensão da execução de decisões judiciais não esgotam todas as questões decorrentes da aplicação prática do instituto. E de acordo com o próprio Código de Processo Civil, em seu art. 272, parágrafo único,[69] suas normas devem ser aplicadas subsidiariamente em quaisquer dos procedimentos de natureza civil, posto que os seus termos, nos moldes do seu art. 1.211,[70] regem o processo civil em todo o território brasileiro. Diversas normas do Código de Processo Civil, portanto, desde que compatíveis com as peculiaridades da suspensão da execução de tutelas jurisdicionais, devem ser observadas no seu processamento, dentre as quais se destacam as dispostas no seu Livro I, que estabelece normas sobre o processo de conhecimento, nele inseridos o seu Título I, que dispõe sobre a jurisdição e a ação; o seu Título II, que estabelece regras sobre as partes e os seus respectivos procuradores; em seu Título IV, que regula a atuação dos órgãos judiciários e dos auxiliares da justiça; em seu Título V, que regula os atos processuais; em seu Título VI, que dispõe sobre a formação, suspensão e extinção do processo; e em seu Título VIII, que regula o procedimento ordinário.

Além disso, os Regimentos Internos dos diversos Tribunais Brasileiros, editados segundo o art. 96, inc. I, da Constituição Federal de 1988, constituem importantes fontes normativas para o regramento da matéria no que tange à competência dos órgãos jurisdicionais incumbidos da análise e julgamento do pedido de suspensão, bem como do seu respectivo processamento.

O Regimento Interno do Supremo Tribunal Federal, publicado em 15.10.1980, disciplina, em seu art. 297 e parágrafos, a suspensão da execução de tutelas jurisdicionais exaradas em mandados de segurança:

---

[69] "Art. 272. (...)

Parágrafo único. O procedimento especial e o procedimento sumário regem-se pelas disposições que lhe são próprias, aplicando-se-lhes, subsidiariamente, as disposições gerais do procedimento ordinário".

[70] "Art. 1.211. Este Código regerá o processo civil em todo o território brasileiro. Ao entrar em vigor, suas disposições aplicar-se-ão desde logo aos processos pendentes".

Art. 297. Pode o Presidente, a requerimento do Procurador-Geral, ou da pessoa jurídica de direito público interessada, e para evitar grave lesão à ordem, à saúde, à segurança e à economia pública, suspender, em despacho fundamentado, a execução de liminar, ou da decisão concessiva de mandado de segurança, proferida em única ou última instância, pelos tribunais locais ou federais.

§1º O Presidente pode ouvir o impetrante, em cinco dias, e o Procurador-Geral, quando não for o requerente, em igual prazo.

§2º Do despacho que conceder a suspensão caberá agravo regimental.

§3º A suspensão de segurança vigorará enquanto pender o recurso, ficando sem efeito, se a decisão concessiva for mantida pelo Supremo Tribunal Federal ou transitarem em julgado.

O Regimento Interno do Superior Tribunal de Justiça, a seu turno, publicado em 7.7.1989, com as alterações da Emenda Regimental nº 1, de 23.5.1991, e da Emenda Regimental nº 7, de 1º.3.2004, assim dispõe sobre a suspensão da execução de tutelas jurisdicionais:

Art. 271. Poderá o Presidente do Tribunal, a requerimento da pessoa jurídica de direito público interessada ou do Procurador-Geral da República, e para evitar grave lesão à ordem, à saúde, à segurança e à economia públicas, suspender, em despacho fundamentado, a execução de liminar ou de decisão concessiva de mandado de segurança, proferida, em única ou última instância, pelos Tribunais Regionais Federais ou pelos Tribunais dos Estados e do Distrito Federal. Igualmente, em caso de manifesto interesse público ou de flagrante ilegitimidade e para evitar grave lesão à ordem, à saúde, à segurança e à economia públicas, poderá o Presidente do Tribunal suspender, em despacho fundamentado, a requerimento do Ministério Público ou da pessoa jurídica de direito público interessada, a execução da liminar nas ações movidas contra o Poder Público ou seus agentes que for concedida ou mantida pelos Tribunais Regionais Federais ou pelos Tribunais dos Estados e do Distrito Federal, inclusive em tutela antecipada, bem como suspender a execução de sentença proferida em processo de ação cautelar inominada, em processo de ação popular e em ação civil pública, enquanto não transitada em julgado.

§1º O Presidente poderá ouvir o impetrante, em cinco dias, e, o Procurador-Geral, quando este não for o requerente, em igual prazo.

§2º Da decisão a que se refere este artigo, se concessiva da suspensão, caberá agravo regimental, no prazo de dez dias, para a Corte Especial.

§3º A suspensão vigorará enquanto pender o recurso, ficando sem efeito se a decisão concessiva for mantida pelo Superior Tribunal de Justiça ou transitar em julgado.

Não se pode descartar, ademais, em face do princípio da plenitude do ordenamento jurídico, que a suspensão da execução de tutela jurisdicional admite, em algumas hipóteses, a utilização da analogia, do costume e dos princípios gerais do direito,[71] consoante autorizam o art. 4º da Lei de Introdução ao Código Civil Brasileiro[72] e o art. 126 do Código de Processo Civil Brasileiro,[73] que estabelecem, respectivamente, que na hipótese de omissão da lei "o juiz decidirá o caso de acordo com a analogia, os costumes e os princípios gerais de direito" e que "o juiz não se exime de sentenciar ou despachar alegando lacuna ou obscuridade da lei" devendo aplicar as normas legais, ou, não as havendo, recorrer "à analogia, aos costumes e aos princípios gerais de direito".

---

[71] Quando o art. 13 da Lei nº 1.533/51, foi editado, revogando o art. 328 do Código de Processo Civil de 1939, deixou de elencar as hipóteses em que se faria possível a interposição do pedido de suspensão, ao contrário da norma anterior, que a permitia "para evitar lesão grave à ordem, à saúde ou à segurança pública". A ausência de regulamentação, todavia, não conferiu aos Presidentes dos Tribunais amplas prerrogativas no que pertine à possibilidade de concessão da tutela suspensiva, posto que, nas palavras de Othon Sidou, "a regra se prendia a um princípio, de modo que a faculdade não era assegurada sem freios" (Do mandado de segurança, p. 451-448).

[72] Decreto-Lei nº 4.657, de 4.9.1942.

[73] Lei nº 5.869, de 11.1.1973.

Capítulo 3

Tratamento doutrinário e jurisprudencial

O surgimento da suspensão da execução de tutelas jurisdicionais, em nosso ordenamento jurídico, através da Lei n° 191/36, inicialmente não despertou o interesse da doutrina pelo seu estudo isolado. Por muitos anos, os juristas brasileiros somente apreciaram o instituto jurídico-processual da suspensão como um dos tópicos a serem considerados na análise da própria ação mandamental, sem lhes conferir qualquer importância autônoma. E, de fato, pode-se asseverar que esta importância autônoma pouco existia, posto que além de se encontrar previsto somente num único artigo da norma que disciplinava o writ, e, portanto, ser utilizado o pedido de suspensão somente em face de decisões exaradas em mandado de segurança, o que lhe atribuía dimensão reduzida em comparação a que atualmente possui, a interposição do pedido de suspensão pelo Poder Público não se fazia numerosa. Coube, portanto, aos processualistas estudiosos do mandado de segurança, a realização das primeiras considerações sobre o tema ora versado, ora em artigos doutrinários, ora em obras literárias. Dentre os aludidos estudiosos, pode-se citar, a título ilustrativo, Themístocles Brandão Cavalcanti,[74] Castro Nunes,[75] Othon Sidou,[76]

---

[74] CAVALCANTI. *Do mandado de segurança.*

[75] NUNES. *Do mandado de segurança:* e de outros meios de defesa contra atos do poder público.

[76] SIDOU. *Do mandado de segurança;* SIDOU. *Habeas corpus, ação popular, mandado de segurança:* as garantias ativas dos direitos coletivos: estrutura constitucional e diretivas processuais; SIDOU. As liminares em mandado de segurança: liminar de inadmissão, liminar de exibição, liminar de concessão, liminar de suspensão. *Revista de Processo.*

Arnold Wald,[77] Celso Agrícola Barbi,[78] Hely Lopes Meirelles,[79] José Cretella Júnior,[80] Arruda Alvim,[81] Alfredo Buzaid,[82] Marco Aurélio Mendes de Farias Mello[83] e José da Silva Pacheco.[84] E dentre os juristas mais modernos, de 1990 até os dias atuais, Hugo de Brito Machado,[85] Agapito Machado,[86] Lúcia Valle Figueiredo,[87] José de Castro Meira,[88] Durval Aires Filho,[89] Mantovanni Colares Cavalcante,[90] Napoleão Nunes Maia Filho,[91] Juvêncio Vasconcelos Viana[92] e Leonardo José Carneiro da Cunha.[93]

O desenvolvimento doutrinário da matéria específica somente iniciou concomitantemente à extensão da aplicação do pedido de suspensão para outras ações judiciais diversas do mandado de segurança, o que se verificou a partir do ano de 1985, com a edição da Lei nº 7.347, também contribuindo para tanto a elevação do número de pedidos de suspensão interpostos pelo Poder Público.[94] Aviva-se, a partir de então, o interesse dos juristas pelo seu estudo autônomo, mediante a elaboração de artigos doutrinários publicados em revistas

---

[77] WALD. *Do mandado de segurança na prática judiciária.*

[78] BARBI. *Do mandado de segurança.*

[79] MEIRELLES. *Mandado de segurança.*

[80] CRETELLA JÚNIOR. *Comentários à lei do mandado de segurança.*

[81] ALVIM. Medida liminar. Hipóteses de cabimento para sua concessão. Eficácia da medida liminar. A caução e a responsabilidade por danos: revogação, caducidade, cassação, suspensão da liminar. *Revista do Curso de Direito da Universidade Federal de Uberlândia*; ALVIM. *Mandado de segurança e direito público.*

[82] BUZAID. *Do mandado de segurança.*

[83] MELLO. Mandado de segurança: recorribilidade e suspensão dos efeitos da liminar ou da sentença proferida. *Revista LTR – Legislação do Trabalho e Previdência Social.*

[84] PACHECO. *O mandado de segurança e outras ações constitucionais típicas.*

[85] MACHADO. *Mandado de segurança em matéria tributária*; MACHADO. Mandado de segurança: extensão do conceito do direito líquido e certo; discricionariedade; concessão e suspensão da execução da liminar; efeitos jurídicos. *Boletim de Direito Municipal.*

[86] MACHADO. Efeitos de liminar em "writ" cassado pelo tribunal. *Correio Braziliense.*

[87] FIGUEIREDO. *Mandado de segurança.*

[88] MEIRA. Mandado de segurança: extensão do conceito do direito liquido e certo: discricionariedade, concessão e suspensão da execução da liminar efeitos jurídicos. *Boletim de Direito Administrativo.*

[89] AIRES FILHO. *Dez faces do mandado de segurança.*

[90] CAVALCANTE. *Mandado de segurança.*

[91] MAIA FILHO. *Estudos processuais sobre o mandado de segurança.*

[92] VIANA. *Efetividade do processo em face da fazenda pública.*

[93] CUNHA. *A fazenda pública em juízo.*

[94] Desenvolvimento quantitativo do instituto.

jurídicas ou capítulos de obras literárias, por doutrinadores brasileiros dentre os quais Aristoteles Atheniense,[95] Pedro dos Santos Barcelos,[96] Antônio Vital Ramos de Vasconcelos,[97] Élio Wanderley de Siqueira Filho,[98] Francesco Conte,[99] Edgar Moury Fernandes Neto,[100] Ellen Gracie Northfleet,[101] Cristina Gutiérrez,[102] Geraldo Bemfica Teixeira,[103] Álvaro Lazzarini,[104] Andrei Pitten Velloso,[105] Arnaldo Esteves Lima,[106] Fernando da Costa Tourinho Neto,[107] Luiz Vicente de Medeiros Queiroz Neto,[108] Cândido Rangel Dinamarco,[109] José Aras,[110] Athos Gusmão Carneiro,[111] Marcela Trigo de Souza,[112] Cássio Scarpinella

---

[95] ATHENIENSE. A suspensão da liminar no mandado de segurança. *Revista de Informação Legislativa.*

[96] BARCELOS. Medidas liminares em mandado de segurança: suspensão de execução de medida liminar, suspensão de execução de sentença, medidas cautelares. *Revista dos Tribunais.*

[97] VASCONCELOS. Aspectos controvertidos da suspensão da segurança. *Repertório IOB de Jurisprudência – Civil, Processual Penal e Comercial.*

[98] SIQUEIRA FILHO. Da ultra-atividade da suspensão de liminar em writ. *Revista dos Tribunais.*

[99] CONTE. Suspensão de execução de medidas liminares e sentenças contra o poder público. *Revista de Direito da Procuradoria Geral do Estado do Rio de Janeiro.*

[100] FERNANDES NETO. Suspensão de liminar concedida em agravo de instrumento. *Repertório IOB de Jurisprudência – Civil, Processual Penal e Comercial.*

[101] NORTHFLEET. Suspensão de sentença e de liminar. *Revista do Instituto dos Advogados de São Paulo – Nova Série.*

[102] GUTIÉRREZ. Legitimidade ativa na suspensão de liminar e de sentença. *ADV Advocacia Dinâmica – Seleções Jurídicas.*

[103] TEIXEIRA. Considerações sobre a figura da suspensão da sentença concessiva da segurança em matéria tributária: A Lei nº 4.348/64. *Revista de Estudos Tributários.*

[104] LAZZARINI. A suspensão da liminar e a sentença. *Informativo Jurídico Consulex.*

[105] VELLOSO. Pedido de suspensão da execução e o princípio da inafastabilidade do controle judicial. *Boletim dos Procuradores da República.*

[106] LIMA. Suspensão da execução de liminar ou de sentença: observações. *Revista Emarf – Escola de Magistratura Regional Federal.*

[107] TOURINHO NETO. *Suspensão de segurança e de liminares pelos presidentes dos tribunais.*

[108] QUEIROZ NETO. Suspensão de segurança: uma análise à luz da doutrina e da jurisprudência. *Revista do Tribunal Regional Federal – 1ª Região.*

[109] DINAMARCO. Suspensão do mandado de segurança pelo presidente do tribunal. *ADV Advocacia Dinâmica – Seleções Jurídicas.*

[110] ARAS. A inocorrência de prejudicialidade entre o pedido de suspensão da execução de decisão liminar e agravo de instrumento com pedido de efeito suspensivo. *Jurídica – Administração Municipal.*

[111] CARNEIRO. Da intervenção da União Federal, como 'amicus curiae': ilegitimidade para, nesta qualidade, requerer a suspensão dos efeitos de decisão jurisdicional; leis nº 8437/92, art. 4º e nº 9469/97, art. 5º. Parecer. *Revista Forense.*

[112] SOUZA. O incidente da suspensão de execução de decisões liminares de sentenças no âmbito das agências reguladoras. *Revista da ABPI.*

Bueno,[113] Flávia Monteiro de Castro Brandão[114] e Belmiro Jorge Patto.[115]

Coube a Ana Luísa Celino Coutinho a edição do *primeiro livro* sobre o tema específico da suspensão da execução de tutelas jurisdicionais no direito brasileiro, mediante a publicação, no ano de 1998, mais de 54 anos após a sua instituição no direito brasileiro, da obra *Mandado de segurança*: da suspensão de segurança no direito brasileiro. Em seguida, dois anos após, no ano de 2000, Marcelo Abelha Rodrigues converte em obra literária sua tese de doutorado, *Suspensão de segurança*: sustação da eficácia de decisão judicial proferida contra o poder público, trabalho marcado por sua excelência no estudo da matéria. E, no mesmo ano, Cristina Gutiérrez também publica o livro intitulado *Suspensão de liminar e de sentença na tutela do interesse público.*

Mas as raras obras literárias editadas até o momento sobre o objeto ora estudado levaram doutrinadores como Cândido Rangel Dinamarco, a asseverar que instituto jurídico-processual em alusão "permanece à sombra dos ricos progressos da doutrina brasileira do mandado de segurança, e ainda constitui, para todos nós, intérpretes, uma verdadeira ilha de mistérios a desvendar".[116]

Se a legislação que regulamentou a suspensão dos efeitos de tutelas jurisdicionais deferidas contra o Poder Público sempre pecou por sua imprecisão técnica e falta de uniformidade e se a doutrina nacional pequena relevância atribuiu inicialmente ao estudo aprofundado e sistematizado do mesmo instituto, coube indiscutivelmente aos julgadores brasileiros a árdua tarefa de

---

[113] BUENO. *Liminar em Mandado de Segurança*: um tema com variações; BUENO. *O poder público em juízo*: as (constantes) alterações impostas pela Medida Provisória n. 1984 no Processo Civil; BUENO; SUNDFELD (Coord.). *Direito processual público*: a fazenda pública em juízo; BUENO. *Mandado de segurança*: comentários às leis n. 1.533/51, 4.348/64 e 5.021/66 e outros estudos sobre mandado de segurança; BUENO; ALVIM; WAMBIER (Coord.). *Aspectos polêmicos e atuais do mandado de segurança*: 51 anos depois; BUENO. O agravo interno e o indeferimento da suspensão de segurança: o cancelamento da súmula 506 do STF: notas para uma primeira reflexão. *Revista Dialética de Direito Processual.*

[114] BRANDÃO. A suspensão das medidas de urgência nas ações contra o poder público à luz do devido processo legal. *Revista Dialética de Direito Processual.*

[115] PATTO. Das liminares em mandado de segurança e o art. 4º da Lei 4.348/64 como norma obstaculizadora de direito fundamental. *Revista de Processo.*

[116] DINAMARCO. Suspensão do mandado de segurança pelo presidente do tribunal. *ADV Advocacia Dinâmica – Seleções Jurídicas.*

primeiramente interpretar os dispositivos normativos em alusão para sua aplicação na resolução dos casos concretos submetidos ao seu conhecimento e julgamento. Aos Presidentes e demais julgadores dos diversos Tribunais Brasileiros, portanto, deve-se grande parcela do desenvolvimento do instituto, cujos julgados exerceram e ainda exercem papel decisivo no esclarecimento de muitos aspectos necessários para sua operacionalização.

Com efeito, e somente para ilustrar a importância do trabalho jurisprudencial no desenvolvimento da presente matéria, pode-se asseverar que o Supremo Tribunal Federal, por seu Ministro Rafael Mayer, ao apreciar a Suspensão de Segurança nº 195/SP (*DJ* 10.11.1987, p. 24.698), interpretando a legislação de regência do instituto, entendeu que a legitimidade *ad causam* para o exercitamento da medida deveria também contemplar as entidades da administração indireta, revestidas de personalidade de direito privado, mas titulares de interesses públicos a serem resguardados. E recentemente, ao julgar a Questão de Ordem no Agravo Regimental na Suspensão de Segurança nº 1945/AL (*DJ* 1º.8.2003, p. 102), o mesmo Supremo Tribunal Federal, sob a relatoria do Ministro Gilmar Mendes, decidiu pelo cancelamento da Súmula nº 506, por entender que o recurso de agravo previsto na maioria das normas que disciplinam o instituto somente contra as decisões concessivas de pedidos de suspensão também poderia ser interposto contra decisões que os negasse, do mesmo modo decidindo, em seguida, o Superior Tribunal de Justiça, por sua Corte Especial, ao analisar o Agravo Regimental nº 1.204/AM (*DJ* 23.10.2003).

Capítulo 4

Direito comparado

Segundo a doutrina de Marcelo Abelha Rodrigues, *Roma* comportava figura jurídico-processual assemelhada ao instituto em análise, o que certamente inspirou a adoção de institutos dele afins não somente no Brasil, mas também em diversos outros países do mundo. Assim, mediante a *intercessio* romana, um magistrado de igual ou superior hierarquia podia determinar a suspensão da execução de uma sentença exarada por outro magistrado.[117]

Com efeito, inspirados pela *intercessio* romana, diversos ordenamentos jurídicos além do brasileiro adotaram mecanismos semelhantes ao ora estudado, para proteger relevantes interesses públicos dos efeitos da execução de tutelas jurisdicionais capazes de lhes causar graves prejuízos. E diversos institutos afins ao objeto do presente estudo podem ser encontrados em outros países do mundo, os quais, à semelhança do instituto brasileiro, tem por finalidade o resguardo de interesses da coletividade, em excepcional detrimento de interesses particulares.[118]

Na *Alemanha*, segundo Peter Häberle, o Tribunal Constitucional Federal Alemão (TCFA) somente defere medidas cautelares em recursos de amparo, os *verfassugbeschwerde*, após análise ponderativa dos *eventuais prejuízos* desta decorrentes, inclusive aqueles incidentes sobre os interesses da coletividade.[119]

---

[117] RODRIGUES. *Suspensão de segurança*: sustação da eficácia de decisão judicial proferida contra o poder público, p. 72.

[118] Segundo José Maria Othon Sidou, institutos afins ao estudado podem ser encontrados na legislação austríaca, suíça, mexicana, germânica e costa-riquense (*Do mandado de segurança*, p. 448).

[119] Segundo dispõe o art. 32º, inc. 1, da LTCFA, num litígio, o TCFA pode "regular antecipadamente uma situação através de uma medida cautelar quando tal seja necessariamente

Na *Argentina*, a Lei nº 16.986, de 1966, que regulamenta a *acción de amparo*, em seu art. 2º, "c", estabelece que a providência jurisdicional solicitada no amparo deve ser negada *quando possa comprometer, direta ou indiretamente, a prestação dos serviços públicos ou o desenvolvimento de atividades essenciais do Estado.*[120][121]

Na *Áustria*, a Lei de 1945, em seu art. 86, permite que a Corte possa determinar a suspensão da execução do ato impugnado, durante a tramitação do recurso, quando daquela possam advir *prejuízos à autoridade e ao interesse público.*[122]

Na *Costa Rica*, a Lei nº 7.135, que regulamenta a Jurisdição Constitucional, estabelecendo normas sobre os direitos e liberdades fundamentais, estabelece, em seu artigo 41, que a execução do provimento jurisdicional deferido no recurso de amparo, para determinar a suspensão dos efeitos das disposições legais ou normativas ou dos atos impugnados, poderá ser descontinuada *quando cause ou possa causar danos ou prejuízos certos e iminentes aos interesses públicos, maiores do que os que a sua execução causaria à parte promovente.*[123]

---

urgente de modo a assegurar que se evitem graves prejuízos, para impedir uma coacção ameaçadora ou por qualquer outro motivo importante em virtude do bem comum", ponderando, por um lado, as conseqüências "que se produziriam se uma medida cautelar não fosse ditada e se as medidas impugnadas no procedimento posterior fossem declaradas inconstitucionais e, por outro lado, os prejuízos que seriam gerados se a regulamentação impugnada fosse suspensa antes da decisão" (HÄBERLE. O recurso de amparo no sistema germânico de justiça constitucional. *Direito Público*, p. 127).

[120] RODRIGUES. *Suspensão de segurança*: sustação da eficácia de decisão judicial proferida contra o poder público, p. 73.

[121] Segundo a doutrina de Cássio Scarpinella Bueno, no direito argentino, "na legislação da *acción de amparo* é encontradiça disposição pela qual não será possível a intervenção judicial naqueles casos em que a proteção da afirmação de direito do impetrante puder comprometer a regularidade da *prestação do serviço público ou o desenvolvimento das atividades essenciais do Estado* – art. 2º, inciso c da Lei nº 16.986/99, naqueles casos em que possa ocorrer o comprometimento direto ou indireto da regularidade, continuidade e eficácia da prestação do serviço público" (BUENO. *Liminar em mandado de segurança*: um tema com variações, p. 215).

[122] RODRIGUES. *Suspensão de segurança*: sustação da eficácia de decisão judicial proferida contra o poder público, p. 73.

[123] "ARTÍCULO 41. La interposición del amparo no suspenderá los efectos de leyes u otras disposiciones normativas cuestionadas, pero sí la aplicación de aquellas al recurrente, así como la de los actos concretos impugnados. Sin embargo, en casos de excepcional gravedad la Sala podrá disponer la ejecución o la continuidad de la ejecución, a solicitud de la Administración de la que dependa el funcionario u órgano demandado, o aun de oficio,

Na *Espanha*, a Lei de 1956, que dispõe sobre a Jurisdição Contencioso-Administrativa, permite, em seus artigos 105 a 107, que o Conselho de Ministros suspenda a execução da liminar ou da sentença contrária à Administração Pública, em casos de *perigo de transtorno à ordem pública, temor fundado de guerra, quebra da integridade do território nacional ou prejuízo grave à fazenda pública,* caso em que o Tribunal arbitrará a corrrespondente indenização dos prejuízos resultantes do retardamento ou incumprimento, se não for possível atender, por outra forma, à eficácia do que ficou determinado na sentença.

Nos *Estados Unidos*, o *writ of mandamus* norte-americano, cabível para compelir alguém ao cumprimento de um dever legal, não se concede em face de autoridades administrativas *quando suas conseqüências sejam 'manifestamente contrárias ao interesse público'*.[124]

Na *Grã-Bretanha*, segundo leciona Themístocles Brandão Cavalcanti, a multiplicação dos *writs* do direito anglo-saxônico "grandes dissabores veio a produzir à administração pública daquele país, manietada em suas legítimas prerrogativas pelo abuso que deles se fez, especialmente do *injuction*" exigindo-se, em conseqüência, a imposição de restrições à sua utilização "como medida de ordem judiciária, a fim de evitar a colisão dos *interesses da coletividade*, representada pelo Estado e pela administração, com os interesses de natureza privada".[125]

Na *Itália*, a Lei nº 353 de 1990, o Código de Processo Civil italiano, dispõe, em seus artigos 283 e 351, que a execução provisória da sentença apelada pode ser imediatamente suspensa pelo

---

cuando la suspensión cause o amenace causar daños o perjuicios ciertos e inminentes a los intereses públicos, mayores que los que la ejecución causaría al agraviado, mediante las cautelas que considere procedentes para proteger los derechos o libertades de este último y no hacer ilusorio el efecto de una eventual resolución del recurso a su favor. La suspensión operará de pleno derecho, y se notificará sin demora al órgano o servidor contra quien se dirige el amparo, por la vía más expedita posible. De igual modo, el Presidente o el Magistrado instructor podrán dictar cualquier medida de conservación o seguridad que la prudencia aconseje, para prevenir riesgos materiales o evitar que se produzcan otros daños como consecuencia de los hechos realizados, todo conforme con las circunstancias del caso. La Sala podrá, por resolución fundada, hacer cesar en cualquier momento la autorización de ejecución o las otras medidas cautelares que se hubieren dictado."

[124] WALD. *O mandado de segurança na prática judiciária*, p. 61.

[125] CAVALCANTI. *Do mandado de segurança*, p. 29-30.

presidente do colégio incumbido do julgamento do recurso, em todo ou em parte, quando concorram *gravi motivi* e giusti motivi di urgenza.[126] A mesma norma, ademais, em seu artigo 669, estabelece que a execução do provimento cautelar pode ser suspensa pelo presidente del tribunale o della Corte investiti del reclamo, quando possa causar supervenientes e graves danos.[127] Além disso, em outros dispositivos, a mesma lei italiana prevê a possibilidade de suspensão da execução da sentença pelo próprio julgador dela prolator, ou pelo julgador responsável pela apreciação do apelo contra a mesma proposto.[128]

---

[126] "Articolo 283 (1) (2). Provvedimenti sull'esecuzione provvisoria in appello. Il giudice d'appello su istanza di parte, proposta con l'impugnazione principale o con quella incidentale, quando ricorrono gravi motivi, sospende in tutto o in parte l'efficacia esecutiva o l'esecuzione della sentenza impugnata. (1) Applicabile ai giudizi iniziati dopo il 1 gennaio 1993 nonchè alle sentenze pubblicate dopo il 19 aprile 1995. (2) Articolo cosí sostituito dall'articolo 34 della legge 353/1990. Articolo 351 (1). Provvedimenti sull'esecuzione provvisoria. Sull'istanza di cui all'art. 283 il collegio provvede con ordinanza nella prima udienza. La parte, mediante ricorso al presidente del collegio, puó chiedere che la decisione sulla sospensione sia pronunziata prima dell'udienza di comparizione. Il presidente del collegio, con decreto in calce al ricorso, ordina la comparizione delle parti davanti al collegio in camera di consiglio. Con lo stesso decreto, se ricorrono giusti motivi di urgenza, puó disporre provvisoriamente l'immediata sospensione dell'efficacia esecutiva o dall'esecuzione della sentenza; in tal caso all'udienza in camera di consiglio il collegio conferma, modifica o revoca il decreto con ordinanza non impugnabile. (1) Articolo cosí sostituito dall'articolo 56 della legge 353/1990."

[127] "Articolo 669-terdecies (1). Reclamo contro i provvedimenti cautelari. Contro l'ordinanza con la quale, prima dell'inizio o nel corno della causa di merito, sia stato concesso un provvedimento cautelare é ammesso reclamo nei termini previsti dall'articolo 739, secondo comma. Il reclamo contro i provvedimenti del pretore si propone al tribunale, quello contro i provvedimenti del giudice singolo del tribunale si propone al collegio, del quale puó far parte il giudice che ha emanato il provvedimento reclamato. Quando il provvedimento cautelare é stato emesso dalla Corte d'appello, il reclamo si propone ad altra sezione della stessa Corte o, in mancanza, alla Corte d'appello piú vicina. Il procedimento é disciplinato dagli articoli 737 e 738. Il collegio, convocate le parti, pronuncia, non oltre venti giorni dal deposito del ricorso, ordinanza non impugnabile con la quale conferma, modifica o revoca il provvedimento cautelare. Il reclamo non sospende l'esecuzione del provvedimento; tuttavia il presidente del tribunale o della Corte investiti del reclamo, quando per motivi sopravvenuti il provvedimento arrechi grave danno, puó disporre con ordinanza non impugnabile la sospensione dell'esecuzione o subordinarla alla prestazione di congrua cauzione. (1) Articolo aggiunto dall'articolo 74 della legge 353/1990."

[128] "Articolo 373. Sospensione dell'esecuzione. Il ricorso per cassazione non sospende l'esecuzione della sentenza. Tuttavia il giudice che há pronunciato la sentenza impugnata puó, su istanza di parte e qualora dall'esecuzione possa derivare grave e irreparabile danno, disporre con ordinanza non impugnabile che l'esecuzione sia sospesa o che sia prestata congrua cauzione. L'istanza si propone con ricorso al giudice di pace(1), al pretore o al presidente del collegio, il quale, con decreto in calce al ricorso, ordina la comparizione delle parti rispettivamente dinanzi a se o al collegio in camera di consiglio. Copia del ricorso e del decreto sono notificate al procuratore dell'altra parte, ovvero alla parte stessa, se questa sia stata in giudizio senza ministero di difensore o non si sia costituita Nel giudizio definito

No *México*, a Lei de 1936, que regulamenta o *juicio de amparo* mexicano, dispõe, em seu artigo 124, inciso II, que a suspensão do ato reclamado não pode ser deferida quando desta decorra *prejuízo ao interesse social ou malferimento a disposições de ordem pública*.[129] E segundo Carlos Villegas Vazquez, ao analisar a jurisprudência da Suprema Corte de Justiça do México relacionada ao incidente de suspensão do ato reclamado no *juicio de amparo* mexicano, equivalente, em nosso ordenamento, ao deferimento da medida liminar no mandado de segurança, o aludido órgão jurisdicional não acolhe pretensões autorais:

1. que malferem disposições normativas que regulamentam o trânsito, consideradas de "utilidad pública", que fomentam o desenvolvimento da agricultura, que impõem restrições para a venda de bebidas alcoólicas, posto que "la sociedad está interesada en que se combata la embriaguez", que

---

con la sentenza impugnata. Con lo stesso decreto, in casa di eccezionale urgenza puó essere disposta provvisoriamente l'immediata sospensione dell'esecuzione(2)(3). (1) Parole sostituite dall'articolo 39 della legge 374/1991. (2) Comma applicabile ai giudizi pendenti alla data del 1 gennaio 1993. (3) Comma cosí sostituito dall'articolo 63 della legge 353/1990. Articolo 431. Esecutorietá della sentenza. Le sentenze che pronunciano condanna a favore del lavoratore per crediti derivanti dai rapporti di cui all'articolo 409 sono provvisoriamente esecutive. All'esecuzione si puó procedere con la sola copia del dispositivo, in pendenza del termine per il deposito della sentenza. Il giudice di appello puó disporre con ordinanza non impugnabile che l'esecuzione sia sospesa quando dalla stessa possa derivare all'altra parte gravissimo danno. La sospensione disposta a norma del comma precedente puó essere anche parziale e, in ogni caso, l'esecuzione provvisoria resta autorizzata fino alla somma di lire 500 mila. Le sentenze che pronunciano condanna a favore del datore di lavoro sano provvisoriamente esecutive e sano soggette alla disciplina degli articoli 282 e 283 (1) (2). Il giudice di appello pro disporre con ordinanza non impugnabile che l'esecuzione sia sospesa in tutto o in parte quando ricorrono gravi motivi (1) (2). (1) Commi applicabili ai giudizi iniziati dopo il 1 gennaio 1993 nonchè alle sentenze pubblicate dopo il 1 9 aprile 1995. (2) Commi aggiunti dall'articolo 69 della legge 353/1990."

[129] "Artículo 124.- Fuera de los casos a que se refiere el artículo anterior, la suspensión se decretara cuando concurran los requisitos siguientes: I.- que la solicite el agraviado; II.- que no se siga perjuicio al interés social, ni se contravengan disposiciones de orden público. Se considerara, entre otros casos, que si se siguen esos perjuicios o se realizan esas contravenciones, cuando, de concederse la suspensión se continúe el funcionamiento de centros de vicio, de lenocinios, la producción y el comercio de drogas enervantes; se permita la consumación o continuación de delitos o de sus efectos, o el alza de precios con relación a artículos de primera necesidad o bien de consumo necesario; se impida la ejecución de medidas para combatir epidemias de carácter grave, el peligro de invasión de enfermedades exóticas en el país, o la campaña contra el alcoholismo y la venta de sustancias que envenenen al individuo o degeneren la raza; o se permita el incumplimiento de las ordenes militares; III.- que sean de difícil reparación los daños o perjuicios que se causen al agraviado con la ejecución del acto. El juez de distrito, al conceder la suspensión, procurará fijar la situación en que habrán de quedar las cosas y tomará las medidas pertinentes para conservar la materia del amparo hasta la terminación del juicio."

regulamentam a instalação de "boticas, droguerías, farmacias, laboratorios y establecimientos similares";

2. que resultam em infringência às normas que definem o patrimônio do Estado, "en el cumplimiento de las cuales está interessada de modo directo la comunidad", porque "con ello se perjudicará a la sociedad" e têm "por objeto satisfacer necesidades de orden público";

3. que obstruem atos administrativos exarados para impedir o exercício ilegal da medicina, para averiguar a prática de delitos, para suprimir os "juegos de azar", para "proveer a la conservación de las buenas costumbres", que aprovam a construção da "cámara nacional de la industria de transformación, (...) porque de hacerlo, se afectaría el interés general", que expropriam bens de utilidade pública, posto que "dictada en beneficio social (...), con fundamento en la fracción II del artículo 2 de la Ley de Amparo, que salvaguarda el interés general y la aplicación de disposiciones de orden público, por encima del perjuicio que pudieran resentir los particulares, con la ejecución de actos de la naturaleza (...)", que deporta "extranjeros perniciosos";

4. que determinam a suspensão da cobrança de quotas para o "Instituto Mexicano del Seguro Social" ou a cobrança de impostos.[130] [131]

Deste modo, não somente o Brasil contém instrumentos processuais aptos para impedir que os efeitos normais decorrentes da execução provisória de tutelas jurisdicionais possa malferir interesses que toda a sociedade considera relevantes.

---

[130] VILLEGAS VAZQUEZ. *El incidente de suspensión del acto reclamado en el juicio de amparo*: prontuario de jurisprudencia, p. 19-97.

[131] Ao analisar o *juicio de amparo* mexicano, Themístocles Brandão Cavalcanti leciona que a suspensão do ato impugnado está condicionada ao interesse público (*Do mandado de segurança*, p. 40). No mesmo sentido, doutrina Cássio Scarpinella Bueno: "Não é outra a realidade normativa do *juicio de amparo* do direito mexicano, no qual não é possível a suspensão do ato impugnado, dentre outros motivos impertinentes para este item, quando ocorra prejuízo ao interesse social ou quando entre em conflito com a ordem pública" (*Liminar em Mandado de Segurança*: um tema com variações, p. 216-217).

Capítulo 5

Hipóteses de cabimento

Sumário: 5.1 Hipóteses de cabimento em espécie - **5.1.1** Mandados de segurança - **5.1.2** Ações civis públicas, ações cautelares inominadas e ações populares - **5.1.3** Ações judiciais diversas: tutelas jurisdicionais antecipadas - **5.1.4** *Habeas data* - **5.2** Tutelas jurisdicionais prolatadas em juízo cível ou criminal

A partir da análise das normas jurídicas que regem o instituto jurídico-processual em estudo, podem-se arrolar as várias hipóteses em que se faz cabível a interposição do pedido de suspensão, o que ocorre ora para sustar os efeitos normais decorrentes de tutelas jurisdicionais cautelares, tutelas jurisdicionais antecipatórias e tutelas jurisdicionais definitivas, nos moldes legalmente previstos.

Neste ínterim, convém tecer breves considerações sobre o que deve ser entendido por tutela jurisdicional cautelar, tutela jurisdicional antecipatória e tutela jurisdicional definitiva, todas passíveis de terem os seus efeitos normais suspensos, nas hipóteses legais adiante ventiladas. Considerando, ademais, que a legislação aplicável ao instituto utiliza em diversas ocasiões a expressão "liminares", convém estudarmos também o que deve ser entendido por tutela jurisdicional liminar.

O Estado moderno, ao implantar o positivismo jurídico, além constituir um conjunto de regras destinadas a regular as atividades dos indivíduos e do próprio Estado, aboliu a possibilidade de que os indivíduos, por seus próprios meios e forças, pudessem conquistar os diversos bens da vida objeto dos seus interesses. Segundo Norberto Bobbio, o direito positivo surgiu exatamente para determinar a cessação do exercício indiscriminado do poder pelos indivíduos, mediante a instituição de regras sobre o exercício deste mesmo poder, o qual somente poderia ser desempenhado pelo Estado, diante de determinadas situações legalmente previstas, e ainda segundo os termos e os limites também estabelecidos pelo direito.[132]

O monopólio do exercício do poder pelo Estado dele exigiu:

1. a implementação de diversas normas jurídicas reguladoras da distribuição dos diversos bens da vida entre os indivíduos (direito material);

2. a instalação de diversos órgãos e agentes encarregados de desempenhar o poder estatal nas hipóteses em que as diversas normas jurídicas reguladoras da distribuição dos diversos bens não forem observadas espontaneamente, motivando o surgimento de conflitos entre os indivíduos (órgãos jurisdicionais e seus agentes); e

3. a instituição de diversas normas jurídicas regentes da atuação dos indivíduos e do próprio Estado diante dos conflitos decorrentes da distribuição dos bens da vida (direito processual).

Nas hipóteses em que as normas jurídicas reguladoras da distribuição dos diversos bens da vida não são observadas espontaneamente pelos indivíduos, a manutenção do convívio social reclama a intervenção estatal, que se manifesta, a pedido destes mesmos indivíduos, pelo exercício da função jurisdicional através dos diversos órgãos jurisdicionais e de seus agentes.

A tutela jurisdicional, portanto, pode ser conceituada como a manifestação dos órgãos jurisdicionais, exarada por seus agentes, através do qual o poder estatal se exprime para a solução dos conflitos, mediante a aplicação das normas jurídicas reguladoras da distribuição dos bens da vida entre os indivíduos. Ou, nas palavras de Giuseppe Chiovenda, corresponde à "atuação da vontade concreta da lei, relativamente a um bem da vida".[133]

---

[132] BOBBIO. *O positivismo jurídico*: lições de filosofia do direito, p. 158.
[133] CHIOVENDA. *Instituições de direito processual civil*, p. 59.

A tutela jurisdicional, outrossim, como manifestação do poder estatal, no Estado moderno, somente se revela nos moldes do que determinam as diversas normas jurídicas estabelecidas pelo próprio Estado, as quais estabelecem, dentre muitos postulados, a impossibilidade de que o Estado atue sem que o próprio indivíduo requeira a sua atuação (*nemo iudex sine actore; ne procedat iudex ex officio*), e a correspondente impossibilidade de que o mesmo Estado atue de modo diverso do pretendido pelo indivíduo (*ne eat iudex ultra petita partium*). Sobre o "principio dell'iniziativa di parte", doutrina Enrico Tullio Liebman que "è il principio fondamentale che fissa il rapporto tra le parti e l'esercizio della funzione giurisdizionale: l'autorità giudiziaria provvede di regola ad esercitare le sua funzioni soltanto quando la parte gliene fa domanda (...). Dall'enunciato principio descende la conseguenza che il guidice non può pronunciare oltre i limite della domanda, nè su eccezioni che posono essere proposte soltanto dalla parti (...)".[134] E orientando-se pelos citados postulados, dispôs o Código de Processo Civil Brasileiro,[135] em seu art. 2º, que "nenhum juiz prestará a tutela jurisdicional senão quando a parte ou o interessado a requerer, nos casos e forma legais"; em seu art. 128, que "o juiz decidirá a lide nos limites em que foi proposta, sendo-lhe defeso conhecer de questões, não suscitadas, a cujo respeito a lei exige a iniciativa da parte"; e em seu art. 460, que "é defeso ao juiz proferir sentença, a favor do autor, de natureza diversa da pedida, bem como condenar o réu em quantidade superior ou em objeto diverso do que lhe foi demandado".

Ainda da estreita correlação existente entre a postulação do indivíduo para que o Estado atue na solução dos conflitos (exercício do direito de ação), e a manifestação do poder estatal (tutela jurisdicional) para solver estes mesmos conflitos, decorre a principal classificação das ações e das respectivas tutelas jurisdicionais, as quais assumem, de acordo com a mesma classificação, a natureza de cognitivas, cautelares e executivas.

---

[134] LIEBMAN. *Manuale di diritto processuale civile*, p. 28.
[135] Lei nº 5.869/73.

As ações são classificadas em cognitivas quando os indivíduos postulam dos órgãos jurisdicionais o conhecimento dos fatos que lhe são postos, a avaliação destes fatos diante das normas jurídicas abstratamente aplicáveis à espécie e a determinação das conseqüências jurídicas decorrentes da incidência das normas jurídicas sobre os mesmos fatos, mediante a produção da norma jurídica concreta incidente sobre o caso. A tutela jurisdicional, portanto, será cognitiva, quando os órgãos jurisdicionais, para prestarem a tutela jurisdicional postulada, tenham que exercer o prévio conhecimento dos fatos, avaliar estes mesmos fatos em conjunto com as normas jurídicas abstratamente vigentes, e finalmente elaborar a norma jurídica concreta necessária para a solução do conflito entre os indivíduos.[136] As ações e as tutelas jurisdicionais cognitivas podem ainda ser classificadas em declaratórias, condenatórias ou constitutivas, consoante tenham preponderantemente por objeto, respectivamente:

1. a declaração sobre a existência ou inexistência de uma relação jurídica ou situação jurídica, ou sobre a veracidade ou falsidade de um documento;

2. a imposição de uma sanção jurídica àquele responsável pela lesão ao direito; ou

3. a criação, modificação ou extinção de uma relação jurídica ou situação jurídica.

Segundo as lições do processualista italiano Piero Calamandrei, as ações e as tutelas jurisdicionais cautelares destinam-se a conservar as condições fáticas idôneas para que os provimentos jurisdicionais que lhe são sucessivos possam ser executados de

---

[136] Segundo José de Albuquerque Rocha, as "ações de conhecimento são aquelas que tendem a provocar um juízo no sentido preciso do termo, ou seja, um julgamento sobre a situação jurídica afirmada pelo autor. A ação é dita de conhecimento justamente porque nela o órgão jurisdicional exerce uma função preponderantemente cognoscitiva, ou seja, nela o órgão jurisdicional é chamado a conhecer os fatos e os argumentos alegados pelas partes para, em conseqüência, julgar por sentença qual delas tem razão, ou seja, formular a norma jurídica concreta que deve regular a situação afirmada pelo autor". Para o mesmo jurista cearense, nas ações de conhecimento, o juiz realiza três operações básicas: "a) conhece os fatos da realidade alegados pelas partes; b) avalia juridicamente esses fatos à luz das normas a eles aplicáveis, o que pressupõe implicitamente um conhecimento prévio dessas normas; e c) finalmente, determina as conseqüências estabelecidas abstratamente pelas normas legais para os fatos reais, isto é, formula a norma concreta reguladora dos fatos reais a partir da norma abstrata" (*Teoria geral do processo*, p. 158.)

maneira útil.[137] Têm por objeto, portanto, eliminar ou neutralizar a ocorrência de circunstâncias fáticas capazes de impedir a efetividade de outras tutelas jurisdicionais a ela posteriores,[138] buscando eliminar os perigos de malferimento aos seus resultados práticos, assegurando-lhe a efetividade dos seus preceitos.

As ações e as correspondentes tutelas jurisdicionais executivas, a seu turno, consoante a doutrina de Enrico Tullio Liebman, tem por objeto, "quell'attività com cui gli organi giudiziari mirano a porre in essere coattivamente um risultato pratico equivalente a quello che avrebbe dovuto produrre um altro soggetto, in adempimento di um obbigo giuridico".[139] E ainda, segundo as precisas lições de Marcelo Lima Guerra, colimam "proporcionar ao titular de um direito consagrado em um título executivo, um resultado prático igual ou equivalente ao que ele obteria se o titular da respectiva obrigação a cumprisse espontaneamente",[140] finalidade esta também almejada com o permitindo, deste modo, que o processo judicial alcance o seu objetivo precípuo, qual seja o de conceder, a quem tenha um direito, tudo aquilo e exatamente aquilo que ele teria por direito caso a norma jurídica aplicável à espécie tivesse sido observada espontaneamente.[141]

As tutelas jurisdicionais, ademais, podem ainda ser classificadas em tutelas jurisdicionais liminares, tutelas jurisdicionais antecipatórias e tutelas jurisdicionais definitivas.

---

[137] CALAMANDREI. *Instituições de direito processual civil*: segundo o novo código, v. 1, p. 136-139.

[138] Nas palavras de Marcelo Lima Guerra, "a tutela cautelar se deixa definir, de uma perspectiva funcional, como aquela forma de tutela jurisdicional que visa a eliminar ou neutralizar um *periculum in mora*, ou seja, que se destina a garantir a prestação efetiva de outra forma de tutela jurisdicional, evitando ou neutralizando a ocorrência de determinadas circunstâncias fáticas que, uma vez verificadas, obstariam à efetividade de tal prestação" (*Estudos sobre o processo cautelar*, p. 15).

[139] LIEBMAN. *Manuale di diritto processuale civile*, p. 80.

[140] GUERRA. *Execução forçada*: controle de admissibilidade, p. 16.

[141] Para Piero Calamandrei, "a principal finalidade da garantia jurisdicional é a de agir na vida das relações humanas de forma a conseguir, independentemente da vontade do obrigado, o mesmo resultado prático (ou um resultado equivalente) que se teria alcançado se a norma jurídica tivesse sido observada voluntariamente" (*Instituições de direito processual civil*: segundo o novo código, v. 1, p. 123). Para Giuseppe Chiovenda, a seu turno, "o processo deve dar, quanto for possível praticamente, a quem tenha um direito, tudo aquilo e exatamente aquilo que ele tenha direito de conseguir" (*Instituições de direito processual civil*, v. 1, p. 67).

A rigor, por tutelas jurisdicionais liminares devemos entender aquelas manifestações jurisdicionais prolatadas no limiar do desenvolvimento processual, em ocasião anterior à própria manifestação da parte contrária, para evitar ou impedir a iminente periclitação do suposto direito subjetivo[142] objeto da demanda. Possuem por característica fundamental o fato de serem exaradas no princípio do processo, em face de situação de urgência passível de inviabilizar a tutela jurisdicional definitiva que lhe segue. Podem possuir contornos cautelares e antecipatórios, consoante visem, respectivamente, à conservação dos resultados práticos de outra manifestação jurisdicional ameaçada por um *periculum in mora*,[143] ou, à efetiva precipitação dos efeitos da manifestação jurisdicional definitiva, nos casos legalmente previstos e quando presentes os pressupostos fáticos e jurídicos delas autorizadores segundo as normas jurídicas processuais aplicáveis.[144]

As tutelas jurisdicionais antecipatórias,[145] como acima adiantado, são aquelas exaradas com a finalidade de precipitar os efeitos da tutela jurisdicional definitiva, nas hipóteses legalmente previstas e diante do atendimento dos pressupostos fáticos e jurídicos delas autorizadores, buscando evitar a incidência dos males decorrentes do tempo necessário para o desenvolvimento e conclusão do processo, permitindo que as partes satisfaçam suas pretensões em ocasião anterior ao deferimento da tutela jurisdicional definitiva, mediante a própria fruição antecipada dos bens da vida por elas postulados.[146] Podem ser exaradas liminarmente, no limiar do processo, em ocasião anterior à manifestação da parte contrária; em

---

[142] Segundo Giuseppe Chiovenda, o direito subjetivo pode ser definido como "a expectativa de um bem da vida garantido pela vontade da lei" (*Instituições de direito processual civil*, v. 1, p. 17).

[143] Deste grupo são exemplos as tutelas liminares exaradas em mandado de segurança, ação direta de inconstitucionalidade, ação civil pública e outras.

[144] Deste grupo são exemplos as tutelas liminares exaradas em ações possessórias, ações de despejo, ações de alimentos, e outras.

[145] Deste grupo são exemplos as tutelas antecipatórias previstas no artigo 273 do Código de Processo Civil Brasileiro.

[146] Segundo doutrina Arruda Alvim, o *nomem iuris* do instituto, tutela antecipatória, revela que "poderá ser concedida a própria tutela, tal como constante no pedido, acolhendo-o totalmente ou em parte, e que essa poderá ser concedida antes do momento normal para a sua concessão" (*Manual de direito processual civil*, v. 2, p. 391-392).

ocasião posterior à manifestação da parte contrária; ou ainda, em conjunto com a decisão definitiva.

Por fim, a tutela jurisdicional definitiva corresponde àquele "atto di autorità, dotato di effficacia vincolante, come formulazione della volontà normativa dello Stato per il caso sottoposto a giudizio",[147] capaz de determinar a finalização da relação jurídico-processual. A tutela jurisdicional definitiva, como manifestação decisória do órgão jurisdicional, pode concluir no sentido de que:

1. o processo desenvolveu-se segundo as normas processuais, e deve culminar:
   a) com a procedência do pedido da parte autora, posto que este se coaduna com as normas materiais; ou
   b) com a improcedência do pedido da parte autora, posto que este não se coaduna com as normas materiais;

2. o processo não se desenvolveu segundo as normas processuais. Quando proferidas em primeiro grau de jurisdição, as tutelas jurisdicionais definitivas são denominadas sentenças; quando proferidas em segundo grau de jurisdição, acórdãos colegiados ou decisões monocráticas.

Retomando o estudo das hipóteses de cabimento do pedido de suspensão, se disse acima que este se faz possível para sustar os efeitos normais decorrentes de tutelas jurisdicionais cautelares, tutelas jurisdicionais antecipatórias e tutelas jurisdicionais definitivas, nos casos previstos na legislação.

Esta legislação, entretanto, responsável pela regulamentação do pedido de suspensão no direito brasileiro, padece de inúmeras *impropriedades terminológicas.*

Como falado acima, ao disciplinar o cabimento do pedido de suspensão, a legislação utilizou a expressão "liminares", sendo esta, contudo, imprópria para caracterizar todas as hipóteses em que se faz possível o seu ajuizamento. Isto porque, conforme estudado acima, por tutela jurisdicional liminar deve-se entender aquelas manifestações jurisdicionais prolatadas no limiar do desenvolvimento

---

[147] LIEBMAN. *Manuale di diritto processuale civile*, p. 199.

processual, em ocasião anterior à própria manifestação da parte contrária, para evitar ou impedir a iminente periclitação do suposto direito subjetivo objeto da demanda, decorrente de situação de urgência passível de inviabilizar a tutela jurisdicional definitiva que lhe segue. As leis nº 4.348/64, nº 7.347/85, nº 8.038/90 e nº 8.437/92, contudo, ao utilizarem a expressão "liminares", não tinham por escopo permitir que somente as tutelas jurisdicionais de urgência deferidas *inaudita altera pars* pudessem ser objeto do pedido de suspensão, mas todas aquelas deferidas com intuitos cautelares ou antecipatórios, liminarmente ou após a audiência da parte contrária. Deste modo, sem atentar para o rigor terminológico, a legislação utilizou a expressão "liminares" para nominar providências jurisdicionais variadas,[148] quando, em verdade, deveria ter utilizado a expressão "tutelas jurisdicionais cautelares ou antecipatórias". Em outros termos, *dixit minus quam voluit.*

Além disso, ao utilizarem a expressão "sentença", as leis em comento também disseram menos do que intecionavam, pois não somente a sentença, providência jurisdicional definitiva exarada pelos juízes de primeiro grau, se faz passível de suspensão, sendo também os acórdãos colegiados e as decisões monocráticas exaradas pelos diversos Tribunais brasileiros nas hipóteses de exercício de suas competências originárias. A legislação, pois, se mais atenta ao direito processual, deveria ter adotado a expressão "tutela jurisdicional definitiva".

Não se pode ainda deixar de registrar que as normas não se encontram dispostas em texto único, utilizando-se o instituto de legislação dispersa e comumente adepta a aplicações referenciadas,[149] dificultando sua operacionalização pelos juristas.

Diante destas considerações, que retratam algumas das deficiências encontradas na legislação, pode-se apontar como hipóteses de cabimento do pedido de suspensão no direito brasileiro, segundo esta mesma legislação.

---

[148] Segundo Marcelo Lima Guerra, no direito brasileiro, "há *medidas* ou *providências* jurisdicionais com contornos e feições diversas, mas reconhecidas pela idêntica denominação de *medidas liminares*" (*Estudos sobre o processo cautelar*, p. 81).

[149] Aplica-se à (...) o disposto no (...).

5.1 Hipóteses de cabimento em espécie

5.1.1 Mandados de segurança

A Lei nº 12.016/2009 (que revogou a Lei nº 4.348/64), em seu art. 15, prevê a hipótese do cabimento do pedido de suspensão em face de decisões concessivas de *liminares* (tutelas jurisdicionais cautelares ou antecipatórias, liminares ou não liminares) e/ou de *sentenças* (tutelas jurisdicionais definitivas) acolhedoras do pedido autoral,[150] exaradas em mandados de segurança. Além disso, seu parágrafo primeiro (antigo §1º do art. 4º da Lei nº 4.348/64, com as alterações implementadas pela Medida Provisória nº 2.180-35, de 24.8.2001), previu outras hipóteses de cabimento do pedido de suspensão, possibilitando seu ajuizamento contra as *decisões monocráticas* (tutelas jurisdicionais definitivas) dos Presidentes dos Tribunais que indeferirem os pedidos de suspensão interpostos com esteio no art. 15 da mesma Lei nº 12.016/2009 (antigo *caput* do art. 4º da Lei nº 4.348/64); contra os *acórdãos* (tutelas jurisdicionais definitivas) que concederem provimento aos agravos regimentais interpostos contra as decisões monocráticas dos Presidentes dos Tribunais concessivas de pedidos de suspensão; e contra os *acórdãos* (tutelas jurisdicionais definitivas) que negarem provimento aos agravos de instrumento interpostos contra as decisões concessivas das tutelas liminares (tutelas jurisdicionais cautelares ou antecipatórias, liminares ou não liminares) em mandados de segurança, nos moldes do §2º do artigo 15 da Lei nº 12.016/2009 (antigo §2º do art. 4º da Lei nº 4.348/64, combinado com o §5º da Lei nº 8.437/92, também com as alterações da Medida Provisória nº 2.180-35/2001).

Ressaltamos, pois, que a referida Lei nº 12.016/2009 manteve a estrutura anterior prevista no art. 4º da Lei nº 4.348/64 e no art. 13 da Lei nº 1.533/51, estabelecendo suas hipóteses de cabimento:

1. em face de *decisões monocráticas* exaradas por Juízes de Direito, Juízes Federais, Juízes Eleitorais, Juízes Militares e Juízes do Trabalho;

---

[150] Hipótese que também era prevista no art. 13 da Lei nº 1.533/51.

2. em face de *acórdãos* ou *decisões monocráticas* exaradas pelos Tribunais de Justiça, Tribunais Regionais Federais, Tribunais Regionais Eleitorais, Tribunais Militares e Tribunais Regionais do Trabalho, submetidas, quando a causa tiver por fundamento matéria infra-constitucional, respectivamente, à competência dos Presidentes do Superior Tribunal de Justiça, Tribunal Superior Eleitoral, Superior Tribunal Militar e Tribunal Superior do Trabalho;

3. em face de *acórdãos* ou *decisões monocráticas* exaradas pelos Tribunais de Justiça, Tribunais Regionais Federais, Tribunais Regionais Eleitorais, Tribunais Militares e Tribunais Regionais do Trabalho, submetidas, quando a causa tiver por fundamento matéria constitucional, à competência do Presidente do Supremo Tribunal Federal; e

4. em face de *acórdãos* ou *decisões monocráticas* exaradas pelo Superior Tribunal de Justiça, Tribunal Superior Eleitoral, Superior Tribunal Militar e Tribunal Superior do Trabalho, submetidos à competência do Presidente do Supremo Tribunal Federal.

A Lei n° 8.038/90, disciplina, em seu art. 25, o cabimento do pedido de suspensão contra tutelas jurisdicionais *liminares* (tutelas jurisdicionais cautelares ou antecipatórias, liminares ou não liminares) e/ou *acórdãos* ou *decisões monocráticas* (tutelas jurisdicionais definitivas) concessivas de *mandados de segurança*, exaradas, em única ou última instância, pelos *Tribunais Regionais Federais* ou pelos *Tribunais dos Estados* e do *Distrito Federal*.

5.1.2 Ações civis públicas, ações cautelares inominadas e ações populares

A Lei n° 7.347/85, estabelece, em seu art. 11, §1°, a possibilidade da interposição do pedido de suspensão em face de decisões judiciais concessivas de *liminares* (tutelas jurisdicionais cautelares ou antecipatórias, liminares ou não liminares) exaradas em *ações civis públicas*, nos moldes do seu §1° do art. 12. A norma estabelece suas hipóteses de cabimento:

1. em face de *decisões monocráticas* exaradas por Juízes de Direito, Juízes Federais, Juízes Eleitorais, Juízes Militares e Juízes do Trabalho;

2. em face de *acórdãos* ou *decisões monocráticas* exaradas pelos Tribunais de Justiça, Tribunais Regionais Federais, Tribunais Regionais Eleitorais, Tribunais Militares e Tribunais Regionais do Trabalho, submetidas, quando a causa tiver por fundamento matéria infra-constitucional, respectivamente, à competência dos Presidentes do Superior Tribunal de Justiça, Tribunal Superior Eleitoral, Superior Tribunal Militar e Tribunal Superior do Trabalho;

3. em face de *acórdãos* ou *decisões monocráticas* exaradas pelos Tribunais de Justiça, Tribunais Regionais Federais, Tribunais Regionais Eleitorais, Tribunais Militares e Tribunais Regionais do Trabalho, submetidas, quando a causa tiver por fundamento matéria constitucional, à competência do Presidente do Supremo Tribunal Federal; e

4. em face de *acórdãos* ou *decisões monocráticas* exaradas pelo Superior Tribunal de Justiça, Tribunal Superior Eleitoral, Superior Tribunal Militar e Tribunal Superior do Trabalho, submetidos à competência do Presidente do Supremo Tribunal Federal.

A Lei nº 8.437/92, com as alterações da Medida Provisória nº 2.180-35/2001, prevê a possibilidade do pedido de suspensão em face de tutelas jurisdicionais concessivas de *liminares* (tutelas jurisdicionais cautelares ou antecipadas), ou de *sentenças* (tutelas jurisdicionais definitivas) exaradas em *ações cautelares inominadas, ações populares,* e *ações civis públicas,* nos moldes do que dispõem o seu *caput* e o seu §1º. Ademais, o §4º da mesma norma estabelece a possibilidade da interposição do pedido de suspensão contra os *acórdãos* ou *decisões monocráticas* (tutelas jurisdicionais definitivas) que concederem provimento aos agravos regimentais interpostos contra as decisões monocráticas dos Presidentes dos Tribunais concessivas de pedidos de suspensão; e o seu §5º, a hipótese de cabimento do pedido de suspensão em face de *acórdãos* ou *decisões monocráticas* (tutelas jurisdicionais definitivas) que negarem provimento aos agravos de instrumento interpostos contra as decisões concessivas das tutelas liminares exaradas nas ações judiciais em referência. Também estabelece a norma suas hipóteses de cabimento:

1. em face de *decisões monocráticas* exaradas por Juízes de Direito, Juízes Federais, Juízes Eleitorais, Juízes Militares e Juízes do Trabalho;

2. em face de *acórdãos* ou *decisões monocráticas* exaradas pelos Tribunais de Justiça, Tribunais Regionais Federais, Tribunais Regionais Eleitorais, Tribunais Militares e Tribunais Regionais do Trabalho, submetidas, quando a causa tiver por fundamento matéria infraconstitucional, respectivamente, à competência dos Presidentes do Superior Tribunal de Justiça, Tribunal Superior Eleitoral, Superior Tribunal Militar e Tribunal Superior do Trabalho;

3. em face de *acórdãos* ou *decisões monocráticas* exaradas pelos Tribunais de Justiça, Tribunais Regionais Federais, Tribunais Regionais Eleitorais, Tribunais Militares e Tribunais Regionais do Trabalho, submetidas, quando a causa tiver por fundamento matéria constitucional, à competência do Presidente do Supremo Tribunal Federal; e

4. em face de *acórdãos* ou *decisões monocráticas* exaradas pelo Superior Tribunal de Justiça, Tribunal Superior Eleitoral, Superior Tribunal Militar e Tribunal Superior do Trabalho, submetidos à competência do Presidente do Supremo Tribunal Federal.

5.1.3 Ações judiciais diversas: tutelas jurisdicionais antecipadas

A Lei nº 9.494/97, ao determinar que "aplica-se à tutela antecipada prevista nos arts. 273 e 461 do Código de Processo Civil o disposto (...) nos arts. 1º, 3º e 4º da Lei nº 8.437, de 30 de junho de 1992", submeteu o cabimento do pedido de suspensão, na hipótese, à mesma disciplina das tutelas jurisdicionais exaradas em ações cautelares inominadas, ações populares e ações civis públicas. Deste modo, se faz cabível o pedido de suspensão em face de *tutelas jurisdicionais antecipadas* exaradas liminarmente, em ocasião anterior à manifestação da parte contrária; em ocasião posterior à manifestação da parte contrária; ou ainda, em conjunto com a decisão definitiva.[151] Além disso, também se faz cabível o ajuizamento do pedido de suspensão contra os *acórdãos* ou *decisões monocráticas* (tutelas jurisdicionais definitivas) que concederem provimento aos agravos regimentais interpostos contra as decisões monocráticas dos Presidentes dos Tribunais concessivas de pedidos de suspensão ($\S4^{\circ}$ do art. 4° da Lei n$^{\circ}$ 8.437/92); e em face de *acórdãos* ou *decisões monocráticas* (tutelas jurisdicionais definitivas) que negarem provimento aos agravos de instrumento interpostos contra as decisões concessivas das tutelas liminares exaradas nas ações judiciais em referência ($\S5^{\circ}$ do art. 4° da Lei n$^{\circ}$ 8.437/92). Do mesmo modo, a norma dispõe sobre suas hipóteses de cabimento:

1. em face de *decisões monocráticas* exaradas por Juízes de Direito, Juízes Federais, Juízes Eleitorais, Juízes Militares e Juízes do Trabalho;

2. em face de *acórdãos* ou *decisões monocráticas* exaradas pelos Tribunais de Justiça, Tribunais Regionais Federais, Tribunais Regionais Eleitorais, Tribunais Militares e Tribunais Regionais do Trabalho, submetidas, quando a causa tiver por fundamento matéria infra-constitucional, respectivamente, à competência dos Presidentes do Superior Tribunal de Justiça, Tribunal Superior Eleitoral, Superior Tribunal Militar e Tribunal Superior do Trabalho;

3. em face de *acórdãos* ou *decisões monocráticas* exaradas pelos Tribunais de Justiça, Tribunais Regionais Federais, Tribunais Regionais Eleitorais, Tribunais Militares e Tribunais Regionais do Trabalho, submetidas, quando a causa tiver por fundamento matéria constitucional, à competência do Presidente do Supremo Tribunal Federal;

4. em face de *acórdãos* ou *decisões monocráticas* exaradas pelo Superior Tribunal de Justiça, Tribunal Superior Eleitoral, Superior Tribunal Militar e Tribunal Superior do

---

[151] Se o $\S1^{\circ}$ do art. 4° da Lei n$^{\circ}$ 8.437/92 autoriza o cabimento do pedido de suspensão em face de sentenças, considerando o disposto no art. 1° da Lei n$^{\circ}$ 9.494/97, o cabimento do pedido de suspensão também se faz possível contra sentenças concessivas de tutelas antecipadas.

Trabalho, submetidos à competência do Presidente do Supremo Tribunal Federal.

5.1.4 *Habeas data*

A Lei n° 9.507/97 estabelece a possibilidade da interposição do pedido de suspensão das *sentenças* (tutelas jurisdicionais definitivas) exaradas em *habeas data*:

1. em *decisões monocráticas* de Juízes de Direito, Juízes Federais, Juízes Eleitorais, Juízes Militares e Juízes do Trabalho;

2. em *acórdãos* ou *decisões monocráticas* de Tribunais de Justiça, Tribunais Regionais Federais, Tribunais Regionais Eleitorais, Tribunais Militares e Tribunais Regionais do Trabalho, submetidas, quando a causa tiver por fundamento matéria infra-constitucional, respectivamente, à competência dos Presidentes do Superior Tribunal de Justiça, Tribunal Superior Eleitoral, Superior Tribunal Militar e Tribunal Superior do Trabalho;

3. em *acórdãos* ou *decisões monocráticas* de Tribunais de Justiça, Tribunais Regionais Federais, Tribunais Regionais Eleitorais, Tribunais Militares e Tribunais Regionais do Trabalho, submetidas, quando a causa tiver por fundamento matéria constitucional, à competência do Presidente do Supremo Tribunal Federal;

4. em *acórdãos* ou *decisões monocráticas* do Superior Tribunal de Justiça, Tribunal Superior Eleitoral, Superior Tribunal Militar e Tribunal Superior do Trabalho, submetidos à competência do Presidente do Supremo Tribunal Federal.

5.2 Tutelas jurisdicionais prolatadas em juízo cível ou criminal

Entende-se que o pedido de suspensão pode ser interposto em face de tutelas jurisdicionais prolatadas em *juízo cível* [152] ou

---

[152] Neste termo incluídas todas as matérias não-penais.

criminal. Entretanto, sobre a possibilidade do ajuizamento de pedidos de suspensão em face de decisões judiciais exaradas por juízos criminais, divide-se a jurisprudência do Supremo Tribunal Federal e do Superior Tribunal de Justiça.

Com efeito, ao julgar a Suspensão de Segurança nº 2.224/RS (*DJ*, 15.5.2003, p. 24), o *Ministro Marco Aurélio*, do Supremo Tribunal Federal, determinou a suspensão dos efeitos de decisão exarada pela Juíza de Direito da 1ª Turma Recursal Criminal do Rio Grande do Sul, a pedido do Ministério Público, para impedir que o material probatório objeto da investigação criminal realizada contra Admir Santo Sartori lhe fosse devolvido, prejudicando a instrução processual.[153]

---

[153] "Decisão - Liminar Mandado de Segurança - Liminar - Busca e apreensão - Devolução de material - Manutenção precária e efêmera do quadro.

1. O Ministério Público do Estado do Rio Grande do Sul, na peça de folha 2 a 29, requer a suspensão dos efeitos da liminar deferida no Mandado de Segurança nº 71000423467, impetrado por Admir Santo Sartori. O requerente esclarece que pleiteara a expedição de mandado de busca e apreensão em casas de bingo e exploração de caça-níqueis, escritórios de contabilidade e residências dos sócios de tais estabelecimentos. As diligências foram efetuadas, resultando na apreensão de moeda corrente nacional, cheques, diversos documentos, equipamentos de informática e outros objetos. Diante disso, Admir Santo Sartori solicitou a devolução dos bens que lhe pertenciam e, uma vez indeferido o pedido, impetrou mandado de segurança perante o Tribunal de Justiça local. A 5ª Câmara Criminal da Corte declinou da competência em favor das Turmas Recursais, havendo a Juíza de Direito da 1ª Turma Recursal concedido parcialmente a liminar e determinado a restituição dos computadores e equipamentos de informática apreendidos, bem como dos documentos que não tivessem relação com as empresas investigadas. O Ministério Público pleiteou fosse suscitado conflito de competência, pedido também recusado. Valeu-se, então, de mandado de segurança, não conhecido pelo Tribunal de Justiça, que entendeu não ser competente para rever decisão proferida pela Turma Recursal. O requerente afirma decorrer a competência do Presidente do Supremo Tribunal Federal do fato de a matéria envolver a interpretação dos artigos 5º, incisos LIV, LV e LXIX, e 98, inciso I, da Constituição Federal. Aponta que, apesar de estar convicto de que o agravo regimental interposto será provido, mostra-se urgente a suspensão da execução da liminar, evitando-se a devolução dos documentos. É que o prazo para o cumprimento da decisão vence em 27 de abril, e a próxima sessão da Turma Recursal só acontecerá no dia 29 seguinte, não sendo certo que o agravo venha a ser julgado nesta data. A par desse aspecto, o recurso, que não conta com efeito suspensivo, perderia o objeto, pois "as provas dos crimes praticados estariam definitivamente fora do alcance do Ministério Público e do Poder Judiciário, com graves conseqüências para a sociedade" e prejuízo irreparável à investigação. Em seguida, discorre sobre a incompetência da Turma Recursal para o exame do mandado de segurança. Aduz que, além de figurar como autoridade coatora Juiz de Direito de vara criminal comum, os documentos apreendidos são necessários para aferir não só a existência da contravenção penal de jogo de azar, mas também dos crimes de falsidade ideológica, estelionato, contra a economia popular, sonegação fiscal, formação de quadrilha, coação no curso do processo, entre outros. Salienta ainda que, ao contrário da posição adotada pelo Tribunal de Justiça do Estado do Rio Grande do Sul, o Supremo Tribunal Federal tem decidido caber aos Tribunais de Justiça a apreciação dos mandados de segurança impetrados contra atos das Turmas

Em sentido diverso manifestou-se o Superior Tribunal de Justiça, ao apreciar o Agravo Regimental na Suspensão de Liminar nº 1/BA (*DJ*, 6.12.2004, p. 170), sob a relatoria do *Ministro Edson Vidigal*, ao asseverar que "não há previsão legal que possibilite a utilização desse instituto em ação de natureza penal".[154]

Recursais dos Juizados Especiais. O requerente salienta conter o processo vício, uma vez que o Ministério Público não foi intimado da decisão do Tribunal de Justiça em torno da competência da Turma Recursal. Por fim, defende que a devolução dos documentos e equipamentos implicará grave lesão à ordem pública, porquanto inviabilizará a prova de que há vinculação entre os proprietários dos estabelecimentos citados, sendo que Admir Santo Sartori figuraria como um dos mentores da organização. Nesse passo, faz menção ao resultado das investigações preliminares, decorrentes do exame de parte da documentação e dos indícios da existência dos crimes referidos. Por último, pleiteia: a) seja imediatamente suspensa a decisão liminar que determinou a devolução dos documentos, equipamentos de informática e HDs (discos rígidos) apreendidos até seja definida a competência do Tribunal de Justiça para apreciar ação ou recurso contra decisão de turma recursal que julga writ contra ato de Juiz de Direito de primeiro grau e de mandado de segurança impetrado por Admir Santo Sartori;

2. A hipótese requer medida liminar no processo de suspensão de ato implementado no mandado de segurança. A par da discussão relativa à competência, tem-se o papel marcante e salutar do Ministério Público na persecução criminal. A observância do contraditório e posterior audição do Procurador-Geral da República projetam no tempo a apreciação final do pedido. Enquanto isso, há de manter-se o quadro anterior à medida que se pretende ver suspensa.

3. Defiro a liminar, afastando, temporariamente, a eficácia daquela formalizada no mandado de segurança referido na inicial.

4. Dê-se ciência.

5. Publique-se".

[154] "Processual civil. Suspensão de liminar. Leis 4.348/64 e 8.347/92. Ação penal. Ausência de previsão legal.

1. Os diplomas legais que autorizam ao Presidente de Tribunal examinar pedido de Suspensão de Segurança, a Lei nº 4.348/67 e a Lei nº 8.347/92, dispõem, respectivamente, quanto às normas processuais relativas a mandado de segurança e às medidas cautelares concedidas contra o Poder Público.

2. Não há previsão legal que possibilite a utilização desse instituto em ação de natureza penal.

3. Agravo Regimental a que se nega provimento."

Capítulo 6

Natureza jurídica

Sumário: **6.1** Natureza jurídica sob o aspecto substancial - **6.1.1** Natureza jurisdicional - **6.1.1.1** Ação - **6.1.1.2** Exceção ou defesa - **6.1.1.3** Recurso ou sucedâneo recursal - **6.1.2** Natureza administrativa - **6.2** Natureza jurídica sob o aspecto formal

Não constitui tarefa fácil analisar a natureza jurídica do instituto que constitui o objeto do presente trabalho. Em primeiro lugar, porque a doutrina e a jurisprudência nacionais, salvo raríssimas exceções, têm por vezes adotado posturas sem a prévia realização de estudos mais aprofundados; em segundo lugar, porque esta mesma doutrina e jurisprudência tem adotado diferentes e divergentes posturas, dificultando o trabalho de sistematização; e em terceiro lugar, porque estas mesmas posturas tem evoluído ao longo dos anos, desde a inserção da suspensão dos efeitos de tutelas jurisdicionais no direito brasileiro, até os dias atuais. Mas a dificuldade da tarefa se faz superada pela importância da sua realização, sendo indispensável o estudo da natureza jurídica do instituto para fins de análise de muitos dos seus aspectos, consoante será posteriormente demonstrado.

Para definir a natureza jurídica do instituto jurídico em estudo, deve-se, inicialmente, compreender, que a natureza de um determinado ser nada mais representa do que identificar a sua *essência*, ou qualidade ou conjunto de qualidades que o distingue dos demais seres. Definir a natureza jurídica do instituto em estudo, deste modo, corresponde à identificação das notas caracterizadoras que as torna diferentes dos demais institutos jurídicos.

Também se deve considerar que a análise do objeto estudado exige o estabelecimento de duas óticas distintas: a primeira, *substancial*; a segunda, *formal*. Sob o aspecto substancial, a natureza jurídica do instituto mediante a análise do seu próprio objeto, conteúdo, teor ou substância; sob o aspecto formal, a natureza jurídica do instituto mediante a análise de sua manifestação exterior, da sua forma de manifestação.

6.1 Natureza jurídica sob o aspecto substancial

Sob o aspecto substancial, duas principais vertentes doutrinárias podem ser construídas para apontar a natureza jurídica do instituto da suspensão dos efeitos de tutelas jurisdicionais deferidas contra os interesses públicos:

a) A primeira delas, concebendo-o, como instituto jurídico de natureza *jurisdicional*.

b) A segunda delas, concebendo-o como instituto jurídico de natureza *administrativa*.

6.1.1 Natureza jurisdicional

Pode-se defender, sob o aspecto substancial, a natureza jurisdicional do instituto da suspensão dos efeitos de tutelas jurisdicionais, posição esta majoritariamente acolhida pela doutrina nacional.

Para entender a natureza jurisdicional do instituto objeto do presente trabalho, se faz necessária a revisão de alguns ensinamentos antes estudados em direito administrativo, direito constitucional e direito processual, imprescindíveis para a adoção de uma ou de outra postura, conforme se verá adiante.

Estuda-se em direito administrativo, que para atender aos diversos interesses públicos sob sua guarda, as pessoas jurídicas de direito público ou equiparadas (Administração Pública em sentido subjetivo), praticam diferentes atos, os quais, qualificados, pela doutrina, como *atos administrativos*,[155] são, em face daqueles mesmos

---

[155] Segundo Maria Sylvia Zanella Di Pietro, "pode-se definir o ato administrativo como a declaração do Estado ou de quem o represente, que produz efeitos jurídicos imediatos, com observância da lei, sob regime jurídico de direito público e sujeita a controle pelo Poder Judiciário" (*Direito administrativo*, p. 185).

interesses públicos, muitas vezes dotados de *auto-executoriedade*, atributo que lhes reveste de plena exigibilidade e executoriedade em face dos indivíduos, sem a necessidade prévia da intervenção jurisdicional.[156] Nestes casos, considerando-se a relevância do interesse público sob tutela estatal, o ordenamento jurídico confere a determinados atos administrativos plena exigibilidade e executoriedade mesmo quando incidentes sobre a esfera jurídica dos indivíduos causando prejuízos aos seus interesses particulares.

Mas somente uma parcela dos atos administrativos são dotados de auto-executoriedade. Outro tanto destes, para atingirem a esfera jurídica dos indivíduos, exigem prévia *intervenção jurisdicional*, posto que o ordenamento jurídico, em tais hipóteses, prestigia valores que considera tão relevantes[157] quanto os interesses públicos buscados pela Administração Pública.

Com efeito, o Estado moderno, ao implantar o positivismo jurídico, além de constituir um conjunto de regras destinadas a regular as atividades dos indivíduos e do próprio Estado (direito objetivo), aboliu a possibilidade de que os indivíduos, por seus próprios meios e forças, pudessem conquistar os diversos bens da vida objeto dos seus interesses (proibição da autodefesa). Além disso, o Estado moderno delimitou sua própria atuação, submetendo alguns dos seus próprios atos, quando incidentes sobre a esfera jurídica dos indivíduos causando prejuízos aos seus interesses particulares, à *análise prévia de sua juridicidade* pelos órgãos e agentes jurisdicionais por ele mesmo instituídos para revelar a "atuação da vontade concreta da lei".[158]

Tal fenômeno se verifica na hipótese em estudo. As pessoas jurídicas de direito público ou equiparadas, a Administração Pública

---

[156] Consoante doutrina a mesma Maria Sylvia Zanella Di Pietro, "consiste a auto-executoriedade em atributo pelo qual o ato administrativo pode ser posto em execução pela própria Administração Pública, sem necessidade de intervenção do Poder Judiciário. (...) Esse atributo é chamado, pelos franceses, de *privilège d'action d'office* ou *privilège du péalable*; porém, alguns autores o desdobram em dois: a exigibilidade, que corresponde ao *privilège du péalable*, pelo qual a Administração toma decisões executórias criando obrigação para o particular sem necessitar ir preliminarmente a juízo; e a executoriedade, que corresponde ao *privilège d'action d'office* (privilégio da ação de ofício), que permite à Administração executar diretamente a sua decisão pelo uso da força" (*Direito administrativo*, p. 185).

[157] A liberdade, a propriedade, a efetividade das tutelas jurisdicionais e tantos outros.

[158] CHIOVENDA. *Instituições de direito processual civil*, p. 59.

em sentido subjetivo, para proteger os interesses públicos sob sua guarda, para impedir que a ordem, a saúde, a segurança e à economia públicas restem gravemente violados pelos efeitos normais decorrentes da execução de determinadas tutelas jurisdicionais, não pode simplesmente exarar atos administrativos dotados de auto-executoriedade, atingindo, deste modo, a esfera jurídica individual daqueles beneficiados com os aludidos efeitos, posto que o ordenamento jurídico, prestigiando a *efetividade das tutelas jurisdicionais*, não autoriza tal conduta, cabendo, deste modo, aos órgãos jurisdicionais a tarefa de decidir, no caso concreto, se os interesses da Administração Pública devem ou não prevalecer sobre os interesses individuais. Ou seja, considerando os efeitos normais decorrentes de uma dada tutela jurisdicional que a Administração Pública considera passível de lesionar os interesses públicos sob sua guarda, esta não pode, sem a intervenção do Poder Judiciário, atuar autonomamente, para adotar as providências administrativas que considera necessárias para evitar os temidos danos, devendo postular judicialmente a suspensão daqueles efeitos.

Mas não somente a impossibilidade de atuação autônoma da Administração Pública justifica a intervenção jurisdicional, posto que no caso em exame pode-se mesmo aferir a existência de *conflito de interesses* entre a Administração Pública e o indivíduo. Com efeito, diante da possibilidade de danos aos interesses públicos sob tutela das pessoas jurídicas de direito público ou equiparadas, decorrentes dos efeitos normais da execução de determinada tutela jurisdicional, estabelece-se uma controvérsia, litígio ou questão entre o particular e a Administração Pública, a ser resolvido perante o Poder Judiciário. Ou, em outros termos, estabelece-se um *conflito de interesses* entre a *Administração Pública* que pretende impedir que a ordem, a saúde, a segurança e à economia públicas restem gravemente violados, e o *indivíduo* em favor de quem surtem os aludidos efeitos. E tal conflito de interesses, no Estado moderno, não pode ser solvido pelas próprias partes interessadas, sendo necessária a intervenção do poder jurisdicional para decidir, no caso concreto, se os interesses da Administração Pública devem ou não prevalecer sobre os interesses individuais.

Neste ínterim, convêm observar, recordando as lições de direito constitucional, que o ordenamento jurídico brasileiro acolheu o *sistema da jurisdição única* ou *sistema de controle judicial* segundo o qual "toda controvérsia, litígio ou questão entre particulares e a administração resolve-se perante o Poder Judiciário, que é o único competente para proferir decisões com autoridade final e conclusiva".[159] A tutela jurisdicional, portanto, no sistema de jurisdição única ou sistema de controle judicial, somente pode ter seus efeitos suspensos por determinação de outra tutela jurisdicional, jamais sendo permitida a mencionada suspensão por decisão administrativa ainda que exarada por órgão jurisdicional no exercício atípico de funções administrativas.

Ademais, a tutela jurisdicional somente se revela nos moldes do que determinam as normas jurídicas processuais, as quais estabelecem, dentre muitos postulados, o *nemo iudex sine actore* ou *ne procedat iudex ex officio*:[160] a tutela jurisdicional suspensiva ou não suspensiva, exarada pelos Presidentes dos Tribunais, não pode se manifestar sem que a pessoa jurídica de direito público ou a ela equiparada previamente formule o pedido suspensivo, restando, pois, terminantemente vedada em nosso ordenamento jurídico a suspensão dos efeitos de tutelas jurisdicionais *ex officio*, posto que, os Presidentes dos Tribunais, ao exercerem típicas funções jurisdicionais no processamento, análise e julgamento das pretensões suspensivas, devem se submeter ao princípio da iniciativa da parte.

Diante do que foi exposto, considerando a impossibilidade da Administração Pública atuar autonomamente, auto-executoriamente, adotando as providências administrativas que considera necessárias para evitar que a ordem, a saúde, a segurança e a economia públicas sejam lesionados pelos efeitos normais decorrentes

---

[159] MEIRELLES. *Direito administrativo brasileiro*, p. 53.

[160] Orientando-se pelos citados postulados, dispôs o Código de Processo Civil Brasileiro, em seu art. 2º, que "nenhum juiz prestará a tutela jurisdicional senão quando a parte ou o interessado a requerer, nos casos e forma legais"; em seu art. 128, que "o juiz decidirá a lide nos limites em que foi proposta, sendo-lhe defeso conhecer de questões, não suscitadas, a cujo respeito a lei exige a iniciativa da parte"; e em seu art. 460, que "é defeso ao juiz proferir sentença, a favor do autor, de natureza diversa da pedida, bem como condenar o réu em quantidade superior ou em objeto diverso do que lhe foi demandado".

de determinada tutela jurisdicional, deve pleitear a intervenção dos órgãos jurisdicionais, para que estes decidam, no caso concreto, se os interesses da Administração Pública devem ou não prevalecer sobre os interesses do indivíduo, resolvendo, deste modo, o conflito entre os aludidos interesses antagônicos.

Não se pode, portanto, em face de tais considerações, negar a *natureza jurisdicional* do instituto em estudo, eis que a sua resolução se submete à competência dos órgãos jurisdicionais, os quais, mediante o exercício da função jurisdicional, revelam, no caso concreto, a "atuação da vontade concreta da lei"[161] para a solução do conflito de interesses entre a Administração Pública e o indivíduo.

Ressalte-se que neste sentido, tem ainda se manifestado a jurisprudência do *Superior Tribunal de Justiça*, consoante se pode observar do julgamento do Recurso Especial nº 126.586/SP (*DJ*, 30.3.1998, p. 13), sob a relatoria do *Ministro José Delgado*[162] e do Mandado de Segurança nº 7.029/DF (*DJ* 14.10.2002, p. 178), sendo relator o *Ministro Sálvio de Figueiredo Teixeira*.[163]

Mas embora reconhecendo a natureza jurisdicional da suspensão dos efeitos de tutelas jurisdicionais deferidas contra os interesses públicos, a doutrina nacional ainda se triparte relativamente à natureza jurídica do *pedido de suspensão*, ora concebendo-o como *exercício do direito de ação*, ora como *exercício do direito de recurso ou de sucedâneo recursal*, ora ainda como *exercício do direito de defesa ou exceção*. Veja-se.

---

[161] CHIOVENDA. *Instituições de direito processual civil*, p. 59.

[162] "Processual civil. Suspensão de segurança. Natureza. Transito em julgado. Agravo. Ausência de prequestionamento da matéria.

1. *A suspensão de segurança possui natureza jurisdicional e não administrativa, sujeitando-se, portanto, aos efeitos da coisa julgada.*

2. Não tendo havido o prequestionamento da matéria em sede do agravo regimental, o não conhecimento do recurso se impõe.

3. Recurso especial não conhecido."

[163] "Processo civil. Mandado de segurança. Ato do presidente do Superior Tribunal de Justiça. Indeferimento de suspensão de segurança. Descabimento.

I - *Não é admissível mandado de segurança contra ato do Presidente do Superior Tribunal de Justiça que indefere a suspensão de segurança, por não se tratar de ato administrativo, mas jurisdicional.*

II - Nos termos do enunciado 217 da Súmula STJ, 'não cabe agravo de decisão que indefere o pedido de suspensão da execução da liminar, ou da sentença em mandado de segurança'".

6.1.1.1 Ação

A partir das considerações feitas anteriormente, pode-se asseverar que das três posturas destacadas, a que mais se coaduna com o ordenamento jurídico nacional é a que concebe o pedido de suspensão como exercício do *direito de ação*.

Como estudado, considerando a impossibilidade da Administração Pública atuar autonomamente, auto-executoriamente, adotando as providências administrativas que considera necessárias para resguardar os interesses públicos sob sua guarda, deve postular a intervenção do Poder Judiciário, para que este decida, no caso concreto, se os interesses da Administração Pública devem ou não prevalecer sobre os interesses do indivíduo, revelando a "atuação da vontade concreta da lei"[164] e resolvendo o conflito entre os aludidos interesses antagônicos.

Mas a tutela jurisdicional, conforme também se estudou, somente pode ser exarada pelos órgãos jurisdicionais quando postulada e nos limites em que for postulada. E, do mesmo modo, a tutela jurisdicional suspensiva ou não suspensiva, prolatada pelos Presidentes dos Tribunais, não pode se manifestar sem que a pessoa jurídica de direito público ou a ela equiparada previamente formule pedido.

A Administração Pública, portanto, pretendendo a suspensão dos efeitos de determinada tutela jurisdicional, previamente formula pedido ao Poder Judiciário, para que este exare a tutela jurisdicional. E *postular tutela jurisdicional* nada mais significa do que exercitar o *direito de ação*.

Com efeito, sem adentrar nos inúmeros questionamentos envolvendo as várias teorias que estudam o *direito de ação*, todos os doutrinadores concordam que *postular tutela jurisdicional* [165] constitui *exercer o direito de ação*. Dentre tais doutrinadores, pode-se citar Enrico Tullio Liebman, para quem o direito de ação representa simplesmente o "diritto a provocare l'esercizio della

---

[164] CHIOVENDA. *Instituições de direito processual civil*, p. 59.
[165] Seja este o exercício de um direito, de um poder ou de uma faculdade.

giusridizione",[166] ou, Giuseppe Chiovenda, segundo o qual o direito de ação representa o "poder jurídico de provocar, com seu pedido, a atuação da vontade concreta da lei",[167] ou, ainda, Piero Calamandrei, que o concebe como "a faculdade de invocar, perante o Estado, em benefício próprio a prometida garantia da observância do direito".[168] E na doutrina nacional, encontra-se também a definição do direito de ação, dentre tantos, por Humberto Theodoro Júnior, segundo o qual este consiste na "faculdade de obter a tutela para os próprios direitos ou interesses, ou para obter a definição das situações jurídicas controvertidas".[169]

Em face de tais considerações, a postulação da pessoa jurídica de direito público ou equiparada, para que o Presidente do Tribunal prolate a *tutela jurisdicional* suspensiva ou não suspensiva, acolhendo ou desacolhendo seu pedido, nada mais constitui do que exercício do *direito de ação.*

Na doutrina, contudo, podem-se encontrar entendimentos contrários ao pedido de suspensão como exercício do direito de ação, inclusive de juristas de renome. Élio Wanderley de Siqueira Filho defende que o pedido de suspensão constitui mero requerimento dirigido ao Presidente do Tribunal a que está vinculado o julgador prolator do decisório cujos efeitos se pretende suspender, sendo espécie *sui generis,* não podendo ser visualizada nem como ação, nem como recurso[170] posto inexistir pretensão resistida. Francesco Conte assevera que o pedido de suspensão não se

---

[166] LIEBMAN. *Manuale di diritto processuale civile,* p. 36.

[167] "(...) em numerosíssimos casos, há vontades concretas da lei cuja atuação só se concebe por obra dos órgãos públicos no processo; todavia, normalmente, esses órgãos só a pedido de uma parte podem prover à atuação (*nemo iudex sine actore*), de modo que, normalmente, a atuação da lei depende de uma condição, a saber, da manifestação de vontade de um indivíduo; e diz-se que esse indivíduo tem ação, querendo dizer-se que tem o *poder jurídico de provocar, com seu pedido a atuação da vontade concreta da lei* (...)" (CHIOVENDA. *Instituições de direito processual civil,* p. 42).

[168] CALAMANDREI. *Instituições de direito processual civil:* segundo o novo código, v. 1, p. 196.

[169] THEODORO JÚNIOR. *Curso de direito processual civil,* v. 1, p. 47.

[170] "(...) não se pode enquadrar a suspensão da liminar ou da sentença entre as ações. Por não se poder falar em pretensão resistida, vez que o pleito não ataca o suposto direito líquido e certo do impetrante, objetivando, tão-somente, suspender os efeitos do pronunciamento judicial, não há uma nova ação" (SIQUEIRA FILHO. Da ultra-atividade da suspensão de liminar em writ. *Revista dos Tribunais,* São Paulo, v. 83, n. 701, p. 26).

Suspensão de Tutelas Jurisdicionais contra o Poder Público | 99

amolda ao conceito de ação.[171] Marcelo Abelha Rodrigues doutrina que o pedido de suspensão não constitui nem ação nem recurso[172] mas "figura própria, sendo típico incidente processual voluntário, não suspensivo do processo que se manifesta por intermédio de uma questão que surge sobre o processo em curso. Pelo fato de ser acessório e secundário depende da existência do processo principal, e, como já ressaltado alhures, possui induvidosa finalidade preventiva".[173] Também Marcela Trigo de Souza entende que o pedido de suspensão não se trata de pedido de ação autônoma, sendo acessória, vinculada à ação anterior, "uma vez que em hipótese alguma poderia existir sem que, em uma ação anterior, fosse proferida uma decisão, que atentasse contra os valores salvaguardados pelo Poder Público".[174]

Referidos juristas, como se viu, defendem a impossibilidade de que o pedido de suspensão seja considerado exercício do direito de ação, posto que: não existiria pretensão resistida; o processo se revelaria acessório, dependente da existência do processo principal; e o pedido de suspensão não veicularia ação autônoma.

Mas os argumentos acima podem ser facilmente rebatidos:

a) Sobre a suposta inexistência de *pretensão resistida*, vale salientar: a pretensão resistida, no pedido de suspensão, poder ser identificada a partir do conflito de interesses entre a pretensão da Administração Pública de suspender os efeitos de determinada tutela jurisdicional que considera prejudicial aos interesses públicos sob sua guarda, e a pretensão do indivíduo beneficiado com estes mesmos

---

[171] "O instituto da suspensão da execução de liminar ou de sentença, ao ângulo de sua natureza jurídica, não se amolda ao arquétipo das ações" (CONTE. Suspensão de execução de medidas liminares e sentenças contra o poder público. *Revista de Direito da Procuradoria Geral do Estado do Rio de Janeiro*, n. 48, p. 113).

[172] "(...) o requerimento de suspensão de execução de decisão judicial não é ação nem é recurso" (RODRIGUES. *Suspensão de segurança*: sustação da eficácia de decisão judicial proferida contra o poder público, p. 97-98).

[173] RODRIGUES. *Suspensão de segurança*: sustação da eficácia de decisão judicial proferida contra o poder público, p. 92.

[174] SOUZA. O incidente da suspensão de execução de decisões liminares de sentenças no âmbito das agências reguladoras. *Revista da ABPI*, n. 63, p. 36.

efeitos, de manter sua continuidade; a pretensão resistida ou conflito de interesses, sob a ótica do moderno direito processual, não constitui pressuposto indispensável para o exercício do direito de ação, posto que a jurisdição se destina para que seja garantida a observância do direito, seja "quando o preceito já tenha sido transgredido (garantia *a posteriori*), mas também (...) quando o preceito seja incerto ou quando, pela natureza indisponível dos interesses aos quais o mesmo se refere, o Estado imponha, antes que o mesmo possa ser posto em execução, a declaração oficial de certeza (garantia *a priori*)".[175] A função jurisdicional no moderno direito processual, portanto, não mais se destina somente para a promoção da pacificação social mediante a resolução dos conflitos de interesses, mas também para garantir a observância do direito pelos indivíduos e pelo próprio Estado.[176]

b) Sobre a *acessoriedade* ou *dependência* da postulação suspensiva, urge salientar que tal característica nada prejudica o entendimento de se identificar com o exercício do direito de ação a natureza jurídica do pedido de suspensão, posto que as ações em geral podem ser, e o são, em diversas ocasiões, acessórias ou dependentes umas das outras[177] o que significa simplesmente dizer que umas, as

---

[175] CALAMANDREI. *Instituições de direito processual civil*: segundo o novo código, v. 1, p. 154.

[176] "No Estado moderno — e de um modo mais claro quanto mais se estende e se intensifica o controle da autoridade pública sobre a vida dos indivíduos, restringindo-se igualmente o campo deixado à autonomia privada — a observância do direito se converte, dentro da jurisdição, na finalidade dominante; tanto que pode haver exercício de função jurisdicional ao só objeto de assegurar a observância do direito, mesmo que não haja paz alguma a ser mantida, à medida que não existe nenhum conflito de interesses entre as partes por estarem perfeitamente de acordo em querer conseguir um determinado efeito jurídico (...). Essa gradual tendência da função jurisdicional para transformar-se de *ação mediadora* — que intervém somente quando tenha que dirimir, em defesa da paz social, um conflito de interesses individuais — em *ação de controle jurídico*, que, mesmo quando coincidam os interesses individuais, intervém em defesa da lei, como trâmite necessário para que a satisfação e a própria colaboração dos interesses individuais possa realizar-se somente de um modo em conformidade com o direito, é um dos fenômenos mais característicos e mais significativos dos ordenamentos jurídicos contemporâneos (...)" (CALAMANDREI. *Instituições de direito processual civil*: segundo o novo código, v. 1, p. 155-157).

[177] As ações cautelares, as ações cognitivas de embargos à execução, as reconvenções, as ações cognitivas declaratórias incidentais e muitas outras.

ações acessórias, para existirem, dependem da existência das outras, ações principais.

c) O pedido de suspensão representa, ao contrário do que se defende, *exercício autônomo do direito de ação*,[178] posto que constitui ação absolutamente diversa daquela onde repousa a tutela jurisdicional cujos efeitos se pretende suspender, eis que integrada por *partes distintas, causa de pedir distinta e pedido também distinto*. E nos moldes do que dispõe o art. 301, §2º, do Código de Processo Civil Brasileiro,[179] que explicita a teoria das três identidades para a identificação das ações, uma ação somente pode ser considerada idêntica à outra "quando tem as mesmas partes, a mesma causa de pedir e o mesmo pedido", o que, evidentemente, não ocorre na hipótese.[180]

Mas, superada a objeção aposta ao entendimento de possuir o pedido de suspensão a natureza jurídica de ação, deve-se, ademais, analisar que *espécie de ação* o mesmo veicularia.

Como sabido, da estreita correlação existente entre o direito de ação e a respectiva tutela jurisdicional, decorre a principal classificação das ações e das respectivas tutelas jurisdicionais, as quais assumem, de acordo com a mesma classificação, a natureza de cognitivas, de cautelares e de executiva. As ações e as tutelas jurisdicionais são *cognitivas* quando os indivíduos postulam dos órgãos jurisdicionais o conhecimento dos fatos que lhe são postos, a avaliação destes fatos diante das normas jurídicas abstratamente aplicáveis à espécie e a determinação das conseqüências jurídicas decorrentes da incidência das normas jurídicas sobre os mesmos fatos, mediante a produção da norma jurídica concreta incidente sobre o caso. As ações e as tutelas jurisdicionais cognitivas podem ainda ser classificadas em declaratórias, condenatórias ou

---

[178] Neste sentido manifestou-se Fernando da Costa Tourinho Neto: "Como ações autônomas, existem a ação rescisória, o mandado de segurança contra ato judicial, o pedido de suspensão de liminar ou de sentença por ato do presidente do tribunal (...)" (TOURINHO NETO. *Suspensão de segurança e de liminares pelos presidentes dos tribunais*, p. 5-6).

[179] "Art. 301. (...) §2º. Uma ação é idêntica à outra quando tem as mesmas partes, a mesma causa de pedir e o mesmo pedido."

[180] Neste sentido entende GUTIÉRREZ. *Suspensão de liminar e de sentença na tutela do interesse público*, p. 53.

constitutivas, consoante tenham preponderantemente por objeto, respectivamente:

a) a declaração sobre a existência ou inexistência de uma relação jurídica ou situação jurídica, ou sobre a veracidade ou falsidade de um documento;

b) a imposição de uma sanção jurídica àquele responsável pela lesão ao direito; ou

c) a criação, modificação ou extinção de uma relação jurídica ou situação jurídica.

As ações e as tutelas jurisdicionais são *cautelares*, quando se destinam a conservar as condições fáticas idôneas para que os provimentos jurisdicionais que lhe são sucessivos possam ser executados de maneira útil,[181] ou, em outros termos, quando têm por objeto eliminar ou neutralizar a ocorrência de circunstâncias fáticas capazes de impedir a efetividade de outras tutelas jurisdicionais a ela posteriores.[182] As ações e as tutelas jurisdicionais, por fim, são *executivas*, quando tem por finalidade conceder, a quem tenha um direito, tudo aquilo e exatamente aquilo que ele teria por direito caso a norma jurídica aplicável à espécie tivesse sido observada espontaneamente.[183]

Dentre as três espécies acima apontadas, manifesta-se a maioria dos doutrinadores brasileiros no sentido de que o pedido de suspensão e a respectiva tutela jurisdicional prolatada pelos Presidentes dos Tribunais possuiriam natureza *cautelar* ou

---

[181] CALAMANDREI. *Instituições de direito processual civil*: segundo o novo código, v. 1, p. 136-139.

[182] Nas palavras de Marcelo Lima Guerra, "a tutela cautelar se deixa definir, de uma perspectiva funcional, como aquela forma de tutela jurisdicional que visa a eliminar ou neutralizar um *periculum in mora*, ou seja, que se destina a garantir a prestação efetiva de outra forma de tutela jurisdicional, evitando ou neutralizando a ocorrência de determinadas circunstâncias fáticas que, uma vez verificadas, obstariam à efetividade de tal prestação" (*Estudos sobre o processo cautelar*, p. 15).

[183] Para Piero Calamandrei, "a principal finalidade da garantia jurisdicional é a de agir na vida das relações humanas de forma a conseguir, independentemente da vontade do obrigado, o mesmo resultado prático (ou um resultado equivalente) que se teria alcançado se a norma jurídica tivesse sido observada voluntariamente" (*Instituições de direito processual civil*: segundo o novo código, p. 123). Para Giuseppe Chiovenda, a seu turno, "o processo deve dar, quanto for possível praticamente, a quem tenha um direito, tudo aquilo e exatamente aquilo que ele tenha direito de conseguir" (CHIOVENDA. *Instituições de direito processual civil*, v. 1, p. 67).

contracautelar[184] eis que suas finalidades seriam acautelar a ordem, a saúde, a segurança e a economia públicas contra riscos de lesão, submetendo-se, portanto, aos mesmos requisitos do *fumus boni iuris* e do *periculum in mora.*

Tal entendimento padece, todavia, de sérios equívocos, eis que o pedido de suspensão e a respectiva tutela jurisdicional não se fazem dotados das características peculiares das ações cautelares, sendo, por isso, inadmissível qualquer confusão neste sentido:

---

[184] "A natureza cautelar desta suspensão, portanto, parece-nos indiscutível" (BUENO. *Liminar em Mandado de Segurança*: um tema com variações, p. 211); "Quanto à natureza jurídica desta providência, se antecipatória ou cautelar, preferimos nos alinhar ao segundo pensamento, entendendo que tal providência revela conter natureza eminentemente cautelar. Da atribuição da natureza cautelar ao pedido de suspensão, como sustentado linhas acima, decorre importante conseqüência. Consiste ela no seguinte: para que possa ser concedida a suspensão eventualmente postulada, deverão concorrer e ser obedecidos os critérios comuns às cautelares (...)" (ALVIM. Suspensão da eficácia da decisão liminar ou da sentença em mandado de segurança: aspectos controvertidos do art. 4º da Lei 4.348/64. In: BUENO; ALVIM; WAMBIER (Coord.). *Aspectos polêmicos e atuais do mandado de segurança*: 51 anos depois, p. 256); "(...) funciona como uma medida cautelar tendente a assegurar a eficácia da liminar ou da sentença até que seja apreciado, em definitivo, o pleito da demanda" (ALVIM. Suspensão da eficácia da decisão liminar ou da sentença em mandado de segurança: aspectos controvertidos do art. 4º da Lei 4.348/64. In: BUENO; ALVIM; WAMBIER (Coord.). *Aspectos polêmicos e atuais do mandado de segurança*: 51 anos depois, p. 381); "O pedido de suspensão funciona, por assim dizer, como uma espécie de 'cautelar ao contrário', devendo, bem por isso, haver a demonstração de um *periculum in mora inverso*, caracterizado pela ofensa a um dos citados interesses públicos relevantes, e, ainda, um mínimo de plausibilidade na tese da Fazenda Pública, acarretando um juízo de cognição sumária pelo presidente do tribunal. Deve, enfim, haver a coexistência de um *fumus boni iuris* e de um *periculum in mora*, a exemplo do que ocorre com qualquer medida acautelatória" (CUNHA. *A fazenda pública em juízo*, p. 233); "(...) o melhor entendimento seria o de que a natureza jurídica do instituto é de medida de cautela, ou seja, medida de urgência preventiva e asseguratória. E, como tal, indispensável que apresente os pressupostos dessa modalidade de tutela jurisdicional, quais sejam: o *periculum in mora* e o *fumus boni iuris*" (BRANDÃO. A suspensão das medidas de urgência nas ações contra o poder público à luz do devido processo legal. *Revista Dialética de Direito Processual*, n. 4, p. 31); "Não é necessária uma análise mais profunda, bastando a observação da própria letra da lei para se perceber a natureza cautelar do procedimento de suspensão de segurança" (COUTINHO. *Mandado de segurança*: da suspensão de segurança no direito brasileiro, p. 105); "A suspensão de segurança, concedida liminarmente ou definitivamente, tem natureza jurídica de contracautela" (QUEIROZ NETO. Suspensão de segurança: uma análise à luz da doutrina e da jurisprudência. *Revista do Tribunal Regional Federal – 1ª Região*, v. 14, n. 5, p. 24); "(...) reveste-se de caráter predominantemente cautelar, mais especificamente contracautelar (...)" (VELLOSO. Pedido de suspensão da execução e o princípio da inafastabilidade do controle judicial. *Boletim dos Procuradores da República*, v. 3, n. 26, p. 16); "(...) pode-se atribuir à medida suspensiva de competência do presidente do tribunal, *mutatis mutandis*, a natureza de *contra cautela* destinada a oferecer um equilíbrio jurídico e substancial entre valores em jogo" (DINAMARCO. Suspensão do mandado de segurança pelo presidente do tribunal. *ADV Advocacia Dinâmica – Seleções Jurídicas*, n. 4, p. 2).

a) Por primeiro, a ação suspensiva e a ação cautelar possuem *objetivos* ou *finalidades* distintos: a primeira visa impedir a consumação de *lesões à ordem, à saúde, à segurança e à economia públicas* decorrentes dos efeitos normais da execução provisória de determinada tutela jurisdicional presente, existente; a segunda visa impedir a consumação de *lesões à efetividade de tutela jurisdicional futura*;

b) Embora a ação cautelar e a ação suspensiva sejam, ambas, acessórias e dependentes[185] da ação principal, posto que, para existirem, dependem da existência das ações principais, a ação cautelar busca assegurar a efetividade das tutelas jurisdicionais a serem posteriormente exaradas nesta mesma ação principal,[186] sendo, deste modo, dotada de *instrumentalidade*,[187] o que não ocorre relativamente à ação suspensiva, posto que o seu postulante não a ajuíza com o intuito de garantir o resultado útil de qualquer outra tutela jurisdicional, não servindo, pois, como instrumento para outra;

c) A tutela cautelar corresponde a uma *tutela mediata*, no sentido de que simplesmente assegura a possibilidade da posterior tutela cognitiva ou executiva; a tutela suspensiva ora estudada, ao contrário, corresponde a uma *tutela imediata*, posto que assegura a possibilidade imediata da própria tutela do direito postulado;[188]

---

[185] Dispõe o Código de Processo Civil: "Art. 796. O procedimento cautelar pode ser instaurado antes ou no curso do processo principal e deste é sempre dependente".

[186] Dispõe o Código de Processo Civil: "Art. 806. Cabe à parte propor a ação, no prazo de 30 (trinta) dias, contados da data da efetivação da medida cautelar, quando esta for concedida em procedimento preparatório".

[187] Segundo Marcelo Lima Guerra, "(...) a função específica da tutela cautelar impõe um *correlacionamento necessário* de cada medida a uma outra providência jurisdicional (que se diz 'principal') em relação à qual a medida deve funcionar como garantia, eliminando ou neutralizando o *periculum in mora*, cuja própria existência deve ser aferida tomando-se em consideração a providência 'principal'. Dessa forma, a característica da instrumentalidade consagra, por excelência, o elemento próprio da função da tutela cautelar, a saber, o de assegurar a eficácia na prestação de tutela jurisdicional, garantindo que o resultado por esta proporcionado à parte vitoriosa corresponda ao máximo, dentro do praticamente possível, ao que o ordenamento prescreve abstratamente que seja" (*Estudos sobre o processo cautelar*, p. 18-19).

[188] GUERRA. *Estudos sobre o processo cautelar*, p. 19-20.

d) A *função preventiva* da ação suspensiva, de prevenir lesões aos interesses públicos, não se confunde com a *função cautelar*, que é a de prevenir lesões à efetividade da tutela jurisdicional definitiva;

e) Os *requisitos* necessários para a concessão da tutela cautelar e da tutela suspensiva não são semelhantes, mas inteiramente diversos, posto que para a tutela cautelar se faz necessário a presença do *fumus boni iuris*, o direito à tutela jurisdicional efetiva, e do *periculum in mora*, o risco de lesão ao direito à tutela jurisdicional efetiva, ao passo que a tutela suspensiva pressupõe a possibilidade de grave lesão à ordem, à saúde, à segurança e à economia pública.[189] Asseverar, ademais, que a análise do pedido de suspensão requer a apreciação da integral situação fático-jurídica, não significa defender que a tutela suspensiva requer *fumus boni iuris*, coisa bastante diversa;

f) A *provisoriedade* da tutela suspensiva não lhe atribui a natureza cautelar, posto que outras tutelas jurisdicionais são provisórias sem serem cautelares, como, por exemplo, as tutelas antecipatórias não cautelares;

g) A tutela cautelar se faz cabível para a proteção de qualquer tutela cognitiva ou executiva,[190] ao passo que a tutela suspensiva em estudo somente se faz cabível nas hipóteses taxativamente enumeradas pela legislação de regência;

h) A tutela suspensiva resta vinculada à determinação para que sejam ou não suspensos todos ou parte dos efeitos de determinada tutela jurisdicional; a tutela cautelar, ao

---

[189] Ao apreciar a Medida Cautelar nº 1.754/PE (*DJ*, 12.06.2000, p. 77), o Superior Tribunal de Justiça deixou assentado o seu entendimento de que os requisitos para a concessão da tutela cautelar divergem dos requisitos para a concessão da tutela suspensiva: "O indeferimento de antecedentes pedidos de suspensão de segurança não impede o processamento de cautelar, uma vez que *os requisitos para aquela petição não se confundem ou coincidem com as condições da aludida ação protetiva incidental*".

[190] Dispõe o Código de Processo Civil: "Art. 798. Além dos procedimentos cautelares específicos, que este Código regula no Capítulo II deste Livro, poderá o juiz determinar as medidas provisórias que julgar adequadas, quando houver fundado receio de que uma parte, antes do julgamento da lide, cause ao direito da outra lesão grave e de difícil reparação".

contrário, pode livremente estabelecer os meios necessários para o alcance dos seus objetivos;[191]

i) O pedido cautelar e o pedido de suspensão se submetem
a regras distintas para a fixação do órgão jurisdicional
competente;[192]

j) Algumas tutelas cautelares, consoante a doutrina nacional,
podem ser exaradas *ex officio*;[193] a tutela suspensiva, ao
contrário, jamais pode ser deferida sem pedido.

Também, com maior veemência, não se visualiza qualquer
semelhança do pedido de suspensão com o pedido executivo,
posto que este tem objeto, "quell'attività com cui gli organi
giudiziari mirano a porre in essere coattivamente um risultato
pratico equivalente a quello che avrebbe dovuto produrre um altro
soggetto, in adempimento di um obbigo giuridico".[194]

Afastada, deste modo, a natureza cautelar ou executiva do
pedido de suspensão e da correspondente tutela jurisdicional, resta
analisar a sua natureza cognitiva, que, consoante será demonstrado,
parecer ser a mais adequada às suas peculiaridades.

Com efeito, considerando que o ator do pedido de suspensão
postula dos órgãos jurisdicionais o conhecimento dos fatos que lhe

---

[191] Dispõe do Código de Processo Civil: "Art. 799. No caso do artigo anterior, poderá o juiz, para evitar o dano, autorizar ou vedar a prática de determinados atos, ordenar a guarda judicial de pessoas e depósito de bens e impor a prestação de caução".

[192] Dispõe o Código de Processo Civil: "Art. 800. As medidas cautelares serão requeridas ao juiz da causa; e, quando preparatórias, ao juiz competente para conhecer da ação principal. Parágrafo único. Interposto o recurso, a medida cautelar será requerida diretamente ao tribunal".

[193] "Por sugestão do prof. Galeno Lacerda, faz-se uma legítima distinção entre as medidas cautelares incidentes, que podem e devem ser concedidas ex officio, e as preparatórias, que dependem de pedido de parte. É dever do juiz determinar cautelas incidentes ao processo, porque a ele cumpre, mais do que a ninguém, preservar a imperatividade e a eficácia de suas próprias decisões e dos comandos que através do processo prepara e depois emite; se percebe que o correr do tempo prejudicará o correto e útil exercício da jurisdição, o juiz determinará o que for necessário para evitar que isso aconteça, sob pena de figurar na relação processual como mero autônomo, ou espectador irresponsável, permitindo a degradação de seu próprio mister. Esse raciocínio conduz também, por si próprio, a excluir a tutela cautelar preparatória ex officio, pela simples razão de que, inexistindo um processo pendente, não se cogita de um exercício incorreto ou inútil da jurisdição sendo temerário antecipar o que poderá ocorrer se e quando o interessado vier a provocar a instauração do processo principal. No tocante às medidas cautelares preparatórias, vige portanto a regra nemo judex sine actore, ou princípio da demanda (CPC, arts. 2º e 262), que não se aplica quando se trata de tutela cautelar incidente" (DINAMARCO. O regime jurídico das medidas urgentes. *CD Jurídico Júris Síntese*).

[194] LIEBMAN. *Manuale di diritto processuale civile*, p. 80.

são postos (efeitos da tutela jurisdicional e possibilidade de lesão aos interesses públicos), a avaliação destes mesmos fatos diante das normas jurídicas abstratamente aplicáveis à espécie (legislação de regência específica, leis processuais e normas constitucionais) e a determinação das conseqüências jurídicas decorrentes da incidência das normas jurídicas sobre os mesmos fatos, mediante a produção da norma jurídica concreta incidente sobre o caso (rejeição ou acolhida do pedido de suspensão),[195] pode-se concluir que o instituto estudado nada mais representa do que uma *ação cognitiva*. E ação cognitiva *constitutiva*, ademais, posto que seu objeto não se traduz na declaração sobre a existência ou inexistência de uma relação jurídica ou situação jurídica, ou sobre a veracidade ou falsidade de um documento, ou ainda sobre a imposição de uma sanção jurídica àquele responsável pela lesão ao direito, mas na *modificação* de uma *situação jurídica* anterior (a determinação para que sejam suspensos os efeitos de determinada tutela jurisdicional antes regularmente produzidos).

Vale salientar, a propósito, o comentário de Piero Calamandrei sobre as tutelas constitutivas:

> Esse aspecto da jurisdição (...), cuja importância vai crescendo paralelamente com a extensão do controle do Estado sobre campos cada vez mais vastos da vida social, responde à seguinte finalidade: *que mudança de certas relações ou estados jurídicos não pode ocorrer sem prévia declaração jurisdicional de certeza dos requisitos que a lei exige para que essa mudança possa ser produzida.*[196] (grifos nossos)

---

[195] Segundo José de Albuquerque Rocha, as "(...) ações de conhecimento são aquelas que tendem a provocar um juízo no sentido preciso do termo, ou seja, um julgamento sobre a situação jurídica afirmada pelo autor. A ação é dita de conhecimento justamente porque nela o órgão jurisdicional exerce uma função preponderantemente cognoscitiva, ou seja, nela o órgão jurisdicional é chamado a conhecer os fatos e os argumentos alegados pelas partes para, em conseqüência, julgar por sentença qual delas tem razão, ou seja, formular a norma jurídica concreta que deve regular a situação afirmada pelo autor". Para o mesmo jurista cearense, nas ações de conhecimento, o juiz realiza três operações básicas: "a) conhece os fatos da realidade alegados pelas partes; b) avalia juridicamente esses fatos à luz das normas a eles aplicáveis, o que pressupõe implicitamente um conhecimento prévio dessas normas; e c) finalmente, determina as conseqüências estabelecidas abstratamente pelas normas legais para os fatos reais, isto é, formula a norma concreta reguladora dos fatos reais a partir da norma abstrata" (*Teoria geral do processo*, p. 158).

[196] CALAMANDREI. *Instituições de direito processual civil*: segundo o novo código, v. 1, p. 134-135.

Ora, relativamente ao instituto abordado, pode-se responder ao questionamento antes formulado por Piero Calamandrei: que mudança de certas relações ou estados jurídicos não pode ocorrer sem prévia declaração jurisdicional de certeza dos requisitos que a lei exige para que essa mudança possa ser produzida? Uma determinada tutela jurisdicional produtora de efeitos não pode ser obstada, ainda para preservar o interesse público, sem que os próprios órgãos jurisdicionais decidam sobre o atendimento dos requisitos que o ordenamento jurídico impõe para que tal suspensão possa ser deferida.

Defende-se, portanto, em face de tais argumentos e da incompatibilidade da adoção de outras posturas, que o pedido de suspensão representa *exercício do direito de ação cognitiva constitutiva*.

O estudo da matéria, contudo, não aqui se encerra.

6.1.1.2 Exceção ou defesa

Uma parcela diminuta da doutrina nacional, mas que também deve ser abordada, entende que o pedido de suspensão constitui *exercício do direito de exceção ou defesa.*[197]

Tal consideração, contudo, não se faz compatível com o instituto em análise. Isto porque por exceção ou defesa deve-se entender, em amplo sentido, o direito do demandado de impugnar o direito de ação do demandante, ou, o direito ao contradireito de ação.[198] Ao exercer o direito de exceção ou defesa, portanto, o demandado pede ao órgão jurisdicional que este não conheça ou não acolha o pedido do demandante, ora porque este não atende aos requisitos necessários ao exercício do direito de ação, ora porque este não atende aos requisitos para a fruição do próprio direito subjetivo pretendido. A pretensão do demandado, portanto, limita-se à impugnação do direito de ação, limita-se à defesa. Neste sentido, sábias são as considerações de Giuseppe Chiovenda:

---

[197] DINAMARCO. Suspensão do mandado de segurança pelo presidente do tribunal. *ADV Advocacia Dinâmica – Seleções Jurídicas*, n. 4, p. 2.

[198] CHIOVENDA. *Instituições de direito processual civil*, v. 1, p. 408-409.

A exceção distingue-se dos demais direitos de impugnação exatamente em que, nessa qualidade, sua eficácia de anulação se limita à ação. Ao passo que os direitos de impugnação têm extensão maior ou menor conforme a intenção que se propõe o autor, e, em regra, se dirigem contra toda a relação jurídica, *a exceção tem, por definição, confins obrigatórios: não pode produzir outro efeito que não o de anular a ação, a saber, somente aquela ação que se propõe e contra a qual a exceção se volve*, deixando intacta a relação jurídica com todas as demais ações que dela possam decorrer para o futuro.[199]

Diante de tais considerações, não se pode conceber o pedido de suspensão como exercício do direito de exceção ou defesa, posto que:

a) O pedido de suspensão não busca impugnar a ação judicial originária, mas simplesmente suspender os efeitos de tutela jurisdicional nesta exarada;

b) A parte demandada da ação judicial originária não se identifica, necessariamente, com a parte postulante do pedido de suspensão;

c) A parte demandada busca a rejeição ou improcedência da ação judicial originária; o postulante do pedido de suspensão busca unicamente evitar prejuízos aos interesses públicos sob sua guarda;

d) A apresentação das exceções ou defesas, ao contrário do que ocorre com o pedido de suspensão, normalmente se subordina ao atendimento de prazos estabelecidos legalmente;

e) A apreciação das exceções ou defesas se submete à competência do mesmo órgão jurisdicional incumbido de apreciar o pedido autoral; a apreciação do pedido de suspensão se submete à competência do Presidente do Tribunal hierarquicamente superior a do órgão jurisdicional prolator da decisão.

6.1.1.3 Recurso ou sucedâneo recursal

E das teorias, a que mais mereceu discussão, encontrando-se já pacificada, foi a relativa ao pedido de suspensão como

---

[199] CHIOVENDA. *Instituições de direito processual civil*, v. 1, p. 410.

exercício do *direito de recurso ou de sucedâneo recursal*: raros doutrinadores nacionais atualmente entendem que o pedido de suspensão deve ser considerado recurso ou sucedâneo recursal,[200] parecendo, com efeito, mais acertado, o entendimento da maioria dos juristas brasileiros que entendem, por variados argumentos, no sentido oposto.[201]

---

[200] "Ocorre que o atendimento do pedido, determinando a suspensão da execução da liminar, constitui o reconhecimento de que o ato impugnado não merece ter inteira eficácia. Se o Presidente do Tribunal não chega a cassar o ato, não é menos certo que sua decisão o atinge frontalmente, pois que lhe retira a idoneidade de produzir efeitos jurídicos. Há, por conseguinte, um *interesse revisional do postulante, com o que a medida passa a guardar semelhança com os recursos em geral*. Em face desse óbvio hibridismo, parece-nos cabível caracterizar a medida como sendo *requerimento de natureza recursal, pois que assim estaremos voltados para os dois aspectos que nela estão presentes: o requerimento e o recurso*" (CARVALHO FILHO. *Ação civil pública*: comentários por artigo: Lei nº 7.347, de 24.7.85, p. 280. Grifos nossos).

[201] Neste sentido: "(...) não se trata de recurso" (BUENO. *Liminar em mandado de segurança*: um tema com variações, p. 211); "Sucede que o agravo de instrumento (...) não guarda qualquer relação com o pedido de suspensão da execução dos efeitos da citada medida (...), restando patente, destarte, a natureza jurídica diversa dos citados institutos" (ARAS. A inocorrência de prejudicialidade entre o pedido de suspensão da execução de decisão liminar e agravo de instrumento com pedido de efeito suspensivo. *Jurídica – Administração Municipal*, v. 7, n. 3, p. 17); "O pedido de suspensão, segundo nos parece, não possui natureza jurídica recursal. Por meio dele não se impugna uma decisão, tampouco colima-se a sua reforma. (...) De igual modo não se verifica a devolução do conhecimento da matéria, tal como determina o art. 512 do CPC, requisito essencial à caracterização de qualquer ato processual a que se pretenda conferir a natureza de recurso" (ALVIM. Suspensão da eficácia da decisão liminar ou da sentença em mandado de segurança: aspectos controvertidos do art. 4º da Lei 4.348/64. In: BUENO; ALVIM; WAMBIER (Coord.). *Aspectos polêmicos e atuais do mandado de segurança*: 51 anos depois, p. 255); "Apesar de não ser considerado tecnicamente recurso, porquanto não impugna a validade da decisão recorrida (...)" (OLIVEIRA. Incidente de suspensão de execução de liminar e de sentença em mandado de segurança. In: BUENO; ALVIM; WAMBIER (Coord.). *Aspectos polêmicos e atuais do mandado de segurança*: 51 anos depois, p. 381); "O pedido de suspensão não detém natureza recursal, porquanto somente se considera recurso aquele que esteja previsto ou taxado em lei como tal. E, justamente por não estar previsto em lei como recurso, o pedido de suspensão não deve assim ser considerado por não atender ao princípio da taxatividade (...)" (CUNHA. *A fazenda pública em juízo*, p. 230); "A possibilidade de tal requerimento ter natureza recursal não poderia prosperar diante de uma comparação entre os efeitos deste instituto e os de um recurso (...). Pelo mesmo fundamento, ou seja, ausência de finalidade reformatória da decisão, não poderíamos aceitar que fosse um sucedâneo recursal" (BRANDÃO, Flavia Monteiro de Castro. A suspensão das medidas de urgência nas ações contra o poder público à luz do devido processo legal. *Revista Dialética de Direito Processual*, n. 4, p. 32); "(...) o pedido de suspensão não é recurso, mas ostenta, sem dúvida, natureza processual" (GUTIÉRREZ. *Suspensão de liminar e de sentença na tutela do interesse público*, p. 51); "O requerimento de suspensão não constitui, portanto, recurso (...)" (NORTHFLEET. Suspensão de sentença e de liminar. *Revista do Instituto dos Advogados de São Paulo – Nova Série*, v. 1, n. 2, p. 169); "(...) o pedido de suspensão da execução da ordem mandamental *não corporifica recurso processual, nem o ato presidencial que o defere corporifica medida de natureza recursal*, sendo mesmo estranho o seu teor aos limites da lide exposta no juízo originário, no qual se expediu a medida liminar

Segundo Nelson Nery Júnior, pode-se conceituar o *recurso* como "o meio processual que a lei coloca à disposição das partes, do Ministério Público e de um terceiro, a viabilizar, dentro da mesma relação jurídica processual, a anulação, a reforma, a integração ou aclaramento da decisão judicial impugnada"[202] e *sucedâneos recursais* como "remédios que, por absoluta falta de previsão legal não são considerados como recursos, mas tendo em vista a finalidade para a qual foram criados, fazem as vezes destes".[203]

O pedido de suspensão, de fato, não pode ser considerado recurso ou sucedâneo recursal, posto que:

a) O recurso ou sucedâneo recursal e o pedido de suspensão possuem *fundamentos fáticos-jurídicos* diversos: nos primeiros, o *error in procedendo* ou *error in judicando* contido na tutela jurisdicional recorrida; no segundo, a possibilidade de grave lesão à ordem, à saúde, à segurança e à economia públicas;

b) O recurso ou sucedâneo recursal e o pedido de suspensão possuem *finalidades/objetivos* diversos: os primeiros buscam a *anulação*, a *reforma*, a *integração* ou o *aclaramento* do conteúdo da tutela jurisdicional recorrida ou impugnada; o segundo somente colima *suspender, paralisar, obstar* ou *cessar* a produção dos efeitos

---

cuja suspensão se postula" (MAIA FILHO. *Estudos processuais sobre o mandado de segurança*, p. 136-137); "(...) não se trata de figura recursal, pois se observa que não há no objetivo da suspensão qualquer menção à reforma da decisão (...)" (PATTO. Das liminares em mandado de segurança e o art. 4º da Lei 4.348/64 como norma obstaculizadora de direito fundamental. *Revista de Processo*, v. 29, n. 114, p. 121); "(...) não há de se falar em recurso (...)" (SOUZA. O incidente da suspensão de execução de decisões liminares de sentenças no âmbito das agências reguladoras. *Revista da ABPI*, n. 63, p. 36); "Alguns autores classificam a suspensão de segurança como recurso. No entanto, discordamos dessa classificação (...)" (COUTINHO. *Mandado de segurança*: da suspensão de segurança no direito brasileiro, p. 106); "(...) não há de se falar em recurso (...)" (SIQUEIRA FILHO. Da ultra-atividade da suspensão de liminar em writ. *Revista dos Tribunais*, São Paulo, v. 83, n. 701, p. 26.); "(...) não ostenta feição recursal (...)" (CONTE. Suspensão de execução de medidas liminares e sentenças contra o poder público. *Revista de Direito da Procuradoria Geral do Estado do Rio de Janeiro*, n. 48, p. 113); "Não se insere, por outro lado, tal instituto no gênero de recursos, eis que não visa à reforma ou anulação de um ato judicial (...)" (VELLOSO. Pedido de suspensão da execução e o princípio da inafastabilidade do controle judicial. *Boletim dos Procuradores da República*, v. 3, n. 26, p. 16).

[202] NERY JÚNIOR. *Princípios fundamentais*: teoria geral dos recursos, p. 22.
[203] NERY JÚNIOR. *Princípios fundamentais*: teoria geral dos recursos, p. 134.

normais decorrentes da execução provisória de tutelas jurisdicionais.[204]

Com efeito, ao apreciar o Agravo Regimental na Petição nº 1.057/DF (*DJ*, 17.05.1999, p. 116), a Corte Especial do Superior Tribunal de Justiça, sendo relator o *Ministro Antônio de Pádua Ribeiro*, consignou que o instituto não se presta para a reforma da decisão impugnada, sendo vedada a sua utilização como substitutivo do recurso adequado;[205]

c) Contra cada uma das tutelas jurisdicionais que podem ser objeto do pedido de suspensão, o ordenamento jurídico oportuniza o *cabimento* de diversos recursos legalmente previstos e adequados para cada espécie, os quais não se identificam com o instituto estudado; a suspensão dos efeitos de tutelas jurisdicionais não se faz cabível, em nosso ordenamento jurídico, para a anulação, a reforma, a integração ou o aclaramento do conteúdo de tutelas jurisdicionais;

d) A *legitimidade ativa* para o ajuizamento do recurso difere da legitimidade ativa para a apresentação do pedido de suspensão: no primeiro caso, confere-se tal aptidão, nos termos do art. 499 do Código de Processo Civil,[206] às

---

[204] Sobre este aspecto, o Superior Tribunal de Justiça, ao apreciar o Agravo Regimental na Suspensão de Segurança nº 726/PR (*DJ*, 31.05.1999, p. 00070), sob relatoria do Ministro Antônio de Pádua Ribeiro, destacou que "a augusta via da suspensão de segurança (indevidamente manejada como substitutivo da instância recursal adequada) *não comporta pretensão de reforma de decisão adversa*".

[205] "Agravo regimental. Pedido de suspensão de decisão. Indeferimento. Pretensão recursal manifesta. Descabimento. Precedente. Reiteração dos argumentos. Recurso desprovido.

1. A angusta via da suspensão de decisão proferida em mandado de segurança (art. 4º, Lei nº 4.348/64), ação cautelar e qualquer ação intentada contra o Poder Público ou seus agentes (art. 4º, Lei nº 8.437/92), bem como na tutela antecipada contra a Fazenda Pública (art. 1º, Lei nº 9.494/97), *não comporta pretensão de reforma de decisão adversa*.

2. Precedentes da Corte (AgRgSS nº 718/BA).

3. Propósito evidente do manejo da contracautela excepcional como substitutivo da instância recursal adequada.

4. Agravo desprovido" (grifos nossos).

[206] "Art. 499. O recurso pode ser interposto pela parte vencida, pelo terceiro prejudicado e pelo Ministério Público. §1º. Cumpre ao terceiro demonstrar o nexo de interdependência entre o seu interesse de intervir e a relação jurídica submetida à apreciação judicial. §2º. O Ministério Público tem legitimidade para recorrer assim no processo em que é parte, como naqueles em que oficiou como fiscal da lei."

Suspensão de Tutelas Jurisdicionais contra o Poder Público | 113

partes do processo, ao Ministério Público e ao terceiro prejudicado; no segundo, confere-se à pessoa jurídica de direito público ou a esta equiparada;

e) O *interesse processual* da parte recorrente diverge do interesse processual da parte postulante do pedido de suspensão: no primeiro caso, a necessidade/utilidade decorre da necessidade de anulação, reforma, integração ou o aclaramento do conteúdo da tutela jurisdicional em face do inconformismo, sucumbência, gravame ou prejuízo da parte recorrente; no segundo caso, a necessidade/utilidade decorre da necessidade de suspensão dos efeitos da tutela jurisdicional em face do inconformismo da parte postulante com a incidência prejudicial dos efeitos da tutela jurisdicional sobre os interesses públicos sob sua guarda;

f) A apresentação dos recursos se subordina ao atendimento dos *prazos* estabelecidos legalmente,[207] sob pena de sua inadmissibilidade por intempestividade; o pedido de suspensão, a seu turno, não se submete ao atendimento de prazos estabelecidos legalmente;

g) A petição que veicula o recurso deve atender aos *requisitos de regularidade formal* previstos no art. 514 do Código de Processo Civil, ao passo que a petição que veicula o pedido de suspensão deve atender aos requisitos previstos nos artigos 282 e 283 da mesma norma;[208]

---

[207] "Art. 508. Na apelação, nos embargos infringentes, no recurso ordinário, no recurso especial, extraordinário e nos embargos de divergência, o prazo para interpor e para responder é de 15 (quinze) dias. (...) Art. 522. Das decisões interlocutórias caberá agravo, no prazo de 10 (dez) dias, retido nos autos ou por instrumento. (...) Art. 536. Os embargos serão opostos, no prazo de cinco dias, em petição dirigida ao juiz ou relator, com indicação do ponto obscuro, contraditório ou omisso, não estando sujeitos a preparo."

[208] "Art. 514. A apelação, interposta por petição dirigida ao juiz, conterá: I - os nomes e a qualificação das partes; II - os fundamentos de fato e de direito; III - o pedido de nova decisão".
"Art. 282. A petição inicial indicará: I - o juiz ou tribunal, a que é dirigida; II - os nomes, prenomes, estado civil, profissão, domicílio e residência do autor e do réu; III - o fato e os fundamentos jurídicos do pedido; IV - o pedido, com as suas especificações; V - o valor da causa; VI - as provas com que o autor pretende demonstrar a verdade dos fatos alegados; VII - o requerimento para a citação do réu. Art. 283. A petição inicial será instruída com os documentos indispensáveis à propositura da ação".

h) Os recursos normalmente se submetem ao *preparo*, ou seja, ao pagamento de custas recursais, sob pena de deserção, ao passo que o pedido de suspensão não exige preparo;[209]

i) O conhecimento e julgamento dos recursos e do pedido de suspensão são submetidos à *competência de órgãos jurisdicionais distintos*;

j) Os recursos são informados pelo *princípio do duplo grau de jurisdição*, que assegura a reapreciação do conteúdo das tutelas jurisdicional[210] aos seus postulantes; os pedidos de suspensão, ao contrário, não são informados por tal princípio, posto que não asseguram a reapreciação do conteúdo das tutelas jurisdicionais;

k) Segundo o *princípio da taxatividade*, somente podem ser considerados recursos aqueles assim previstos expressamente pelas leis processuais,[211] as quais não prevêem, como recurso, o pedido de suspensão ora analisado;

l) Atribuir ao pedido de suspensão natureza recursal se faz incompatível com o *princípio da singularidade dos recursos*, segundo o qual se assegura aos litigantes a interposição de apenas um único recurso em face de determinada tutela jurisdicional; o pedido de suspensão pode ser ajuizado simultaneamente com os recursos previstos na legislação processual;

---

[209] "Art. 511. No ato de interposição do recurso, o recorrente comprovará, quando exigido pela legislação pertinente, o respectivo preparo, inclusive porte de remessa e de retorno, sob pena de deserção. §1º. São dispensados de preparo os recursos interpostos pelo Ministério Público, pela União, pelos Estados e Municípios e respectivas autarquias, e pelos que gozam de isenção legal. §2º. A insuficiência no valor do preparo implicará deserção, se o recorrente, intimado, não vier a supri-lo no prazo de cinco dias."

[210] Segundo Nelson Nery Júnior, o princípio do duplo grau de jurisdição "consiste em estabelecer a possibilidade de sentença definitiva ser reapreciada por órgão de jurisdição, normalmente de hierarquia superior à daquele que a proferiu, o que se faz de ordinário pela interposição de recurso" (NERY JÚNIOR. *Princípios fundamentais*: teoria geral dos recursos, p. 126).

[211] Dispõe o Código de Processo Civil: "Art. 496. São cabíveis os seguintes recursos: I - apelação; II - agravo; III - embargos infringentes; IV - embargos de declaração; V - recurso ordinário; VI - recurso especial; VII - recurso extraordinário; VIII - embargos de divergência em recurso especial e em recurso extraordinário".

m) O pedido de suspensão não se faz dotado do *efeito devolutivo*,[212] segundo o qual se devolve ao conhecimento do tribunal *ad quem* toda a matéria impugnada objeto do recurso.[213] Segundo Marcelo Abelha Rodrigues, "ao se pedir a suspensão de execução, não se devolve ao presidente do tribunal a matéria decidida, mas apenas se leva um incidente que visa impedir que os efeitos da decisão possam prejudicar o interesse público. Não se discute a decisão em si, mas tão-somente a possibilidade de impedir que a sua execução cause gravame ap interesse público".[214] Do mesmo modo, o pedido de suspensão não carrega o *efeito substitutivo*[215] próprio dos recursos;

n) A tutela jurisdicional que acolhe os recursos ou sucedâneos recursais e os pedidos de suspensão, finalmente, possuem *efeitos* absolutamente diversos.

Por todos estes argumentos não se defende que o pedido de suspensão possa ser considerado exercício do direito de recurso ou de sucedâneo recursal. E pelas mesmas razões, também se rejeita o entendimento de que o mesmo seria identificado com pedido de antecipação da tutela recursal.[216]

---

[212] Dispõe o Código de Processo Civil: "Art. 515. A apelação devolverá ao tribunal o conhecimento da matéria impugnada. §1º. Serão, porém, objeto de apreciação e julgamento pelo tribunal todas as questões suscitadas e discutidas no processo, ainda que a sentença não as tenha julgado por inteiro. §2º. Quando o pedido ou a defesa tiver mais de um fundamento e o juiz acolher apenas um deles, a apelação devolverá ao tribunal o conhecimento dos demais. §3º Nos casos de extinção do processo sem julgamento do mérito (art. 267), o tribunal pode julgar desde logo a lide, se a causa versar questão exclusivamente de direito e estiver em condições de imediato julgamento. Art. 516. Ficam também submetidas ao tribunal as questões anteriores à sentença, ainda não decididas. Art. 517. As questões de fato, não propostas no juízo inferior, poderão ser suscitadas na apelação, se a parte provar que deixou de fazê-lo por motivo de força maior."

[213] NERY JÚNIOR. *Princípios fundamentais*: teoria geral dos recursos, p. 19.

[214] RODRIGUES. *Suspensão de segurança*: sustação da eficácia de decisão judicial proferida contra o poder público, p. 86.

[215] Dispõe o Código de Processo Civil, em seu art. 512: "O julgamento proferido pelo tribunal substituirá a sentença ou a decisão recorrida no que tiver sido objeto de recurso".

[216] CAVALCANTE. *Mandado de segurança*: texto atualizado inclusive com as alterações promovidas pelas leis 10.532 e 10.538, de 26 e 27 de dezembro de 2001, respectivamente, p. 170.

6.1.2 Natureza administrativa

Pode-se defender, também sob a ótica substancial, que a suspensão dos efeitos de tutelas jurisdicionais possui natureza administrativa, eis que o pedido formulado pela pessoa jurídica de direito público ou equiparada, e a respectiva decisão exarada pelo Presidente do Tribunal, seriam atos administrativos, atividades estatais concretas, executadas diretamente pelos órgãos e agentes incumbidos de tutelar os interesses públicos, com a finalidade de satisfazer imediatamente estes mesmos interesses.[217]

Segundo esta concepção, seguida por diversos doutrinadores brasileiros de escol,[218] o pedido administrativo formulado pela pessoa jurídica de direito público ou equiparada, para suspender os efeitos da execução de dada tutela jurisdicional, teria por escopo a proteção imediata de interesses públicos sob sua guarda protegidos pelas normas de regência, os quais, por serem dotados de supremacia sobre os interesses particulares, deveriam merecer tratamento distinto. A correspondente decisão do Presidente do Tribunal, ademais, decisão administrativa ou medida administrativa de juízo,[219] além de não conhecer, analisar e julgar a juridicidade do conteúdo da tutela jurisdicional, examinaria unicamente a conveniência e a oportunidade de se determinar ou não a suspensão dos efeitos da aludida tutela jurisdicional, apreciando, sob critérios políticos,[220] a

---

[217] DI PIETRO. *Direito administrativo*, p. 61.

[218] Neste sentido: "Trata-se, a nosso sentir, de um ato de caráter administrativo, que, sob este prisma, será examinado pelo Presidente do Tribunal, não se ajustando na moldura de ação ou mesmo ao conceito de recurso" (CONTE. Suspensão de execução de medidas liminares e sentenças contra o poder público. *Revista de Direito da Procuradoria Geral do Estado do Rio de Janeiro*, n. 48, p. 113); "(...) cassando liminar ou suspendendo os efeitos da sentença concessiva quando tal providência se lhe afigurar conveniente e oportuna" (MEIRELLES. *Mandado de segurança*: ação popular, ação civil pública, mandado de injunção, habeas data, ação direta de inconstitucionalidade, ação declaratória de constitucionalidade, argüição de descumprimento de preceito fundamental e controle incidental de normas no direito brasileiro, 27. ed., p. 89); "(...) o pedido de suspensão não tem natureza recursal. É um ato administrativo que vai ser apreciado na ótica administrativa pelo Presidente do Tribunal. (BARCELOS. Medidas liminares em mandado de segurança: suspensão de execução de medida liminar, suspensão de execução de sentença, medidas cautelares. *Revista dos Tribunais*, v. 80, n. 663, p. 45).

[219] Expressão adotada por Othon Sidou (*Do mandado de segurança*, p. 450).

[220] Quando se assevera que o Presidente do Tribunal analisa o pedido de suspensão sob critérios unicamente políticos, busca-se ratificar a afirmação de que o mesmo "(...) guia-se por motivos de conveniência e oportunidade do interesse público, que há de ser o seu supremo objetivo" (MEIRELLES. *Direito administrativo brasileiro*, p. 34).

possibilidade de lesão aos interesses públicos de manutenção da ordem, saúde, segurança ou economia públicas.

A adoção de tal postura, todavia, não se faz compatível com a vigente ordem jurídico-constitucional, consoante tem defendido outro importante segmento da doutrina nacional.[221] E muitos podem ser os argumentos contra a atribuição da natureza administrativa ao instituto estudado:

a) A natureza administrativa do instituto se faz incompatível com o *sistema da jurisdição única* ou *sistema de controle judicial* acolhido por nosso ordenamento jurídico, segundo o qual "toda controvérsia, litígio ou questão entre particulares e a administração resolve-se perante" o Poder Judiciário, que é o único competente para proferir decisões com autoridade final e conclusiva";[222] a tutela jurisdicional, portanto, no sistema de jurisdição única ou sistema de controle judicial, somente pode ter seus efeitos suspensos por determinação de outra tutela jurisdicional, jamais sendo permitida a mencionada suspensão por decisão administrativa ainda que exarada por órgão jurisdicional no exercício atípico de funções administrativas;

b) A natureza administrativa do instituto se faz incompatível com o *princípio da separação harmônica das funções*

---

[221] "(...) ao pedido de suspensão também não pode ser atribuída a natureza de ato administrativo. Outro, aliás, não poderia ser o entendimento, porquanto nos parece bastante remota a possibilidade de admitir-se como legal e/ou constitucional a suspensão de decisão judicial por ato administrativo (...)" (ALVIM. Suspensão da eficácia da decisão liminar ou da sentença em mandado de segurança: aspectos controvertidos do art. 4º da Lei 4.348/64. In: BUENO; ALVIM; WAMBIER (Coord.). *Aspectos polêmicos e atuais do mandado de segurança*: 51 anos depois, p. 255); "Muito menos poderíamos ficar com o entendimento, difundido por alguns autores, de que se trata de medida administrativa, de competência discricionária do presidente do tribunal (...)" (BRANDÃO. A suspensão das medidas de urgência nas ações contra o poder público à luz do devido processo legal. *Revista Dialética de Direito Processual*, n. 4, p. 29); "Não se pode considerar o pedido de suspensão como um ato administrativo, nem tampouco como um controle de natureza administrativa" (GUTIÉRREZ. *Suspensão de liminar e de sentença na tutela do interesse público*, p. 49); "(...) seria um total contra *sensu* atribuir ao requerimento de suspensão de execução de decisão judicial a natureza de ato administrativo (...)" (SOUZA. O incidente da suspensão de execução de decisões liminares de sentenças no âmbito das agências reguladoras. *Revista da ABPI*, n. 63, p. 37; "(...) mais grave do que apontar uma natureza de recurso ou de ação para esse incidente, é emoldurá-lo sob o rótulo de *medida administrativa* praticada pelo presidente do tribunal (...)" (RODRIGUES. *Suspensão de segurança*: sustação da eficácia de decisão judicial proferida contra o poder público, p. 95).

[222] MEIRELLES. *Direito administrativo brasileiro*, p. 53.

estatais ou *princípio da tripartição das funções estatais*, posto que a suspensão dos efeitos de dada tutela jurisdicional por decisão administrativa ainda que exarada por órgão jurisdicional no exercício atípico de funções administrativas, representaria indevida intervenção da função administrativa na função jurisdicional.

c) Atribuir natureza administrativa ao instituto também se faz incompatível com o *princípio da segurança jurídica*, posto que a tutela jurisdicional cujos efeitos visa suspender o pedido formulado pela pessoa jurídica de direito público ou equiparada constitui manifestação do poder jurisdicional, que, no Estado Moderno, se instituiu justamente "para interpretar e aplicar o direito coativamente e em caráter definitivo, satisfazendo, assim, a necessidade de certeza e segurança jurídicas, valores imprescindíveis à estabilidade social";[223]

d) Considerando que o Presidente do Tribunal, consoante exige a legislação que disciplina o instituto, não pode determinar a suspensão dos efeitos de dada tutela jurisdicional sem que a pessoa jurídica de direito público ou a ela equiparada interessada previamente formule a postulação suspensiva, ou, em termos outros, que o Presidente do Tribunal não pode, em hipótese alguma, atuar *ex officio*, mas somente por *provocação da parte interessada*, restaria, evidentemente, subtraída a possibilidade de se conferir natureza administrativa ao instituto, posto que as decisões administrativas podem e devem se manifestar independentemente de qualquer provocação, sempre que o interesse público assim o exigir;

e) O Presidente do Tribunal, ao analisar o pedido, não o faz como parte interessada na concessão ou não da suspensão, atuando, ao contrário, com *imparcialidade*, ao passo que as decisões administrativas são exaradas pelas próprias partes interessadas. E segundo bem observa

---

[223] ROCHA. *Estudos sobre o Poder Judiciário*, p. 23.

Cristina Gutiérrez, a propósito da questão, a administração e a jurisdição distinguem-se porque a administração "aplica o direito por iniciativa própria" tendo em vista a realização dos interesses que lhe são próprios, próprios da administração, ao passo que a jurisdição aplica o direito por iniciativa das partes interessadas;[224]

f) Atribuir natureza administrativa ao instituto ainda se faria incompatível com a legislação regente da matéria, posto que esta prevê o cabimento do *recurso de agravo* visando a reforma da decisão proferida pelo Presidente do Tribunal, quando sabido que somente as tutelas jurisdicionais se submetem aos recursos jurisdicionais;[225]

g) O fato de examinar a conveniência e a oportunidade de se determinar ou não a suspensão dos efeitos da tutela jurisdicional, apreciando, sob critérios políticos, a possibilidade de lesão aos interesses públicos de manutenção da ordem, saúde, segurança ou economia públicas, não confere à decisão do Presidente do Tribunal natureza administrativa, como antes defendia o método lógico-dedutivo do positivismo jurídico.[226]

6.2 Natureza jurídica sob o aspecto formal

Menos divergente se mantêm os juristas sobre a análise da natureza jurídica da suspensão dos efeitos de tutelas jurisdicionais sob o aspecto formal. Basicamente duas concepções se firmaram sobre o assunto:

---

[224] GUTIÉRREZ. *Suspensão de liminar e de sentença na tutela do interesse público*, p. 49.

[225] Segundo doutrina Nelson Nery Júnior, "(...) somente os atos do juiz são passíveis de recurso" (*Princípios fundamentais*: teoria geral dos recursos, p. 37).

[226] Consoante doutrina, brilhantemente, José de Albuquerque Rocha: "É, pois, sumamente enganosa a redução da sentença a um silogismo em que a premissa maior seria a norma, a menor os fatos e a conclusão o dispositivo da sentença. A realidade é que o dispositivo nunca é a conclusão *necessária* de um silogismo, como quer a doutrina tradicional, mas uma *decisão que, como tal, é determinada não só por elementos lógicos, mas também por fatores políticos, filosóficos, morais a pressupor a possibilidade de outras soluções.* Dessa forma, o debate sobre a natureza política ou apolítica do trabalho do juiz, preocupação típica do pensamento positivista-axiomático, perdeu muito sua razão de ser. Na verdade, *o trabalho judicial é político no sentido de que o juiz, ao decidir, faz opções em função de argumentos políticos em sentido amplo (filosóficos, ideológicos, sociais, etc.) e não apenas lógicos*" (*Estudos sobre o Poder Judiciário*, p. 77. Grifos nossos).

a) a primeira, a de que o instituto constitui *incidente extraprocessual*;[227]

b) a segunda, a de que o instituto constitui *incidente processual*.[228]

Dentre as duas concepções explicitadas, emerge o entendimento praticamente unânime sobre a natureza jurídico-formal do instituto como um incidente processual. E de fato, a suspensão dos efeitos de tutelas jurisdicionais constitui um *incidente processual*.

Dentre os doutrinadores brasileiros que estudaram a matéria, sobressai Marcelo Abelha Rodrigues, que dedicou sua tese de doutoramento ao estudo dos *incidentes* na teoria geral do processo, dentre os quais o incidente de suspensão ora objeto do presente estudo. Em seu excelente trabalho, o doutrinador citado inicia sua explanação asseverando ser "possível que surjam *situações que, incidindo sobre a tramitação normal e ordinária do feito, possam retardar-lhe o curso normal*", as quais, em face de sua maior ou menor complexidade, podem ou não exigir a formação de um procedimento próprio.[229] Em seguida, identifica os elementos constitutivos dos incidentes processuais: "a) há alguma coisa nova que surge, uma situação diferentes que aparece, um fenômeno novo que ocorre; b) há uma situação preexistente sobre a qual incide

---

[227] Segundo Othon Sidou, "vale por um incidente extraprocessual". O doutrinador, contudo, ao manifestar tal entendimento, deixou de explicar melhor o seu significado, restando dúvidas de que o termo significa: 1) que o instituto não se reveste se natureza processual; ou 2) que o instituto se reveste de natureza processual autônoma relativamente ao processo onde repousa a tutela jurisdicional cujos efeitos se busca obstar. Assevera, simplesmente, que a "ordem não se atém à relação nem ao normal andamento do feito" (*Do mandado de segurança*, p. 452).

[228] "Cuida-se, então, em verdade, de mero *incidente processual* (...)" (ALVIM. Suspensão da eficácia da decisão liminar ou da sentença em mandado de segurança: aspectos controvertidos do art. 4º da Lei 4.348/64. In: BUENO; ALVIM; WAMBIER (Coord.). *Aspectos polêmicos e atuais do mandado de segurança*: 51 anos depois, p. 255); "Sendo considerado incidente processual (...)" (OLIVEIRA. Incidente de suspensão de execução de liminar e de sentença em mandado de segurança. In: BUENO; ALVIM; WAMBIER (Coord.). *Aspectos polêmicos e atuais do mandado de segurança*: 51 anos depois, p. 381); "Não restam dúvidas de que o pedido de suspensão constitui incidente processual (...)" (CUNHA. *A fazenda pública em juízo*, p. 232); "Do ponto de vista puramente procedimental, não há dúvida de que se trata de mero incidente do processo de mandado de segurança" (DINAMARCO. Suspensão do mandado de segurança pelo presidente do tribunal. *ADV Advocacia Dinâmica – Seleções Jurídicas*, n. 4, p. 2). Cf, ainda, SOUZA. O incidente da suspensão de execução de decisões liminares e de sentenças no âmbito das agências reguladoras. *Revista da ABPI*, n. 63, p. 37.

[229] RODRIGUES. *Suspensão de segurança*: sustação da eficácia de decisão judicial proferida contra o poder público, p. 19-20.

o fato novo".[230] E finalmente os define, em sentido lato, como "o fato jurídico novo, voluntário ou involuntário, que cai sobre o que preexiste".[231]

Segundo ainda o mesmo doutrinador, os incidentes podem manifesta-se por intermédio de:

a) *causas incidentes*, "quando o incidente processual se manifestar por ação incidental no feito já existente num verdadeiro processo incidental, tal como nos embargos do executado, ação declaratória incidental, ação de denunciação da lide etc., onde há exercício de direito de ação, sendo verdadeira causa incidente sobre um processo já existente";[232]

b) *questões incidentes*, "quando o incidente processual possuir natureza jurídica de questão, isto é, quando, no curso normal do processo, surgir uma controvérsia ou dúvida sobre aquilo que se afirma na razão da pretensão (ponto), de modo que pode tratar-se de uma questão incidental relativa ao mérito, ao processo ou até mesmo à ação";[233] ou

c) *pontos incidentes*, quando envolver "qualquer afirmação ou alegação de fato ou de direito contida na razão da pretensão".[234]

Ainda segundo o estudioso citado, dentre os meios elencados acima, enquadrar-se-ia a suspensão dos efeitos de tutelas jurisdicionais como *incidente processual* manifestado em *questão incidente*.[235]

---

[230] RODRIGUES. *Suspensão de segurança*: sustação da eficácia de decisão judicial proferida contra o poder público, p. 22.

[231] RODRIGUES. *Suspensão de segurança*: sustação da eficácia de decisão judicial proferida contra o poder público, p. 25.

[232] RODRIGUES. *Suspensão de segurança*: sustação da eficácia de decisão judicial proferida contra o poder público, p. 26.

[233] RODRIGUES. *Suspensão de segurança*: sustação da eficácia de decisão judicial proferida contra o poder público, p. 26-27.

[234] RODRIGUES. *Suspensão de segurança*: sustação da eficácia de decisão judicial proferida contra o poder público, p. 27.

[235] RODRIGUES. *Suspensão de segurança*: sustação da eficácia de decisão judicial proferida contra o poder público, p. 92.

O instituto em estudo, com efeito, pode realmente ser considerado *incidente processual*, posto que os efeitos da tutela jurisdicional suspensiva efetivamente incidem sobre os efeitos da tutela jurisdicional originária, obstando-lhe a produção regular, cuidando-se, pois, de "fato jurídico novo, voluntário (...), que cai sobre o que preexiste".[236] A suspensão dos efeitos de tutelas jurisdicionais se manifesta superveniente e acessoriamente ao curso regular do processo principal, exigindo manifestação jurisdicional cujos efeitos necessariamente sobre este se projetam.

Todavia, ao analisar cuidadosamente a obra do citado jurista, não se encontram argumentos convincentes no sentido de que o instituto em análise realmente se enquadra no conceito de *questão incidente*. O entendimento mais correto, diferentemente do que defende o renomado doutrinador, parece ser o de que a suspensão dos efeitos de tutelas jurisdicionais se manifesta por uma *causa incidente*.

Segundo o mesmo Marcelo Abelha Rodrigues, *questão incidente* seria qualquer *controvérsia fática ou jurídica pertinente à própria causa* em que a mesma se manifesta. Ou, segundo suas próprias palavras, aquela "controvérsia ou dúvida sobre aquilo que se afirma na razão da pretensão (ponto), de modo que pode tratar-se de uma questão incidental relativa ao mérito, ao processo ou até mesmo à ação".[237]

Mas asseverar que o instituto em estudo representaria mera *questão incidente* significa defender que o pedido de suspensão não constituiria *exercício autônomo do direito de ação*, mas mera postulação de resolução de questão controvertida pertinente à própria causa, a ser necessariamente dirimida em momento anterior ao provimento jurisdicional.

Não se pode admitir, contudo, que o pedido de suspensão não constitui exercício autônomo do direito de ação, posto que este, embora realmente seja acessório e dependente da causa principal,

---

[236] RODRIGUES. *Suspensão de segurança*: sustação da eficácia de decisão judicial proferida contra o poder público, p. 25.

[237] RODRIGUES. *Suspensão de segurança*: sustação da eficácia de decisão judicial proferida contra o poder público, p. 26-27.

se faz integrado por elementos de identificação subjetivos e objetivos absolutamente distintos desta: *partes possivelmente distintas* (elemento subjetivo),[238] *causa de pedir distinta* (elemento objetivo) e *pedido* (elemento objetivo) *também distinto.*[239] E nos moldes do que dispõe o artigo 301, §2º, do Código de Processo Civil Brasileiro,[240] editado sob longa e prévia construção doutrinária, a identificação e a individualização das ações se realiza pela teoria das três identidades, segundo a qual uma ação somente pode ser considerada idêntica à outra quando possuem as mesmas partes, a mesma causa de pedir e o mesmo pedido. Neste sentido, bem observa Cristina Gutiérrez que, "embora (...) possa ocorrer identidade com as partes da relação processual originária, certamente serão *diversos o pedido* — a suspensão da decisão impugnada — e *a causa de pedir* —, a alegada vulneração da decisão impugnada aos valores postos nas leis em comento".[241]

Além disso, outros argumentos podem ser levantados contra o entendimento de constituir questão incidente o instituto em estudo:

1. *as questões incidentes são sempre prejudiciais,*[242] ou seja, exigem resolução em momento anterior à prolação

---

[238] "Para que duas ações possam ser consideradas subjetivamente idênticas, é preciso, pois, que ambas correspondam à mesma pessoa e contra a mesma pessoa; mas para que se dê a identidade de sujeitos, no sentido em que aqui se diz, não basta sempre a identidade física, porque é necessário, também, que a demanda 'seja proposta por eles e contra eles na mesma qualidade' (...)" (CALAMANDREI. *Instituições de direito processual civil*: segundo o novo código, v. 1, p. 240).

[239] O legitimado ativo do pedido de suspensão (pessoa jurídica de direito público ou equiparada, não necessariamente integrante da anterior relação jurídico-processual) postula dos órgãos jurisdicionais a determinação para que sejam suspensos os efeitos de determinada tutela jurisdicional antes regularmente produzidos (pedido) sob o fundamento de que os mesmos são lesivos aos interesses públicos sob sua guarda protegidos pela legislação de regência (causa de pedir).

[240] "Art. 301. (...) §2º. Uma ação é idêntica a outra quando tem as mesmas partes, a mesma causa de pedir e o mesmo pedido."

[241] GUTIÉRREZ. *Suspensão de liminar e de sentença na tutela do interesse público*, p. 53.

[242] "(...) o caminho lógico a que o juiz deve recorrer, para poder concluir se a demanda é fundada, pode-se esquematizar em um silogismo ou em uma série de silogismos concatenados, no curso dos quais, antes de chegar à conclusão final, deverá deter-se a considerar e a resolver, como em outras tantas etapas de seu raciocínio, todas as 'questões' controvertidas, de fato e de direito, que se apresentam na construção das premissas. 'Decidir a causa' significa decidir se existe a ação, e, por conseguinte, se o autor tem direito ou não tem direito a obter a providência jurisdicional solicitada; porém, não é possível chegar ao juízo sobre esta questão final, sem que antes tenham sido eliminadas todas as questões que constituem o antecedente

da providência jurisdicional definitiva postulada, o que não se verifica relativamente ao pedido de suspensão, posto que a providência jurisdicional definitiva pode ser exarada em momento anterior à apreciação do pedido de suspensão, a qual, se transitada em julgado, causará a superveniente ausência do interesse processual da postulação suspensiva;

2. as questões incidentes somente podem ser suscitadas pelos *sujeitos integrantes da relação jurídico-processual*, o que não se verifica relativamente ao pedido de suspensão;[243]

3. a tutela jurisdicional suspensiva ou não suspensiva exarada pelos Presidentes dos Tribunais constituem sentenças, ou seja, atos que põem fim ao processo, decidindo ou não o mérito da causa, sujeitando-se, ademais, aos efeitos da *coisa julgada*.[244]

---

lógico da decisão final e que se chamam 'questões prejudiciais' (...) porque devem ser julgadas antes que se possa decidir a respeito da ação. (...). A decisão de cada ponto prejudicial não será um fim em si mesma, não constituirá coisa julgada (...), mas constituirá somente um degrau para se poder dar outro passo em direção à decisão final. A 'prejudicialidade' no sentido até agora analisado não constitui uma figura de conexão entre causas distintas: as questões prejudiciais não constituem outras tantas causas distintas da causa da qual nascem, mas nela incidem (pelo que se denominam também 'questões incidentais') e são decididas não como objeto principal do juízo (*non principaliter*), e sim apenas nos limites em que vêm a incidir na decisão da causa (*sed incidentur tantum*)" (CALAMANDREI. *Instituições de direito processual civil*: segundo o novo código, v. 1, p. 253).

[243] Consoante doutrina o próprio Marcelo Abelha Rodrigues "(...) manifestando-se um incidente por via de um ponto ou questão incidental, só será possível a legitimidade desse terceiro caso a argüição seja, conseqüentemente, a porta de entrada do terceiro como sujeito do processo". E "(...) o fenômeno da incidentalidade no processo não se manifesta na forma de recurso, motivo pelo qual se o terceiro pretende argüir um incidente processual, deve, antes, ou simultaneamente, ser admitido como sujeito do processo para então argüir o incidente processual, quando este seja manifestado por via de questões ou pontos incidentais (...)" (RODRIGUES. *Suspensão de segurança*: sustação da eficácia de decisão judicial proferida contra o poder público, p. 66, 68).

[244] Ressalte-se que neste sentido tem ainda se manifestado a jurisprudência do *Superior Tribunal de Justiça*, consoante se pode observar do julgamento do Recurso Especial nº 126.586/SP (*DJ* 30.3.1998, p. 13), sob a relatoria do *Ministro José Delgado*:

"Processual civil. Suspensão de segurança. Natureza. Trânsito em julgado. Agravo. Ausência de prequestionamento da matéria.

1. *A suspensão de segurança possui natureza jurisdicional e não administrativa, sujeitando-se, portanto, aos efeitos da coisa julgada.*

2. Não tendo havido o prequestionamento da matéria em sede do agravo regimental, o não conhecimento do recurso se impõe.

3. Recurso especial não conhecido."

Neste sentido, doutrina Arruda Alvim que: "na sentença *consuma-se a função jurisdicional, aplicando-se a lei ao caso concreto controvertido, com a finalidade de extinguir juridicamente a controvérsia*";[245] e que as sentenças não se confundem com as decisões interlocutórias, porque as segundas, além de não solucionarem qualquer controvérsia, "apenas decidem questões que, uma vez suscitadas pelas partes (e, eventualmente, pelo juiz), necessariamente *têm de ser solucionadas antes da questão fundamental ou básica*, que é o mérito".[246]

Em face de tais considerações, entende-se que a suspensão dos efeitos de tutelas jurisdicionais deve ser considerado, sob o aspecto formal, *incidente processual* manifestado em *causa incidente*, absolutamente diversa da originária, embora dela acessória e dependente.

---

[245] ALVIM. *Manual de direito processual civil*, v. 2, p. 632.
[246] ALVIM. *Manual de direito processual civil*, v. 2, p. 632.

Capítulo 7

Processamento do pedido de suspensão

Sumário: **7.1** Requisitos processuais - **7.1.1** Legitimidade ativa - **7.1.1.1** Legitimidade ativa e participação na anterior relação jurídico-processual - **7.1.1.2** Legitimados ativos em espécie - **7.1.1.2.1** Pessoas jurídicas de direito público - **7.1.1.2.2** Pessoas jurídicas de direito privado - **7.1.1.2.3** Pessoas físicas - **7.1.1.2.4** Órgãos públicos despersonalizados - **7.1.1.2.5** Ministério Público - **7.1.2** Interesse processual - **7.1.3** Possibilidade jurídica do pedido - **7.2** Pressupostos processuais - **7.2.1** Pressupostos processuais positivos e negativos - **7.2.1.1** Órgão jurisdicional competente - **7.2.1.1.1** Competências jurisdicionais em espécie - **7.2.1.1.2** Outros aspectos relevantes sobre a competência do órgão jurisdicional - **7.2.1.2** Órgão jurisdicional imparcial - **7.2.1.3** Petição inicial apta - **7.2.1.3.1** Imprescindibilidade do pedido - **7.2.1.3.2** Petição inicial - **7.2.1.3.3** Documentos indispensáveis - **7.2.1.4** Capacidade processual e capacidade postulatória - **7.2.1.5** Contraditório - **7.2.1.6** Ausência de coisa julgada, litispendência e perempção - **7.3** Prazo para o ajuizamento do pedido de suspensão - **7.4** Procedimento - **7.4.1** Fase postulatória - **7.4.2** Fase preliminar: providências jurisdicionais preliminares - **7.4.2.1** Deferimento liminar do pedido de suspensão - **7.4.2.2** Ouvida da parte demandada - **7.4.2.3** Ouvida do Ministério Público - **7.4.2.4** Ouvida do órgão jurisdicional de origem - **7.4.3** Fase decisória - **7.4.3.1** A cognição - **7.4.3.2** A cognição e as questões processuais e meritórias pertinentes à demanda originária - **7.4.3.3** A decisão que aprecia o pedido de suspensão - **7.4.3.4** Efeitos da decisão que defere o pedido de suspensão - **7.4.4** Fase recursal - **7.4.4.1** Agravo legal - **7.4.4.2** Agravo regimental - **7.4.4.3** Embargos de declaração - **7.4.4.4** Recurso especial e recurso extraordinário - **7.4.4.5** Reclamação

Ao proibir a possibilidade de que os indivíduos, por seus próprios meios e forças, solucionassem seus conflitos pela disputa dos bens da vida objeto dos seus interesses, o Estado moderno, além de implementar diversas normas jurídicas reguladoras da distribuição destes bens da vida, estabeleceu o monopólio do poder estatal para a sua resolução daqueles mesmos conflitos. O poder estatal de dissolver disputas individuais para a promoção da pacificação social, outrossim, não se faz ilimitado, mas balizando por diversas normas jurídicas regentes da atuação dos indivíduos e do próprio Estado, as quais disciplinam todas as atividades por estes desenvolvidas, que se inicia com a postulação individual para que o poder estatal se manifeste e finaliza com tal manifestação do poder estatal, com a tutela jurisdicional.

Para que o Estado dissolva determinado conflito, manifestando, assim, seu poder jurisdicional, o qual corresponde à aplicação, ao aludido caso concreto, em substituição aos indivíduos disputantes, da norma jurídica regente da distribuição dos bens da vida, se faz necessário a produção de inúmeros atos, a serem efetuados ora pelos indivíduos, ora pelo Estado. E tais atos se manifestam sucessivos, encadeados e ainda vinculados ao seu fim precípuo, que constitui a dissolução do conflito pela manifestação do poder jurisdicional.

Ao *conjunto de atos praticados pelos indivíduos e pelo Estado, sucessivos, encadeados, coordenados e direcionados à tutela jurisdicional,* se tem atribuído a denominação de *processo.* Não foi, pois, sem razão, que Giuseppe Chiovenda definiu processo como o *complexo de atos vinculados pelo objetivo comum da atuação da vontade concreta da lei e procedendo ordenadamente para a consecução desse objetivo.*[247]

O processo, a seu turno, se desenvolve segundo o conteúdo de determinadas normas jurídicas estabelecidas pelo Estado, as denominadas normas jurídico-processuais, as quais, além de disciplinarem, isoladamente, os diversos atos processuais, regulam a coordenação destes mesmos atos nas diversas espécies de processos.

Partindo destas considerações, podemos asseverar que o instituto em estudo também se operacionaliza por um *processo,* iniciado por pedido formalizado pela pessoa jurídica de direito público

---

[247] CHIOVENDA. *Instituições de direito processual civil,* v. 1, p. 72.

ou a esta equiparada, seqüenciado por outros atos processuais, e concluído ou finalizado pela prolação da tutela jurisdicional suspensiva ou não suspensiva exarada pelos Presidentes dos Tribunais.

O processo instaurado pela postulação suspensiva, ademais, também se rege por diversas normas jurídico-processuais vigentes em nosso ordenamento, embora se deva considerar que aquelas editadas com vistas a sua regulamentação quase nada esclarecem sobre o seu processamento, ou, em alguns casos, prevêem, de modo não uniforme, a prática de determinados atos processuais, impedindo, não fosse o árduo trabalho desenvolvido pela doutrina e pela jurisprudência, a adoção de um procedimento semelhante para suas diversas hipóteses de cabimento.[248]

A disciplina do processamento da suspensão da execução de tutelas jurisdicionais em nosso ordenamento, deste modo, praticamente não se faz pelas diversas leis especialmente editadas para sua normatização, sendo-lhe aplicados diversos os dispositivos de natureza processual dispostos na Constituição Federal e no Código de Processo Civil Brasileiro[249] e as normas regimentais dos diversos Tribunais Brasileiros.

Não se pode finalmente descartar a utilização da analogia, do costume e dos princípios gerais do direito, consoante autorizam o art. 4º da Lei de Introdução ao Código Civil Brasileiro[250] e o art. 126 do Código de Processo Civil Brasileiro,[251] que estabelecem, respectivamente, que na hipótese de omissão da lei "o juiz decidirá o caso de acordo com a analogia, os costumes e os princípios gerais de direito" e que "o juiz não se exime de sentenciar ou despachar alegando lacuna ou obscuridade da lei" devendo aplicar as normas legais, ou, não as havendo, recorrer "à analogia, aos costumes e aos princípios gerais de direito".

---

[248] "Em se tratando de requerimento de suspensão de execução de decisão judicial ao presidente do tribunal, nos casos em que a lei admite, não há, num sentido literal das normas que cuidam do tema, um procedimento típico que nos permita fazer dele uma uniformidade, o que, *de lege ferenda*, seria até recomendável (...)" (RODRIGUES. *Suspensão de segurança*: sustação da eficácia de decisão judicial proferida contra o poder público, p. 174).

[249] Lei nº 5.869/73.

[250] Decreto-Lei nº 4.657/42.

[251] Lei nº 5.869/73.

7.1 Requisitos processuais

O Estado moderno, ao estabelecer o monopólio do exercício do poder jurisdicional, além de implementar diversas normas jurídicas reguladoras da distribuição dos diversos bens da vida entre os indivíduos (direito material) e de determinar a instalação dos diversos órgãos e agentes encarregados de desempenhar o poder estatal nas hipóteses em que as diversas normas jurídicas reguladoras da distribuição dos diversos bens não fossem observadas espontaneamente (órgãos jurisdicionais e seus agentes), estabeleceu ainda normas jurídicas regentes da atuação dos indivíduos e do próprio Estado para a solução destes mesmos conflitos (direito processual).

As normas de direito processual, encarregadas de regulamentar a conduta dos indivíduos e do próprio Estado com vistas à solução dos conflitos, além de submeter a atuação estatal pacificadora à diversos regramentos, dentre os quais aquele que exige a prévia postulação individual,[252] submeteu ainda esta mesma postulação a uma série de requisitos processuais, todos previstos, em nosso ordenamento jurídico, no Código de Processo Civil Brasileiro.[253] E para a postulação da suspensão dos efeitos de tutelas jurisdicionais não se faz diferente, posto que as normas processuais dispostas no Código de Processo Civil Brasileiro se aplicam ao instituto subsidiariamente, nas questões em que for omissa a legislação específica.

O Código de Processo Civil Brasileiro dispõe, em seu art. 267, *caput* e inc. VI, que o processo se extingue, sem apreciação ou julgamento do seu mérito, quando não ocorrer qualquer das condições da ação, como a *possibilidade jurídica*, a *legitimidade das partes* e o *interesse processual*; e em seu art. 295, *caput*, incisos I, II, e III, e parágrafo único, que a petição inicial será indeferida quando for inepta, quando a parte for manifestamente ilegítima e ainda quando

---

[252] Dispõe o Código de Processo Civil Brasileiro (Lei nº 5.869/73), em seu art. 2º, que "nenhum juiz prestará a tutela jurisdicional senão quando a parte ou o interessado a requerer, nos casos e forma legais"; em seu art. 128, que "o juiz decidirá a lide nos limites em que foi proposta, sendo-lhe defeso conhecer de questões, não suscitadas, a cujo respeito a lei exige a iniciativa da parte"; e em seu art. 460, que "é defeso ao juiz proferir sentença, a favor do autor, de natureza diversa da pedida, bem como condenar o réu em quantidade superior ou em objeto diverso do que lhe foi demandado".

[253] Lei nº 5.869/73.

o autor carecer de interesse processual, sendo considerada inepta a petição inicial que veicula pedido juridicamente impossível.

Para postular a suspensão dos efeitos de tutelas jurisdicionais, portanto, em consonância com o Código de Processo Civil Brasileiro, o demandante deve demonstrar sua legitimidade ativa, seu interesse processual, e ainda a conformidade do seu pedido com as hipóteses de cabimento previstas expressamente na legislação de regência, demonstrando, deste modo, que sua pretensão se faz juridicamente possível.

7.1.1 Legitimidade ativa

Segundo a abalizada doutrina do processualista brasileiro Arruda Alvim, a legitimação para a causa ou *legitimatio ad causam* consiste na "própria titularidade subjetiva (ativa) do direito de ação, no sentido de dever ser movida a ação por *aquele a quem a lei outorgue tal poder* (...)", sendo, pois, parte legítima ativa "*aquela a quem a lei atribua a titularidade do direito de ação* (...)".[254] Ou ainda, segundo Giuseppe Chiovenda, *aquele para quem se reputa pertencente o direito que se faz valer em juízo.*[255]

Analisando a Lei n$^{\circ}$ 12.016/2009, que revogou as leis n$^{\circ}$ 1.533/51 e n$^{\circ}$ 4.348/64; e as leis n$^{\circ}$ 7.347/85, n$^{\circ}$ 8.038/90, n$^{\circ}$ 8.437/92, n$^{\circ}$ 9.494/97 e n$^{\circ}$ 9.507/97, responsáveis pela regulamentação do instituto em estudo no direito brasileiro, pode-se observar que as mesmas, além de inúmeras outras deficiências, não adotaram terminologia uniforme para disciplinar a legitimidade ativa daqueles aptos ao ajuizamento da postulação de suspensão, ou, nos termos do processualista acima citado, "aquele a quem a lei outorgou o poder de interpor o pedido de suspensão", adotando respectivamente[256] as expressões "pessoa jurídica de direito público interessada ou (...) Ministério Público"; "pessoa jurídica de direito público interessada"; "Procurador-Geral da República ou (...) pessoa jurídica de direito público interessada"; e "Ministério Público ou (...) pessoa jurídica de direito público interessada".

---

[254] ALVIM. *Manual de direito processual civil*, v. 2, p. 26-27.

[255] CHIOVENDA. *Instituições de direito processual civil*, v. 1, p. 222.

[256] Excluídas a segunda e a última norma, que nada mencionam.

7.1.1.1 Legitimidade ativa e participação na anterior relação jurídico-processual

Deve-se ainda ressaltar que o ordenamento jurídico-processual não exige do seu postulante a anterior participação na relação jurídico-processual em que reside a tutela jurisdicional cujos efeitos se busca obstar. A aptidão para a interposição do pedido suspensivo, portanto, não requer do seu pretendente, que o mesmo tenha assumido a condição de autor, réu, litisconsorte ou assistente na ação judicial em que repousa a tutela jurisdicional que constitui o seu objeto, não sendo raras as hipóteses em que aquele que peticiona a suspensão atua na condição de terceiro interessado justamente por não ter anteriormente integrado a relação jurídico-processual. Neste mesmo sentido, manifestam-se, dentre outros, os doutrinadores Marcelo Abelha Rodrigues,[257] Fernando da Costa Tourinho Neto,[258] Luiz Vicente de Medeiros Queiroz Neto,[259] e Cássio Scarpinella Bueno.[260] E o Supremo Tribunal Federal e o Superior Tribunal de Justiça também assim entendem.

Com efeito, ao apreciar a Petição nº 2.604/PA (*DJ*, 12.11.2002), o *Ministro Marco Aurélio*, do Supremo Tribunal Federal, conheceu

---

[257] "(...) pouco importa se a pessoa jurídica já tenha sido parte no processo. Nada impede que tal incidente seja o primeiro momento de intervenção deste terceiro que até então não participara do feito" (RODRIGUES. *Suspensão de segurança*: sustação da eficácia de decisão judicial proferida contra o poder público, p. 120).

[258] "Se a liminar concedida causa grave transtorno ao serviço público, á economia pública, prejudicando o estado-membro, este pode, ainda que não seja parte na relação processual, pedir ao presidente do tribunal a suspensão da liminar que está afetando o interesse público" (TOURINHO NETO. *Suspensão de segurança e de liminares pelos presidentes dos tribunais*, p. 18).

[259] "(...) mesmo que não seja parte na ação mandamental, a pessoa jurídica de direito público pode requerer o pedido de suspensão" (QUEIROZ NETO. Suspensão de segurança: uma análise à luz da doutrina e da jurisprudência. *Revista do Tribunal Regional Federal – 1ª Região*, v. 14, n. 5, p. 27).

[260] "Desde que haja interesse na causa e seja pessoa jurídica de direito público, nos termos apontados acima, caberá o pedido de suspensão, ainda que não seja *parte* no mandado de segurança" (BUENO. *Liminar em mandado de segurança*: um tema com variações, p. 232); "(...) a pessoa interessada não precisa ser, apenas e tão somente, aquela a cujos quadros pertence a autoridade coatora. Desde que outra pessoa pública veja o afetamento dos valores que o dispositivo pretende tutelar, terá ela, igualmente, legitimidade para formular o requerimento perante a Presidência do Tribunal recursal competente" (BUENO. *Mandado de segurança*: comentários às leis n. 1.533/51, 4.348/64 e 5.021/66 e outros estudos sobre mandado de segurança, p. 182).

postulação formulada pela União visando suspender os efeitos de tutela jurisdicional exarada contra a Fundação de Amparo e Desenvolvimento da Pesquisa, Fadesp e Centrais Elétricas do Norte do Brasil S.A. (Eletronorte). E ao julgar o Agravo Regimental na Petição nº 1.621/PE (*DJ*, 14.04.2003), sob a relatoria do *Ministro Nilson Naves*, o Superior Tribunal de Justiça reconheceu a legitimidade ativa da União para, na qualidade de terceiro interessado, postular a suspensão de tutela jurisdicional deferida contra sociedade de economia mista.

Sobre a *intervenção do terceiro* interessado no ajuizamento do pedido de suspensão, não podemos ainda deixar de registrar que a Lei nº 9.469/97 (*DOU*, 11.07.1997) dispõe, em seu art. 5º, sobre a possibilidade da União intervir nas causas em que figurarem, como autoras ou rés, autarquias, fundações públicas, sociedades de economia mista e empresas públicas federais. Estabelece, ademais, seu parágrafo único, que as pessoas jurídicas de direito público (União, Estados, Municípios e respectivas autarquias) poderão, nas causas cuja decisão possa ter reflexos, ainda que indiretos, de natureza econômica, intervir, independentemente da demonstração de interesse jurídico, para esclarecer questões de fato e de direito, podendo juntar documentos e memoriais reputados úteis ao exame da matéria e, se for o caso, recorrer, hipótese em que, para fins de deslocamento de competência, serão consideradas partes.

7.1.1.2 Legitimados ativos em espécie

7.1.1.2.1 Pessoas jurídicas de direito público

A doutrina e a jurisprudência nacionais, amparando-se na mesma legislação e ainda na que lhe antecedeu, reconhecem pacificamente a legitimidade ativa das pessoas jurídicas de direito público interno para a propositura do pedido de suspensão, consideradas estas, nos moldes do art. 41 do Código Civil Brasileiro,[261] a União,

---

[261] O Código Civil Brasileiro (Lei nº 10.406/2002), em seu art. 41, assim dispõe: "São pessoas jurídicas de direito público interno: I - a União; II - os Estados, o Distrito Federal e os Territórios; III - os Municípios; IV - as autarquias; V - as demais entidades de caráter público criadas por lei".

os Estados, o Distrito Federal, os Territórios,[262] os Municípios, e suas respectivas autarquias e demais entidades de caráter público criadas por lei.

Com efeito, não existem dúvidas de que a *União*, os *Estados*, o *Distrito Federal* e os *Municípios* podem interpor pedidos de suspensão visando tutelar interesses públicos sob o seu resguardo, no âmbito de suas competências constitucionalmente definidas.[263] E tal legitimidade ativa se lhes faz reconhecida desde a instituição da suspensão da execução de tutelas jurisdicionais no direito brasileiro pela Lei nº 191/36, que, em seu art. 13, submetia a interposição do pedido ao "requerimento do representante da pessoa jurídica de direito público interno interessada".

Do mesmo modo que a União, os Estados, o Distrito Federal e os Municípios, também podem ajuizar pedidos de suspensão:

a) as *autarquias públicas* federais, estaduais, distritais e municipais, entidades de direito público criadas por lei, para executar "atividades típicas da Administração Pública",[264] por serem, nas precisas lições de Maria Sylvia Zanella Di Pietro, "pessoas jurídicas de direito público, criadas por lei, com capacidade de auto-administração, para o desempenho de serviço público descentralizado, mediante controle administrativo exercido nos limites da lei";[265]

b) as *fundações públicas* federais, estaduais, distritais e municipais ou *autarquias públicas fundacionais*, autarquias públicas[266] dotadas de patrimônio destinado à realização de determinadas finalidades de utilidade pública, ou, em

---

[262] Nos dias atuais, a Federação Brasileira não se faz composta por qualquer Território Federal, posto que, nos moldes dos artigos 14 e 15 do Ato das Disposições Transitórias da Constituição Federal de 1988, os Territórios Federais de Roraima e do Amapá foram transformados em Estados Federados, e o Território Federal de Fernando de Noronha teve sua área reincorporada ao Estado de Pernambuco.

[263] As competências da União, dos Estados, do Distrito Federal e dos Municípios, encontram-se definidas, na Constituição Federal Brasileira de 1988, em seus artigos 21, 23, 25 e 30.

[264] Nos moldes do que dispõe o Decreto-Lei nº 200/67, em seu art. 5º, inc. I.

[265] DI PIETRO. *Direito administrativo*, p. 355.

[266] São, do mesmo modo "pessoas jurídicas de direito público, criadas por lei, com capacidade de auto-administração, para o desempenho de serviço público descentralizado, mediante controle administrativo exercido nos limites da lei".

outros termos, dotadas de "patrimônio personalizado para a consecução de fins que ultrapassam o âmbito da própria entidade";[267]

c) as *agências executivas* e as *agências reguladoras, autarquias públicas especiais*[268] ou submetidas a regime jurídico especial, destinadas à execução ou à regulação de atividades relevantes para o desenvolvimento nacional, cujas especificidades requeiram tratamento diferenciado com vistas à melhor eficiência dos seus resultados, (autonomia técnica, administrativa e financeira; estabilidade e mandato com prazo fixo para os seus dirigentes).

As *agências executivas*, nos moldes do §1º do art. 1º do Decreto nº 2.487/98, constituem autarquias públicas submetidas a regime jurídico especial, pactuantes de contrato de gestão celebrado com a Administração Pública direta, para o cumprimento de plano estratégico de reestruturação e de desenvolvimento institucional voltado para a melhoria da qualidade da gestão e para a redução de custos. As *agências reguladoras*, a seu turno, consistem em autarquias públicas submetidas a regime jurídico especial, legalmente criadas para a regulação de serviços públicos ou de atividades econômicas monopolizadas submetidas ao regime de concessão, permissão ou autorização do Poder Público.

Com efeito, ao dispor sobre a Administração Pública, em seu art. 37 e incisos, a Constituição Federal estabeleceu regime jurídico semelhante para a Administração Pública direta e para as autarquias e fundações públicas integrantes da Administração Pública indireta, observando, a propósito, Maria Sylvia Zanella Di Pietro, que as aludidas entidades são pessoas jurídicas de direito público integrantes da Administração Pública indireta, dotadas das mesmas *prerrogativas* e restrições do regime jurídico-administrativo próprio da Administração Pública direta.[269]

---

[267] DI PIETRO. *Direito administrativo*, p. 360.

[268] Também constituem "pessoas jurídicas de direito público, criadas por lei, com capacidade de auto-administração, para o desempenho de serviço público descentralizado, mediante controle administrativo exercido nos limites da lei".

[269] DI PIETRO. *Direito administrativo*, p. 350.

7.1.1.2.2 Pessoas jurídicas de direito privado

Sobre a possibilidade de que a postulação de suspensão seja ofertada por *pessoas jurídicas de direito privado*, urge esclarecer que a adoção de um posicionamento requer maiores considerações e detalhado estudo.

Cumpre recordar, inicialmente, que o termo *pessoa jurídica de direito privado*, inclui, nos moldes do que dispõe o Código Civil Brasileiro,[270] em seu art. 44: I - as *associações* (associações e sindicatos); II - as *sociedades* civis ou comerciais (sociedades anônimas, sociedade limitadas, sociedades de economia mista[271] e outras); III - as *fundações* privadas; IV - outras entidades regidas por legislação específica, como os *partidos políticos* (Lei nº 9.096/95); as *cooperativas* (Lei nº 5.764/71); as *empresas públicas*; outros.

A questão da possibilidade da interposição do pedido de suspensão por pessoas jurídicas de direito privado encontra na doutrina diferentes posicionamentos:

a) os doutrinadores que defendem a *impossibilidade* do ajuizamento do pedido de suspensão por *pessoas jurídicas de direito privado*, posto que as normas que disciplinam o instituto em análise devem ser interpretadas literalmente. Dentre tais doutrinadores, Élio Wanderley de Siqueira Filho,[272] Francesco Conte,[273] Ana Luísa Celino Coutinho,[274]

---

[270] Lei nº 10.406/2002.

[271] Nos termos do art. 5º, inc. II do Decreto-Lei nº 200/67, considera-se sociedade de economia mista "a entidade dotada de personalidade jurídica de direito privado, criada por lei para a exploração de atividade econômica, sob a forma de sociedade anônima, cujas ações com direito a voto pertençam em sua maioria à União ou a entidade da Administração Indireta".

[272] "Apenas as pessoas jurídicas de direito público podem ingressar com o pedido de suspensão" (SIQUEIRA FILHO. Da ultra-atividade da suspensão de liminar em writ. *Revista dos Tribunais*, São Paulo, v. 83, n. 701, p. 26).

[273] CONTE. Suspensão de execução de medidas liminares e sentenças contra o poder público. *Revista de Direito da Procuradoria Geral do Estado do Rio de Janeiro*, n. 48, p. 113.

[274] "No nosso entendimento, concordamos com os autores que optam pela interpretação restritiva do dispositivo, isto porque entendemos que quando essa pessoa jurídica de direito privado recebe concessão de serviço público, o faz visando primordialmente a seus interesses privados, à obtenção de lucros. A prestação do serviço público é apenas uma via, um meio para atingir seu interesse privado" (COUTINHO. *Mandado de segurança*: da suspensão de segurança no direito brasileiro, p. 113).

Lúcia Valle Figueiredo,[275] e Napoleão Nunes Maia Filho.[276]

b) os doutrinadores que defendem a *ampla possibilidade* do ajuizamento do pedido de suspensão por *pessoas jurídicas de direito privado*, desde que tenham integrado a relação jurídico-processual em que repousa a tutela jurisdicional objeto do pedido de suspensão, quer na qualidade de parte demandada ou autoridade coatora, quer na qualidade de litisconsorte passivo necessário[277] ou de assistente,[278] eis que os efeitos normais decorrentes da mesma tutela incidem sobre suas esferas jurídicas, causando-lhes prejuízos. Deste entendimento, são defensores Aristoteles Atheniense,[279] Arruda Alvim,[280] Cristina Gutiérrez[281] e Hely Lopes Meirelles.[282]

---

[275] "Entendemos — embora fôssemos vencidos em nossas decisões judiciais — que não podem as pessoas privadas, ainda que exercentes de atividades delegadas, postular a suspensão. E não podem porque os valores envolvidos são de tal grandeza, que apenas visão globalizada das conseqüências danosas, sobretudo para a economia, poderia ensejar o pedido de suspensão" (FIGUEIREDO. *Mandado de segurança*, p. 155).

[276] "A pessoa jurídica de direito privado, mesmo quando exerce função delegada do Poder Público, não reveste qualidade para curar macro-interesses públicos e a submissão dos atos do seu dirigente ao controle mandamental visa reforçar as garantias do indivíduo e não conferir ao ente privado qualquer privilégio, máxime o de nivelá-lo, ainda que em termos processuais, às entidades públicas" (MAIA FILHO. *Estudos processuais sobre o mandado de segurança*, p. 140).

[277] Segundo o Código de Processo Civil Brasileiro, em seu art. 47, "há litisconsórcio necessário, quando, por disposição de lei ou pela natureza da relação jurídica, o juiz tiver de decidir a lide de modo uniforme para todas as partes; caso em que a eficácia da sentença dependerá da citação de todos os litisconsortes no processo".

[278] Dispõe o Código de Processo Civil Brasileiro: "Art. 50. Pendendo uma causa entre duas ou mais pessoas, o terceiro, que tiver interesse jurídico em que a sentença seja favorável a uma delas, poderá intervir no processo para assisti-la. Parágrafo único. A assistência tem lugar em qualquer dos tipos de procedimento e em todos os graus da jurisdição; mas o assistente recebe o processo no estado em que se encontra".

[279] ATHENIENSE. A suspensão da liminar no mandado de segurança. *Revista de Informação Legislativa*, v. 26, n. 103, p. 276.

[280] ALVIM. *Mandado de segurança e direito público*, p. 376.

[281] GUTIÉRREZ. *Suspensão de liminar e de sentença na tutela do interesse público*, p. 70.

[282] "(...) não só a entidade pública como, também, o órgão interessado têm legitimidade para pleitear a suspensão da liminar, como ainda, as pessoas e órgãos de direito privado passíveis da segurança e que suportarem os efeitos da liminar podem pedir a sua cassação" (MEIRELLES. *Mandado de segurança*: ação popular, ação civil pública, mandado de injunção, habeas data, ação direta de inconstitucionalidade, ação declaratória de constitucionalidade, argüição de descumprimento de preceito fundamental e controle incidental de normas no direito brasileiro. 27. ed., p. 88-89).

c) os doutrinadores que defendem a *possibilidade condicionada* do ajuizamento do pedido de suspensão por *pessoas jurídicas de direito privado*, desde que estas sejam *prestadoras de serviços públicos* submetidos ao regime de *concessão, permissão* ou *autorização do Poder Público*, atribuindo-se à legislação que disciplina a matéria interpretação extensiva e teleológica à expressão "pessoas jurídicas de direito público", para que seja possível o *resguardo dos interesses públicos subjacentes às suas respectivas áreas de atuação*. Segundo ainda tal entendimento, as pessoas jurídicas de direito privado exploradoras de *atividades econômicas* são excluídas da possibilidade de ajuizarem pedidos de suspensão, dentre as quais as empresas públicas e sociedades de economia mista previstas no art. 173 da Constituição Federal.[283] São adeptos deste entendimento, dentre outros, Antônio Vital Ramos de Vasconcelos,[284] José da Silva Pacheco,[285] Marcelo

---

[283] "Art. 173. Ressalvados os casos previstos nesta Constituição, a exploração direta de atividade econômica pelo Estado só será permitida quando necessária aos imperativos da segurança nacional ou a relevante interesse coletivo, conforme definidos em lei. §1º. A lei estabelecerá o estatuto jurídico da empresa pública, da sociedade de economia mista e de suas subsidiárias que explorem atividade econômica de produção ou comercialização de bens ou de prestação de serviços, dispondo sobre: I - sua função social e formas de fiscalização pelo Estado e pela sociedade; II - a sujeição ao regime jurídico próprio das empresas privadas, inclusive quanto aos direitos e obrigações civis, comerciais, trabalhistas e tributários; III - licitação e contratação de obras, serviços, compras e alienações, observados os princípios da administração pública; IV - a constituição e o funcionamento dos conselhos de administração e fiscal, com a participação de acionistas minoritários; V - os mandatos, a avaliação de desempenho e a responsabilidade dos administradores. §2º. As empresas públicas e as sociedades de economia mista não poderão gozar de privilégios fiscais não extensivos às do setor privado. §3º. A lei regulamentará as relações da empresa pública com o Estado e a sociedade. §4º. A lei reprimirá o abuso do poder econômico que vise à dominação dos mercados, à eliminação da concorrência e ao aumento arbitrário dos lucros. §5º. A lei, sem prejuízo da responsabilidade individual dos dirigentes da pessoa jurídica, estabelecerá a responsabilidade desta, sujeitando-a às punições compatíveis com sua natureza, nos atos praticados contra a ordem econômica e financeira e contra a economia popular".

[284] VASCONCELOS. Aspectos controvertidos da suspensão da segurança. *Repertório IOB de Jurisprudência – Civil, Processual Penal e Comercial*, n. 16, p. 316-311.

[285] "(...) a restrição à 'pessoa jurídica de direito público' contradiz a norma do art. 5º, LXIX, da CF, que concede mandado de segurança para proteger direito líquido e certo quando o responsável pela ilegalidade ou abuso de poder for autoridade pública ou agente de pessoa jurídica no exercício de atribuições do Poder Público. Se pode haver tal mandado contra ato de pessoa jurídica de direito público e pessoa jurídica de direito privado, quando esta exerce atribuições do Poder Público, não se justifica que esta última, quando interessada, não possa, diretamente, requerer a suspensão, e tenha de se contentar em atuar, indiretamente,

Abelha Rodrigues,[286] Fernando da Costa Tourinho Filho,[287] Eduardo Arruda Alvim,[288] Cássio Scarpinella Bueno[289] e Arnoldo Wald.[290]

A jurisprudência do *Supremo Tribunal Federal*, amparando-se nas lições de Hely Lopes Meirelles, manifestou-se inicialmente pela ampla possibilidade do ajuizamento do pedido de suspensão de tutelas jurisdicionais por pessoas jurídicas de direito privado, desde que estas simplesmente demonstrassem o fato de terem sido prejudicadas pelos seus efeitos. Neste sentido, o *Ministro Antônio Neder*, ao apreciar a Suspensão de Segurança nº 114/SP (*DJ*, 21.02.1980, p. 767), destacou que:

> O direito de pedir a suspensão da segurança deve ser concedido não só ao Procurador-Geral da República e à pessoa jurídica de direito público interessada, senão também *às pessoas e às entidades privadas que tenham de suportar os efeitos da medida. A todos aqueles que figurarem na ação de segurança e que forem alcançados pela sentença concessiva do writ, deve conferir-se o direito de pedir a suspensão da medida.* (grifos nossos)

---

quer através da procuradoria, quer através da União, do Estado ou do Município, conforme o caso. Desse modo, deve-se interpretar o art. 25 da Lei nº 8.038/90, assim como o art. 4º da Lei nº 4.348/64, como permitindo o requerimento de suspensão, elaborado pela pessoa jurídica interessada em defender o interesse público. É bem verdade que o pedido de suspensão visa evitar grave lesão à ordem, à saúde, á segurança e à economia públicas. Tais objetivos são, precipuamente, da União, do Estado, do Município, que têm personalidade jurídica de direito público. Contudo, se a pessoa jurídica de direito privado exerce atribuições do Poder Público, quer mediante delegação ou concessão, tem sobre si a responsabilidade pelos danos que venha a causar a terceiros, por força do art. 37, §6º, da CF, o que a coloca na posição indeclinável de ter interesse e, desse modo, poder requerer, diretamente, a suspensão de medida ou decisão, que tiver conseqüência lesiva à ordem, saúde, segurança ou economia públicas" (PACHECO. *O mandado de segurança e outras ações constitucionais típicas*, p. 275).

[286] "(...) pelo que se depreende do texto constitucional no seu art. 37 já citado, não deve haver um tratamento distinto entre a Administração direta e a indireta, exceção feita quando esta última esteja no papel de explorador de atividade econômica (art. 173 da CF/88)". (RODRIGUES. *Suspensão de segurança*: sustação da eficácia de decisão judicial proferida contra o poder público, p. 119).

[287] TOURINHO NETO. *Suspensão de segurança e de liminares pelos presidentes dos tribunais*, p. 19.

[288] ALVIM. Suspensão da eficácia da decisão liminar ou da sentença em mandado de segurança: aspectos controvertidos do art. 4º da Lei 4.348/64. In: BUENO; ALVIM; WAMBIER (Coord.). *Aspectos polêmicos e atuais do mandado de segurança*: 51 anos depois, p. 267-268.

[289] BUENO. *Mandado de segurança*: comentários às leis n. 1.533/51, 4.348/64 e 5.021/66 e outros estudos sobre mandado de segurança, p. 182.

[290] WALD. *Do mandado de segurança na prática judiciária*, p. 201-202.

Ao longo dos últimos anos, contudo, a mesma jurisprudência tem se firmado no sentido de que somente se faz possível o ajuizamento de pedidos de suspensão por pessoas jurídicas de direito privado prestadoras de serviços públicos sob concessão, permissão ou autorização, para a proteção dos interesses públicos subjacentes às suas respectivas áreas de atuação.[291]

A seguinte manifestação do *Ministro Rafael Mayer*, explicitada na Suspensão de Segurança nº 195/SP (*DJ*, 10.11.1987, p. 24.698), bem exprime o aludido entendimento do Supremo Tribunal Federal:

> Entendo se deva acolher o sentido amplo da legitimidade *ad causam* para o exercitamento da medida disciplinada no art. 297 do Regimento Interno, pois não somente as pessoas jurídicas de direito público são portadoras do interesse protegido pela norma. *Entidades da administração indireta, revestidas de personalidade de direito privado, estão legitimadas a postular, quando em causa o interesse público de que sejam titulares. Mesmo as pessoas jurídicas particulares, quando concessionárias de serviço público e quando afetada a própria atividade que lhes foi, por concessão ou permissão, confiada pelo Poder Público, e que, embora desempenhada por sua conta e risco não perde a natureza de origem, têm interesse e legitimidade que se fundam na ratio do preceito.* (grifos nossos)

Com efeito, ao apreciar a Suspensão de Segurança nº 202/DF (*DJ*, 18.11.1987, p. 25.591), o *Ministro Rafael Mayer* deferiu pedido de suspensão postulado pela Companhia de Água e Esgotos de Brasília (CAESB), *pessoa jurídica de direito privado* instituída

---

[291] Embora, ao longo dos últimos anos tenha prevalecido, no âmbito do Supremo Tribunal Federal, o entendimento de que as pessoas jurídicas de direito privado prestadoras de serviços públicos podem postular a suspensão de tutelas jurisdicionais em defesa dos interesses públicos sob sua tutela, não podemos deixar de registrar o entendimento do *Ministro Marco Aurélio*, que, ao apreciar a Petição nº 2.384/RS (*DJ*, 04.02.2002, p. 00143), concluiu pela ilegitimidade ativa da Convias S.A. (Concessionária de Rodovias), pessoa jurídica de direito privado prestadora de serviços públicos de conservação de rodovias, integrante da Administração Pública indireta do Estado do Rio Grande do Sul: "(...) Na espécie, conforme ressaltado pelo Ministério Público, a requerente não conta com legitimação para pleitear a suspensão de execução de liminar deferida em ação civil pública. Aliás, esta última foi proposta, também, contra a União. A Lei nº 8.437/92, a merecer, ante a excepcionalidade do que nela se contém, interpretação estrita, alude a requerimento do Ministério Público ou de pessoa jurídica de direito público interessada – art. 4º. No caso dos autos, a requerente, concessionária de serviço público, não goza da legitimação exigida (...)".

como *empresa pública* da Administração Pública indireta do Distrito Federal.[292]

Também neste sentido manifestou-se o Ministro Octávio Gallotti, ao decidir nos autos da Suspensão de Segurança nº 632/RS (*DJ*, 26.04.1994, p. 9.368):

> A expressão "pessoa jurídica de direito público interessada", prevista no art. 4º da Lei nº 4.348-64 e no art. 297 do seu Regimento Interno tem ensejado, da parte do Supremo Tribunal, em certos casos, interpretação compreensiva de entidades integrantes da Administração Indireta, como empresas públicas, sociedades de economia mista, fundações e até de concessionárias.

E ainda, em recente caso concreto, ao apreciar a Suspensão de Liminar nº 34/DF (*DJ*, 24.03.2004, p. 6), o *Ministro Maurício Corrêa* considerou legitimada ativa para propor pedido de suspensão a TELEMAR, CTBC, BRASIL TELECOM e SERCOMTEL, *pessoas jurídicas de direito privado*, sendo a última *sociedade de economia mista*, todas prestadoras de serviços públicos de telecomunicações, no seguinte sentido:

> Inicialmente, cumpre averiguar se a TELEMAR, CTBC e BRASIL TELECOM, que são concessionárias de serviço público e a SERCOMTEL, sociedade de economia mista, possuem legitimidade ativa para propor suspensão de segurança. Examinando-se o tema, no ponto, é de reconhecer-se-lhes legitimidade para o ajuizamento da medida, visto que *a expressão 'pessoa jurídica de direito público interessada', prevista no artigo 4º da Lei 4348/64 e no artigo 297 do Regimento Interno tem ensejado, da parte do Supremo Tribunal Federal, em certos casos, interpretação compreensiva de entidades integrantes da Administração Indireta, como empresas públicas, sociedades de economia mista, fundações e até de concessionárias* (Cf. SS 632, Octavio Gallotti, *DJ* de 26.4.1994). 9. A esse respeito, cumpre consignar que *não é sempre que se pode admitir no pólo ativo dos pedidos de contracautela entidades da administração indireta ou concessionárias de serviço público, mas somente nos casos*

---

[292] "Também com ele entendo estar legitimada a CAESB para a interposição do pedido de suspensão de segurança, nos termos em que tenho feito constar em vários precedentes. Sem que adote a posição extrema do ilustre Hely Lopes Meirelles, endossada por despacho do então eminente presidente Neder, no sentido de reconhecer legitimidade a toda pessoa jurídica de direito privado que seja parte na demanda originária, cuida que *tal não se deva recusar a pessoa privada, enquanto desempenha serviço público concedido e apta, portanto, a postular os interesses gerais protegidos pela norma, tanto mais quando se trata de empresa pública, órgão da administração indireta, voltada exclusivamente à prestação de típico serviço público, em descentralização personificada*" (Grifos nossos).

em que essas pessoas jurídicas estejam investidas na defesa do interesse público, em face da natureza dos serviços públicos sob concessão, o que parece ser o caso em exame. (grifos nossos)

A jurisprudência do *Superior Tribunal de Justiça* também tem se estabelecido no sentido de reconhecer legitimidade ativa às pessoas jurídicas de direito privado incumbidas da execução de serviços públicos sob o regime de concessão, permissão ou autorização, também com o intuito de proteger os interesses da coletividade decorrentes da prestação dos aludidos serviços públicos por elas assumidos.

O *Ministro Garcia Vieira*, ao apreciar o Agravo Regimental nº 28249/BA (*DJ*, 29.03.1993, p. 05232), reconheceu legitimidade ativa à Caixa Econômica Federal, *pessoa jurídica de direito privado*, estabelecida como *sociedade de economia mista*, para, na qualidade de gestora do Fundo de Garantia por Tempo de Serviço (FGTS), ajuizar pedido de suspensão.[293]

Ao apreciar o Agravo Regimental na Suspensão de Segurança nº 632/DF (*DJ*, 22.06.1998, p. 1), sendo relator o *Ministro Antônio de Pádua Ribeiro*, o Superior Tribunal de Justiça manteve o conteúdo de decisão suspensiva deferida a pedido de *pessoa jurídica de direito privado*, instituída como *empresa pública*, em cuja ementa se destaca a questão da sua legitimidade ativa para a propositura do pedido de suspensão, nos seguintes termos:

> Equipara-se à entidade de direito publico, quanto à legitimidade para requerer suspensão de segurança, empresa publica, sempre e quando investida na defesa do interesse publico decorrente de delegação.

Outrossim, o mesmo *Ministro Antônio de Pádua Ribeiro*, ao apreciar os Embargos de Declaração no Agravo Regimental na Suspensão de Segurança nº 693/DF (*DJ*, 14.08.2000, p. 00129), registrou a necessidade de que o pedido de suspensão formulado por pessoa jurídica de direito privado, prestadora de serviços públicos, seja pertinente à sua respectiva área de atuação, posto que o instituto visa resguardar, não os interesses privados da aludida

---

[293] "Agravo regimental – Legitimidade da Caixa Econômica – Suspensão de segurança. A Caixa Econômica Federal tem legitimidade para requerer a suspensão de segurança, prerrogativa publica de que esta investida na qualidade de gestora do FGTS. Agravo improvido".

entidade, mas os interesses da coletividade subjacentes dos serviços públicos por ela prestados.[294]

No mesmo sentido manifestou-se o *Ministro Francisco Peçanha Martins* ao relatar no Recurso Especial nº 50.284/SP (*DJ*, 12.06.2000, p. 87), cuja decisão, por sua relevância, tem servido de precedente jurisprudencial para os demais julgadores do Superior Tribunal de Justiça:

> Processual Civil – Recurso Especial – Anulação de procedimento – Licitatório – Segurança concedida a pessoa jurídica de direito privado – Suspensão – Sociedades de economia mista da administração indireta (TELEBRÁS e TELESP) – Pessoas jurídicas de direito público – Legitimidade ativa *ad causam* – Lei 4.348, de 26.06.64 e D.L. 200, de 25.11.67. *As empresas públicas equiparam-se às entidades de direito público, quanto à legitimidade para requerer suspensão de segurança, bastando estar investidas na defesa do interesse público decorrente da delegação.* A Telebrás e a Telesp, sociedades de economia mista da Administração indireta, destinadas à exploração de atividade econômica de interesse público e executoras da política nacional de telecomunicações, estão legitimadas para propor ação visando o resguardo do interesse público, em face da concessão de medida liminar em mandado de segurança. Recurso conhecido e provido. (grifos nossos)

No julgamento do Agravo Regimental na Petição nº 1.489/BA (*DJ*, 22.10.2001, p. 259), sob a relatoria do *Ministro Paulo Costa Leite*, restou consignada a legitimidade ativa de pessoa jurídica de direito público qualificada como *sociedade de economia mista*.[295]

---

[294] "Processual civil. Embargos de declaração. Pertinência subjetiva. Terracap – Suspensão de segurança. Limites. I - A Terracap, empresa pública, órgão da administração indireta do DF, legalmente incumbida de típico serviço público, tem legitimidade ativa para propor suspensão de segurança, dês que, presentes os pressupostos da medida drástica, tenham pertinência com sua área de atuação. Precedentes. II - O tema debatido na suspensão de segurança foi a notícia de instalação irregular de condomínio, comprometendo sobremaneira o ecossistema, em nada tocando a questão decidida nos autos do Mandado de Segurança nº 1998.00.2.001845-4, sobre o cumprimento do que determina a Lei nº 992 - DF, de 28.12.95, em que se concedeu liminar para determinar cumprisse o Presidente da Terracap, no prazo de 30 (trinta) dias, ordem para liberar o processo administrativo de regularização do condomínio, tema que deverá ter deslinde na instância própria. III - Embargos declaratórios rejeitados".

[295] "Agravo regimental. Antecipação de tutela. Pedido de suspensão. Cabimento. Inteligência dos parágrafos 3º e 4º do art. 4º da Lei nº 8.437/92, com redação da Medida Provisória nº 2.180-35. Sociedade de economia mista. Legitimidade. Exame de questões de mérito. Descabimento. Precedentes da corte. Recurso desprovido. Interposto agravo regimental tirado de indeferimento, pelo presidente do tribunal *a quo*, de pedido de suspensão de antecipação de tutela (§3º do art. 4º da Lei nº 8.437/92, com redação dada pela MP nº 2.180-35), somente após o julgamento daquele recurso caberá novo pedido ao presidente do

Seguindo o mesmo entendimento, ao julgar a Suspensão de Liminar nº 29/CE (*DJ*, 21.08.2003), o *Ministro Nilson Naves* considerou parte legítima para postular o pedido de suspensão a Companhia Energética do Ceará (COELCE), *pessoa jurídica de direito privado* prestadora de serviços públicos de distribuição de energia elétrica, para, com esteio no art. 4º da Lei nº 8.437/92, determinar a suspensão dos efeitos de tutela jurisdicional exarada pelo Tribunal de Justiça do Estado do Ceará, que determinara a retirada dos postes de transmissão de energia elétrica instalados na propriedade de Elza Cordeiro Gomes Rodrigues e outro.[296]

E ainda, por sua composição plenária, ao apreciar o Agravo Regimental na Petição nº 1.495/PR (*DJ*, 09.12.2003, p. 193), sob a relatoria do mesmo *Ministro Nilson Naves*, o Superior Tribunal de Justiça considerou parte legítima para ajuizar pedido de suspensão fulcrado no art. 4º da Lei nº 8.437/92, a Itaipu Binacional, *pessoa jurídica de direito público* instituída como *empresa pública*[297] responsável pela produção de energia elétrica.

---

tribunal competente para conhecer de eventual recurso especial ou extraordinário (§4º do mesmo diploma legal). Transcorrido *in albis* o prazo para interposição do agravo, é cabível a formulação de pedido de suspensão diretamente ao presidente do tribunal competente. Evidenciada, na espécie, a possibilidade de grave lesão das finanças públicas da União, é de se reconhecer também a legitimidade ativa da empresa estatal (sociedade de economia mista) para requerer pedido de suspensão, tanto mais quanto formulado em litisconsórcio com aquela. O exame das questões pertinentes ao mérito da ação principal não é cabível no âmbito do pedido de suspensão de decisão (precedentes do STJ). Recurso não provido."

[296] "Afigura-se-me evidenciada grave lesão aos valores tutelados na norma de regência (art. 4º da Lei nº 4.348/64), máxime no que concerne à ordem pública. Na hipótese, verifico que há de prevalecer o interesse público — a proteção do princípio da continuidade na prestação do serviço de fornecimento de energia elétrica — em face do particular. Com efeito, se mantida a medida liminar, estar-se-á protegendo o interesse de um proprietário em detrimento de mais de quatro mil moradores do Município de Tauá, que necessitam do abastecimento de energia, sendo certo que o dano por aquele suportado há de ser reparado pelos meios cabíveis."

[297] "Suspensão de tutela antecipada (deferimento). Agravo regimental (cabimento). Matéria infraconstitucional. Presidente do Superior Tribunal (competência). Itaipu Binacional (legitimidade). Lesão à ordem e à economia públicas (art. 4º da Lei nº 8.437/92). Interesse público. 1 - Estando a discussão situada no âmbito de matéria estritamente infraconstitucional, é esta Presidência competente para apreciar o pedido de suspensão (art. 25 da Lei nº 8.038/90). 2 - Itaipu Binacional – empresa pública binacional – é parte legítima para postular o pedido de suspensão de acordo com precedente deste Superior Tribunal (REsp nº 50.284-5, *DJ*, 12.06.2000, Rel. Min. Peçanha Martins). 3 - A conservação da decisão suspensa tinha potencial para causar colapso no sistema elétrico paraguaio, o que causaria sérios riscos à economia e à ordem públicas, visto que o Paraguai exporta todo o excedente produzido na Hidroelétrica de Itaipu para o Brasil. 4 - A manutenção da suspensão visa ao atendimento do interesse público, ainda mais quando vivemos constantemente sob o risco de apagões e racionamento de energia elétrica. 5 - Agravo improvido".

Em recente manifestação jurisdicional, exarada na Suspensão de Segurança nº 1.424/RJ (*DJ*, 09.11.2004), o *Ministro Edson Vidigal* considerou legitimada ativa a Light Serviços de Eletricidade S.A., *pessoa jurídica de direito privado* prestadora de serviços públicos de distribuição de energia elétrica:

> Ressalto, preliminarmente, que, não obstante a Lei nº 4.348/64, art.4º fazer menção somente às pessoas jurídicas de direito público, a *legitimatio ad causam* deve se estender também às entidades de direito privado no exercício de atividade delegada da Administração Pública, como no caso da requerente, que é concessionária do serviço público de distribuição de energia elétrica no Estado do Rio de Janeiro, possuindo, portanto, legitimidade para requerer a presente suspensão de segurança.

E o mesmo *Ministro Edson Vidigal*, ao apreciar, em data anterior, a Suspensão de Segurança nº 1.389/PB (*DJ*, 02.08.2004), considerou parte ilegítima o Partido Democrático Trabalhista (PDT), concluindo, em sua manifestação jurisdicional, que a aludida entidade, além de constituir *pessoa jurídica de direito privado*, excluída, portanto, do rol taxativo dos legitimados ativos arrolados pela legislação de regência, não veiculava qualquer pretensão de resguardo aos interesses da coletividade tutelados pelo instituto, sendo vedada, na espécie, a interpretação extensiva da mesma legislação.[298] No mesmo sentido restou decidida a Suspensão de Liminar nº 8 (*DJ*, 09.09.2004), ajuizada pelo Partido do Movimento Democrático Brasileiro (PMDB).

---

[298] "Considero, portanto, o diretório postulante parte ilegítima para requerer a suspensão de liminar, tendo em vista tratar-se de pessoa jurídica de direito privado, pelo que não tenho por preenchidos os requisitos de ordem processual contidos na Lei 4.384/64, art. 4º. As empresas públicas e as sociedades de economia mista que desenvolvam atividade econômica de interesse público podem ser equiparadas às entidades de direito público, conforme precedentes desta Corte (Resp nº 50.284-SP, Rel. Min. Peçanha Martins, *DJU*, 12.06.2000, p. 87, *RSTJ* 136/152). Essa interpretação extensiva, todavia, é aceitável na hipótese dessas pessoas jurídicas desempenharem serviços públicos por delegação de competência, onde o inafastável interesse público e a iminente lesão aos bens jurídicos tutelados pela lei de regência autorizem a utilização da via excepcionalíssima da suspensão de liminar ou de sentença concedidas em mandado de segurança. Em que pese em sede de suspensão ser vedado a análise do mérito da demanda principal, em juízo de delibação verifico que a controvérsia originária diz respeito a questões *interna corporis* do Partido Democrático Trabalhista, circunstância que afasta, nesse caso, a possibilidade de se inovar, dando aos partidos políticos o excepcional tratamento concedido às empresas públicas e sociedades de economia mistas, ou de se aceitar a natureza jurídica dúplice alegada pela agremiação partidária para preenchimento do requisito da legitimidade ativa".

Respeitando opiniões em contrário da doutrina nacional, também entendemos, em consonância com a jurisprudência do Supremo Tribunal Federal e do Superior Tribunal de Justiça, que a propositura do pedido de suspensão por pessoas jurídicas de direito privado deve ser autorizada, quando estas entidades sejam responsáveis pela prestação de serviços públicos, e ainda quando o aludido pedido de suspensão tenha por finalidade a tutela dos interesses da coletividade decorrentes daqueles mesmos serviços públicos.

O simples prejuízo decorrente dos efeitos de tutelas jurisdicionais, portanto, não pode ser considerado pressuposto suficiente para conferir, às pessoas jurídicas de direito privado, legitimidade ativa para a tutela dos interesses da coletividade que constitui a finalidade singular do instituto em estudo. E para defender tal postura, devemos ainda ressaltar que o pedido de suspensão, não sendo recurso ou sucedâneo recursal, não colima a impugnação do conteúdo da decisão jurisdicional, razão pela qual o gravame ou a sucumbência da parte, do terceiro, ou mesmo do assistente, por si somente, não lhes confere legitimidade ativa.

Deste modo, a legitimidade ativa para a propositura do pedido de suspensão de tutela jurisdicional não deve ser reconhecida àquele que se considera pessoalmente atingido por seus efeitos, mas àquele a quem a ordem jurídica conferiu competência para proteger o interesse público por ela malferido.

Isto porque a suspensão de tutela jurisdicional, em nosso ordenamento jurídico, não tem por objetivo o resguardo de qualquer interesse pessoal, tendo por finalidade única a preservação de relevantes interesses públicos, os quais, por vezes confiados à pessoas jurídicas de direito privado por atos administrativos de concessão, permissão ou autorização, não deixam de exigir o necessário resguardo da ordem jurídica.

7.1.1.2.3 Pessoas físicas

Sobre a possibilidade de que a *pessoa física* ajuíze o pedido de suspensão, saliente-se que a doutrina se triparte nas seguintes vertentes:

a) os doutrinadores que defendem a *impossibilidade* de que *pessoa física* possa diretamente propor a suspensão da execução de tutela jurisdicional, mesmo se investida de funções públicas ou considerada autoridade coatora, posto que a legislação deve ser interpretada restritivamente, no sentido de se conferir somente às pessoas jurídicas de direito público a aptidão para o seu ajuizamento. Neste sentido, Élio Wanderley de Siqueira Filho,[299] Francesco Conte,[300] José da Silva Pacheco,[301] Lúcia Valle Figueiredo[302] e Hely Lopes Meirelles.[303]

b) os doutrinadores que defendem a *ampla possibilidade* de que a *pessoa física* interponha o pedido de suspensão dos efeitos da execução de tutelas jurisdicionais, desde que os efeitos destas lhes cause prejuízo. Neste sentido, Aristoteles Atheniense,[304] Arruda Alvim[305] e Cristina Gutiérrez.[306]

---

[299] "Apenas as pessoas jurídicas de direito público podem ingressar com o pedido de suspensão" (SIQUEIRA FILHO. Da ultra-atividade da suspensão de liminar em writ. *Revista dos Tribunais*, São Paulo, v. 83, n. 701, p. 26)

[300] "A toda evidência, não podem igualmente, formular, em nome próprio, esse pedido de suspensão, o Chefe do Poder Executivo (Presidente da República, Governadores e Prefeitos), bem como, ainda, os Presidentes das autarquias e fundações públicas" (CONTE. Suspensão de execução de medidas liminares e sentenças contra o poder público. *Revista de Direito da Procuradoria Geral do Estado do Rio de Janeiro*, n. 48, p. 114).

[301] "Embora o mandado de segurança tenha por objeto desvencilhar-se de ordem tida como ilegal ou abusiva, contrária a direito líquido e certo do impetrante, perpetrada por autoridade pública ou agente, que são considerados coatores, que devem prestar as informações, não podem requerer diretamente a suspensão da liminar ou da sentença" (PACHECO. *O mandado de segurança e outras ações constitucionais típicas*, p. 275).

[302] "Entendemos — embora fôssemos vencidos em nossas decisões judiciais — que não podem as pessoas privadas, ainda que exercentes de atividades delegadas, postular a suspensão. E não podem porque os valores envolvidos são de tal grandeza, que apenas visão globalizada das conseqüências danosas, sobretudo para a economia, poderia ensejar o pedido de suspensão" (FIGUEIREDO. *Mandado de segurança*, p. 155).

[303] O autor entende não ser possível o ajuizamento pelo "funcionário coator" (MEIRELLES. *Mandado de segurança*: ação popular, ação civil pública, mandado de injunção, habeas data, ação direta de inconstitucionalidade, ação declaratória de constitucionalidade, argüição de descumprimento de preceito fundamental e controle incidental de normas no direito brasileiro, p. 88).

[304] ATHENIENSE. A suspensão da liminar no mandado de segurança. *Revista de Informação Legislativa*, v. 26, p. 276.

[305] ALVIM. *Mandado de segurança e direito público*, p. 376.

[306] GUTIÉRREZ. *Suspensão de liminar e de sentença na tutela do interesse público*, p. 70.

c) os doutrinadores que defendem a *possibilidade* de que a *pessoa física* ajuíze o pedido de suspensão, desde que investida de *funções públicas* ou considerada *autoridade coatora*. Nesta seara, Cássio Scarpinella Bueno[307] entende possível o ajuizamento do pedido de suspensão por particular que exerce função pública.

A jurisprudência do *Supremo Tribunal Federal* tem entendido por incabível o ajuizamento do pedido de suspensão por *pessoas físicas* para a defesa dos seus *interesses particulares*, excepcionando-se, outrossim, os casos em que a postulação se realiza por pessoa física investida de *funções públicas* e para a defesa das prerrogativas inerentes às mesmas funções.

Com efeito, ao apreciar o Agravo Regimental na Suspensão de Segurança nº 555/SP (*DJ*, 06.08.1993, p. 4.901), sendo relator o *Ministro Octávio Gallotti*, o Supremo Tribunal Federal negou legitimidade ativa à *pessoa física*, por considerar a propositura do pedido de suspensão "faculdade privativa da pessoa jurídica de direito público interessada".[308]

No mesmo sentido, ao apreciar a Suspensão de Segurança nº 632/RS (*DJ*, 26.04.1994, p. 9.368), o mesmo *Ministro Octávio Gallotti* negou conhecimento ao pedido formulado por Alessandra Haag da Rosa e outros, destacando, em sua decisão, ser inadmissível "a pretensão de emprestar legitimidade (...) a simples *particulares* (pessoas físicas), que porventura integrem, como litisconsortes passivos, a relação do mandado cuja concessão de liminar é atacada" (grifos nossos).

Já no julgamento do Agravo Regimental na Suspensão de Segurança nº 444/MT (*DJ*, 04.09.1992, p. 4.088), sob a relatoria do *Ministro Sydney Sanches*, o Supremo Tribunal Federal considerou o *Prefeito Municipal* legitimado ativo à propositura do pedido de

---

[307] BUENO. *Mandado de segurança*: comentários às leis n. 1.533/51, 4.348/64 e 5.021/66 e outros estudos sobre mandado de segurança, p. 182.

[308] "Pretensão de ver suspensa medida liminar concessiva de efeito suspensivo à decisão de juiz criminal que julgara procedente ação de pedido de resposta. *Sendo a faculdade privativa da pessoa jurídica de direito publico interessada, não e parte legitima, para requerer suspensão de liminar, a pessoa física cuja honra se diz atacada*, mesmo em se tratando de Juiz Federal, que se considere ofendido, em razão do seu oficio" (Grifos nossos).

suspensão contra decisão que havia determinado o seu afastamento do cargo.[309]

E no Agravo Regimental na Petição nº 2.225/GO (*DJ*, 12.04.2002, p. 55), sendo relator para o acórdão o *Ministro Sepúlveda Pertence*, o mesmo órgão jurisdicional reconheceu a legitimidade ativa do *Procurador-Geral do Tribunal de Contas do Estado de Goiás* para o ajuizamento de pedido de suspensão contra tutela jurisdicional que havia determinado o seu afastamento do exercício das respectivas funções.[310]

O *Superior Tribunal de Justiça* também tem se posicionado no sentido da impossibilidade de que a pessoa física, para a defesa dos seus interesses particulares, possa ajuizar a postulação suspensiva. A impossibilidade da interposição do pedido de suspensão por pessoa física, contudo, à semelhança do que se verifica no Supremo Tribunal Federal, tem sido excepcionalmente afastada, para que se permita tal faculdade à pessoa física investida de funções públicas e em defesa destas mesmas funções.

O *Ministro Nilson Naves* negou seguimento à Suspensão de Segurança nº 1.031/PE (*DJ*, 23.04.2002), por ilegitimidade passiva dos seus postulantes, José Pereira Gonçalves e outros, servidores públicos estáveis da Prefeitura do Município de Belo Jardim/PE.[311]

---

[309] "Suspensão de Segurança. Competência do Supremo Tribunal Federal. Legitimidade ativa para o requerimento. Questões supervenientes que prejudicam a suspensão. 1. Havendo discussão de questões constitucionais, seja no processo cautelar, seja no de mandado de segurança, que dele resultou, a competência para a suspensão deste e do Presidente do Supremo Tribunal Federal (art. 4. da Lei nº 4.348, de 26.06.1964, art. 297 do RISTF e art. 25 da Lei nº 8.038, de 28.05.1990). 2. *O Prefeito Municipal, alijado do exercício do mandato, por efeito de medida liminar em mandado de segurança, tem legitimidade para requerer a suspensão desta.* 3. Julga-se prejudicado, no Supremo Tribunal Federal, o agravo regimental contra o deferimento de tal suspensão, se, após o processo de *impeachment*, a que se submeteu o Prefeito, foi definitivamente afastado do exercício por decisão não questionada ainda perante a Corte. Agravo regimental prejudicado porque superada a eficácia da liminar, que fora suspensa, e sua própria suspensão" (Grifos nossos).

[310] "Suspensão de liminar: legitimação ativa. A exemplo do que se decidiu a propósito da qualificação do Prefeito para requerer a suspensão de segurança que o destituíra (AgRSS nº 444, *RTJ* 141/380), o Procurador-Geral junto ao Tribunal de Contas do Estado está legitimado para requerer a suspensão de liminar, confirmada pelo Tribunal de Justiça, que implicou o seu afastamento do exercício da função."

[311] "Para promover pedido de suspensão de segurança, é parte legítima a pessoa jurídica de direito público interessada" (art. 4º da Lei nº 4.348/64) ou, conforme a jurisprudência desta

Ao julgar o Agravo Regimental na Suspensão de Segurança n° 1.031/PE (*DJ*, 17.03.2003), sendo relator o mesmo *Ministro Nilson Naves*, o Superior Tribunal de Justiça, por sua composição plenária, deixou consignado que a "pessoa física não tem legitimidade para propor suspensão de segurança com supedâneo no art. 4° da Lei n° 4.348/64".[312] Tal entendimento foi ainda ratificado no julgamento do Agravo Regimental n° 1827/RJ (*DJ*, 22.09.2003, p. 00248), também sob a relatoria do *Ministro Nilson Naves*, onde se considerou incabível pedido de suspensão formulado por pessoa física em defesa dos seus interesses particulares.[313]

Com efeito, ao apreciar a Suspensão de Liminar n° 53/BA (*DJ*, 03.02.2004), o *Ministro Nilson Naves* considerou Boaventura Vidal Cavalcante, Prefeito Municipal de Carnavieiras/BA, legitimado ativo para postular a suspensão dos efeitos de decisão judicial que havia determinado o seu afastamento, por prazo indeterminado, do exercício das respectivas funções.

E em recente decisão, exarada nos autos da Suspensão de Segurança n° 1.360/MA (*DJ*, 27.05.2004) o *Ministro Edson Vidigal* acolheu postulação suspensiva formulada por Marcos Antônio Mendes Moura e José Nilton Gomes Pereira, afastados dos cargos

---

Corte, as empresas públicas e sociedades de economia mista, quando patente o interesse público (*v.g.*, AgRgPet n° 1.489/BA, AgRgSS n° 632/DF, REsp n° 50.284-5/SP). *In casu, os requerentes são pessoas físicas, o que afasta a legitimidade ativa para ajuizar a medida excepcional, ressalvando-se as vias ordinárias*" (Grifos nossos).

[312] "Suspensão de segurança (seguimento negado) – Pessoa física (impossibilidade) – Agravo Regimental – Sindicato: personalidade jurídica de direito privado. *A pessoa física não tem legitimidade para propor suspensão de segurança com supedâneo no art. 4° da Lei n° 4.348/64.* Tampouco pode interpor agravo regimental o sindicato da categoria, que é estranho à lide, deixou de comprovar seu registro civil e não ostenta personalidade jurídica de direito público. Recurso não-provido" (Grifos nossos).

[313] "Suspensão de liminar (efeito ativo). Pedido de particular (incabível). Pessoa jurídica de direito público e Ministério Público (legitimidade). Salvaguarda do interesse público (Lei n° 8.437/92). 1 - *O particular, tanto mais quando na defesa de interesses próprios, não possui legitimidade para ajuizar pedido de suspensão, mesmo quando objetiva o restabelecimento de medida anteriormente concedida (efeito ativo).* 2 - O art. 4° da Lei n° 8.437/92 dispõe que o Ministério Público ou a pessoa jurídica de direito público são partes legítimas para pleitear suspensão de execução de liminar nas ações movidas contra o Poder Público ou seus agentes, entretanto a jurisprudência tem admitido também o ajuizamento da excepcional medida por sociedades de economia mista e concessionárias prestadoras de serviço público, quando na defesa do interesse público. 3 - Agravo improvido" (Grifos nossos).

de Prefeito e de Presidente da Câmara de Vereadores de São João do Sóter do Estado do Maranhão.[314]

Considerando a finalidade do instituto da suspensão de segurança, que constitui a defesa de relevantes interesses da coletividade descritos na sua legislação de regência, entendemos, contudo, embora em sentido diverso da jurisprudência do Supremo Tribunal Federal e do Superior Tribunal de Justiça, que a postulação suspensiva não pode ser formulada por pessoas físicas, ainda que investidas de funções públicas e em defesa do exercício destas mesmas funções, posto que em quaisquer dos casos o pedido formulado veicula interesses particulares, próprios dos indivíduos que os formulam. Ainda que buscando assegurar o exercício de funções públicas, os particulares que ajuízam pedidos de suspensão não visam tutelar interesses da coletividade, mas os seus próprios interesses, dentre os quais o de não terem suas esferas pessoais atingidas pelos efeitos normais decorrentes da tutela jurisdicional enfocada. As pessoas físicas, portanto, por veicularem pretensões meramente pessoais, mesmo nas hipóteses de manutenção do exercício de funções públicas, não devem ser consideradas legitimadas para postular suspensão de tutela jurisdicional.

7.1.1.2.4 Órgãos públicos despersonalizados

Ainda sobre a questão da legitimação ativa no pedido de suspensão, ressaltamos que alguns doutrinadores e a própria jurisprudência do Supremo Tribunal Federal e do Superior Tribunal de Justiça, têm entendido pela possibilidade de que alguns *órgãos públicos*, dotados de *capacidade para ser parte* decorrente de excepcional *personalidade judiciária*, possam ajuizar a postulação suspensiva independentemente da atuação da respectiva pessoa jurídica de direito público.

---

[314] "Apesar da Lei n° 4.348/64 consignar apenas a pessoa jurídica de direito público como parte legítima para ingressar com pedido de suspensão de segurança, o Pleno do Supremo Tribunal Federal já consagrou o entendimento de que o Prefeito alijado do exercício do mandato, por efeito de medida liminar em mandado de segurança, tem legitimidade para requerer a suspensão desta (SS n° 444 AGR, Sydney Sanches, *DJ*, de 04.09.1992). Seguindo a mesma linha de entendimento, cito os seguintes precedentes deste Superior Tribunal de Justiça: SL n° 53/BA, *DJ*, de 12.04.2002 e SL n° 37, *DJ*, de 07.10.2003. Pelo que reconheço a legitimidade ativa dos requerentes."

Com efeito, ao doutrinar sobre a *capacidade para ser parte* das pessoas físicas e jurídicas, Arruda Alvim enfatizou ser "possível que um dado ente, ao qual o direito atribua relevância jurídica, seja, no entanto, parte, embora não sendo pessoa física, nem jurídica, mas que possa assumir direitos ou ficar devedor de obrigações" posto que a capacidade para ser parte "é uma realidade jurídica que corresponde a se ter aptidão, pelo direito material, para ser sujeito ativo e passivo de direitos e obrigações".[315]

No mesmo sentido lecionam Nelson Nery Júnior e Rosa Maria de Andrade Nery, ao comentar sobre o art. 7º do Código de Processo Civil,[316] destacando que:

> A alguns entes despersonalizados é reconhecida a capacidade para estar em juízo, como é o caso do espólio (CPC 12 V), massa falida (CPC 12 III), condomínio de apartamentos (CPC 12 IX), as sociedades sem personalidade jurídica (CPC 12 VII e §2º; RT 521/150), a massa insolvente civil, as instituições financeiras liquidadas extrajudicialmente, os órgãos públicos de defesa do consumidor (CDC 82 III), *órgãos públicos com prerrogativas próprias* (Mesas de Câmaras Legislativas, Presidências de Tribunais, Chefias de Executivo, Ministério Público, Presidências de Comissões Autônomas etc.) para a ação direta de inconstitucionalidade (CF 103), o mandado de segurança, ação popular, *habeas data* e mandado de injunção. Esses entes não têm personalidade jurídica, mas sim *personalidade judiciária*, isto é, podem estar em juízo como partes ou intervenientes.[317]

E dentre os doutrinadores que analisaram o tema específico da possibilidade do ajuizamento do pedido de suspensão diretamente por órgãos públicos, Antônio Vital Ramos de Vasconcelos asseverou que "(...) os *órgãos públicos* despersonalizados (...) estão legitimados a requerer a suspensão em comento ante a existência de direitos próprios a defender",[318] e Hely Lopes Meirelles destacou que "(...) não só a entidade pública como, também, o

---

[315] ALVIM. *Manual de direito processual civil*, v. 2, p. 21-24.

[316] "Art. 7º. Toda pessoa que se acha no exercício dos seus direitos tem capacidade para estar em juízo."

[317] NERY JÚNIOR; NERY. *Código de processo civil comentado e legislação extravagante*, p. 346.

[318] VASCONCELOS. Aspectos controvertidos da suspensão da segurança. *Repertório IOB de Jurisprudência – Civil, Processual Penal e Comercial*, n. 16, p. 312.

órgão interessado têm legitimidade para pleitear a suspensão da liminar (...)".[319]

O *Supremo Tribunal Federal* reconhece a legitimidade ativa de determinados órgãos públicos para o ajuizamento do pedido de suspensão.

Ao julgar o Agravo Regimental na Suspensão de Segurança n.º 300/DF (*DJ*, 30.04.1992, p. 05722), sob a relatoria do *Ministro Néri da Silveira*, o mencionado órgão jurisdicional considerou legitimada ativa a Assembléia Legislativa do Distrito Federal.[320]

E ao apreciar a Suspensão de Segurança n.º 632/RS (*DJ*, 26.04.1994, p. 9.368), o *Ministro Octávio Gallotti* deixou registrado o entendimento do Supremo Tribunal Federal sobre a matéria:

> A expressão "pessoa jurídica de direito público interessada", prevista no art. 4.º da Lei n.º 4.348/64 e no art. 297 do seu Regimento Interno tem ensejado, da parte do Supremo Tribunal, em certos casos, interpretação compreensiva de entidades integrantes da Administração Indireta, como empresas públicas, sociedades de economia mista, fundações e até de concessionárias. *Pelo mesmo critério de equivalência, poderá ser admitida a legitimidade de órgãos de pessoas jurídicas aos quais, por sua independência ou autonomia, se possa atribuir capacidade processual própria* (como Tribunais e Câmaras Legislativas). (grifos nossos)

---

[319] MEIRELLES. *Mandado de segurança*: ação popular, ação civil pública, mandado de injunção, habeas data, ação direta de inconstitucionalidade, ação declaratória de constitucionalidade, argüição de descumprimento de preceito fundamental e controle incidental de normas no direito brasileiro. 27. ed., p. 88-89.

[320] "Suspensão de segurança. Liminar concedida em mandado de segurança impetrado, contra a Assembléia Legislativa do Estado, por cidadão que pretende concorrer a vaga de Conselheiro do Tribunal de Contas do mesmo Estado, sustando-se a tramitação de procedimento legislativo em curso em que era apreciado nome já indicado para prover a vaga. Fundamentação constitucional da causa. Competência do Presidente do STF para conhecer do pedido. *Legitimidade da Assembléia Legislativa para requerer a suspensão da liminar.* Se a cautelar deferida, em mandado de segurança, determina que o Poder Legislativo não pratique ato que se arrola entre os de sua competência específica, atendendo, apenas, a pedido de particular, que não possui, "prima facie", título de direito constituido a impedir o ato legislativo impugnado, há ameaça de lesão grave a ordem pública, nesta compreendida a ordem administrativa em geral, ou seja, a normal execução do serviço público e o devido exercício das funções proprias, no âmbito de qualquer dos Poderes do Estado. Hipótese em que e manifesta a interdição do exercício pela Assembléia Legislativa de competência concernente ao provimento de cargo de Conselheiro do Tribunal de Contas do Estado, que, sem sombra de duvida, não se submete ao procedimento ordinário do concurso público, pretendido pelo impetrante. Desde logo, cabe entender que os princípios do art. 37, I e II, da Constituição Federal, não lhe dizem respeito, sujeita a investidura de Conselheiro ao que se contem no art. 73, parágrafos 1.º e 2.º, da Lei Magna federal. Suspensão dos efeitos da liminar, até o julgamento do mandado de segurança, que se defere. Agravo regimental desprovido" (Grifos nossos).

Também no julgamento do Agravo Regimental na Suspensão de Segurança nº 936/PR (*DJ*, 23.02.1996, p. 3.625), sendo relator o *Ministro Sepúlveda Pertence*, o Supremo Tribunal Federal acolheu postulação suspensiva ajuizada pela *Assembléia Legislativa do Estado do Paraná*, destacando-se, da ementa do acórdão, o seguinte trecho:

> A exemplo de que se consolidou com relação ao mandado de segurança, *é de reconhecer-se a legitimação, para requerer-lhe a suspensão, ao órgão público não personificado quando a decisão questionada constitua óbice ao exercício de seus poderes ou prerrogativas.* (grifos nossos)

De modo semelhante julgou o *Ministro Celso de Mello*, ao deferir postulação da mesma *Assembléia Legislativa do Estado do Paraná*, nos autos da Suspensão de Segurança nº 954/PR (*DJ*, 05.12.1995, p. 42.300). E também ao analisar a Suspensão de Segurança nº 1308/RJ (*DJ*, 19.10.1998, p. 26), considerando legitimado ativo o *Tribunal de Contas do Estado do Rio de Janeiro* para ajuizar pedido de suspensão contra os efeitos de tutela jurisdicional deferida a pedido do Estado do Rio de Janeiro que havia determinado a suspensão de decisão exarada pela aludida corte de contas declarando a ilegalidade de determinado edital licitatório.[321]

---

[321] "Não obstante a literalidade das normas inscritas no art. 4º da Lei nº 4.348/64 e no art. 25 da Lei nº 8.038/90 — que se referem, unicamente, às pessoas jurídicas de direito público e ao Chefe do Ministério Público —, entendo que *órgãos não-personificados, como os Tribunais de Contas, dispõem de legitimidade para pleitear a suspensão de segurança, desde que o façam, como no caso, com o objetivo de preservar as suas prerrogativas institucionais.* Cumpre destacar, neste ponto, o magistério irrepreensível do saudoso membro do Ministério Público paulista, Gabriel Nettuzzi Perez (A pessoa jurídica e a quase pessoa jurídica. In: *Justitia*, v. 71/19, p. 36-37, 40), que, ao versar o tema da quase personalidade, analisa-o, também, no plano do direito público, em ordem a reconhecer, aos órgãos não-personificados, a possibilidade de legítima intervenção em juízo, atribuindo-lhes, sob tal específico aspecto, capacidade processual ou mera personalidade judiciária (FERREIRA. *Instituições de direito comercial*, 4. ed., v. 1, t. 2, p. 456-457; LEAL, Victor Nunes. *Problemas de direito público*. São Paulo: Forense, 1960. p. 424-439, 425-428), *permitindo, desse modo, ao Tribunal de Contas - que não se qualifica como pessoa jurídica de direito público — a defesa judicial da integridade de suas atribuições jurídico-institucionais, podendo, inclusive, quando for o caso, deduzir o pedido de contracautela fundado no art. 4º da Lei nº 4.348/64.* Daí o magistério autorizado de Hely Lopes Meirelles (*Mandado de segurança*: ação popular, ação civil pública, mandado de injunção, habeas data, 14. ed., p. 61), que também reconhece legitimidade ativa aos órgãos não-personificados, para a providência excepcional da suspensão da liminar ou da segurança: "A redação deste dispositivo é, evidentemente,

Também o *Superior Tribunal de Justiça* considera determinados órgãos públicos parte legitima para ajuizar pedidos de suspensão. Ao apreciar o Agravo Regimental na Suspensão de Segurança nº 413/GO (*DJ*, 14.04.1997, p. 12.673), sob a relatoria do *Ministro Bueno de Souza*, o Superior Tribunal de Justiça deferiu pedido de suspensão formulado por *Câmara Municipal*.[322]

A questão do ajuizamento de pedidos de suspensão diretamente por *órgãos públicos*, contudo, merece ser apreciada com parcimônia, embora a jurisprudência do Supremo Tribunal Federal e do Superior Tribunal de Justiça tenham se firmado no sentido da sua possibilidade.

Considerando que os *órgãos públicos* constituem *elementos integrantes de uma determinada pessoa jurídica de direito público*, criados para o desempenho de competências legalmente definidas, a atuação destes mesmos órgãos públicos se imputa à própria pessoa jurídica de direito público, que em juízo se manifesta pela atuação dos agentes públicos incumbidos da sua representação judicial.[323] Deste modo, os pedidos de suspensão para a defesa de interesses de órgãos públicos integrantes da estrutura administrativa

---

defeituosa, porque não só a entidade pública como, também, o órgão interessado têm legitimidade para pleitear a suspensão da liminar (...)". Esse entendimento doutrinário, por sua vez, tem o beneplácito da jurisprudência do Supremo Tribunal Federal (RTJ nº 141/369, Rel. Min. Néri da Silveira – RTJ nº 142/690, Rel. Min. Sydney Sanches, *v.g.*), que, no julgamento da SS nº 936-PR (AgRg), Rel. Min. Sepúlveda Pertence, deixou consignado: "*A exemplo do que se consolidou com relação ao mandado de segurança, é de reconhecer-se a legitimação, para requerer-lhe a suspensão, ao órgão público não personificado, quando a decisão questionada constitua óbice ao exercício de seus poderes ou prerrogativas*" (Grifos nossos).

[322] "Suspensão de segurança. Agravo Regimental. 1. Manifesta a legitimidade ativa de Câmara Municipal, devidamente representada por seu presidente, para requerer suspensão de liminar concedida em *mandamus*, no qual se controverte sobre a realização de consulta plebiscitária. 2. Preservação do critério da conveniência política, ínsito ao Poder Legislativo, sobre o qual, nesse aspecto, descabe controle judicial, porquanto nele recai a exclusiva titularidade da legitimação para inaugurar o procedimento emancipatório da entidade municipal. 3. Situação que configura grave lesão à ordem pública, assim considerada no seu conceito mais amplo. 4. Agravo regimental desprovido".

[323] Neste sentido, julgou o Superior Tribunal de Justiça: "Processo Civil – Câmara Municipal – Personalidade jurídica – Personalidade judiciária – Capacidade processual – Legitimidade *ad causam*. No processo civil brasileiro, a legitimidade *ad causam* reserva-se, normalmente, às pessoas (físicas ou jurídicas). Na ação em que se argüi nulidade de ato emanado de Câmara de Vereadores, a relação processual trava-se entre o autor e o Município. (STJ - RESP nº 292.080/SP - 1ª T. - Rel. Min. Humberto Gomes de Barros – *DJU*, 19.12.2002)".

da União devem ser formulados pela própria União, através dos membros da Advocacia-Geral da União.[324] E os pedidos de suspensão para a defesa de interesses de órgãos públicos estaduais e municipais devem ser formulados pelos respectivos Estados e Municípios, através de seus Procuradores Estaduais[325] e Prefeitos ou Procuradores Municipais.[326]

Sobre a matéria, lúcidas e merecedoras de transcrição são as ponderações de Santi Romano:

> *O órgão do Estado é o próprio Estado*, ou melhor, uma sua parte que se distingue das demais, em relação às quais *tem uma individualidade que lhe falta perante o Estado com o qual se identifica*, pelo menos no sentido em que a parte se identifica com o todo.
>
> Ulteriores conseqüências deste conceito são as seguintes:
>
> 1) O órgão — entendido como instituição que faz parte integrante da estrutura do Estado — *não é pessoa jurídica, nem mesmo nas relações internas com outros órgãos*, não obstante opiniões diversas: *não tem poderes, direitos, obrigações próprias que não sejam do Estado, e nem mesmo representa o Estado, porque é o próprio Estado, e a relação de representação postula que representado e representante sejam dois, não um.*
>
> 2) As relações que podem interceder entre os vários órgãos são relações jurídicas, enquanto reguladas pelo direito, *mas não relações entre várias pessoas*; são relações internas do Estado que — enquanto se concretiza num órgão que exerce uma função — se contrapõe a si mesmo, enquanto se concretiza num outro órgão e exerce função diversa.[327] (grifos nossos)

---

[324] Dispõe a Constituição Federal de 1988: "Art. 131. *A Advocacia-Geral da União é a instituição que, diretamente ou através de órgão vinculado, representa a União, judicial e extrajudicialmente*, cabendo-lhe, nos termos da lei complementar que dispuser sobre sua organização e funcionamento, as atividades de consultoria e assessoramento jurídico do Poder Executivo" (Grifos nossos).

[325] Dispõe a Constituição Federal de 1988: "Art. 132. *Os Procuradores dos Estados e do Distrito Federal*, organizados em carreira, na qual o ingresso dependerá de concurso público de provas e títulos, com a participação da Ordem dos Advogados do Brasil em todas as suas fases, *exercerão a representação judicial e a consultoria jurídica das respectivas unidades federadas*" (Grifos nossos).

[326] Ao dispor sobre a representação em juízo das pessoas jurídicas de direito público, o Código de Processo Civil, em seu art. 12, assim explicitou: "I - a União, os Estados, o Distrito Federal e os Territórios, por seus procuradores; II - o Município, por seu Prefeito ou procurador".

[327] ROMANO. *Princípios de direito constitucional geral*, p. 200.

E na doutrina nacional, não se pode esquecer dos ensinamentos de Hely Lopes Meirelles:

> Órgãos públicos são centros de competências instituídos para o desempenho de funções estatais, através dos seus agentes, cuja atuação é imputada à pessoa jurídica a que pertencem (...). *A atuação dos órgãos é imputada à pessoa jurídica que eles integram, mas nenhum órgão a representa juridicamente.* A representação legal da entidade é atribuição de determinados agentes (pessoas físicas), tais como os Procuradores judiciais e administrativos e, em alguns casos, o próprio Chefe do Executivo (CPC, art. 12, I, II e VI).[328]

O ajuizamento de pedidos de suspensão diretamente por órgãos públicos, portanto, em condições de normalidade, subverte a ordem jurídico-constitucional na medida em que representa o exercício de competências que não lhes foram atribuídas legalmente, posto que a defesa em juízo dos seus interesses, que se identificam com os interesses das pessoas jurídicas de direito público a que pertencem, se realiza pela atuação dos agentes públicos legalmente incumbidos de tal mister, seus representantes judiciais.[329]

Com efeito, em condições de normalidade, os interesses dos órgãos públicos se identificam com os interesses das pessoas jurídicas de direito público a que pertencem, muito embora não possamos ignorar, em condições de anormalidade, a possibilidade da ocorrência de conflitos internos entre os diversos órgãos públicos de uma mesma pessoa jurídica de direito público, os quais, se não solvidos administrativamente, podem ser levados ao conhecimento dos órgãos jurisdicionais.

Considerando, portanto, a possibilidade de existirem conflitos internos entre os órgãos públicos de uma mesma pessoa jurídica de direito público, entendemos, em *condições de anormalidade*, ser possível a atuação independente de determinado órgão público em juízo, para *defesa dos seus interesses institucionais*, ou, nos moldes do entendimento jurisprudencial do Supremo Tribunal

---

[328] MEIRELLES. *Direito administrativo brasileiro*, p. 63-65.

[329] No âmbito federal, pelos Advogados da União (matéria não tributária), Procuradores da Fazenda Nacional (matéria tributária), Procuradores Federais (autarquias); no âmbito estadual, pelos Procuradores Estaduais; e no âmbito municipal, pelos Prefeitos ou Procuradores Municipais.

158 | Isabel Cecília de Oliveira Bezerra

Federal, para a *defesa dos seus poderes ou prerrogativas.*[330] Neste sentido, Hely Lopes Meirelles leciona que "os órgãos podem ter prerrogativas funcionais próprias que, quando infringidas por outro órgão, admitem defesa até mesmo por mandado de segurança".[331]

Consideramos, pois, possível o ajuizamento de pedidos de suspensão por órgãos públicos destituídos de personalidade jurídica, mas dotados de capacidade para ser parte decorrente de excepcional personalidade judiciária, somente em condições de anormalidade caracterizada pela verificação de conflitos internos entre diferentes órgãos públicos de uma mesma pessoa jurídica de direito público, e ainda para a defesa dos seus interesses institucionais, poderes ou prerrogativas.

7.1.1.2.5 Ministério Público

Sobre a legitimidade ativa do *Ministério Público* para ajuizar pedidos de suspensão, salientamos que até a edição da recente Lei nº 12.016/2009, somente as leis nº 8.038/90, nº 8.437/92 e nº 9.494/97 prevêem tal legitimidade ao "Procurador-Geral da República" e ao "Ministério Público", respectivamente, nada mencionado sobre o assunto as agora revogadas leis nº 1.533/51, nº 4.348/64, nem as leis nº 7.347/85 e nº 9.507/97.

Entretanto, embora somente as leis nº 12.016/2009, nº 8.038/90, nº 8.437/92 e nº 9.494/97 autorizem, expressamente, a interposição de pedidos de suspensão, pelo Ministério Público, nas hipóteses que mencionam, entendemos que o *parquet* pode ajuizar quaisquer das modalidades da postulação suspensiva, posto que dentre suas funções institucionais encontra-se exatamente a tutela dos interesses públicos.

Com efeito, consoante se observa da Constituição Federal de 1988, em seu art. 127, incumbe ao Ministério Público a "defesa da ordem jurídica, do regime democrático e dos interesses sociais

---

[330] Agravo Regimental na Suspensão de Segurança nº 936/PR – *DJ*, 23.02.1996, p. 3.625 - Min. Sepúlveda Pertence.
[331] MEIRELLES. *Direito administrativo brasileiro*, p. 63-64.

e individuais indisponíveis"; competindo-lhe ainda, nos termos do seu art. 129, "zelar pelo efetivo respeito dos Poderes Públicos e dos serviços de relevância pública aos direitos assegurados nesta Constituição, promovendo as medidas necessárias a sua garantia" (inc. II); e "promover o inquérito civil e a ação civil pública, para a proteção do patrimônio público e social, do meio ambiente e de outros interesses difusos e coletivos" (inc. III).

Diante do exposto, os dispositivos normativos inseridos nas leis nº 12.016/2009, nº 8.038/90, nº 8.437/92 e nº 9.494/97, os quais assentam explicitamente a legitimidade ativa do Ministério Público, podem ser aplicados, analogicamente, aos casos previstos nas leis nº 7.347/85 e nº 9.507/97, sem que reste malferida a ordem jurídico-constitucional, posto que a própria Constituição Federal, ao estabelecer as competências do *parquet*, as instituiu com vistas à defesa dos interesses públicos, cuja tutela colima a suspensão da execução de tutelas jurisdicionais.

Seguindo o entendimento ora proposto, de ser possível a interposição do pedido de suspensão pelo Ministério Público, em quaisquer de suas modalidades, manifestam-se, dentre outros: Ana Luísa Celino Coutinho,[332] Marcelo Abelha Rodrigues,[333] Cristrina Gutiérrez,[334] Cássio Scarpinella Bueno[335] e Luiz Vicente de Medeiros

---

[332] Posto que o Ministério Público "tem como uma de suas funções precípuas defender o interesse da coletividade" (COUTINHO. *Mandado de segurança*: da suspensão de segurança no direito brasileiro, p. 113).

[333] "Com relação ao Ministério Público, não encontramos dificuldade em sempre admiti-lo como legitimado a requerer o incidente nas hipóteses em que ele seja possível, apesar de apenas a Lei nº 8.437/92 e o art. 25 da LR (quando menciona a legitimidade do Procurador-Geral da República) o terem arrolado como legitimado para tanto. A conclusão é lógica e parte da premissa constitucional do art. 127 da CF/88. Se os bens tutelados pelo incidente fazem parte do interesse público, e o art. 127 da CF/88 colocou o Ministério Público como guardião desses mesmos interesses, outorgando-lhe legitimidade para promover ações civis com esse caráter (art. 129), não seria lógico que não se lhe fosse permitida a legitimidade para o incidente de requerimento de suspensão da execução da medida potencialmente causadora de lesão ao interesse público, mesmo que ainda não tenha sido sujeito no processo" (RODRIGUES. *Suspensão de segurança*: sustação da eficácia de decisão judicial proferida contra o poder público, p. 120-121).

[334] GUTIÉRREZ. *Suspensão de liminar e de sentença na tutela do interesse público*, p. 66.

[335] Para quem a legitimidade ativa do Ministério Público, mesmo nas hipóteses não expressamente previstas na legislação de regência, decorre das suas funções institucionais (BUENO. *Mandado de segurança*: comentários às leis n. 1.533/51, 4.348/64 e 5.021/66 e outros estudos sobre mandado de segurança, p. 183).

Queiroz Neto.[336] Em sentido contrário, Hely Lopes Meirelles[337] e Napoleão Nunes Maia Filho.[338]

7.1.2 Interesse processual

Os estudar a legitimidade ativa para a propositura do pedido de suspensão, viu-se que as leis n° 12.016/2009, n° 7.347/85, n° 8.038/90, n° 8.437/92, n° 9.494/97 e n° 9.507/97, adotam respectivamente[339] as expressões "pessoa jurídica de direito público *interessada* ou do Ministério Público"; "pessoa jurídica de direito público *interessada*"; "Procurador-Geral da República ou (...) pessoa jurídica de direito público *interessada*"; e "Ministério Público ou (...) pessoa jurídica de direito público *interessada*" (grifos nossos).

A legislação, embora padeça de inúmeras deficiências, mostrou-se tecnicamente correta ao exigir o interesse processual das pessoas jurídicas de direito público para o ajuizamento do pedido de suspensão. Isto porque não basta, para ajuizar pedido de suspensão, que o seu postulante demonstre legitimidade ativa, sendo ainda necessário possuir interesse processual.

Sobre o interesse processual, doutrina Giuseppe Chiovenda que o mesmo "não consiste unicamente no interesse de conseguir o bem garantido pela lei (...), mas também no interesse de consegui-lo por obra dos órgãos jurisdicionais".[340] No mesmo sentido, Piero Calamandrei ressalta que para que "surja o interesse processual não basta, pois, que se demonstre a existência de um interesse em conseguir um bem, mas também é necessário que, para satisfazer este interesse substancial, não se possa fazer uso do meio normal

---

[336] Considera, como argumentos justificadores da aludida legitimidade ativa, a natureza da instituição, os relevantes interesses públicos por ela protegidos, a previsão normativa realizada pelos diversos Regimentos Internos dos Tribunais Brasileiros, e ainda a aplicação analógica do art. 4° da Lei n° 8.437/92 (QUEIROZ NETO. Suspensão de segurança: uma análise à luz da doutrina e da jurisprudência. *Revista do Tribunal Regional Federal – 1ª Região*, v. 14, n. 5, p. 27).

[337] MEIRELLES. *Mandado de segurança*: ação popular, ação civil pública, mandado de injunção, habeas data, ação direta de inconstitucionalidade, ação declaratória de constitucionalidade, argüição de descumprimento de preceito fundamental e controle incidental de normas no direito brasileiro. 27. ed., p. 88-89.

[338] MAIA FILHO. *Estudos processuais sobre o mandado de segurança*, p. 134.

[339] Excluídas a primeira e a última norma, que nada mencionam.

[340] CHIOVENDA. *Instituições de direito processual civil*, v. 1, p. 226.

de não-cumprimento e deva recorrer-se ao meio sucedâneo da ação".[341]

E no âmbito específico do pedido de suspensão, o "interesse de conseguir o bem garantido pela lei" não significa outra coisa senão o interesse da pessoa jurídica de direito público ou a ela equiparada de obstar os efeitos normais decorrentes de tutela jurisdicional para a proteção de interesses públicos por ela tutelados, os quais constituem interesses públicos inseridos no âmbito de suas competências constitucionais ou legais. O interesse processual no pedido de suspensão, deste modo, deve ser aferido a partir do interesse da pessoa jurídica de direito público ou a ela equiparada de proteger os interesses públicos inseridos no âmbito de suas competências constitucionais ou legais. Com efeito, consoante bem doutrina Marcelo Abelha Rodrigues, dentre outros doutrinadores brasileiros de escol,[342] "deve haver um liame estabelecido entre o interesse público que ela protege e que tem o dever institucional de zelar, com a decisão cuja execução pretende que seja suspensa. Esse interesse jurídico, na verdade, nada mais é do que a afetação ou provável afetação pela decisão cuja execução se pretende suspender".[343]

A partir destas considerações preliminares, pode-se asseverar que:

1. a *União*,[344] os *Estados*, o *Distrito Federal*, os *Territórios* e os *Municípios* podem interpor pedidos de suspensão

---

[341] CALAMANDREI. *Instituições de direito processual civil*: segundo o novo código, v. 1, p. 227.

[342] "Portanto, desde que demonstrada, pela pessoa jurídica de direito público, que o ato impugnado por via do pedido de suspensão tem *aptidão para interferir, negativamente, em sua própria competência administrativa*, num daqueles valores constantes do dispositivo legal em foco (...), *ipso facto* é, para os fins daquele dispositivo legal, pessoa *interessada* e, conseqüentemente, *legitimada*. (...) Há, pois, inegável simbiose, na espécie, entre a legitimação para formular o pedido de suspensão e o interesse de agir. Assim, suficiente que se trate de pessoa jurídica de direito público que demonstre a interferência negativa da ordem judicial que se quer ver suspensa em sua ordem, saúde, segurança e economia públicas, é dize, no espectro de suas *próprias competências*" (BUENO. *Liminar em mandado de segurança*: um tema com variações, p. 233).

[343] RODRIGUES. *Suspensão de segurança*: sustação da eficácia de decisão judicial proferida contra o poder público, p. 122.

[344] Segundo Lúcia Valle Figueiredo, cabe somente à União, em face do disposto nos art. 21, incisos VII e VIII; art. 22, incisos VI, VII e XIX; e art. 174, parágrafos 1° e 2°, o ajuizamento dos pedidos de suspensão por grave lesão à economia pública (FIGUEIREDO. *Mandado de segurança*, p. 156). Deve-se, considerar, todavia, que somente a análise do caso concreto permite a aferição do interesse processual do postulante.

visando obstar os efeitos de tutelas jurisdicionais incidentes sobre interesses públicos descritos no rol de suas competências constitucionais;[345]

---

[345] Dispõe a Constituição Federal Brasileira de 05 de outubro de 1988: "(...) Art. 21. Compete à União: I - manter relações com Estados estrangeiros e participar de organizações internacionais; II - declarar a guerra e celebrar a paz; III - assegurar a defesa nacional; IV - permitir, nos casos previstos em lei complementar, que forças estrangeiras transitem pelo território nacional ou nele permaneçam temporariamente; V - decretar o estado de sítio, o estado de defesa e a intervenção federal; VI - autorizar e fiscalizar a produção e o comércio de material bélico; VII - emitir moeda; VIII - administrar as reservas cambiais do País e fiscalizar as operações de natureza financeira, especialmente as de crédito, câmbio e capitalização, bem como as de seguros e de previdência privada; IX - elaborar e executar planos nacionais e regionais de ordenação do território e de desenvolvimento econômico e social; X - manter o serviço postal e o correio aéreo nacional; XI - explorar, diretamente ou mediante autorização, concessão ou permissão, os serviços de telecomunicações, nos termos da lei, que disporá sobre a organização dos serviços, a criação de um órgão regulador e outros aspectos institucionais; XII - explorar, diretamente ou mediante autorização, concessão ou permissão: a) os serviços de radiodifusão sonora e de sons e imagens; b) os serviços e instalações de energia elétrica e o aproveitamento energético dos cursos de água, em articulação com os Estados onde se situam os potenciais hidroenergéticos; c) a navegação aérea, aeroespacial e a infra-estrutura aeroportuária; d) os serviços de transporte ferroviário e aquaviário entre portos brasileiros e fronteiras nacionais, ou que transponham os limites de Estado ou Território; e) os serviços de transporte rodoviário interestadual e internacional de passageiros; f) os portos marítimos, fluviais e lacustres; XIII - organizar e manter o Poder Judiciário, o Ministério Público e a Defensoria Pública do Distrito Federal e dos Territórios; XIV - organizar e manter a polícia civil, a polícia militar e o corpo de bombeiros militar do Distrito Federal, bem como prestar assistência financeira ao Distrito Federal para a execução de serviços públicos, por meio de fundo próprio; XV - organizar e manter os serviços oficiais de estatística, geografia, geologia e cartografia de âmbito nacional; XVI - exercer a classificação, para efeito indicativo, de diversões públicas e de programas de rádio e televisão; XVII - conceder anistia; XVIII - planejar e promover a defesa permanente contra as calamidades públicas, especialmente as secas e as inundações; XIX - instituir sistema nacional de gerenciamento de recursos hídricos e definir critérios de outorga de direitos de seu uso; XX - instituir diretrizes para o desenvolvimento urbano, inclusive habitação, saneamento básico e transportes urbanos; XXI - estabelecer princípios e diretrizes para o sistema nacional de viação; XXII - executar os serviços de polícia marítima, aeroportuária e de fronteiras; XXIII - explorar os serviços e instalações nucleares de qualquer natureza e exercer monopólio estatal sobre a pesquisa, a lavra, o enriquecimento e reprocessamento, a industrialização e o comércio de minérios nucleares e seus derivados, atendidos os seguintes princípios e condições: a) toda atividade nuclear em território nacional somente será admitida para fins pacíficos e mediante aprovação do Congresso Nacional; b) sob regime de concessão ou permissão, é autorizada a utilização de radioisótopos para a pesquisa e usos medicinais, agrícolas, industriais e atividades análogas; c) a responsabilidade civil por danos nucleares independe da existência de culpa; XXIV - organizar, manter e executar a inspeção do trabalho; XXV - estabelecer as áreas e as condições para o exercício da atividade de garimpagem, em forma associativa. (...) Art. 23. É competência comum da União, dos Estados, do Distrito Federal e dos Municípios: I - zelar pela guarda da Constituição, das leis e das instituições democráticas e conservar o patrimônio público; II - cuidar da saúde e assistência pública, da proteção e garantia das pessoas portadoras de deficiência; III - proteger os documentos, as obras e outros bens de valor histórico, artístico e cultural, os monumentos, as paisagens naturais notáveis e os sítios arqueológicos; IV - impedir a evasão, a destruição e a descaracterização de obras de arte e de outros bens de valor histórico, artístico ou cultural; V - proporcionar os meios de acesso à cultura, à educação e à ciência; VI - proteger o meio ambiente e combater a poluição em

Suspensão de Tutelas Jurisdicionais contra o Poder Público | 163

2. as *autarquias públicas*, as *fundações públicas*, as *agências executivas* e as *agências reguladoras*, podem interpor pedidos de suspensão visando a proteção dos interesses públicos descritos no rol de suas competências legais;[346]

3. as *pessoas jurídicas de direito privado prestadoras de serviços públicos*, podem interpor pedidos de suspensão com o objetivo de resguardar os interesses públicos subjacentes às suas respectivas áreas de atuação;

4. os *órgãos públicos* podem, excepcionalmente, interpor pedidos de suspensão, em defesa dos seus interesses institucionais;

5. o *Ministério Público*[347] pode interpor pedidos de suspensão em defesa dos interesses sob sua tutela, também no

---

qualquer de suas formas; VII - preservar as florestas, a fauna e a flora; VIII - fomentar a produção agropecuária e organizar o abastecimento alimentar; IX - promover programas de construção de moradias e a melhoria das condições habitacionais e de saneamento básico; X - combater as causas da pobreza e os fatores de marginalização, promovendo a integração social dos setores desfavorecidos; XI - registrar, acompanhar e fiscalizar as concessões de direitos de pesquisa e exploração de recursos hídricos e minerais em seus territórios; XII - estabelecer e implantar política de educação para a segurança do trânsito. Parágrafo único. Lei complementar fixará normas para a cooperação entre a União e os Estados, o Distrito Federal e os Municípios, tendo em vista o equilíbrio do desenvolvimento e do bem-estar em âmbito nacional. (...) Art. 25. Os Estados organizam-se e regem-se pelas Constituições e leis que adotarem, observados os princípios desta Constituição. §1º. São reservadas aos Estados as competências que não lhes sejam vedadas por esta Constituição. §2º. Cabe aos Estados explorar diretamente, ou mediante concessão, os serviços locais de gás canalizado, na forma da lei, vedada a edição de medida provisória para a sua regulamentação. (...) Art. 30. Compete aos Municípios: I - legislar sobre assuntos de interesse local; II - suplementar a legislação federal e a estadual no que couber; III - instituir e arrecadar os tributos de sua competência, bem como aplicar suas rendas, sem prejuízo da obrigatoriedade de prestar contas e publicar balancetes nos prazos fixados em lei; (...) V - organizar e prestar, diretamente ou sob regime de concessão ou permissão, os serviços públicos de interesse local, incluído o de transporte coletivo, que tem caráter essencial; VI - manter, com a cooperação técnica e financeira da União e do Estado, programas de educação pré-escolar e de ensino fundamental; VII - prestar, com a cooperação técnica e financeira da União e do Estado, serviços de atendimento à saúde da população; VIII - promover, no que couber, adequado ordenamento territorial, mediante planejamento e controle do uso, do parcelamento e da ocupação do solo urbano; IX - promover a proteção do patrimônio histórico-cultural local, observada a legislação e a ação fiscalizadora federal e estadual. (...)".

[346] Em regra, a própria lei que determina a criação da entidade estabelece o rol de suas competências.

[347] Dispõe a Constituição Federal 1988: "Art. 128. *O Ministério Público abrange: I - O Ministério Público da União, que compreende: a) o Ministério Público Federal; b) o Ministério Público do Trabalho; c) o Ministério Público Militar; d) o Ministério Público do Distrito Federal e Territórios; II - os Ministérios Públicos dos Estados.* (...) §5º. *Leis*

164 | Isabel Cecília de Oliveira Bezerra

âmbito de suas respectivas competências constitucionais e legais.[348]

complementares da União e dos Estados, cuja iniciativa é facultada aos respectivos Procuradores-Gerais, estabelecerão a organização, as atribuições e o estatuto de cada Ministério Público, observadas, relativamente a seus membros: I - as seguintes garantias: a) vitaliciedade, após dois anos de exercício, não podendo perder o cargo senão por sentença judicial transitada em julgado; b) inamovibilidade, salvo por motivo de interesse público, mediante decisão do órgão colegiado competente do Ministério Público, por voto de dois terços de seus membros, assegurada ampla defesa; c) irredutibilidade de subsídio, fixado na forma do art. 39, §4º, e ressalvado o disposto nos artigos 37, X e XI, 150, II, 153, III, 153, §2º, I; II - as seguintes vedações: a) receber, a qualquer título e sob qualquer pretexto, honorários, percentagens ou custas processuais; b) exercer a advocacia; c) participar de sociedade comercial, na forma da lei; d) exercer, ainda que em disponibilidade, qualquer outra função pública, salvo uma de magistério; e) exercer atividade político-partidária, salvo exceções previstas na lei" (Grifos nossos).

[348] A Lei Complementar nº 75/93 dispõe sobre a organização, as atribuições e o estatuto do *Ministério Público da União*: "Art. 5º. São funções institucionais do Ministério Público da União: I - a defesa da ordem jurídica, do regime democrático, dos interesses sociais e dos interesses individuais indisponíveis, considerados, dentre outros, os seguintes fundamentos e princípios: a) a soberania e a representatividade popular; b) os direitos políticos; c) os objetivos fundamentais da República Federativa do Brasil; d) a indissolubilidade da União; e) a independência e a harmonia dos Poderes da União; f) a autonomia dos Estados, do Distrito Federal e dos Municípios; g) as vedações impostas à União, aos Estados, ao Distrito Federal e aos Municípios; h) a legalidade, a impessoalidade, a moralidade e a publicidade, relativas à administração pública direta, indireta ou fundacional, de qualquer dos Poderes da União. II - zelar pela observância dos princípios constitucionais relativos: a) ao sistema tributário, às limitações do poder de tributar, à repartição do poder impositivo e das receitas tributárias e aos direitos do contribuinte; b) às finanças públicas; c) à atividade econômica, à política urbana, agrícola, fundiária e de reforma agrária e ao sistema financeiro nacional; d) à seguridade social, à educação, à cultura e ao desporto, à ciência e à tecnologia, à comunicação social e ao meio ambiente; e) à segurança pública. III - a defesa dos seguintes bens e interesses: a) o patrimônio nacional; b) o patrimônio público e social; c) o patrimônio cultural brasileiro; d) o meio ambiente; e) os direitos e interesses coletivos, especialmente das comunidades indígenas, da família, da criança, do adolescente e do idoso. IV - zelar pelo efetivo respeito dos Poderes Públicos da União, dos serviços de relevância pública e dos meios de comunicação social aos princípios, garantias, condições, direitos, deveres e vedações previstos na Constituição Federal e na lei, relativos à comunicação social; V - zelar pelo efetivo respeito dos Poderes Públicos da União e dos serviços de relevância pública quanto: a) aos direitos assegurados na Constituição Federal relativos às ações e aos serviços de saúde e à educação; b) aos princípios da legalidade, da impessoalidade, da moralidade e da publicidade. VI - exercer outras funções previstas na Constituição Federal e na lei. §1º. Os órgãos do Ministério Público da União devem zelar pela observância dos princípios e competências da Instituição, bem como pelo livre exercício de suas funções. §2º. Somente a lei poderá especificar as funções atribuídas pela Constituição Federal e por esta Lei Complementar ao Ministério Público da União, observados os princípios e normas nelas estabelecidos. Art. 6º. Compete ao Ministério Público da União: I - promover a ação direta de inconstitucionalidade e o respectivo pedido de medida cautelar; II - promover a ação direta de inconstitucionalidade por omissão; III - promover a argüição de descumprimento de preceito fundamental decorrente da Constituição Federal; IV - promover a representação para intervenção federal nos Estados e no Distrito Federal; V - promover, privativamente, a ação penal pública, na forma da lei; VI - impetrar 'habeas corpus' e mandado de segurança; VII - promover o inquérito civil e a ação civil pública para: a) a proteção dos direitos constitucionais; b) a proteção do patrimônio público e social, do meio ambiente, dos bens e direitos de valor artístico, estético, histórico, turístico e paisagístico; c) a proteção dos

Suspensão de Tutelas Jurisdicionais contra o Poder Público | 165

Mas o interesse processual não se exaure no fato de inserir-se o interesse público malferido pelos efeitos de uma determinada tutela jurisdicional, no âmbito de competências constitucionais ou

interesses individuais indisponíveis, difusos e coletivos, relativos às comunidades indígenas, à família, à criança, ao adolescente, ao idoso, às minorias étnicas e ao consumidor; d) outros interesses individuais indisponíveis, homogêneos, sociais, difusos e coletivos. VIII - promover outras ações, nelas incluído o mandado de injunção sempre que a falta de norma regulamentadora torne inviável o exercício dos direitos e liberdades constitucionais e das prerrogativas inerentes à nacionalidade, à soberania e à cidadania, quando difusos os interesses a serem protegidos; IX - promover ação visando ao cancelamento de naturalização, em virtude de atividade nociva ao interesse nacional; X - promover a responsabilidade dos executores ou agentes do estado de defesa ou do estado de sítio, pelos ilícitos cometidos no período de sua duração; XI - defender judicialmente os direitos e interesses das populações indígenas, incluídos os relativos às terras por elas tradicionalmente habitadas, propondo as ações cabíveis; XII - propor ação civil coletiva para defesa de interesses individuais homogêneos; XIII - propor ações de responsabilidade do fornecedor de produtos e serviços; XIV - promover outras ações necessárias ao exercício de suas funções institucionais, em defesa da ordem jurídica, do regime democrático e dos interesses sociais e individuais indisponíveis, especialmente quanto: a) ao Estado de Direito e às instituições democráticas; b) à ordem econômica e financeira; c) à ordem social; d) ao patrimônio cultural brasileiro; e) à manifestação de pensamento, de criação, de expressão ou de informação; f) à probidade administrativa; g) ao meio ambiente. XV - manifestar-se em qualquer fase dos processos, acolhendo solicitação do juiz ou por sua iniciativa, quando entender existente interesse em causa que justifique a intervenção; XVI - (Vetado); XVII - propor as ações cabíveis para: a) perda ou suspensão de direitos políticos, nos casos previstos na Constituição Federal; b) declaração de nulidade de atos ou contratos geradores do endividamento externo da União, de suas autarquias, fundações e demais entidades controladas pelo Poder Público Federal, ou com repercussão direta ou indireta em suas finanças; c) dissolução compulsória de associações, inclusive de partidos políticos, nos casos previstos na Constituição Federal; d) cancelamento de concessão ou de permissão, nos casos previstos na Constituição Federal; e) declaração de nulidade de cláusula contratual que contrarie direito do consumidor. XVIII - representar: a) ao órgão judicial competente para quebra de sigilo da correspondência e das comunicações telegráficas, de dados e das comunicações telefônicas, para fins de investigação criminal ou instrução processual penal, bem como manifestar-se sobre representação a ele dirigida para os mesmos fins; b) ao Congresso Nacional, visando ao exercício das competências deste ou de qualquer de suas Casas ou comissões; c) ao Tribunal de Contas da União, visando ao exercício das competências deste; d) ao órgão judicial competente, visando à aplicação de penalidade por infrações cometidas contra as normas de proteção à infância e à juventude, sem prejuízo da promoção da responsabilidade civil e penal do infrator, quando cabível. XIX - promover a responsabilidade: a) da autoridade competente, pelo não exercício das incumbências, constitucional e legalmente impostas ao Poder Público da União, em defesa do meio ambiente, de sua preservação e de sua recuperação; b) de pessoas físicas ou jurídicas, em razão da prática de atividade lesiva ao meio ambiente, tendo em vista a aplicação de sanções penais e a reparação dos danos causados. XX - expedir recomendações, visando à melhoria dos serviços públicos e de relevância pública, bem como ao respeito, aos interesses, direitos e bens cuja defesa lhe cabe promover, fixando prazo razoável para a adoção das providências cabíveis §1º. Será assegurada a participação do Ministério Público da União, como instituição observadora, na forma e nas condições estabelecidas em ato do Procurador-Geral da República, em qualquer órgão da administração pública direta, indireta ou fundacional da União, que tenha atribuições correlatas às funções da Instituição. §2º. A lei assegurará a participação do Ministério Público da União nos órgãos colegiados estatais, federais ou do Distrito Federal, constituídos para defesa de direitos e interesses relacionados com as funções da Instituição".

legais da pessoa jurídica de direito público ou a ela equiparada postulante. Para detê-lo, este deve ainda demonstrar a *necessidade da busca dos meios jurisdicionais e a utilidade prática desta mesma busca*. Ou, nas palavras de Vicente Greco Filho, deve demonstrar "a necessidade de se recorrer ao Judiciário para a obtenção do resultado pretendido".[349]

E a necessidade/utilidade da tutela jurisdicional suspensiva somente se verifica enquanto:

a) *permanente a possibilidade de danos aos interesses públicos primários*; o interesse processual da parte postulante deixa de existir quando os efeitos normais da execução provisória de determinadas tutelas jurisdicionais não mais sejam susceptíveis de macular gravemente a ordem, a saúde, a segurança ou a economia públicas;

b) *produtora de efeitos* a tutela jurisdicional impugnada; a *cessação dos efeitos*, por quaisquer motivos (consumação de todos os efeitos,[350] revogação, reforma, suspensão recursal),[351] torna inexistente o objeto do pedido de suspensão;

c) *persistente a possibilidade de execução provisória*; a superveniência, por quaisquer motivos (trânsito em julgado),[352] da possibilidade de execução definitiva também

---

[349] GRECO FILHO. *Direito processual civil brasileiro*, v. 1, p. 72.

[350] "Suspensão de segurança. Agravo regimental. Assente e o entendimento do STF no sentido de que, para cassar os efeitos de liminar, não cabe agravo regimental ao Plenário ou ao Órgão Especial da mesma Corte em que o relator de mandado de segurança haja deferido medida cautelar. Também não e competente, a tanto, o Presidente do mesmo Tribunal. Diante da norma do art. 25, da Lei n. 8.038/1990, a competência para suspender a liminar concedida pelo relator do mandado de segurança, em Tribunal de Justiça, e do Presidente do Supremo Tribunal Federal, se o pedido tiver fundamentação constitucional, ou do Presidente do Superior Tribunal de Justiça, se a fundamentação do pedido for de nível infraconstitucional. *No caso concreto, porque já efetuado o pagamento que se determinou na liminar, prejudicado fica o pedido de suspensão dos efeitos da liminar e, por via de conseqüência, o agravo regimental*" (STF - SS nº 304 - AgR/RS - Rel. Min. Néri da Silveira - Tribunal Pleno – *DJ*, 19.12.1991, p. 18.709).

[351] "Tutela antecipada – Apelação – Efeitos. *Recebida a apelação no duplo efeito — devolutivo e suspensivo —, prejudicado fica o pedido de suspensão*" (STF - Pet nº 1957 - AgR/RJ - Rel. Min. Marco Aurélio - Tribunal Pleno – *DJ*, 13.09.2002, p. 00063).

[352] "Suspensão de segurança: *inadmissibilidade quando transitada em julgado a decisão concessiva do mandado de segurança*, ainda que para discutir se fato superveniente lhe teria prejudicado a exeqüibilidade" (STF - SS nº 817 AgR/PA - Rel. Min. Sepúlveda Pertence - Tribunal Pleno – *DJ*, 20.10.1995, p. 35.261).

torna inexistente o objeto do pedido de suspensão,[353] posto que, nesta hipótese, restabelece-se automaticamente a possibilidade de que sejam produzidos os atos processuais necessários à satisfação efetiva do direito.

7.1.3 Possibilidade jurídica do pedido

Segundo Nelson Nery Júnior e Rosa Maria de Andrade Nery, o pedido se faz juridicamente possível quando não proibido expressamente pelo ordenamento jurídico.[354] Já para Arruda Alvim, o pedido será juridicamente possível quando a providência jurisdicional objetivada pelo autor pela ação encontre previsão no ordenamento jurídico, previsão esta diretamente calcada em texto normativo, ou não,[355] posto que "por possibilidade jurídica do pedido, enquanto condição da ação, entende-se que ninguém pode intentar uma ação sem que peça providência que esteja, em tese, prevista, ou que a ela óbice não haja, no ordenamento jurídico material".[356]

Para que o pedido de suspensão seja considerado juridicamente possível, contudo, não se faz possível amparar-se na doutrina dos processualistas citados, que entendem tal condição preenchida simplesmente quando a pretensão autoral não encontra proibição expressa do ordenamento jurídico, ou quando encontre previsão expressa ou não expressa em texto normativo.

Com efeito, considerando que as normas que prevêem a suspensão dos efeitos da execução de tutelas jurisdicionais possuem caráter excepcional, posto que afastam a produção dos efeitos normais decorrentes destas mesmas tutelas jurisdicionais, a possibilidade jurídica do pedido de suspensão não pode decorrer, da

---

[353] Deste modo, o pedido de suspensão somente pode ser interposto quando ainda não verificado o trânsito em julgado da decisão meritória. Neste sentido, se manifestou o Supremo Tribunal Federal, ao analisar o Agravo Regimental na Suspensão de Segurança nº 817/PA (*DJ*, 20.10.1995, p. 35.261), sob a relatoria do Ministro Sepúlveda Pertence: "Suspensão de Segurança: *inadmissibilidade quando transitada em julgado a decisão concessiva do mandado de segurança*, ainda que para discutir se fato superveniente lhe teria prejudicado a exeqüibilidade".

[354] NERY JÚNIOR; NERY. *Código de processo civil comentado e legislação extravagante*, p. 630.

[355] ALVIM. *Manual de direito processual civil*, v. 1, p. 369.

[356] ALVIM. *Manual de direito processual civil*, v. 1, p. 370.

simples ausência de proibição expressa do ordenamento jurídico, ou ainda, de previsão não expressa em texto normativo: *o pedido de suspensão somente se faz juridicamente possível se a pretensão autoral escorar-se em norma jurídica que expressamente preveja a sua hipótese de cabimento.*

Nestes termos, para ajuizar pedido de suspensão juridicamente possível, o seu demandante deve amparar o mesmo pedido em qualquer das hipóteses de cabimento previstas pelas leis n° 12.016/2009, n° 7.347/85, n° 8.038/90, n° 8.437/92, n° 9.494/97 e n° 9.507/97, estudadas acima.[357]

7.2 Pressupostos processuais

Por pressupostos processuais deve-se entender o conjunto de requisitos necessários para o desenvolvimento válido, regular

---

[357] 1. Em face de decisões concessivas de *liminares* e/ou de *sentenças* acolhedoras do pedido autoral, exaradas em mandados de segurança; em face de *decisões monocráticas* dos Presidentes dos Tribunais que indeferirem os pedidos de suspensão interpostos com esteio no art. 15 da Lei n° 12.016/2009; em face de *acórdãos* que concederem provimento aos agravos regimentais interpostos contra as decisões monocráticas dos Presidentes dos Tribunais concessivas de pedidos de suspensão; e em face de *acórdãos* que negarem provimento aos agravos de instrumento interpostos contra as decisões concessivas das tutelas liminares em mandados de segurança;

2. Em face de tutelas jurisdicionais *liminares* (tutelas jurisdicionais cautelares ou antecipatórias, liminares ou não liminares) e/ou *acórdãos* ou *decisões monocráticas* concessivas de *mandados de segurança*, exaradas, em única ou última instância, pelos Tribunais Regionais Federais, Tribunais dos Estados e do Distrito Federal, Tribunais Regionais Eleitorais, Tribunais Militares e Tribunais Regionais do Trabalho, Tribunal Superior Eleitoral, Superior Tribunal Militar e Tribunal Superior do Trabalho;

3. Em face de decisões judiciais concessivas de *liminares* exaradas em *ações civis públicas*, nos moldes do seu §1° do art. 12;

4. Em face de tutelas jurisdicionais concessivas de *liminares* ou de *sentenças* exaradas em *ações cautelares inominadas, ações populares*, e *ações civis públicas*; em face de *acórdãos* ou *decisões monocráticas* que concederem provimento aos agravos regimentais interpostos contra as decisões monocráticas dos Presidentes dos Tribunais concessivas de pedidos de suspensão; em face de *acórdãos* ou *decisões monocráticas* que negarem provimento aos agravos de instrumento interpostos contra as decisões concessivas das tutelas liminares exaradas nas ações judiciais em referência;

5. Em face de *tutelas jurisdicionais antecipadas* exaradas liminarmente, em ocasião anterior à manifestação da parte contrária; em ocasião posterior à manifestação da parte contrária; ou ainda, em conjunto com a decisão definitiva; em face de *acórdãos* ou *decisões monocráticas* que concederem provimento aos agravos regimentais interpostos contra as decisões monocráticas dos Presidentes dos Tribunais concessivas de pedidos de suspensão; e em face de *acórdãos* ou *decisões monocráticas* que negarem provimento aos agravos de instrumento interpostos contra as decisões concessivas das tutelas liminares exaradas nas ações judiciais em referência;

6. Em face de *sentenças* exaradas em *habeas data*.

e eficaz do processo, os quais, quando ausentes, implicam na necessidade de sanação da irregularidade correspondente, ou na própria extinção do processo, segundo as normas processuais regentes de cada um.

7.2.1 Pressupostos processuais positivos e negativos

7.2.1.1 Órgão jurisdicional competente

Tem-se ressaltado que o Estado moderno, ao estabelecer o monopólio do exercício do poder jurisdicional, estabeleceu diversas normas jurídicas regentes da atuação dos indivíduos e do próprio Estado para a solução dos conflitos (direito processual). E dentre tais normas de direito processual se destacam aquelas responsáveis pela própria delimitação do poder jurisdicional, instituidoras das competências jurisdicionais de cada órgão estatal.

A delimitação do poder jurisdicional se realiza mediante o estabelecimento das competências de cada órgão jurisdicional, as quais podem ser entendidas, segundo a doutrina de Enrico Tullio Liebman, como "la quantità di giurisdizione assegnata in esercizio a ciascun organo", ou ainda parcelas do poder jurisdicional distribuídas entre os numerosos órgãos jurisdicionais, em cujo âmbito, e somente neste, poderão exercer suas respectivas funções jurisdicionais.[358]

A competência dos órgãos jurisdicionais para o julgamento dos pedidos de suspensão, nas suas modalidades antes analisadas, se estabelece principalmente pelas diversas normas editadas visando sua regulamentação, as quais, unanimemente, conferem tal prerrogativa ao Presidente do Tribunal competente para o julgamento do recurso cabível contra a tutela jurisdicional cujos efeitos se busca obstar. Dispõe a Lei n⁰ 12.016/2009, competir o julgamento da postulação suspensiva ao "presidente do tribunal, ao qual couber o conhecimento do respectivo recurso", mantendo os termos da revogada Lei n⁰ 4.348/64; a Lei n⁰ 1.533/51, norma

---

[358] LIEBMAN. *Manuale di diritto processuale civile*, p. 106-107.

também revogada pela Lei nº 12.016/2009, previa a competência do "Presidente do Tribunal, ao qual competir o conhecimento do recurso"; a Lei nº 7.347/85, ao "Presidente do Tribunal a que competir o conhecimento do respectivo recurso"; a Lei nº 8.038/90, ao "Presidente do Superior Tribunal de Justiça, salvo quando a causa tiver por fundamento matéria constitucional"; as leis nº 8.437/92 e nº 9.494/97, ao "presidente do tribunal, ao qual couber o conhecimento do respectivo recurso"; e finalmente a Lei nº 9.507/97, ao "Presidente do Tribunal ao qual competir o conhecimento do recurso". No mesmo sentido ainda dispõem os Regimentos Internos do Supremo Tribunal Federal e do Superior Tribunal de Justiça, ao estabelecer a competência dos seus respectivos *Presidentes* para o julgamento dos pedidos de suspensão.[359]

A análise histórica do instituto jurídico-processual em estudo demonstra que o julgamento da postulação suspensiva sempre esteve confiado à Presidência dos Tribunais: A Lei nº 191/36, a conferia ao "Presidente da Côrte Suprema", quando se tratasse de decisão da Justiça Federal, ou da "Côrte de Apelação", quando se tratasse de decisão da justiça local; o Código de Processo Civil de 1939, ao "presidente do Supremo Tribunal Federal ou do Tribunal de Apelação"; e a Lei nº 6.014/73, ao "Presidente do Tribunal, ao qual competir o conhecimento do recurso". O órgão jurisdicional competente para a apreciação do pedido de suspensão, deste modo, sempre foi o Presidente do Tribunal dotado de jurisdição imediatamente superior à do órgão jurisdicional prolator da decisão que constituía o seu objeto. Em outros termos, segundo Othon Sidou, somente "a *autoridade do tribunal a que, hierarquicamente, se subordina o feito na bi-instancialidade*, é competente, e mais nenhuma outra, para ordenar a execução do ato administrativo sobre que se questiona".[360]

---

[359] Considerando que os Regimentos Internos, nos moldes do art. 96, inc. I, "a", da Constituição Federal, podem dispor sobre a competência e o funcionamento dos respectivos órgãos jurisdicionais e administrativos, os mesmos são importantes instrumentos normativos para o estabelecimento da competência dos órgãos jurisdicionais para a apreciação do pedido de suspensão.

[360] SIDOU. *Do mandado de segurança*, p. 452.

Suspensão de Tutelas Jurisdicionais contra o Poder Público | 171

Ao apreciarem os pedidos de suspensão, os Presidentes dos Tribunais exercem *funções jurisdicionais*, muito embora a seu cargo, consoante observamos das normas regimentais,[361] se

---

[361] Dispõe o Regimento Interno do Supremo Tribunal Federal: "(...) Art. 3º. São órgãos do Tribunal o Plenário, as Turmas e o Presidente. (...) Art. 13. São atribuições do Presidente: I - velar pelas prerrogativas do Tribunal; II - representá-lo perante os demais poderes e autoridades; III - dirigir-lhe os trabalhos e presidir-lhe as sessões plenárias, cumprindo e fazendo cumprir este Regimento; IV - presidir as audiências de distribuição; V - despachar: a) antes da distribuição, o pedido de assistência judiciária; b) a reclamação por erro de ata referente a sessão que lhe caiba presidir; VI - executar e fazer executar as ordens e decisões do Tribunal, ressalvadas as atribuições dos Presidentes das Turmas e dos Relatores; VII - decidir questões de ordem, ou submetê-las ao Tribunal, quando entender necessário; VIII - decidir, nos períodos de recesso ou de férias, pedido de medida cautelar; IX - conceder exequatur a cartas rogatórias e, no caso do art. 222, homologar sentenças estrangeiras; X - dar posse aos Ministros e conceder-lhes transferência de Turma; XI - conceder licença aos Ministros, de até três meses, e aos servidores do Tribunal; XII - dar posse ao Diretor-Geral, ao Secretário-Geral da Presidência e aos Diretores de Departamento; XIII - superintender a ordem e a disciplina do Tribunal, bem como aplicar penalidades aos seus servidores; XIV - apresentar ao Tribunal relatório circunstanciado dos trabalhos do ano; XV - relatar a argüição de suspeição oposta a Ministro; XVI - praticar os demais atos previstos na lei e no Regimento. Parágrafo único. O Presidente poderá delegar a outro Ministro o exercício da faculdade prevista no inc. VIII. (...)". Dispõe, a seu turno, o Regimento Interno do Superior Tribunal de Justiça: "(...) Art. 21. São atribuições do Presidente: I - representar o Tribunal perante os Poderes da República, dos Estados e dos Municípios, e demais autoridades; II - velar pelas prerrogativas do Tribunal, cumprindo e fazendo cumprir o seu Regimento Interno; III - dirigir os trabalhos do Tribunal, presidindo as sessões plenárias e da Corte Especial; IV - convocar as sessões extraordinárias do Plenário e da Corte Especial; V - designar dia para julgamento dos processos da competência do Plenário e da Corte Especial; VI - proferir, no Plenário e na Corte Especial, o voto de desempate; VII - relatar o agravo interposto de seu despacho; VIII - manter a ordem nas sessões, adotando, para isso, as providências necessárias; IX - submeter questões de ordem ao Tribunal; X - executar e fazer executar as ordens e decisões do Tribunal, ressalvadas as atribuições dos presidentes das Seções, das Turmas e dos relatores; XI - assinar, com o relator, os acórdãos da Corte Especial, bem assim as cartas de sentença e as rogatórias; XII - presidir e supervisionar a distribuição dos feitos aos Ministros do Tribunal e assinar a ata respectiva, ainda quando realizada pelo sistema eletrônico deprocessamento de dados; XIII - decidir: a) as petições de recursos para o Supremo Tribunal Federal, resolvendo os incidentes que os suscitarem; b) os pedidos de suspensão da execução de medida liminar ou de sentença em mandado de segurança; c) durante o recesso do Tribunal ou nas férias coletivas dos seus membros, os pedidos de liminar em mandado de segurança, podendo, ainda, determinar liberdade provisória ou sustação de ordem de prisão, e demais medidas que reclamem urgência; d) sobre pedidos de livramento condicional, bem assim sobre os incidentes em processos de indulto, anistia e graça; e) sobre deserção de recursos não preparados no Tribunal; f) sobre a expedição de ordens de pagamento devido pela Fazenda Pública, despachando os precatórios; g) sobre o seqüestro, no caso do art. 731 do CPC; h) os pedidos de extração de carta de sentença; i) antes da distribuição, os pedidos de assistência judiciária; j) as reclamações, por erro da ata do Plenário e da Corte Especial, e na publicação de acórdãos; XIV - proferir os despachos do expediente; XV - dar posse aos Ministros durante o recesso do Tribunal ou nas férias, e conceder-lhes transferências de Seção ou Turma; XVI - conceder licença aos Ministros ad referendum da Corte Especial; XVII - criar comissões temporárias e designar os seus membros e ainda os das comissões permanentes, com aprovação da Corte Especial; XVIII - determinar, em cumprimento de deliberação do Tribunal, o início do processo de verificação da invalidez de Ministro; XIX - nomear curador ao paciente, na hipótese do item anterior, se se tratar de incapacidade mental, bem assim praticar os demais atos preparatórios do procedimento; XX - baixar as

encontrem, em sua maioria, *funções administrativas.* Mas não se faz incompatível com a vigente ordem jurídico-constitucional o exercício de *funções jurisdicionais pelos Presidentes dos Tribunais,* posto que as leis processuais e regimentais, consoante autorizam a Constituição Federal,[362] o Código de Processo Civil[363] e a Lei Orgânica da Magistratura Nacional[364] podem lhes conferir

---

resoluções e instruções normativas referentes à deliberação do Plenário, da Corte Especial ou do Conselho de Administração, bem como as que digam respeito à rotina dos trabalhos de distribuição; XXI - baixar os atos indispensáveis à disciplina dos serviços e à polícia do Tribunal; XXII - adotar as providências necessárias à elaboração da proposta orçamentária do Tribunal e encaminhar pedidos de abertura de créditos adicionais e especiais; XXIII - resolver as dúvidas suscitadas na classificação dos feitos e papéis registrados na Secretaria do Tribunal, baixando as instruções necessárias; XXIV - rubricar os livros necessários ao expediente ou designar funcionário para fazê-lo; XXV - assinar os atos de provimento e vacância dos cargos e empregos da Secretaria do Tribunal, dando posse aos servidores; XXVI - assinar os atos relativos à vida funcional dos servidores; XXVII - impor penas disciplinares aos servidores da Secretaria; XXVIII - delegar, nos termos da lei, competência ao Diretor-Geral da Secretaria do Tribunal, para a prática de atos administrativos; XXIX - velar pela regularidade e exatidão das publicações dos dados estatísticos sobre os trabalhos do Tribunal a cada mês; XXX - apresentar ao Tribunal, no mês de fevereiro, relatório circunstanciado dos trabalhos efetuados no ano decorrido, bem como mapas dos julgados; XXXI - praticar todos os demais atos de gestão necessários ao funcionamento dos serviços administrativos.

[362] Dispõe a Constituição Federal de 1988: "Art. 22. Compete privativamente à União legislar sobre: I - *direito* (...) *processual* (...); (...) Art. 96. Compete privativamente: I - aos tribunais: a) eleger seus órgãos diretivos e *elaborar seus regimentos internos, com observância das normas de processo* e das garantias processuais das partes, *dispondo sobre a competência* e o funcionamento *dos respectivos órgãos jurisdicionais* e administrativos (...)" (Grifos nossos).

[363] Dispõe o Código de Processo Civil: "(...) Art. 93. *Regem a competência dos tribunais as normas da Constituição da República e de organização judiciária.* A competência funcional dos juízes de primeiro grau é disciplinada neste Código. (...) Art. 111. *A competência em razão da matéria e da hierarquia é inderrogável por convenção das partes;* mas estas podem modificar a competência em razão do valor e do território, elegendo foro onde serão propostas as ações oriundas de direitos e obrigações. (...) Art. 123. No conflito entre turmas, seções, câmaras, Conselho Superior da Magistratura, *juízes de segundo grau e desembargadores,* observar-se-á *o que dispuser a respeito o regimento interno do tribunal*" (Grifos nossos).

[364] A Lei Orgânica da Magistratura Nacional, Lei Complementar nº 35, de 14.3.1979 (*DOU,* 14.03.1979), dispõe: "(...) Art. 15. *Os órgãos do Poder Judiciário da União* (art. 1º, I a VI) *têm a organização e a competência definidas na Constituição, na lei e, quanto aos tribunais, ainda, no respectivo Regimento Interno.* Art. 16. *Os Tribunais de Justiça dos Estados, com sede nas respectivas Capitais e jurisdição no território estadual, e os Tribunais de Alçada,* onde forem criados, *têm a composição, a organização e a competência estabelecidas na Constituição, nesta lei, na legislação estadual e nos seus Regimentos Internos.* (...) Art. 18. São *órgãos da Justiça Militar estadual* os Tribunais de Justiça e os Conselhos de Justiça, cujas composição, organização e *competência são definidas na Constituição e na lei.* (...) Art. 19. *O Tribunal de Justiça do Distrito Federal e dos Territórios,* com sede na Capital da União, tem a composição, a organização e a *competência estabelecidas em lei.* (...) Art. 21. *Compete aos tribunais,* privativamente: (...) III - elaborar seus regimentos internos e *neles estabelecer, observada esta lei, a competência de suas câmaras ou turmas isoladas, grupos, seções ou outros órgãos com funções jurisdicionais ou administrativas*" (Grifos nossos).

parcelas de jurisdição.[365] Tais parcelas de jurisdição, conferidas aos Presidentes dos Tribunais, também se verifica no ordenamento jurídico italiano,[366] consoante doutrina Piero Calamandrei.

Não se pode negar, ademais, que a atividade desenvolvida pelos Presidentes dos Tribunais, de processar, analisar e julgar os pedidos de suspensão ajuizados pelas pessoas jurídicas de direito público ou a estas equiparadas, constitui indubitavelmente o exercício de *função jurisdicional,* posto que esta nada mais representa, consoante leciona Giuseppe Chiovenda, do que "a função do Estado que tem por escopo *a atuação da vontade concreta da lei por meio da substituição,* pela atividade dos órgãos públicos, já no afirmar a existência da vontade da lei, já no torná-la, praticamente, efetiva".[367]

Vale ainda sublinhar que os Presidentes dos Tribunais, ao exercerem as funções jurisdicionais atinentes à apreciação dos pedidos de suspensão, não as fazem por delegação do seu colegiado, mas por *outorga normativa* formalizada pelas próprias leis processuais regentes do instituto, as quais, por questões de política judiciária, decidiram submeter o seu julgamento à imediata resolução do juízo monocrático presidencial, estabelecendo a posterior possibilidade de que suas razões fossem analisadas pelo colegiado, através do recurso de agravo regimental contra esta cabível.

Ademais, referidas competências, por constituírem *competências jurisdicionais funcionais,*[368] são *inderrogáveis por convenção das partes,*[369] e, se inobservadas, *causadoras de nulidade processual absoluta,* por expressa disposição legal, podendo ser

---

[365] Tal ocorre, por exemplo, quando os Presidentes dos Tribunais analisam e julgam a admissibilidade dos recursos especial e extraordinário.

[366] CALAMANDREI. *Instituições de direito processual civil:* segundo o novo código, v. 2, p. 28.

[367] CHIOVENDA. *Instituições de direito processual civil,* v. 2, p. 8.

[368] Segundo Giuseppe Chiovenda, "(...) o critério funcional extrai-se da natureza especial e das exigências especiais das funções que se chama o magistrado a exercer num processo." (*Instituições de direito processual civil,* v. 2, p. 184).

[369] "Art. 111. A competência em razão da matéria e da hierarquia é inderrogável por convenção das partes; mas estas podem modificar a competência em razão do valor e do território, elegendo foro onde serão propostas as ações oriundas de direitos e obrigações."

declaradas de ofício, em qualquer tempo e grau de jurisdição.[370] A *delegação*, outrossim, formalizada pelos Presidentes dos Tribunais aos respectivos *Vice-Presidentes*,[371] se faz possível, quando autorizada pelas normas regimentais, posto que, em tais hipóteses, o órgão jurisdicional não se altera.[372]

7.2.1.1.1 Competências jurisdicionais em espécie

Veja-se agora, analisando-se sistematicamente, a legislação que compete:

1. aos *Presidentes dos Tribunais Regionais Eleitorais*, aos *Presidentes dos Tribunais Militares*, aos *Presidentes dos Tribunais Regionais do Trabalho*, aos *Presidentes dos Tribunais Regionais Federais* e aos *Presidentes dos Tribunais de Justiça e Tribunais de Alçada*, o processamento e o julgamento dos pedidos de suspensão interpostos contra tutelas jurisdicionais deferidas, respectivamente, pelos *Juízes Eleitorais, Juízes Militares, Juízes do Trabalho, Juízes Federais* e *Juízes de Direito* sob suas respectivas jurisdições territoriais;

2. ao *Presidente do Superior Tribunal de Justiça*, o processamento e o julgamento dos pedidos de suspensão interpostos contra tutelas jurisdicionais (acórdãos ou decisões monocráticas) deferidas pelos *Tribunais de Justiça, Tribunais de Alçada* e *Tribunais Regionais Federais*, quando a causa tiver por fundamento matéria infraconstitucional;

---

[370] "Art. 113. A incompetência absoluta deve ser declarada de ofício e pode ser alegada, em qualquer tempo e grau de jurisdição, independentemente de exceção. §1º. Não sendo, porém, deduzida no prazo da contestação, ou na primeira oportunidade em que lhe couber falar nos autos, a parte responderá integralmente pelas custas. §2º. Declarada a incompetência absoluta, somente os atos decisórios serão nulos, remetendo-se os autos ao juiz competente."

[371] Que poderá verificar-se, por exemplo, na hipótese de suspeição ou impedimento.

[372] "(...) Compete ao Tribunal de Justiça, mediante exercício do poder de regulação normativa interna que lhe foi outorgado pela Carta Política, a prerrogativa de dispor, em sede regimental, sobre as atribuições e o funcionamento dos respectivos órgãos jurisdicionais (CF, art. 96, I, a) (...). *A expressão 'Presidente do Tribunal' reveste-se de sentido amplo, abrangendo todos os magistrados que, na condição de Presidente ou de Vice-Presidente, compõem a estrutura orgânica incumbida da administração superior de qualquer Tribunal.* Precedentes: RTJ nº 104/187 - RTJ nº 112/260" (STF - AG. em AGIN nº 177.313-9/MG - 1ª T - Rel. Min. Celso de Mello – *DJU*, 17.05.1996).

Suspensão de Tutelas Jurisdicionais contra o Poder Público | 175

3. ao *Presidente do Tribunal Superior Eleitoral*, o processamento e o julgamento dos pedidos de suspensão interpostos contra tutelas jurisdicionais (acórdãos ou decisões monocráticas) deferidas pelos *Tribunais Regionais Eleitorais*, quando a causa tiver por fundamento matéria infraconstitucional;

4. ao *Presidente do Superior Tribunal Militar*, o processamento e o julgamento dos pedidos de suspensão interpostos contra tutelas jurisdicionais (acórdãos ou decisões monocráticas) deferidas pelos *Tribunais Militares*, quando a causa tiver por fundamento matéria infraconstitucional;

5. ao *Presidente do Tribunal Superior do Trabalho*, o processamento e o julgamento dos pedidos de suspensão interpostos contra tutelas jurisdicionais (acórdãos ou decisões monocráticas) deferidas pelos *Tribunais Regionais do Trabalho*, quando a causa tiver por fundamento matéria infraconstitucional;

6. ao *Presidente do Supremo Tribunal Federal*, o processamento e o julgamento dos pedidos de suspensão interpostos contra tutelas jurisdicionais (acórdãos ou decisões monocráticas) deferidas pelos *Tribunais de Justiça, Tribunais de Alçada, Tribunais Regionais Federais, Tribunais Regionais Eleitorais, Tribunais Militares* e *Tribunais Regionais do Trabalho*, quando a causa tiver por fundamento matéria constitucional ou matéria infraconstitucional e constitucional,[373] bem como o processamento e o julgamento dos pedidos de suspensão interpostos contra tutelas jurisdicionais (acórdãos ou decisões monocráticas) deferidas pelo *Superior Tribunal de Justiça, Tribunal Superior Eleitoral, Superior Tribunal Militar* e *Tribunal*

---

[373] Leonardo José Carneiro da Cunha, amparando-se na jurisprudência do Superior Tribunal de Justiça (AGP nº 1.310/AL; Min. Paulo Costa Leite; *DJ*, 05.02.2001, p. 67) doutrina que "(...) havendo matéria constitucional, a competência para o pedido de suspensão é do Presidente do STF, tal como se infere do teor do art. 25 da Lei nº 8.038/1990, ainda que venha cumulada ou imbricada com uma outra matéria de índole infraconstitucional. A matéria constitucional absorve a matéria infraconstitucional, atribuindo-se a competência para o pedido de suspensão ao Presidente do STF. Essa, aliás, tem sido a orientação ministrada pela jurisprudência do Superior Tribunal de Justiça, que não admite pedido de suspensão, quando há matéria constitucional envolvida (...)" (CUNHA. *A fazenda pública em juízo*, p. 236).

Superior do Trabalho, qualquer que seja o fundamento da matéria.[374]

7.2.1.1.2 Outros aspectos relevantes sobre a competência do órgão jurisdicional

Sobre a competência do órgão jurisdicional responsável pela análise do pedido de suspensão, deve-se ainda analisar alguns aspectos relevantes:

1. As tutelas jurisdicionais deferidas por *Juízes de Direito no exercício de competências da Justiça Federal*, nos moldes do art. 109, parágrafos 3° e 4°, da Constituição Federal de 1988,[375] devem ser objeto de suspensão perante o respectivo *Tribunal Regional Federal*, entendimento este, aliás, confirmado pelo Superior Tribunal de Justiça, ao julgar o Conflito de Competência n° 3.465/MA (*DJ*, 1°.02.1993, p. 423), sob a relatoria do Ministro Demócrito Reinaldo;[376]

---

[374] "Suspensão de segurança – Descabimento. *Liminar em mandado de segurança de competência originária de Tribunal Superior, que não envolve questão constitucional*. A suspensão de segurança, obstando a eficácia imediata da liminar ou da sentença concessiva, visa a impedir que a execução provisória gere lesões a ordem, a saúde, a segurança ou a economia pública, que o eventual provimento do recurso da Entidade Estatal já não poderia reparar. Daí resulta que o recurso a ter em conta na determinação da competência para a suspensão de segurança é aquele de que possa decorrer a reforma da decisão que a conceda, não a daquele que a tenha deferido. Portanto, *carece o Presidente do STF do poder de suspender a execução de liminar, quando deferida por juiz de Tribunal Superior, em mandado de segurança cuja impetração não suscita questão constitucional*, de tal modo que, até segunda ordem, se há de presumir que de sua concessão não caberá recurso extraordinário" (STF - RCL n° 543/RJ - Tribunal Pleno - Rel. Min. Sepúlveda Pertence – *DJU*, 29.09.1995).

[375] "Art. 109. Aos juízes federais compete processar e julgar: (...) $\S3^{\circ}$. Serão processadas e julgadas na justiça estadual, no foro do domicílio dos segurados ou beneficiários, as causas em que forem parte instituição de previdência social e segurado, sempre que a comarca não seja sede de vara do juízo federal, e, se verificada essa condição, a lei poderá permitir que outras causas sejam também processadas e julgadas pela justiça estadual. $\S4^{\circ}$. Na hipótese do parágrafo anterior, o recurso cabível será sempre para o Tribunal Regional Federal na área de jurisdição do juiz de primeiro grau."

[376] "Processual civil. Conflito de competência. Pedido de suspensão de segurança concedida por juiz de direito, em mandado de segurança impetrado contra ato do conselho regional de farmácia. Dissidência entre Presidente de Tribunal Regional Federal e Presidente de Tribunal Estadual. *Se a decisão do Juiz Estadual for proferida em mandado de segurança contra ato de dirigente de autarquia, tendo o magistrado agido no exercício da competência federal, competente para julgar o pedido de suspensão da liminar concedida e o respectivo Tribunal Regional Federal*. Precedentes. Conflito conhecido, para declarar-se competente o Tribunal Regional Federal da 1ª Região. Decisão unânime". (Grifos nossos)

2. A postulação formulada pela União e/ou autarquias e fundações públicas federais, contra tutelas jurisdicionais prolatadas por *Juízes de Direito*, intervindo, nestes casos, como terceiros interessados, devem ser interpostos também perante os *Tribunais Regionais Federais*, posto que os órgãos jurisdicionais das jurisdições federais são, nos moldes da Súmula nº 150, do Superior Tribunal de Justiça, os competentes para a "decidir sobre a existência de interesse jurídico que justifique a presença, no processo, da União, suas autarquias ou empresas públicas";[377]

3. Relativamente às *tutelas jurisdicionais monocráticas* exaradas pelos Relatores, em *mandados de segurança* submetidos à competência originária dos *Tribunais de Justiça, Tribunais de Alçada, Tribunais Regionais Federais, Tribunais Regionais Eleitorais, Tribunais Militares* e *Tribunais Regionais do Trabalho* em sentido diverso do acima proposto se manifesta Pedro dos Santos Barcelos,[378] para quem os próprios *Presidentes* dos *Tribunais de Justiça*, dos *Tribunais de Alçada*, dos *Tribunais Regionais Federais*, dos *Tribunais Regionais Eleitorais*, dos *Tribunais Militares* e dos *Tribunais Regionais do Trabalho* seriam os órgãos jurisdicionais competentes para a apreciação dos pedidos de suspensão ajuizados, posto que, na hipótese, o recurso delas cabível seria o *agravo regimental* submetido ao próprio colegiado.

O entendimento esposado pelo referido doutrinador, contudo, não pode ser acolhido, posto que:

---

[377] Neste sentido, doutrina RODRIGUES. *Suspensão de segurança*: sustação da eficácia de decisão judicial proferida contra o poder público, p. 114-115.

[378] "(...) A pessoa jurídica de direito público, que preenche os requisitos do art. 4º da Lei nº 4.348/64, pode pedir ao presidente do tribunal a que pertencer o relator, quando a competência é originária do tribunal, para que suspenda a execução da liminar então concedida. (...) A execução da liminar, em mandado de segurança, concedida por relator, no juízo colegiado, pode ser suspensa pelo presidente do tribunal a que for competente para julgar o recurso de agravo regimental (...)" (BARCELOS. Medidas liminares em mandado de segurança: suspensão de execução de medida liminar, suspensão de execução de sentença, medidas cautelares. *Revista dos Tribunais*, v. 80, n. 663, p. 41).

1. o *art. 25 da Lei nº 8.038/90*, e os *Regimentos Internos do Supremo Tribunal Federal*[379] e do *Superior Tribunal de Justiça*[380] expressamente dispõem sobre a competência dos *Presidentes do Supremo Tribunal Federal e do Superior Tribunal de Justiça* para o julgamento dos pedidos de suspensão interpostos contra as tutelas jurisdicionais (acórdãos ou decisões monocráticas) em mandados de segurança prolatadas pelos *Tribunais Regionais Federais ou pelos Tribunais de Justiça e Tribunais de Alçada*;

2. a *jurisprudência*[381] destes órgãos jurisdicionais pacificou o mesmo entendimento, de que as tutelas jurisdicionais exaradas pelos *Tribunais de Justiça, Tribunais de Alçada ou Tribunais Regionais Federais*, sejam acórdãos prolatados por seus órgãos colegiados, sejam decisões monocráticas prolatadas por seus Relatores, devem ser interpostos perante a *Presidência do Superior Tribunal de Justiça*, quando a causa tiver por fundamento matéria infraconstitucional, e perante da *Presidência do Supremo*

---

[379] "(...) Art. 297. Pode o Presidente, a requerimento do Procurador-Geral, ou da pessoa jurídica de direito público interessada, e para evitar grave lesão à ordem, à saúde, à segurança e à economia pública, suspender, em despacho fundamentado, a execução de liminar, ou da decisão concessiva de mandado de segurança, proferida em única ou última instância, pelos tribunais locais ou federais (...)."

[380] "(...) Art. 271. Poderá o Presidente do Tribunal, a requerimento da pessoa jurídica de direito público interessada ou do Procurador-Geral da República, e para evitar grave lesão à ordem, à saúde, à segurança e à economia públicas, suspender, em despacho fundamentado, a execução de liminar ou de decisão concessiva de mandado de segurança, proferida, em única ou última instância, pelos Tribunais Regionais Federais ou pelos Tribunais dos Estados e do Distrito Federal (...)."

[381] "Reclamação. Preservação de competência do STF. Art. 156 RI/STF. *Suspensão pelo Presidente do Tribunal de Justiça Estadual de liminar concedida por desembargador-relator em mandado de segurança originário.* Procedimento não previsto em lei. Impossibilidade. Suspensão de segurança. Instrumento apropriado expressamente previsto em lei: art. 4º da Lei nº 4.348/64, art. 25 da Lei nº 8.038/90 e art. 297 do RI/STF. *Competência perante as cortes superiores. Presidente do tribunal ao qual couber o conhecimento do respectivo.* Fundamento: art. 4º da Lei nº 4.348/64. *Se a causa tiver por fundamento matéria constitucional compete ao Presidente do Supremo Tribunal Federal, se o fundamento for de ordem infraconstitucional a competência é do Presidente do Superior Tribunal de Justiça*, art. 25 da Lei nº 8.038/90. Procedência do pedido, por invasão de jurisdição, com a conseqüente cassação do despacho do Presidente do Tribunal de Justiça, que suspendeu a execução da liminar deferida pelo relator do mandado de segurança, e avocação do procedimento, no qual foi formulado o pedido de suspensão, para que seja submetido ao conhecimento do presidente do STF" (STF - Reclamação nº 443/PI – *DJ*, 08.10.1993, p. 21.011 - Min. Paulo Brossard).

Tribunal Federal, quando a causa tiver por fundamento matéria constitucional;

3. o *Regimento Interno do Tribunal Superior do Trabalho*[382] também dispõe sobre a competência do seu *Presidente* para suspender a execução de tutelas jurisdicionais (acórdãos ou decisões monocráticas) em mandados de segurança, proferidas pelos Tribunais Regionais do Trabalho;[383]

4. a competência detalhada pela referida Lei nº 8.038/90, embora somente se refira ao Supremo Tribunal Federal e ao Superior Tribunal de Justiça, deve ser aplicada analogicamente aos demais órgãos jurisdicionais superiores previstos na Constituição Federal,[384] sob pena de se atribuir *tratamento não uniforme* às atribuições destes mesmos órgãos jurisdicionais e aos diversos pedidos de suspensão semelhantes e interpostos com esteio na mesma legislação;

5. a *interpretação sistemática* da Lei nº 12.016/2009 (que manteve a estrutura do instituto disciplinadas pelas leis nº 4.348/64 e nº 1.533/51)[385] afasta a submissão do julgamento dos pedidos de suspensão contra tutelas jurisdicionais monocráticas deferidas por Relatores de Tribunais aos Presidentes destes mesmos Tribunais, os quais, em semelhantes condições, mas com atribuições diversas definidas pelas normas processuais e regimentais, constituem, Relatores e Presidentes, órgãos jurisdicionais deste mesmo Tribunal, alocados, portanto, em *nível hierárquico semelhante*;

---

[382] Resolução Administrativa TST nº 908, de 21.11.2002 (*DJU*, 27.11.2002).

[383] "(...) Art. 256. O Presidente do Tribunal, na forma da lei, a requerimento do Ministério Público do Trabalho ou da pessoa jurídica de direito público interessada e para evitar grave lesão à ordem, à segurança e à economia públicas, pode suspender, em despacho fundamentado, a execução de liminar ou da decisão concessiva de mandado de segurança, proferida em última instância pelos Tribunais Regionais do Trabalho (...)."

[384] Tribunal Superior Eleitoral, Tribunal Superior do Trabalho e Superior Tribunal Militar.

[385] As quais dispõem caber ao "Presidente do Tribunal ao qual competir o conhecimento do respectivo recurso" o julgamento dos pedidos de suspensão.

6. as normas processuais e regimentais que estabelecem a competência dos Relatores para o deferimento de tutelas jurisdicionais monocráticas constituem *outorgas normativas* ou *delegações dos colegiados* de seus respectivos Tribunais, razão pela qual devem ser consideradas, à semelhança das tutelas jurisdicionais colegiadas, manifestações jurisdicionais destes mesmos Tribunais.

Marcelo Abelha Rodrigues também defende entendimento diverso, relativamente às *tutelas jurisdicionais monocráticas* exaradas em *ações cautelares inominadas, ações populares* e *ações civis públicas* pelos Relatores dos *Tribunais de Justiça, Tribunais de Alçada, Tribunais Regionais Federais, Tribunais Regionais Eleitorais, Tribunais Militares* e *Tribunais Regionais do Trabalho*, posto que o recurso delas cabível seria o agravo regimental ou o agravo inominado previsto no §1º do art. 557 do Código de Processo Civil, submetidos à competência das Turmas Julgadoras destes mesmos órgãos jurisdicionais, razão pela qual o juízo competente para o julgamento do pedido de suspensão seriam os *Presidentes dos próprios Tribunais de Justiça, Tribunais de Alçada, Tribunais Regionais Federais, Tribunais Regionais Eleitorais, Tribunais Militares* e *Tribunais Regionais do Trabalho.*[386]

Não se pode, contudo, concordar com o entendimento explicitado por Marcelo Abelha Rodrigues, pelas mesmas razões acima arroladas:

1. a competência detalhada pela Lei nº 8.038/90, embora somente se refira ao Supremo Tribunal Federal e ao Superior Tribunal de Justiça, deve ser aplicada analogicamente aos demais *órgãos jurisdicionais superiores* previstos na Constituição Federal,[387] sob pena de se conferir *tratamento não uniforme* às atribuições destes mesmos órgãos jurisdicionais e aos diversos pedidos de suspensão semelhantes e interpostos com esteio na mesma legislação;

---

[386] RODRIGUES. *Suspensão de segurança*: sustação da eficácia de decisão judicial proferida contra o poder público, p. 113.

[387] Tribunal Superior Eleitoral, Tribunal Superior do Trabalho e Superior Tribunal Militar.

Suspensão de Tutelas Jurisdicionais contra o Poder Público | 181

2. a *interpretação sistemática* das Leis nº 8.437/92 e nº 9.494/97, as quais conferem o julgamento dos pedidos de suspensão a *órgãos jurisdicionais hierarquicamente superiores*, afastam a submissão deste mesmo julgamento, nas hipóteses de pedidos de suspensão ajuizados em face de tutelas jurisdicionais monocráticas deferidas por Relatores de Tribunais, aos Presidentes destes mesmos Tribunais, os quais, em semelhantes condições, mas com competências jurisdicionais diversas definidas pelas normas processuais e regimentais, constituem, Relatores e Presidentes, *órgãos jurisdicionais hierarquicamente semelhantes*;

3. as normas processuais e regimentais que estabelecem a competência dos Relatores para o deferimento de tutelas jurisdicionais monocráticas constituem *outorgas normativas* ou *delegações dos colegiados* de seus respectivos Tribunais, razão pela qual devem ser consideradas, à semelhança das tutelas jurisdicionais colegiadas, manifestações jurisdicionais destes mesmos Tribunais.

Vale salientar, ademais, que, em consonância com a posição ora defendida, dispõe o *Regimento Interno do Tribunal Superior do Trabalho*,[388] segundo o qual o seu *Presidente* se faz competente para o julgamento dos pedidos de suspensão da execução da liminares concedidas nas ações movidas contra o Poder Público ou seus agentes e da sentença proferida em processo de ação cautelar inominada.[389]

7.2.1.2 Órgão jurisdicional imparcial

A imparcialidade constitui pressuposto inafastável para o exercício da função jurisdicional e em função da sua relevância, a exordial suspensiva não poderá ser apreciada pelo órgão

---

[388] Resolução Administrativa TST nº 908/2002.

[389] "(...) Art. 257. O Presidente, nos termos da lei, a requerimento do Ministério Público do Trabalho ou da pessoa jurídica de direito público interessada, em caso de manifesto interesse público ou de flagrante ilegitimidade, e para evitar grave lesão à ordem, à saúde, à segurança e à economia públicas, poderá, em despacho fundamentado, *suspender a execução da liminar concedida nas ações movidas contra o Poder Público ou seus agentes.* §1º Aplica-se o disposto neste artigo à sentença proferida em processo de ação cautelar inominada (...)."

jurisdicional *impedido* ou *suspeito*, nos termos dos artigos 134 a 136 do Código de Processo Civil Brasileiro.[390]

7.2.1.3 Petição inicial apta

7.2.1.3.1 Imprescindibilidade do pedido

A tutela suspensiva ou não suspensiva, exarada pelos Presidentes dos Tribunais, não se pode manifestar sem que a pessoa jurídica de direito público ou a ela equiparada, ou o Ministério Público, previamente formule o pedido suspensivo, restando, pois, terminantemente vedada em nosso ordenamento jurídico a suspensão dos efeitos de tutelas jurisdicionais *ex officio*, posto que, os Presidentes dos Tribunais, ao exercerem típicas funções jurisdicionais no processamento, análise e julgamento das pretensões suspensivas, também devem se submeter ao princípio da iniciativa da parte.

Consoante se estudou acima, a tutela jurisdicional, como manifestação do poder estatal, no Estado moderno, somente se revela nos moldes do que determinam as diversas normas jurídicas estabelecidas pelo próprio Estado, as quais estabelecem, dentre

---

[390] "Art. 134. É defeso ao juiz exercer as suas funções no processo contencioso ou voluntário: I - de que for parte; II - em que interveio como mandatário da parte, oficiou como perito, funcionou como órgão do Ministério Público, ou prestou depoimento como testemunha; III - que conheceu em primeiro grau de jurisdição, tendo-lhe proferido sentença ou decisão; IV - quando nele estiver postulando, como advogado da parte, o seu cônjuge ou qualquer parente seu, consangüíneo ou afim, em linha reta; ou na linha colateral até o segundo grau; V - quando cônjuge, parente, consangüíneo ou afim, de alguma das partes, em linha reta ou, na colateral, até o terceiro grau; VI - quando for órgão de direção ou de administração de pessoa jurídica, parte na causa. Parágrafo único. No caso do nº IV, o impedimento só se verifica quando o advogado já estava exercendo o patrocínio da causa; é, porém, vedado ao advogado pleitear no processo, a fim de criar o impedimento do juiz. Art. 135. Reputa-se fundada a suspeição de parcialidade do juiz, quando: I - amigo íntimo ou inimigo capital de qualquer das partes; II - alguma das partes for credora ou devedora do juiz, de seu cônjuge ou de parentes deste, em linha reta ou na colateral até o terceiro grau; III - herdeiro presuntivo, donatário ou empregador de alguma das partes; IV - receber dádivas antes ou depois de iniciado o processo; aconselhar alguma das partes acerca do objeto da causa, ou subministrar meios para atender às despesas do litígio; V - interessado no julgamento da causa em favor de uma das partes. Parágrafo único. Poderá ainda o juiz declarar-se suspeito por motivo íntimo. Art. 136. Quando dois ou mais juízes forem parentes, consangüíneos ou afins, em linha reta e no segundo grau na linha colateral, o primeiro, que conhecer da causa no tribunal, impede que o outro participe do julgamento; caso em que o segundo se escusará, remetendo o processo ao seu substituto legal. Art. 137. Aplicam-se os motivos de impedimento e suspeição aos juízes de todos os tribunais. O juiz que violar o dever de abstenção, ou não se declarar suspeito, poderá ser recusado por qualquer das partes".

muitos postulados, a impossibilidade de que o Estado atue sem que o próprio indivíduo requeira a sua atuação (*nemo iudex sine actore; ne procedat iudex ex officio*), e a correspondente impossibilidade de que o mesmo Estado atue de modo diverso do pretendido pelo indivíduo (*ne eat iudex ultra petita partium*). Sobre o "principio dell'iniziativa di parte", doutrina Enrico Tullio Liebman que "è il principio fondamentale che fissa il rapporto tra le parti e l'esercizio della funzione giurisdizionale: l'autorità giudiziaria provvede di regola ad esercitare le sua funzioni soltanto quando la parte gliene fa domanda (...). Dall'enunciato principio descende la conseguenza che il guidice non può pronunciare oltre i limite della domanda, nè su eccezioni che posono essere proposte soltanto dalla parti (...)".[391] E orientando-se pelos citados postulados, dispôs o Código de Processo Civil Brasileiro,[392] em seu art. 2º, que "nenhum juiz prestará a tutela jurisdicional senão quando a parte ou o interessado a requerer, nos casos e forma legais"; em seu art. 128, que "o juiz decidirá a lide nos limites em que foi proposta, sendo-lhe defeso conhecer de questões, não suscitadas, a cujo respeito a lei exige a iniciativa da parte"; e em seu art. 460, que "é defeso ao juiz proferir sentença, a favor do autor, de natureza diversa da pedida, bem como condenar o réu em quantidade superior ou em objeto diverso do que lhe foi demandado". Todos se aplicam ao instituto jurídico-processual em estudo.

Em face do princípio da iniciativa da parte, para que os Presidentes dos Tribunais exerçam suas competências jurisdicionais suspensivas, o pedido de suspensão, em qualquer das hipóteses de cabimento anteriormente elencadas, deve ser previamente formalizado, como, aliás, bem ressaltou a maioria das leis que disciplinam a matéria,[393] ao submeterem a suspensão da execução da liminar e da sentença a *requerimento* do seu legitimado ativo, e ainda os doutrinadores brasileiros que analisaram o tema.[394]

---

[391] LIEBMAN. *Manuale di diritto processuale civile*, p. 228.

[392] Lei nº 5.869/73.

[393] Leis nº 12.016/2009, nº 7.347/85, nº 8.038/90 e nº 8.437/92.

[394] "(...) Os pressupostos para que o presidente do tribunal possa suspender a executabilidade da liminar concedida pelo juiz monocrático ou colegiado são: a) que haja um pedido formal, por escrito, ao Presidente do Tribunal. O Presidente não pode avocar os autos do mandado

7.2.1.3.2 Petição inicial

A formalização do pedido de suspensão realiza-se mediante o ajuizamento, perante o órgão jurisdicional competente, da *exordial suspensiva*, ou seja, do *instrumento por escrito que veicula o pedido de suspensão* postulado por seu legitimado ativo, *em três vias*, uma a ser protocolada e devolvida ao seu postulante,[395] uma outra a ser protocolada e retida para a formação dos autos, e uma última a ser retida nos autos para acompanhar a intimação da parte demandada. Tal instrumento será submetido a *registro*, nos moldes do art. 251 do Código de Processo Civil,[396] não sendo, outrossim, necessária a realização de distribuição, salvo na hipótese de delegação parcial da competência jurisdicional ao Vice-Presidente do Tribunal.

Posto aplicar-se subsidiariamente o Código de Processo Civil Brasileiro ao instituto jurídico-processual em estudo, a petição que veicula o pedido de suspensão deve atender aos requisitos

---

de segurança, para, de ofício, suspender a execução da liminar; (...)" (BARCELOS. Medidas liminares em mandado de segurança: suspensão de execução de medida liminar, suspensão de execução de sentença, medidas cautelares. *Revista dos Tribunais*, v. 80, n. 663, p. 42); "(...) Cumpre a pessoa jurídica de direito público deduzir um *pedido formal*, por escrito, ao Presidente do Tribunal, de vez que esta Autoridade não pode, de ofício, suspender a execução de liminar ou de sentença, sob o foco da regra, genérica, contida no art. 2º do Código de Processo Civil e consoante o vetusto brocado: *Ne procedat iudex ex officio* (...)." (CONTE. Suspensão de execução de medidas liminares e sentenças contra o poder público. *Revista de Direito da Procuradoria Geral do Estado do Rio de Janeiro*, n. 48, p. 122); "(...) O pedido de suspensão é endereçado por petição avulsa à Presidência do Tribunal (...)" (NORTHFLEET. Suspensão de sentença e de liminar. *Revista do Instituto dos Advogados de São Paulo – Nova Série*, v. 1, n. 2, p. 172); "(...) É por petição inicial que se inicia esse incidente. Sem requerimento da parte legitimada não será possível a sua instauração, que depende, pois, de iniciativa da parte, como corolário lógico do princípio dispositivo. Todos os textos legais que cuidam do tema são repetitivos quando dizem que o incidente depende de *requerimento*, o que nos leva a crer que deva ser de forma escrita, endereçado ao órgão competente (presidente do tribunal), devendo constar a narração dos fatos e fundamentos jurídicos, além de conter o próprio pedido de suspensão. (...)" (RODRIGUES. *Suspensão de segurança*: sustação da eficácia de decisão judicial proferida contra o poder público 175); "(...) O pedido de suspensão é formulado por meio de uma petição dirigida ao presidente do tribunal. Por aí já se percebe não ser possível que haja deferimento de suspensão de ofício; é preciso existir provocação da Fazenda Pública interessada (...)" (CUNHA. *A fazenda pública em juízo*, p. 242).

[395] Dispõe o Código de Processo Civil Brasileiro, em seu art. 160, que "poderão as partes exigir recibo de petições, arrazoados, papéis e documentos que entregarem em cartório".

[396] "Art. 251. Todos os processos estão sujeitos a registro, devendo ser distribuídos onde houver mais de um juiz ou mais de um escrivão."

estabelecidos pelo art. 282 da mesma norma,[397] obrigando-se, portanto, a indicar:

1. O órgão jurisdicional a que se dirige, que, regra geral, será o *Presidente do Tribunal* dotado de hierarquia imediatamente superior à do órgão jurisdicional prolator da decisão judicial cujos efeitos se pretende suspender;[398]

2. A identificação e a qualificação da *parte postulante*, ou seja, da pessoa jurídica de direito público ou a ela equiparada;

3. A identificação e a qualificação da *parte postulada*, ou seja, da parte a favor de quem surtem os efeitos da tutela jurisdicional objeto do pedido de suspensão;

4. Os *fatos* e os *fundamentos jurídicos* do pedido;

5. O *pedido* com as suas especificações, que, na hipótese, constitui a postulação para que se determine a suspensão de todos os efeitos ou de parcela dos efeitos de dada tutela jurisdicional, sendo vedada a postulação para que sejam reformados os termos do conteúdo da mesma decisão, posto não possuir o pedido de suspensão a natureza de recurso ou de sucedâneo recursal;

6. O *valor da causa*, em consonância com o disposto no art. 258 do Código de Processo Civil Brasileiro, que assevera que "a toda causa será atribuído um valor certo, ainda que não tenha conteúdo econômico imediato". Tal indicação, embora não tenha repercussão na fixação do procedimento a ser adotado[399] e no estabelecimento da competência do

---

[397] Dispõe o Código de Processo Civil, Lei nº 5.869/73, em seu art. 282: "A petição inicial indicará: I - o juiz ou tribunal, a que é dirigida; II - os nomes, prenomes, estado civil, profissão, domicílio e residência do autor e do réu; III - o fato e os fundamentos jurídicos do pedido; IV - o pedido, com as suas especificações; V - o valor da causa; VI - as provas com que o autor pretende demonstrar a verdade dos fatos alegados; VII - o requerimento para a citação do réu".

[398] Segundo Pedro dos Santos Barcelos, constitui "(...) pressuposto para que o presidente do tribunal possa suspender a executabilidade da liminar concedida pelo juiz monocrático ou colegiado (...) que o pedido de suspensão seja direcionado diretamente ao presidente do tribunal (estadual ou federal) ao qual couber o conhecimento do respectivo recurso (...)" (Medidas liminares em mandado de segurança: suspensão de execução de medida liminar, suspensão de execução de sentença, medidas cautelares. *Revista dos Tribunais*, v. 80, n. 663, p. 42).

[399] Que, na hipótese, como vimos, constitui o especial, não podendo sofrer alteração.

órgão jurisdicional,[400] faz-se relevante para o arbitramento dos honorários advocatícios, para a fixação do valor das *taxas judiciárias* cobradas segundo as leis estaduais[401] e ainda para estipular as *custas* devidas aos serventuários da justiça;[402]

7. Não se faz necessário a indicação das *provas* com que o autor pretende demonstrar a verdade dos fatos alegados, posto que o procedimento exige prova pré-constituída;

8. O requerimento para que o Presidente do Tribunal determine a *intimação* da parte demandada, em atendimento ao princípio constitucional do contraditório, consoante estudaremos adiante, e do Ministério Público, consoante exige o art. 84 do Código de Processo Civil.[403]

7.2.1.3.3 Documentos indispensáveis

A exordial suspensiva deve atender ao disposto no art. 283 do Código de Processo Civil Brasileiro,[404] sendo, portanto, obrigatória a anexação dos *documentos indispensáveis* à propositura do pedido, dentre os quais se inserem as cópias da tutela jurisdicional cujos efeitos se busca suspender, de outras peças judiciais indispensáveis à ampla compreensão da situação fático-jurídica e ainda dos documentos que demonstram o risco de lesão aos interesses públicos protegidos pelas normas. Do mesmo modo, submete-se o postulante aos termos do art. 396 do Código de Processo Civil

---

[400] Que, regra geral, será o Presidente do Tribunal dotado de hierarquia imediatamente superior à do órgão jurisdicional prolator da decisão judicial cujos efeitos se pretende suspender.

[401] Convém salientar, que nos moldes do art. 24-A da Lei n° 9.028/95, a "União, suas autarquias e fundações, são isentas de custas e emolumentos e demais taxas judiciárias, bem como de depósito prévio e multa em ação rescisória, em quaisquer foros e instâncias".

[402] Nos moldes do art. 4° da Lei n° 9.289/96, que dispõe sobre as custas devidas à União, na Justiça Federal de primeiro e segundo graus, são isentos do pagamento de custas: "I - a União, os Estados, os Municípios, os Territórios Federais, o Distrito Federal e as respectivas autarquias e fundações; (...) III - o Ministério Público". As pessoas jurídicas de direito privado legitimadas ativas, devem, pois, realizar o pagamento de custas.

[403] "Art. 84. Quando a lei considerar obrigatória a intervenção do Ministério Público, a parte promover-lhe-á intimação sob pena de nulidade do processo."

[404] "Art. 283. A petição inicial será instruída com os documentos indispensáveis à propositura da ação."

Brasileiro,[405] devendo instruir a petição inicial com os *documentos pré-constituídos* destinados a provar-lhe as alegações, podendo, outrossim, consoante autoriza o art. 397 da mesma norma,[406] promover a juntada aos autos de *documentos novos* destinados a provar fatos ocorridos depois dos articulados.

Cumpre à parte autora do pedido de suspensão, deste modo, fazer acompanhar a exordial dos seguintes documentos:

1. *Cópia da decisão judicial cujos efeitos se busca suspender*, o qual deve, obviamente, acompanhar o instrumento postulatório, posto que, nas palavras de Marcelo Abelha Rodrigues, "sem ela não há como fazer com que o órgão judicial saiba qual o tipo de decisão que comporta o incidente, quais os motivos que levaram o juiz a emitir aquela decisão, se a competência realmente lhe pertence".[407]

2. *Cópias de outras peças judiciais indispensáveis à ampla compreensão da integralidade da situação fático-jurídica*, dentre os quais se inserem aqueles documentos capazes de demonstrar o atendimento dos requisitos processuais necessários para a postulação suspensiva, quais sejam a *legitimidade ativa* da parte postulante, o *interesse processual* e a *possibilidade jurídica do pedido*.

O postulante, deste modo, deve anexar à petição inicial documentos que comprovem deter:

a) *legitimidade ativa*, demonstrando que o pedido se faz veiculado:

- pela União, Estados, Distrito Federal ou Municípios;

- pelas autarquias públicas federais, estaduais, distritais ou municipais, fundações públicas federais, estaduais, distritais ou municipais, agências executivas ou agências reguladoras;

---

[405] "Art. 396. Compete à parte instruir a petição inicial (art. 283), ou a resposta (art. 297), com os documentos destinados a provar-lhe as alegações."

[406] "Art. 397. É lícito às partes, em qualquer tempo, juntar aos autos documentos novos, quando destinados a fazer prova de fatos ocorridos depois dos articulados, ou para contrapô-los aos que foram produzidos nos autos."

[407] RODRIGUES. *Suspensão de segurança*: sustação da eficácia de decisão judicial proferida contra o poder público, p. 175.

- por pessoas jurídicas de direito privado prestadoras de serviços públicos submetidos ao regime de concessão, permissão ou autorização do Poder Público, para o resguardo dos interesses públicos subjacentes às suas respectivas áreas de atuação;
- por órgãos públicos destituídos de personalidade jurídica, mas dotados de capacidade para ser parte decorrente de excepcional personalidade judiciária, somente em condições de anormalidade caracterizada pela verificação de conflitos internos entre diferentes órgãos públicos de uma mesma pessoa jurídica de direito público, e ainda para a defesa dos seus interesses institucionais, poderes ou prerrogativas;
- pelo Ministério Público;

b) *interesse processual*, demonstrando que o pedido se interpõe:

- para a proteção de interesses públicos inseridos no âmbito de suas competências constitucionais ou legais;
- em face de tutela jurisdicional apta para a produção de efeitos passíveis de suspensão;

c) *possibilidade jurídica do pedido*, mediante a demonstração de que o mesmo se ampara em qualquer das hipóteses de cabimento previstas pelas leis n° 12.016/2009, n° 7.347/85, n° 8.038/90, n° 8.437/92, n° 9.494/97, e n° 9.507/97, estudadas acima.

3. Também são *indispensáveis à ampla compreensão da integralidade da* situação *fático-jurídica*, a juntada da cópia da *petição inicial* da ação judicial onde repousa a tutela jurisdicional cujos efeitos se pretende suspender.

4. Finalmente, o peticionante deve ainda, logo com a inicial, apresentar todos os *documentos pertinentes à demonstração de risco de lesão aos interesses públicos* protegidos pelas normas de regência, posto que o instituto em estudo se desenvolve em *procedimento de cognição*

parcial e sumária, sem a possibilidade de dilação probatória,[408] consoante estudaremos adiante.

7.2.1.4 Capacidade processual e capacidade postulatória

A petição que veicula o pedido de suspensão, ademais, deve ser ajuizada pelos *representantes legais* das respectivas entidades de direito público ou privado, posto que estas, embora titulares da *capacidade para ser parte* decorrente de fato de serem dotadas de *personalidade jurídica* ou de excepcional *personalidade judiciária*, não possuem, autonomamente, *capacidade processual*, que somente se manifesta quando a parte encontra-se apta ao pleno exercício dos seus direitos. Ao distinguir a capacidade para ser parte da capacidade processual, Piero Calamandrei bem destacou que enquanto a primeira pertence a todas as pessoas, físicas e jurídicas, a segunda somente pertence aos que "têm o livre exercício dos direitos que nele se fazem valer".[409] Na doutrina nacional, Arruda Alvim, dentre tantos, esclarece ter capacidade processual "toda pessoa que se acha no exercício dos seus direitos".[410] Decorre a capacidade processual, outrossim, nas pessoas físicas, "da maturidade e da integridade psíquica de seu discernimento e de sua vontade"[411] e nas *pessoas jurídicas*, da regularidade da sua *representação legal*, posto que "embora idealmente consideradas pela lei como sujeitos autônomos de direito e obrigações, não podem atuar no

---

[408] "(...) O requerimento de suspensão também, por óbvio, *não comporta dilação probatória*, devendo o postulante trazer com o pedido todos os documentos que sustentem as afirmativas de potencial agressão aos interesses públicos tutelados (...)" (NORTHFLEET. Suspensão de sentença e de liminar. *Revista do Instituto dos Advogados de São Paulo – Nova Série*, v. 1, n. 2, p. 172. Grifos nossos); "(...) na petição em que se requer a suspensão, o legitimado deve *demonstrar de plano* que a execução da liminar ou da sentença pode ocasionar graves e efetivos prejuízos aos valores ordem, saúde, segurança ou economia públicas, de forma que nesse não há espaço para instrução probatória (...)" (OLIVEIRA. Incidente de suspensão de execução de liminar e de sentença em mandado de segurança. In: BUENO; ALVIM; WAMBIER (Coord.). *Aspectos polêmicos e atuais do mandado de segurança*: 51 anos depois, p. 401).

[409] CALAMANDREI. *Instituições de direito processual civil*: segundo o novo código, v. 2, p. 290-291.

[410] ALVIM. *Manual de direito processual civil*, v. 2, p. 479.

[411] CALAMANDREI. *Instituições de direito processual civil*: segundo o novo código, v. 2, p. 291.

mundo sensível, senão mediante a vontade das pessoas físicas que constituem os órgãos necessários à sua atividade prática".[412]

Disciplinando a *representação legal* das pessoas jurídicas, o Código de Processo Civil, em seu art. 12, estabelece a necessidade de que sejam representados em juízo, ativa e passivamente: "I - a União, os Estados, o Distrito Federal e os Territórios, por seus procuradores; II - o Município, por seu Prefeito ou procurador; (...) VI - as pessoas jurídicas, por quem os respectivos estatutos designarem, ou, não os designando, por seus diretores".

Deste modo, os pedidos de suspensão para a defesa dos interesses públicos tutelados pela *União* devem ser ajuizados pelos membros da Advocacia-Geral da União;[413] os pedidos de suspensão para a defesa dos interesses públicos tutelados pelos *Estados* devem ser ajuizados pelos Procuradores Estaduais;[414][415] os pedidos de suspensão para a defesa dos interesses públicos tutelados pelos *Municípios* devem ser ajuizados por seus Prefeitos ou Procuradores Municipais; os pedidos de suspensão para a defesa dos interesses públicos tutelados pelo *Ministério Público* devem ser ajuizados por seus membros; os pedidos de suspensão para a defesa dos interesses públicos decorrentes da prestação de serviços públicos por *pessoas jurídicas de direito privado* devem ser ajuizados por seus representantes legais.

---

[412] CALAMANDREI. *Instituições de direito processual civil*: segundo o novo código, v. 2, p. 294.

[413] Dispõe a Constituição Federal de 1988: "Art. 131. *A Advocacia-Geral da União é a instituição que, diretamente ou através de órgão vinculado, representa a União, judicial e extrajudicialmente*, cabendo-lhe, nos termos da lei complementar que dispuser sobre sua organização e funcionamento, as atividades de consultoria e assessoramento jurídico do Poder Executivo" (Grifos nossos).

[414] Dispõe a Constituição Federal de 1988: "Art. 132. *Os Procuradores dos Estados e do Distrito Federal*, organizados em carreira, na qual o ingresso dependerá de concurso público de provas e títulos, com a participação da Ordem dos Advogados do Brasil em todas as suas fases, *exercerão a representação judicial e a consultoria jurídica das respectivas unidades federadas*" (Grifos nossos).

[415] "(...) A petição inicial do pedido de suspensão da execução de medida liminar ou de sentença deve ser assinada pelo Procurador do Estado, pois ao Chefe do Poder Executivo falece capacidade postulatória para tal mister (...) podendo, no entanto, por óbvio, subscrevê-la em conjunto com aquele representante judicial da pessoa jurídica de direito público (...)" (CONTE. Suspensão de execução de medidas liminares e sentenças contra o poder público. *Revista de Direito da Procuradoria Geral do Estado do Rio de Janeiro*, n. 48, p. 122).

Ressalte-se, ademais, que além da capacidade processual, exige o ordenamento jurídico-processual, para o ajuizamento dos pedidos de suspensão, que as respectivas petições iniciais sejam subscritas por *representantes judiciais* legalmente habilitados, ou seja, por *advogados* ou *procuradores* dotados de *capacidade postulatória*, nos moldes do que dispõe o art. 36 do Código de Processo Civil Brasileiro,[416] sendo necessária, portanto, a aptidão para o exercício de atos processuais em juízo.

7.2.1.5 Contraditório

Consoante será estudado adiante, a efetivação do contraditório no processo que veicula o pedido de suspensão, além de constituir pressuposto inafastável para sua validade e desenvolvimento regular, representa exigência constitucional que não pode ser mitigada.

7.2.1.6 Ausência de coisa julgada, litispendência e perempção

A coisa julgada, a litispendência e a perempção representam o conjunto de pressupostos processuais negativos previstos em nossa sistemática processual, cuja ausência se exige para que o processo possa desenvolver-se regularmente. A *coisa julgada*, segundo o art. 6º, §3º, do Decreto-Lei nº 4.657/42, a Lei de Introdução ao Código Civil Brasileiro, representa "a decisão judicial de que já não caiba recurso"; e o art. 467 do Código de Processo Civil assevera que denomina-se coisa julgada material "a eficácia, que torna imutável e indiscutível a sentença, não mais sujeita a recurso ordinário ou extraordinário". A *litispendência*, segundo a doutrina de Nelson Nery Júnior verifica-se "quando se repete ação idêntica a uma que se encontra em curso, isto, é, quando a ação proposta tem as mesmas partes, a mesma causa de pedir (próxima e remota) e o mesmo pedido (mediato e imediato)".[417]

---

[416] "Art. 36. A parte será representada em juízo por advogado legalmente habilitado. Ser-lhe-á lícito, no entanto, postular em causa própria, quando tiver habilitação legal ou, não a tendo, no caso de falta de advogado no lugar ou recusa ou impedimento dos que houver."

[417] NERY JÚNIOR; NERY. *Código de processo civil comentado e legislação extravagante*, p. 628.

192 | Isabel Cecília de Oliveira Bezerra

A *perempção*, finalmente, deve ser entendida como a perda do direito de ação decorrente do anterior ajuizamento e abandono de ações idênticas, por três vezes.

7.3 Prazo para o ajuizamento do pedido de suspensão

Nenhuma das normas que disciplina o instituto em estudo estabelece prazo para o seu ajuizamento. Do mesmo modo, os doutrinadores que abordaram a questão do prazo para a postulação suspensiva em causa também entendem que *o pedido de suspensão não se faz submisso a qualquer prazo*.[418]

Mas agiu bem o legislador brasileiro ao deixar de estabelecer qualquer prazo para a interposição do pedido de suspensão. Considerando a finalidade da postulação suspensiva em questão, que constitui a tutela de interesses públicos, e a possibilidade destes interesses públicos se expressarem em ocasiões concomitantes ou posteriores à prolação das tutelas jurisdicionais cujos efeitos se busca obstar, resta evidente que somente aqueles podem estabelecer o tempo em que se faz necessária a sua operacionalização. Somente o *advento da necessidade de que sejam resguardados determinados interesses públicos*, em face dos efeitos normais decorrentes de determinadas tutelas jurisdicionais, seja-lhe imediatamente posterior à prolação, seja-lhe em momento ulterior, motiva e impulsiona a utilização do pedido de suspensão por qualquer dos seus legitimados ativos.[419] E a fixação de qualquer prazo para

---

[418] Pedro dos Santos Barcelos leciona que a "(...) lei silenciou sobre o prazo a que a pessoa jurídica de direito público tem para requerer, ao presidente do tribunal, a suspensão da execução da liminar ou da sentença (...)" (Medidas liminares em mandado de segurança: suspensão de execução de medida liminar, suspensão de execução de sentença, medidas cautelares. *Revista dos Tribunais*, v. 80, n. 663, p. 45); Marcelo Abelha Rodrigues também assevera que "(...) se fizermos uma busca nos dispositivos legais que cuidaram do incidente de suspensão de execução de decisão judicial requerida ao presidente do tribunal competente, veremos que nenhum deles se referiu a prazo para que o legitimado exercesse a medida excepcional (...)" (*Suspensão de segurança*: sustação da eficácia de decisão judicial proferida contra o poder público, p. 132).

[419] Para Ellen Gracie Northfleet, "a lei não coloca limites temporais à possibilidade de endereçar-se o requerimento de suspensão e é mesmo possível que a potencialidade de risco surja em momento posterior ao da prolação da liminar ou sentença atacadas" (Suspensão de sentença e de liminar. *Revista do Instituto dos Advogados de São Paulo – Nova Série*, v. 1, n. 2, p. 172).

o ajuizamento do pedido de suspensão tornaria inócua a sua utilização para a proteção de interesses públicos que se manifestassem em momento anterior ou posterior ao citado prazo.

A inexistência de qualquer prazo estabelecido pela legislação, todavia, *não significa asseverar que a qualquer tempo se faz possível o ajuizamento* do pedido de suspensão. Pedro dos Santos Barcelos aduz que tal ajuizamento somente pode se verificar "antes da efetiva execução do ato";[420] Francesco Conte entende que a questão do prazo para o ajuizamento do pedido de suspensão "há de ser equacionada à luz do princípio da razoabilidade";[421] Ellen Gracie Northfleet assevera que "se exige que preceda ao trânsito em julgado da decisão";[422] e Napoleão Nunes Maia Filho escreveu que "a sua possibilidade quase sempre se esgota com a execução da ordem contida na medida liminar".[423]

Do que falou a doutrina nacional, deve-se observar, contudo, que não se faz rigorosamente correta a assertiva de que a possibilidade da interposição do pedido de suspensão *se esgota com a efetiva execução dos efeitos da tutela jurisdicional.* Isto porque somente *a efetiva execução de todos os efeitos da tutela jurisdicional* tornaria inoperante qualquer pedido de suspensão. Não impede, portanto, a propositura do pedido de suspensão, o início da produção de alguns dos seus efeitos,[424] ressalvada, outrossim, a produção integral destes mesmos efeitos, ou seja, a consumação dos efeitos da decisão judicial, eis que, nesta hipótese, a suspensão não produziria qualquer resultado prático, sendo vedada, a seu turno, a denominada *suspensão retroativa.*

---

[420] BARCELOS. Medidas liminares em mandado de segurança: suspensão de execução de medida liminar, suspensão de execução de sentença, medidas cautelares. *Revista dos Tribunais,* v. 80, n. 663, p. 45.

[421] CONTE. Suspensão de execução de medidas liminares e sentenças contra o poder público. *Revista de Direito da Procuradoria Geral do Estado do Rio de Janeiro,* n. 48, p. 123.

[422] NORTHFLEET. Suspensão de sentença e de liminar. *Revista do Instituto dos Advogados de São Paulo – Nova Série,* v. 1, n. 2, p. 172.

[423] MAIA FILHO. *Estudos processuais sobre o mandado de segurança,* p. 144.

[424] Segundo Marcelo Abelha Rodrigues, "(...) nada impede possa haver suspensão da execução em curso, e que, portanto, já tenha iniciado a produção de efeitos. O início da execução (sua produção de efeitos) não é o termo *ad quem* para o requerimento, senão apenas quando nada mais exista para ser executado porque todos os efeitos já foram produzidos (...)" (*Suspensão de segurança:* sustação da eficácia de decisão judicial proferida contra o poder público, p. 133).

Também merece análise a assertiva de que o termo final para a propositura do pedido de suspensão seria o *trânsito em julgado da tutela jurisdicional definitiva*. Isto porque, a decisão suspensiva exarada pelos Presidentes dos Tribunais somente produz efeitos enquanto:

a) *produtora de efeitos* a tutela jurisdicional impugnada;

b) a *cessação dos seus efeitos*, por quaisquer motivos (consumação de todos os efeitos,[425] revogação, reforma, suspensão recursal),[426] torna inexistente o objeto do pedido de suspensão;

c) *persistente a possibilidade de execução provisória*, a superveniência, por quaisquer motivos (trânsito em julgado), da possibilidade de execução definitiva, também torna inexistente o objeto do pedido de suspensão,[427] posto que, nesta hipótese, restabelece-se automaticamente a possibilidade de que sejam produzidos os atos processuais necessários à satisfação efetiva do direito.

Deste modo, pode-se asseverar que, embora a legislação, corretamente, não estabeleça o prazo para o ajuizamento do pedido de suspensão, este pedido não pode se realizar a qualquer momento, posto que dele *constituem limites temporais* a *cessação*

---

[425] "Suspensão de segurança. Agravo regimental. Assente e o entendimento do STF no sentido de que, para cassar os efeitos de liminar, não cabe agravo regimental ao Plenário ou ao Órgão Especial da mesma Corte em que o relator de mandado de segurança haja deferido medida cautelar. Também não e competente, a tanto, o Presidente do mesmo Tribunal. Diante da norma do art. 25, da Lei nº 8.038/1990, a competência para suspender a liminar concedida pelo relator do mandado de segurança, em Tribunal de Justiça, e do Presidente do Supremo Tribunal Federal, se o pedido tiver fundamentação constitucional, ou do Presidente do Superior Tribunal de Justiça, se a fundamentação do pedido for de nível infraconstitucional. *No caso concreto, porque já efetuado o pagamento que se determinou na liminar, prejudicado fica o pedido de suspensão dos efeitos da liminar e, por via de conseqüência, o agravo regimental*" (STF - SS nº 304 AgR/RS - Min. Néri da Silveira - Tribunal Pleno – *DJ*, 19.12.1991, p. 18.709).

[426] "Tutela antecipada – Apelação – Efeitos. *Recebida a apelação no duplo efeito — devolutivo e suspensivo —, prejudicado fica o pedido de suspensão*" (STF - Pet nº 1957 AgR/RJ - Min. Marco Aurélio - Tribunal Pleno – *DJ*, 13.09.2002, p. 00063).

[427] Deste modo, o pedido de suspensão somente pode ser interposto quando ainda não verificado o trânsito em julgado da decisão meritória. Neste sentido, se manifestou o Supremo Tribunal Federal, ao analisar o Agravo Regimental na Suspensão de Segurança nº 817/PA (*DJ*, 20.10.1995, p. 35.261), sob a relatoria do Ministro Sepúlveda Pertence: "Suspensão de Segurança: *inadmissibilidade quando transitada em julgado a decisão concessiva do mandado de segurança*, ainda que para discutir se fato superveniente lhe teria prejudicado a exeqüibilidade".

da produção dos efeitos da tutela jurisdicional impugnada e *o advento da possibilidade de realização da execução definitiva.*

7.4 Procedimento

Consoante estudado acima, o processo, entendido por um conjunto de atos praticados pelos indivíduos e pelo Estado, sucessivos, encadeados, coordenados e direcionados à tutela jurisdicional, se desenvolve segundo o conteúdo de normas jurídicas estabelecidas pelo próprio Estado, as quais, além de disciplinarem, isoladamente, os diversos atos processuais, regulam a coordenação destes mesmos atos nas diversas espécies de processos.

Os atos processuais, para que sejam, em seu conjunto, considerados um processo, se desenvolvem coordenadamente, ou seja, segundo uma determinada *ordenação*. Tal ordenação constitui o que entendemos por *procedimento*, que também se faz regulado pelas normas jurídico-processuais vigentes em nosso ordenamento.

O procedimento não se faz semelhante em todos os processos, posto que estes, em consonância com a postulação individual, visam distintas tutelas jurisdicionais, as quais, para serem prolatadas, exigem, previamente, a realização de distintos atos processuais.

Para assegurar a necessária harmonização entre a ordenação dos atos processuais e as tutelas jurisdicionais, o Código de Processo Civil Brasileiro[428] classificou os diversos procedimentos em:

1. Comuns:
a) ordinários;
b) sumários.
2. Especiais.

Os procedimentos especiais são todos aqueles adequados às peculiaridades de ações judiciais regulamentadas por normas jurídico-processuais de natureza especial, contidas no próprio Código de Processo Civil ou em leis extravagantes. O procedimento comum sumário se observa nas ações judiciais indicadas no art. 275

---

[428] Lei nº 5.869/73.

do Código de Processo Civil Brasileiro.[429] E o *procedimento comum ordinário*, a seu turno, se aplica, por exclusão, em todas as demais ações judiciais onde não se prevê a aplicação do procedimento especial ou sumário, nos moldes do art. 271 do Código de Processo Civil Brasileiro.[430]

Sendo regida, embora deficientemente, por leis extravagantes, a suspensão da execução de tutelas jurisdicionais, em quaisquer das suas modalidades antes estudadas, se processa consoante *procedimento especial*, sendo-lhe aplicado, outrossim, de modo subsidiário o *procedimento comum ordinário*, nos termos do parágrafo único do art. 272 do Código de Processo Civil Brasileiro.[431]

Saliente-se, ademais, que tal procedimento especial se desenvolve de modo *sumário*, ou seja, "num tempo menor ao daquele que seria dispendido pelo procedimento ordinário, face à aceleração dos atos procedimentais, que são praticados num espaço mais curto de tempo".[432] Deste modo, à semelhança do que se verifica na ação de mandado de segurança, a suspensão dos efeitos de tutelas jurisdicionais se processa mediante *procedimento especial sumário*, exigindo-se *prova pré-constituída*, sem a possibilidade de *dilação probatória*,[433] devendo a exordial suspensiva obrigatoriamente acompanhar os *documentos indispensáveis* à propositura

---

[429] "Art. 275. Observar-se-á o procedimento sumário: I - nas causas cujo valor não exceda a 60 (sessenta) vezes o valor do salário mínimo; II - nas causas, qualquer que seja o valor: a) de arrendamento rural e de parceria agrícola; b) de cobrança ao condômino de quaisquer quantias devidas ao condomínio; c) de ressarcimento por danos em prédio urbano ou rústico; d) de ressarcimento por danos causados em acidente de veículo de via terrestre; e) de cobrança de seguro, relativamente aos danos causados em acidente de veículo, ressalvados os casos de processo de execução; f) de cobrança de honorários dos profissionais liberais, ressalvado o disposto em legislação especial; g) nos demais casos previstos em lei. Parágrafo único. Este procedimento não será observado nas ações relativas ao estado e à capacidade das pessoas."

[430] "Art. 271. Aplica-se a todas as causas o procedimento comum, salvo disposição em contrário deste Código ou de lei especial."

[431] "Art. 272. (...) Parágrafo único. O procedimento especial e o procedimento sumário regem-se pelas disposições que lhe são próprias, aplicando-se-lhes, subsidiariamente, as disposições gerais do procedimento ordinário."

[432] MARINONI. *Tutela cautelar e tutela antecipatória*, p. 30.

[433] Segundo Francesco Conte, "(...) a petição inicial do pedido de suspensão deverá ser instruída com prova documental pré-constituída, posto que a estreita via suspensiva, de cognição sumária, não admite dilação probatória (...)" (CONTE. Suspensão de execução de medidas liminares e sentenças contra o poder público. *Revista de Direito da Procuradoria Geral do Estado do Rio de Janeiro*, n. 48, p. 122).

do pedido, dentre os quais as cópias da tutela jurisdicional cujos efeitos se busca suspender, de outras peças judiciais indispensáveis à ampla compreensão da situação fático-jurídica e ainda dos documentos que demonstram o risco de lesão aos interesses públicos protegidos pelas normas.

A *fase instrutória* típica do procedimento comum ordinário não integra o procedimento da suspensão dos efeitos de tutelas jurisdicionais, não sendo admitida a produção de provas em audiência de instrução e julgamento, como a colheita do depoimento pessoal das partes ou do depoimento de testemunhas, sendo também vedada a produção de prova pericial ou a inspeção judicial. Somente integram o procedimento a *fase postulatória*, a *fase preliminar* (providências jurisdicionais preliminares), a *fase decisória* e a *fase recursal.*

O procedimento do instituto, ademais, em quaisquer das suas hipóteses de cabimento, desenvolve-se em *autos apartados* da ação judicial onde repousa a tutela jurisdicional cujos efeitos se almeja obstar, ressaltando, a propósito, Marcelo Abelha Rodrigues, que o instituto constitui um *incidente processual* dotado de procedimento destacado do principal.[434]

7.4.1 Fase postulatória

Integra a fase postulatória a formalização do pedido de suspensão mediante o ajuizamento, perante o órgão jurisdicional competente, da *exordial suspensiva*, ou seja, do *instrumento por escrito que veicula o pedido de suspensão* postulado por seu legitimado ativo, em três vias, uma a ser protocolada e devolvida ao seu postulante,[435] uma outra a ser protocolada e retida para a formação dos autos, e uma última a ser retida nos autos para acompanhar a intimação da parte demandada. A via retida para a formação dos autos deve vir acompanhada dos *documentos indispensáveis* à propositura do pedido, dentre os quais se inserem as cópias da

---

[434] RODRIGUES. *Suspensão de segurança*: sustação da eficácia de decisão judicial proferida contra o poder público, p. 174.

[435] Dispõe o Código de Processo Civil Brasileiro, em seu art. 160, que "poderão as partes exigir recibo de petições, arrazoados, papéis e documentos que entregarem em cartório".

tutela jurisdicional cujos efeitos se busca suspender, de outras peças judiciais indispensáveis à ampla compreensão da situação fático-jurídica e ainda dos documentos que demonstram o risco de lesão aos interesses públicos protegidos pelas normas.

A petição inicial e os seus documentos serão submetidos a *registro*, nos moldes do art. 251 do Código de Processo Civil,[436] não sendo, outrossim, necessária a realização de distribuição, salvo na hipótese de delegação parcial da competência jurisdicional ao Vice-Presidente do Tribunal.

7.4.2 Fase preliminar: providências jurisdicionais preliminares

O primeiro contato do Presidente do Tribunal com os autos onde se contém a exordial suspensiva e os documentos que a acompanham pode resultar na adoção de diferentes providências pelo órgão jurisdicional. Todas estas integram o que se denomina fase preliminar:

1. A exordial suspensiva pode ser *rejeitada*, com esteio no art. 295 e incisos do Código de Processo Civil Brasileiro,[437] posto que, de imediato, perceptíveis ao Julgador o não atendimento, pela parte postulante, de determinados *pressupostos processuais* [438] (capacidade processual e capacidade postulatória, petição inicial apta) ou *requisitos processuais* (legitimidade ativa, interesse processual e possibilidade jurídica do pedido), ensejando a sua extinção prematura, sem apreciação do pedido pelo órgão

---

[436] "Art. 251. Todos os processos estão sujeitos a registro, devendo ser distribuídos onde houver mais de um juiz ou mais de um escrivão."

[437] "Art. 295. A petição inicial será indeferida: I - quando for inepta; II - quando a parte for manifestamente ilegítima; III - quando o autor carecer de interesse processual; IV - quando o juiz verificar, desde logo, a decadência ou prescrição; V - quando o tipo de procedimento, escolhido pelo autor, não corresponder à natureza da causa, ou ao valor da ação; caso em que só não será indeferida, se puder adaptar-se ao tipo de procedimento legal; VI - quando não atendidas as prescrições dos artigos 39, parágrafo único, primeira parte, e 284. Parágrafo único. Considera-se inepta a petição inicial quando: I - lhe faltar pedido ou causa de pedir; II - da narração dos fatos não decorrer logicamente a conclusão; III - o pedido for juridicamente impossível; IV - contiver pedidos incompatíveis entre si."

[438] Os pressupostos processuais são: jurisdição competente e imparcial, citação válida, capacidade processual, capacidade postulatória e petição inicial apta.

jurisdicional, nos termos do art. 267, incisos, do Código de Processo Civil Brasileiro.[439]

2. A exordial suspensiva pode ser *rejeitada* pelo órgão jurisdicional indicado:

a) por este declarar-se *absolutamente incompetente* para apreciar o pedido, com esteio no art. 113 do Código de Processo Civil Brasileiro,[440] determinando, nesta ocasião, a remessa dos autos para o órgão jurisdicional competente;

b) por este declarar-se parcial por impedimento ou suspeição, nos termos dos artigos 134 a 136 do Código de Processo Civil Brasileiro,[441] determinando, nesta hipótese, a remessa dos autos para o Julgador do Tribunal

---

[439] "Art. 267. Extingue-se o processo, sem julgamento do mérito: I - quando o juiz indeferir a petição inicial; (...) IV - quando se verificar a ausência de pressupostos de constituição e de desenvolvimento válido e regular do processo; (...) VI - quando não ocorrer qualquer das condições da ação, como a possibilidade jurídica, a legitimidade das partes e o interesse processual; (...)."

[440] "Art. 113. A incompetência absoluta deve ser declarada de ofício e pode ser alegada, em qualquer tempo e grau de jurisdição, independentemente de exceção. §1º. Não sendo, porém, deduzida no prazo da contestação, ou na primeira oportunidade em que lhe couber falar nos autos, a parte responderá integralmente pelas custas. §2º. Declarada a incompetência absoluta, somente os atos decisórios serão nulos, remetendo-se os autos ao juiz competente."

[441] "Art. 134. É defeso ao juiz exercer as suas funções no processo contencioso ou voluntário: I - de que for parte; II - em que interveio como mandatário da parte, oficiou como perito, funcionou como órgão do Ministério Público, ou prestou depoimento como testemunha; III - que conheceu em primeiro grau de jurisdição, tendo-lhe proferido sentença ou decisão; IV - quando nele estiver postulando, como advogado da parte, o seu cônjuge ou qualquer parente seu, consangüíneo ou afim, em linha reta; ou na linha colateral até o segundo grau; V - quando cônjuge, parente, consangüíneo ou afim, de alguma das partes, em linha reta ou, na colateral, até o terceiro grau; VI - quando for órgão de direção ou de administração de pessoa jurídica, parte na causa. Parágrafo único. No caso do nº IV, o impedimento só se verifica quando o advogado já estava exercendo o patrocínio da causa; é, porém, vedado ao advogado pleitear no processo, a fim de criar o impedimento do juiz; Art. 135. Reputa-se fundada a suspeição de parcialidade do juiz, quando: I - amigo íntimo ou inimigo capital de qualquer das partes; II - alguma das partes for credora ou devedora do juiz, de seu cônjuge ou de parentes deste, em linha reta ou na colateral até o terceiro grau; III - herdeiro presuntivo, donatário ou empregador de alguma das partes; IV - receber dádivas antes ou depois de iniciado o processo; aconselhar alguma das partes acerca do objeto da causa, ou subministrar meios para atender às despesas do litígio; V - interessado no julgamento da causa em favor de uma das partes. Parágrafo único. Poderá ainda o juiz declarar-se suspeito por motivo íntimo. Art. 136. Quando dois ou mais juízes forem parentes, consangüíneos ou afins, em linha reta e no segundo grau na linha colateral, o primeiro, que conhecer da causa no tribunal, impede que o outro participe do julgamento; caso em que o segundo se escusará, remetendo o processo ao seu substituto legal."

incumbido de substituir o Presidente, segundo as normas regimentais,[442] em regra, o Vice-Presidente do Tribunal.

3. A exordial suspensiva pode ser *recebida com reservas*, sendo, na ocasião, determinada a intimação da parte postulante para que promova a sua *emenda ou complementação*, no prazo de 10 dias, nos moldes do que dispõe o art. 284 do Código de Processo Civil.[443] Tal hipótese verificar-se-á quando a petição inicial não atender aos requisitos exigidos nos artigos 282 e 283 da mesma norma, ou apresentar defeitos ou irregularidades capazes de dificultar o seu julgamento, passíveis, outrossim, de serem sanados pela atuação da parte postulante.[444] Caso a emenda ou complementação não seja efetuada, a exordial suspensiva será rejeitada, nos moldes do disposto no item anterior.

4. A exordial pode ser *recebida*, posto que, na espécie, atendidos os pressupostos processuais e os requisitos processuais, mas o pedido imediatamente *indeferido*, por verificar, de plano, o Presidente do Tribunal, que a parte postulante não atende aos pressupostos materiais exigidos pela legislação, posto que os efeitos da decisão judicial que constitui o seu objeto não são capazes de lesionar gravemente a ordem, a saúde, a segurança ou a economia públicas, determinando-se, na mesma ocasião, a extinção do processo com esteio no art. 269, inc. I, do Código de Processo Civil.[445]

---

[442] Os pressupostos processuais são: jurisdição competente e imparcial, citação válida, capacidade processual, capacidade postulatória e petição inicial apta.

[443] "Art. 284. Verificando o juiz que a petição inicial não preenche os requisitos exigidos nos artigos 282 e 283, ou que apresenta defeitos e irregularidades capazes de dificultar o julgamento de mérito, determinará que o autor a emende, ou a complete, no prazo de 10 (dez) dias. Parágrafo único. Se o autor não cumprir a diligência, o juiz indeferirá a petição inicial."

[444] "(...) Quando a petição inicial contiver alguma irregularidade, é preciso que se indague sobre a natureza do vício. Sendo sanável a irregularidade, o juiz deve dar oportunidade ao autor para emendar a petição inicial, sob pena de cerceamento de defesa (...)" (NERY JÚNIOR; NERY. *Código de processo civil comentado e legislação extravagante*, p. 679).

[445] "Art. 269. Extingue-se o processo com julgamento de mérito: I - quando o juiz acolher ou rejeitar o pedido do autor (...)."

5. A exordial suspensiva pode ser *recebida*, posto que, na espécie, atendidos, numa primeira análise, os pressupostos processuais e os requisitos processuais, e, não sendo o caso de imediato indeferimento do pedido, determinar as seguintes providências:

a) deferir, liminarmente, o pedido de suspensão;

b) determinar a ouvida da parte demandada;

c) determinar a ouvida do Ministério Público;

d) determinar a ouvida do órgão jurisdicional prolator da decisão cujos efeitos se pretende suspender.

Tais providências serão objeto do próximo estudo.

7.4.2.1 Deferimento liminar do pedido de suspensão

Conforme analisamos acima, por *tutela jurisdicional liminar* devemos entender aquelas manifestações jurisdicionais prolatadas no limiar do desenvolvimento processual, em ocasião anterior à própria manifestação da parte contrária, para evitar ou impedir a iminente periclitação do suposto direito objeto da demanda. Possuem por característica fundamental o fato de serem exaradas no princípio do processo, em face de situação de urgência passível de inviabilizar a tutela jurisdicional definitiva que lhe segue e podem possuir contornos cautelares e antecipatórios, consoante visem, respectivamente, a simples conservação dos resultados práticos de outra manifestação jurisdicional ameaçada por um *periculum in mora*, ou, a efetiva precipitação dos efeitos da manifestação jurisdicional definitiva, nos casos legalmente previstos e quando presentes os pressupostos fáticos e jurídicos delas autorizadores segundo as normas jurídicas processuais aplicáveis, buscando evitar a incidência dos males decorrentes do tempo necessário para o desenvolvimento e conclusão do processo, dentre os quais a própria inefetividade do comando jurisdicional posterior.

No sentido acima proposto, ao receber a petição inicial e os documentos que a acompanham, o Presidente do Tribunal pode determinar, por tutela jurisdicional liminar, a imediata suspensão dos efeitos da execução da decisão judicial. Tal providência, contudo, somente restará autorizada quando os aludidos efeitos, além de capazes de lesionar gravemente a ordem, a saúde, a segurança ou a economia públicas, puderem fazê-lo iminentemente.[446] Nenhuma das normas que disciplinavam o instituto em estudo estabelecia a possibilidade da concessão liminar do pedido de suspensão, até que editada a Medida Provisória nº 2.180-35/2001, acrescentando dispositivos à Lei nº 8.437/92, dentre os quais o §7º do seu art. 4º.[447] Tal dispositivo, ademais, estendia sua aplicação, por expressa disposição legal, aos casos previstos nas leis nº 4.348/64 (norma atualmente revogada pela lei nº 12.016/2009) e nº 9.494/97.

A possibilidade de concessão de liminar, entretanto, jamais se limitou às hipóteses legais, sendo as referidas normas aplicadas, por analogia, às demais modalidades de suspensão, devendo, deste modo, ser oportunizada a adoção da tutela jurisdicional liminar em todas as hipóteses em que se faz cabível o manejamento do instituto.

A recente lei nº 12.016/09, em seu art. 15, §4º, admite, expressamente a possibilidade de concessão de liminar no incidente de suspensão, pelo presidente do tribunal, quando este constatar "em juízo prévio, a plausibilidade do direito invocado e a urgência na concessão da medida".

Observamos que a tutela jurisdicional liminar suspensiva possui natureza antecipatória, determinando a efetiva precipitação dos efeitos da manifestação jurisdicional definitiva, quando presentes os pressupostos fáticos e jurídicos delas autorizadores segundo as aludidas normas jurídicas processuais aplicáveis, buscando evitar a inefetividade do comando jurisdicional posterior, que constitui um dos males decorrentes do tempo necessário para o desenvolvimento e conclusão do processo. Tais normas dispõem sobre os requisitos para a citada antecipação, de observância obrigatória:

---

[446] Neste sentido, "(...) não podemos deixar de reconhecer que, se o *periculum in mora* eventualmente retratado no pedido de suspensão for de tal monta que o *prévio* estabelecimento do contraditório puder, *per se*, tornar inócua a medida, será legítima a atuação presidencial no sentido de decidir quanto à suspensão independentemente da oitiva do impetrante" (BUENO. *Liminar em mandado de segurança*: um tema com variações, p. 236).

[447] "(...) §7º O Presidente do Tribunal poderá conferir ao pedido efeito suspensivo liminar, se constatar, em juízo prévio, a plausibilidade do direito invocado e a urgência na concessão da medida."

1. a *plausibilidade do direito* invocado; e
2. a *urgência* na concessão da medida.[448]

Mas se a tutela suspensiva somente se autoriza em hipóteses excepcionais, consoante estudaremos adiante, a tutela suspensiva liminar, exarada sem a ouvida da parte contrária, somente se autoriza em *hipóteses excepcionalíssimas*, quando iminente a periclitação do direito, em face de situação de extrema urgência passível de inviabilizar a tutela jurisdicional lhe que segue, e ainda quando os argumentos explicitados na exordial e as provas documentais que a acompanham sejam capazes de evidenciar, irrefutavelmente, o atendimento dos pressupostos legais[449] antes vistos. Isto porque, no caso concreto, encontrando-se em colisão os princípios constitucionais do contraditório e da efetividade das tutelas jurisdicionais, dotados de mesma hierarquia normativa,

---

[448] "(...) Não se nega, contudo, que, na concessão do provimento, necessariamente posto sob um matiz de urgência que o qualifica, não está o Presidente do Tribunal vinculado à prévia oitiva da parte contrária ou do Ministério Público, pois podem correr, no caso concreto, circunstâncias fáticas temporais, dada *a urgência da pleiteada medida*, a dispensar tal oitiva. (...)" (GUTIÉRREZ. *Suspensão de liminar e de sentença na tutela do interesse público*, p. 58); "(...) A Medida Provisória 2.180-35 trouxe no §6º da Lei nº 8.437/92 a possibilidade da concessão do pedido de suspensão liminarmente, ou seja, *inaudita altera pars*, o que entendemos ser possível apenas em casos de extrema *urgência e perigo de perecimento do direito* (...)" (BRANDÃO. A suspensão das medidas de urgência nas ações contra o poder público à luz do devido processo legal. *Revista Dialética de Direito Processual*, n. 4, p. 39); "(...) Somente em casos de urgência, em que o estabelecimento do contraditório e o tempo que ele leva puderem comprometer a inteireza dos valores que o pedido de suspensão pretende tutelar, é que o §7º admite que a suspensão seja concedida liminarmente, isto é, postergando-se o contraditório dada a necessidade da tutela imediata de outro valor constitucionalmente garantido, pois que, de resto, é usual em todos os casos de pedidos de liminar fundados na necessidade da prestação jurisdicional (...)" (BUENO. *Mandado de segurança*: comentários às leis n. 1.533/51, 4.348/64 e 5.021/66 e outros estudos sobre mandado de segurança, p. 198); "(...) Ocorre, não raras vezes, que o caso submetido ao exame do presidente do tribunal põe a descoberto uma situação de extrema gravidade e urgência, não havendo tempo para se instaurar o prévio contraditório, sob pena de suprimir da pretendida suspensão a efetividade que dela possa resultar. Nesse caso, e para garantir a efetividade do comando judicial postulado, poderá o presidente do tribunal, imediatamente, deferir o pedido de suspensão, dispensando o prévio contraditório, desde que se verifique a relevância do fundamento e a urgência da medida pretendida (...)" (CUNHA. *A fazenda pública em juízo*, p. 244).

[449] "(...) Assim, pensamos, o deferimento de plano deveria ser regra excepcional restrita apenas aos casos em que o *periculum in mora* (risco de grave lesão ao interesse público) fosse tão sensível e proeminente que, somado à demonstração da existência desse mesmo risco de lesão, o órgão jurisdicional não pudesse aguardar 'um só minuto' para conceder a medida. Em outras palavras: que o tempo e a necessidade da medida requerida de sustação da eficácia não lhe permitam aguardar o parecer do *Parquet* e a oportunidade de manifestação do autor da demanda (...)" (RODRIGUES. *Suspensão de segurança*: sustação da eficácia de decisão judicial proferida contra o poder público, p. 178-179).

previstos respectivamente, nos incisos LV e XXXV, do art. 5º, da Constituição Federal, o Julgador, utilizando-se do *princípio da proporcionalidade*, realizará juízo de ponderação para prestigiar o segundo em detrimento primeiro.

E ao deferir, liminarmente, a tutela suspensiva, o julgador deverá atender ao disposto no art. 93, inc. IX, da Constituição Federal,[450] que exige a fundamentação das decisões judiciais, devendo, pois, sob pena de nulidade, explicitar os motivos que o conduziram ao acolhimento do pedido. Em seguida, deve determinar a publicação da decisão pelos órgãos incumbidos de realizar a comunicação oficial; a intimação da parte demandada; e a expedição de ofício ao órgão jurisdicional prolator da decisão cujos efeitos se paralisam, para que este adote as providências necessárias para o atendimento da suspensão.

7.4.2.2 Ouvida da parte demandada

Concedida, ou não, a tutela jurisdicional liminar suspensiva, deve o Presidente do Tribunal, em quaisquer das modalidades de suspensão, determinar a intimação da parte demandada, para que lhe seja oportunizada a manifestação em juízo sobre o pedido formulado pela pessoa jurídica de direito público ou a esta equiparada, posto não ser admissível que "o autor da demanda tenha suspensa a eficácia da decisão judicial que o favoreceu, decisão esta normalmente pautada num caráter de urgência, sem que se lhe oportunize a chance de ser ouvido acerca da medida que poderá vir a suportar".[451]

A necessidade de que seja ouvida a parte demandada, todavia, não se encontra prevista na maioria das normas que regulamentam o instituto jurídico-processual objeto do presente trabalho. Somente a Lei nº 8.038/90, em seu art. 25, §1º,[452] e a Lei nº 8.437/92, em seu

---

[450] "Art. 93. (...) IX - todos os julgamentos dos órgãos do Poder Judiciário serão públicos, e fundamentadas todas as decisões, sob pena de nulidade, podendo a lei, se o interesse público o exigir, limitar a presença, em determinados atos, às próprias partes e a seus advogados, ou somente a estes."

[451] RODRIGUES. *Suspensão de segurança*: sustação da eficácia de decisão judicial proferida contra o poder público, p. 181.

[452] "Art. 25. (...) §1º. O Presidente pode ouvir o impetrante, em cinco dias, e o procurador-Geral quando não for o requerente, em igual prazo."

art. 4º, §2º,[453] dispõem, expressamente, sobre a possibilidade de que seja ouvida a parte autora, sendo este último dispositivo também aplicado, por expressa disposição legal, aos casos previstos na Lei nº 9.494/97.[454] Mas, por analogia, e por submissão do procedimento às normas processuais inseridas na Constituição Federal, deve-se entender que tal providência deve ser efetivada em todas as hipóteses em que se faz cabível o manejamento do instituto.

De salutar importância, pois, asseverar, que os dispositivos de natureza processual inseridos na Constituição Federal devem ser observados no processamento do pedido de suspensão, dentre os quais se destaca aquele previsto no seu art. 5º, inc. LV, que assegura aos litigantes, em processo judicial, o contraditório e a ampla defesa, com os meios e recursos a ela inerentes, o que conduz, em face da supremacia e da aplicabilidade imediata nas normas constitucionais, à necessidade de que a providência jurisdicional do Presidente do Tribunal, para que seja oportunizada à parte demandada a manifestação em juízo sobre o pedido de suspensão, seja reconhecida como regra a ser observada em quaisquer das modalidades antes estudadas,[455] e em todos os processos ajuizados, mesmo naqueles em que se faz necessário o deferimento liminar do pedido. E a ausência de previsão legal não pode constituir óbice para a aplicação da norma constitucional, sob pena de torná-lo incompatível com a Constituição Federal, como bem tem alertado a doutrina nacional.[456]

---

[453] "Art. 4º. (...) §2º. O Presidente do Tribunal poderá ouvir o autor e o Ministério Público, em setenta e duas horas."

[454] "Art. 1º. Aplica-se à tutela antecipada prevista nos artigos 273 e 461 do Código de Processo Civil o disposto nos artigos 5º e seu parágrafo único e 7º da Lei nº 4.348, de 26 de junho de 1964, no art. 1º e seu §4º da Lei nº 5.021, de 9 de junho de 1966, e nos artigos 1º, 3º e 4º da Lei nº 8.437, de 30 de junho de 1992."

[455] Inclusive na hipótese de aditamento prevista no §8º da Lei nº 8.437/92.

[456] "(...) O art. 4º da Lei nº 4.348/64 é omisso quanto à necessidade de prévia oitiva do impetrante para fins de suspensão da liminar ou dos efeitos de sentença concessiva proferida em mandado de segurança. O §1º do art. 25 da Lei nº 8.038/90, por seu turno, dispõe que, antes da suspensão do ato o presidente do tribunal poderá ouvir o impetrante e a procuradoria-geral (nos casos em que não for este órgão o requerente) no prazo de cinco dias. À luz dos incisos LIV e LV do art. 5º da CF, parece que *esta disposição deve receber interpretação ampla, não somente no sentido de ser verdadeira imposição (e não mera faculdade) para o presidente do tribunal ouvir, previamente à suspensão, o impetrante e o Ministério Público na qualidade de custus legis, mas, também,*

Mas a questão não se faz de todo pacificada, posto que alguns doutrinadores brasileiros entendem pela simples faculdade,

espraiando-se para todos os casos de suspensão da liminar pelos fundamentos constantes neste art. 25 da Lei n° 8.038/90 que, substancialmente, em nada diferem do comando do art. 4º da Lei n° 4.348/64 e do art. 12 da Lei n° 7.347/85(...)" (BUENO. *Liminar em mandado de segurança*: um tema com variações, p. 234, grifos nossos); "(...) ... o silêncio do art. 4º da Lei n° 4.348/64 quanto a oitiva pelo Presidente do Tribunal da outra parte ou do Ministério Público *não conduz à implícita proibição de tal chamamento, até mesmo em consonância com os princípios gerais do processo, que o exigem. (...)"* (GUTIÉRREZ. *Suspensão de liminar e de sentença na tutela do interesse público*, p. 58, grifos nossos); "(...) O pedido de suspensão de segurança previsto pela Lei n° 4.348/64 (art. 4º), diferentemente do que foi feito na Lei n° 8.437/92 e do que consta na Lei n° 8.038, é omisso quanto a este ponto. A despeito disso, não podemos deixar de dizer que, também neste caso, o contraditório deve ser observado, antes da interposição do agravo, o relator deverá, ao receber o pedido de suspensão de liminar em mandado de segurança, determinar a oitiva da parte adversa que possui uma liminar em seu favor para que se manifeste e, com isso, demonstrar as suas razões para manter em vigência a liminar obtida. O §2º do art. 4º da Medida Provisória n° 2.180-35 facultou ao Presidente do Tribunal ouvir o autor (ou seja, a parte contrária) em setenta e duas horas. Esta previsão, ainda mais do que a participação do Ministério Público, revela-se absolutamente *indispensável em atendimento aos princípios da bilateralidade da audiência e da ampla defesa.* As peculiaridades deste incidente processual não são suficientes para afastar tais garantias, há sempre que se lembrar que estamos diante de um procedimento judicial e que as regras 'básicas' de processo devem ser atendidas, sob pena de inconstitucionalidade (...)" (ALVIM. Suspensão da eficácia da decisão liminar ou da sentença em mandado de segurança: aspectos controvertidos do art. 4º da Lei 4.348/64. In: BUENO; ALVIM; WAMBIER (Coord.). *Aspectos polêmicos e atuais do mandado de segurança*: 51 anos depois, p. 265, grifos nossos); "(...) Apesar de o art. 4º da Lei 4.348/64 ser omisso no tocante à implementação do contraditório, *deve-se, à luz dos princípios constitucionais do contraditório e da ampla defesa, entender obrigatória a comunicação ao sujeito ativo (impetrante) do pedido de suspensão, a fim de, querendo, apresentar resposta, sob pena de nulidade da decisão.* Assim, nas leis 8.038/90 e 8.437/92, onde se lê o presidente do tribunal pode ouvir o autor e o Ministério Público, deve-se extrair a ilação de que é obrigatória a formação do contraditório (...)" (OLIVEIRA. Incidente de suspensão de execução de liminar e de sentença em mandado de segurança. In: BUENO; ALVIM; WAMBIER (Coord.). *Aspectos polêmicos e atuais do mandado de segurança*: 51 anos depois, p. 401, grifos nossos); "(...) No procedimento do pedido de suspensão da liminar, a oitiva da parte contrária está expressamente prevista como faculdade do julgador, no §2º do art. 4º da Lei n° 8.437/92, no §1º do art. 25 da Lei n° 8.038/90, bem como nos Regimentos Internos dos Supremo Tribunal Federal e do Superior Tribunal de Justiça, respectivamente nos arts. 297, §1º e 271, §1º, mas, *por analogia, é regra que deve ser observada em todos os casos e instâncias, em respeito aos princípios do contraditório e da ampla defesa.* Entendemos, outrossim, que, *de acordo com uma interpretação consentânea com os princípios constitucionais, nos casos em que a regra do contraditório vem expressamente prevista, a oitiva em questão não pode ser vista como uma faculdade do juiz, mas sim como um imperativo* (...)" (BRANDÃO. A suspensão das medidas de urgência nas ações contra o poder público à luz do devido processo legal. *Revista Dialética de Direito Processual*, n. 4, p. 39, grifos nossos); "(...) não podemos admitir que o autor da demanda tenha suspensa a eficácia da decisão judicial que o favoreceu, decisão esta normalmente pautada num caráter de urgência, sem que se lhe oportunize a chance de ser ouvido acerca de medida que poderá vir a suportar (...)" (RODRIGUES. *Suspensão de segurança*: sustação da eficácia de decisão judicial proferida contra o poder público, p. 181).

e não obrigatoriedade, de que o Presidente do Tribunal determine a ouvida da parte contrária,[457] entendimento, obviamente, com o qual não se pode concordar, posto que o contraditório e a ampla defesa constituem direitos fundamentais que na hipótese não admitem restrição.

Com efeito, em homenagem aos princípios constitucionais do contraditório e da ampla defesa, que não devem ser mitigados salvo em situações excepcionais, não se deve entender por dispensável a ouvida da parte contrária no processamento do pedido de suspensão, que deve ser intimada para apresentar, se desejar, instrumento por escrito apresentando suas razões de defesa e documentos, ocasião em que poderá fornecer ao Julgador elementos fáticos e jurídicos importantes para a justa apreciação da demanda, servindo, pois, como obstáculo para a interposição de pedidos de suspensão fundados em falsas razões de interesse público. E consoante bem alerta Cássio Scarpinella Bueno, considerando serem diversos os fundamentos explicitados para a postulação suspensiva, "necessário que seja realizado o contraditório para que o presidente do tribunal tenha à sua disposição (...) todos os elementos (...) para a escorreita realização da interpretação do fato à luz da norma".[458]

Neste ínterim, convém esclarecer que as razões de defesa não se devem circunscrever na necessidade de que seja mantido o conteúdo da decisão judicial cujos efeitos se busca suspender, posto que, na hipótese, indiscutível sua juridicidade, eis que o

---

[457] "(...) Tendo a Lei nº 4.348/64 determinado que a suspensão da liminar se fizesse mediante 'despacho fundamentado' parece impraticável que isto possa ocorrer por parte do Presidente do Tribunal, sem que antes ouça a parte contrária (...)" (ATHENIENSE. A suspensão da liminar no mandado de segurança. *Revista de Informação Legislativa*, v. 26, n. 103, p. 279); "(...) Note-se, por outro lado, que, em linha de princípio, nos autos do pedido de suspensão, não há espaço para o florescimento do contraditório. Contudo, o presidente do Tribunal ad quem, tem a *faculdade* (não a obrigação), de, a priori, no prazo de cinco (5) dias, ouvir o autor e o Ministério Público (...)" (CONTE. Suspensão de execução de medidas liminares e sentenças contra o poder público. *Revista de Direito da Procuradoria Geral do Estado do Rio de Janeiro*, n. 48, p. 121, grifos nossos); "(...) Ouvidos ou não, *a critério* da Presidência, o Ministério Público e o autor (...)" (NORTHFLEET. Suspensão de sentença e de liminar. *Revista do Instituto dos Advogados de São Paulo – Nova Série*, v. 1, n. 2, p. 172); "(...) Consiste em uma faculdade dos Presidentes dos Tribunais ouvir o impetrante acerca da suspensão da liminar ou da sentença concessiva da segurança (...)" (QUEIROZ NETO. Suspensão de segurança: uma análise à luz da doutrina e da jurisprudência. *Revista do Tribunal Regional Federal – 1ª Região*, v. 14, n. 5, p. 33).

[458] BUENO. *Liminar em Mandado de Segurança*: um tema com variações, p. 235.

instituto em estudo não tem por objeto a impugnação do aludido conteúdo. As razões de defesa devem procurar demonstrar que o ordenamento jurídico não acolhe a postulação suspensiva, por não se encontrar patenteada a possibilidade de que os efeitos da decisão judicial causem grave dano à ordem, saúde, segurança e economia públicas.

Deve-se observar, ademais, que a referida providência, além de obrigatória em face da norma constitucional, faz-se indispensável para a própria apreciação do pedido de suspensão pelo órgão jurisdicional, eis que este deve necessariamente realizar, consoante estudaremos adiante, a ponderação dos interesses público e particular em conflito, prestigiando ou não o interesse público em face do interesse individual, que deve, portanto, ser previamente objeto de conhecimento pelo aludido órgão jurisdicional.

Ainda sobre a apresentação de defesa pela parte demandada, dispõe a Lei nº 8.038/90, em seu art. 25, §1º,[459] que esta deverá verificar-se no prazo de cinco dias, e a Lei nº 8.437/92, em seu art. 4º, §2º,[460] que esta deverá verificar-se no prazo de 72 (setenta e duas) horas, prazo este também aplicado nos casos previstos na Lei nº 9.494/97,[461] e, por analogia, nas demais hipóteses em que se faz cabível o manejamento do instituto. A legislação, consoante se observa, não se manifesta uniforme, além de estabelecer tempo extremamente exíguo para que a parte contrária providencie a elaboração da peça de defesa e a coleta das provas documentais que devem acompanhá-la, o que, *de lege ferenda*, deveria receber tratamento diverso, seguindo-se, por exemplo, o prazo de cinco dias estabelecido no art. 802 do Código de Processo Civil Brasileiro para a defesa no processo cautelar.[462]

---

[459] "Art. 25. (...) §1º. O Presidente pode ouvir o impetrante, em cinco dias, e o procurador-Geral quando não for o requerente, em igual prazo."

[460] "Art. 4º. (...) §2º. O Presidente do Tribunal poderá ouvir o autor e o Ministério Público, em setenta e duas horas."

[461] "Art. 1º. Aplica-se à tutela antecipada prevista nos artigos 273 e 461 do Código de Processo Civil o disposto nos artigos 5º e seu parágrafo único e 7º da Lei nº 4.348, de 26 de junho de 1964, no art. 1º e seu §4º da Lei nº 5.021, de 9 de junho de 1966, e nos artigos 1º, 3º e 4º da Lei nº 8.437, de 30 de junho de 1992."

[462] "Art. 802. O requerido será citado, qualquer que seja o procedimento cautelar, para, no prazo de 5 (cinco) dias, contestar o pedido, indicando as provas que pretende produzir."

O atendimento ao princípio do contraditório, ademais, não impede a apreciação liminar do pedido de suspensão, *inaudita altera parte*, sem a prévia ouvida da parte contrária, eis que esta hipótese patenteia situação excepcional onde se faz possível a restrição do aludido direito fundamental. Quando, assim, verificar-se a urgente necessidade da medida, sob pena de periclitação iminente dos bens jurídicos que se busca tutelar, o contraditório fica diferido para uma ocasião posterior,[463] podendo a parte demandada utilizar-se do recurso de agravo ou do pedido de reconsideração.

7.4.2.3 Ouvida do Ministério Público

Depois de ultrapassado o prazo para que a parte demandada apresente suas razões de defesa, deve o Presidente do Tribunal, em quaisquer das modalidades de suspensão, determinar a ouvida do Ministério Público, para que na qualidade de *custus legis*, nos termos do art. 82, inc. III, do Código de Processo Civil Brasileiro,[464] possa de manifestar sobre a postulação suspensiva, emitindo parecer jurídico sobre o caso. Isto porque, nos moldes do art. 127, da Constituição Federal de 1988, incumbe ao Ministério Público a "defesa da ordem jurídica, do regime democrático e dos interesses sociais e individuais indisponíveis".

Embora a intervenção ministerial deva se efetivar em quaisquer das hipóteses de suspensão, a legislação em vigor não deixou de ser deficiente nesta questão: a previsão normativa para tanto somente se realiza na Lei n° 8.038/90, em seu art. 25, §1º[465] e na Lei n° 8.437/92, em seu art. 4º, §2º,[466] sendo esta última norma também

---

[463] "(...) Ainda que se afigure inviável a aludida oitiva da outra parte, isto não descaracteriza a natureza processual, nem o contraditório, que apenas ficaria diferido para fase posterior, ou, até mesmo, para o recurso genérico, em que haveria a mais ampla cognição (...)" (GUTIÉRREZ. *Suspensão de liminar e de sentença na tutela do interesse público*, p. 59).

[464] "Art. 82. Compete ao Ministério Público intervir: (...) III - nas ações que envolvam litígios coletivos pela posse da terra rural e nas demais causas em que há interesse público evidenciado pela natureza da lide ou qualidade da parte."

[465] "Art. 25. (...) §1º. O Presidente pode ouvir o impetrante, em cinco dias, e o procurador-Geral quando não for o requerente, em igual prazo."

[466] "Art. 4º. (...) §2º. O Presidente do Tribunal poderá ouvir o autor e o Ministério Público, em setenta e duas horas."

estendida, por expressa previsão legal, aos casos disciplinados pela Lei nº 9.494/97.[467]

A ausência de previsão normativa, entretanto, não deve ser considerada óbice para a adoção da providência jurisdicional em foco em todas as modalidades de suspensão, consoante tem lecionado os juristas nacionais,[468] posto que a intervenção do Ministério Público, nas causas em que se evidencia o interesse público, se faz necessária sob pena de nulidade do processo, nos moldes do que dispõe o art. 246 do Código de Processo Civil.[469] E o interesse público, na questão, não decorre do interesse da pessoa jurídica de direito público ou a esta equiparada, de suspender os efeitos da decisão judicial que constitui o seu objeto, mas no interesse público de se resguardar a efetividade das tutelas jurisdicionais, somente arredado em situações excepcionais. A ouvida do Ministério Público, portanto, em todos os casos, não pode ser concebida como mera faculdade dos Presidentes dos Tribunais, mas como obrigação que lhe incumbe, sob pena de nulidade da futura tutela jurisdicional.

---

[467] "Art. 1º. Aplica-se à tutela antecipada prevista nos artigos 273 e 461 do Código de Processo Civil o disposto nos artigos 5º e seu parágrafo único e 7º da Lei nº 4.348, de 26 de junho de 1964, no art. 1º e seu §4º da Lei nº 5.021, de 9 de junho de 1966, e nos artigos 1º, 3º e 4º da Lei nº 8.437, de 30 de junho de 1992."

[468] "(...) *não pode ser olvidada a necessária participação do MP como custos legis* no procedimento incidental, seja antes, seja depois de concedida a medida, todas as vezes que não tenha ele mesmo requerido a suspensão (...)" (RODRIGUES. *Suspensão de segurança*: sustação da eficácia de decisão judicial proferida contra o poder público, p. 122, grifos nossos); "(...) O art. 4º da Lei nº 4.348/64 é omisso quanto à necessidade de prévia oitiva do impetrante para fins de suspensão da liminar ou dos efeitos de sentença concessiva proferida em mandado de segurança. O §1º do art. 25 da Lei nº 8.038/90, por seu turno, dispõe que, antes da suspensão do ato o presidente do tribunal poderá ouvir o impetrante e a procuradoria-geral (nos casos em que não for este órgão o requerente) no prazo de cinco dias. À luz dos incisos LIV e LV do art. 5º da CF, parece que *esta disposição deve receber interpretação ampla, não somente no sentido de ser verdadeira imposição (e não mera faculdade) para o presidente do tribunal ouvir, previamente à suspensão, o impetrante e o Ministério Público na qualidade de custus legis, mas, também, espraiando-se para todos os casos de suspensão da liminar pelos fundamentos constantes neste art. 25 da Lei nº 8.038/90* que, substancialmente, em nada diferem do comando do art. 4º da Lei nº 4.348/64 e do art. 12 da Lei nº 7.347/85 (...)" (BUENO. *Liminar em mandado de segurança*: um tema com variações, p. 234, grifos nossos); "(...) o silêncio do art. 4º da Lei nº 4.348/64 quanto a oitiva pelo Presidente do Tribunal da outra parte ou do Ministério Público *não conduz à implícita proibição de tal chamamento, até mesmo em consonância com os princípios gerais do processo, que o exigem* (...)" (GUTIÉRREZ. *Suspensão de liminar e de sentença na tutela do interesse público*, p. 58, grifos nossos).

[469] "Art. 246. É nulo o processo, quando o Ministério Público não for intimado a acompanhar o feito em que deva intervir".

7.4.2.4 Ouvida do órgão jurisdicional de origem

Consoante doutrinam Cristina Gutiérrez[470] e Tourinho Neto,[471] embora não exista qualquer previsão normativa, o Presidente do Tribunal pode oficiar o órgão jurisdicional para que este lhe preste informações que considera importantes para a apreciação da postulação suspensiva. A citada providência jurisdicional, embora não possa ser considerada obrigatória, se faz dotada de grande utilidade principalmente para fins de análise do interesse processual, quando pairarem dúvidas sobre a manutenção dos efeitos que se buscam suspender.[472] Othon Sidou, entretanto, entende que o procedimento em estudo, por sua excepcionalidade, se desenvolve "sem qualquer interveniência, mesmo informação, do juiz encarregado do pleito".[473]

7.4.3 Fase decisória

7.4.3.1 A cognição

A *cognição* deve ser entendida, em amplo sentido, como a atividade desenvolvida pelos órgãos jurisdicionais destinada ao conhecimento, percepção, apreensão, ou compreensão do objeto posto sob sua análise e julgamento. Ou, segundo Kazuo Watanabe, "um ato de inteligência, consistente em considerar, analisar e valorar as alegações e as provas produzidas pelas partes, vale dizer, as questões de fato e de direito que são deduzidas no processo e cujo resultado é o alicerce, o fundamento do *judicium*, do julgamento do objeto litigioso do processo".[474]

---

[470] GUTIÉRREZ. *Suspensão de liminar e de sentença na tutela do interesse público*, p. 85.

[471] TOURINHO NETO. *Suspensão de segurança e de liminares pelos presidentes dos tribunais*, p. 17.

[472] O órgão jurisdicional de origem pode informar, com segurança, se restaram consumados todos os efeitos decorrentes da tutela jurisdicional; se cessaram os efeitos da tutela jurisdicional por advento de sua caducidade, revogação, incorporação ou reforma; se transitou em julgado a tutela jurisdicional definitiva cujos efeitos se buscam obstar; ou se transitou em julgado a tutela jurisdicional definitiva ratificatória de anterior tutela jurisdicional antecipatória ou cautelar cujos efeitos se buscam obstar.

[473] SIDOU. *Do mandado de segurança*, p. 457.

[474] WATANABE. *Da cognição no processo civil*, p. 41.

Consoante ensina a doutrina nacional, a cognição se desenvolve em consonância com a ação judicial, podendo assumir diferentes graus de intensidade (vertical) ou de amplitude (horizontal).[475] A cognição, portanto, no plano vertical, varia segundo a maior ou menor intensidade ou profundidade da atividade desenvolvida pelo órgão jurisdicional, e no plano horizontal, segundo a maior ou menor amplitude ou extensão deste mesmo conhecimento.

Segundo o *grau de intensidade*, a cognição pode ser:

1. *exauriente*, quando a atividade desenvolvida pelos órgãos jurisdicionais resulta em conhecimento pleno, completo, integral, do objeto; se exige, em regra, para a análise e julgamento definitivo das ações cognitivas ordinárias, sumárias, especiais de pequenas causas ou outras especiais (mandado de segurança), com a formação da coisa julgada material;

2. *sumária*, quando a atividade desenvolvida pelos órgãos jurisdicionais resulta em conhecimento apenas parcial do objeto; se exige, em regra, para a analise e julgamento de pedidos cautelares ou antecipatórios, sem que se verifique a formação da coisa julgada material; manifesta-se, pois, quando, em razão de situação de urgência, não seja possível a cognição exauriente, o juízo de certeza, sendo autorizado, pelo ordenamento jurídico, o simples juízo de probabilidade;

3. *superficial*, quando a atividade desenvolvida pelos órgãos jurisdicionais resulta em conhecimento apenas aparente do objeto, o juízo de verossimilhança; se exige, em regra, para a análise e julgamento de pedidos liminares.

Segundo o *grau de amplitude*, a cognição pode ser:

1. *plena*, quando a cognição atinge toda a extensão fático-jurídica do conflito de interesses;

---

[475] "(...) A cognição pode ser referida a dois planos distintos: horizontal, que diz respeito à amplitude de conhecimento do juiz; e vertical, que pertine à profundidade da cognição do magistrado acerca da afirmação dos fatos (...)" (MARINONI. *Tutela cautelar e tutela antecipatória*, p. 21).

2. *parcial*, quando atinge apenas uma parcela do conflito de interesses, em função do próprio objeto litigioso ou de limitações impostas pelo ordenamento jurídico.

Como estudado anteriormente, o instituto objeto do presente trabalho, sendo regido por leis extravagantes, processa-se segundo procedimento especial, sendo-lhe aplicado, de modo subsidiário, o procedimento comum ordinário, nos termos do parágrafo único do art. 272 do Código de Processo Civil Brasileiro.[476] E o procedimento especial aplicável ao processamento do pedido de suspensão, assim como os demais procedimentos especiais, deve adequar-se às peculiaridades da respectiva ação judicial, exigindo, portanto, diferentes técnicas de cognição para a análise e julgamento das pretensões nelas formuladas.

Seguindo tais orientações, a cognição, na suspensão dos efeitos de tutelas jurisdicionais, se desenvolve:

1. quanto a sua intensidade, de modo:

   a) *exauriente*, nas *tutelas definitivas*, posto que os Presidentes dos Tribunais apreciam os pedidos de suspensão após prévio conhecimento pleno, completo, integral, do objeto da demanda (suspensão dos efeitos de determinada tutela jurisdicional por grave lesão à ordem, à saúde, à segurança e à economia públicas);

   b) *superficial*, nas *tutelas liminares*;

2. quanto a sua amplitude, de modo *parcial*, posto que o objeto sob análise do órgão jurisdicional se refere a apenas uma parcela do conflito de interesses, que constitui a suspensão dos efeitos de determinada tutela jurisdicional por grave lesão à ordem, à saúde, à segurança e à economia públicas.

Asseverar, contudo, que na suspensão dos efeitos de tutelas jurisdicionais, a cognição se faz de forma exauriente, não se faz incompatível com o fato de se desenvolver o mesmo procedimento

---

[476] "Art. 272. (...). Parágrafo único. O procedimento especial e o procedimento sumário regem-se pelas disposições que lhe são próprias, aplicando-se-lhes, subsidiariamente, as disposições gerais do procedimento ordinário."

de modo sumário, ou seja, "num tempo menor ao daquele que seria dispendido pelo procedimento ordinário, face à aceleração dos atos procedimentais, que são praticados num espaço mais curto de tempo",[477] posto que a intensidade e da amplitude da cognição não possuem relação direta com o procedimento adotado.

7.4.3.2 A cognição e as questões processuais e meritórias pertinentes à demanda originária

Em face de se desenvolver a cognição, no procedimento do instituto em estudo, quanto à sua amplitude, de modo apenas parcial, *as questões processuais ou meritórias pertinentes à demanda principal*, àquela em que repousa a tutela jurisdicional cujos efeitos se busca suspender, *não integram o objeto submetido à apreciação e julgamento* dos Presidentes dos Tribunais, como, aliás, tem sido amplamente reconhecido por grande parcela da doutrina nacional. Segundo defendem tais doutrinadores,[478] com

---

[477] MARINONI. *Tutela cautelar e tutela antecipatória*, p. 30.

[478] "(...) Ora, a *legalidade da decisão, matéria de mérito*, somente pode ser conhecida em sede da apelação, ou, então, em mandado de segurança contra ato judicial ou, quando for o caso, em agravo de instrumento, nos termos da Lei 9.139, de 30.11.95, ou, ainda, na cautelar a ser requerida diretamente aos tribunais. Não é, pois, o caso de ser examinada pelo presidente do tribunal (...)" (FIGUEIREDO. *Mandado de segurança*, p. 157); "(...) Não se faz, no procedimento de suspensão, controle de mérito da ação proposta. Busca-se, ali, tão só, a ocorrência ou não dos pressupostos de grave lesão à ordem, à saúde, à segurança e à economia públicas. Atendidos tais pressupostos, a suspensão é deferida, ainda que a liminar tenha sido concedida com a observância de seus requisitos legais (...)" (VIANA. *Efetividade do processo em face da fazenda pública*, p. 237-238); "(...) Compete, destarte, ao Presidente do Tribunal, em linha de princípio, tão-somente, verificar se da execução da medida resultará grave lesão a qualquer dos bens jurídicos, arrolados (...), abstraindo-se do exame da ocorrência, ou não, em concreto, dos pressupostos legais autorizadores do deferimento da liminar. No contexto do pedido de suspensão da execução da liminar, de caráter excepcional e diâmetro estreito, descabe especular-se acerca do mérito da ação ou discutir a juridicidade da medida liminar, cuja suspensão é almejada. Cabe, nessa moldura, tão-só e apenas, a verificação se da execução da liminar resulta *ameaça de grave lesão* aos bens jurídicos de superlativa importância, como sejam, a *ordem, segurança, saúde e economia públicas* — *conceitos jurídicos indeterminados*, que se subordinam, em certa medida a uma dose de discricionariedade, no juízo de concessão (...)" (CONTE. Suspensão de execução de medidas liminares e sentenças contra o poder público. *Revista de Direito da Procuradoria Geral do Estado do Rio de Janeiro*, n. 48, p. 124); "(...) Não se lhe concede a possibilidade de examinar a presença dos requisitos ensejadores da concessão da liminar, operação reservada para o julgamento do recurso cabível (...)" (WALD. *Do mandado de segurança na prática judiciária*, p. 204); "(...) Não se examina, em princípio, o presidente do tribunal se a decisão é ou não correta, justa ou injusta, legal ou ilegal, se foram ou não analisados os pressupostos para a concessão da

grande acerto, as questões relativas à ação originária, à demanda principal, quer sejam meritórias, quer sejam processuais, não constituem objeto de análise e julgamento da suspensão dos efeitos de tutelas jurisdicionais, sendo-lhes afetas *questões processuais e meritórias próprias*, absolutamente diversas daquelas ventiladas na ação judicial onde exarada a decisão cujos efeitos se impugna.

Segundo ainda tal entendimento, as questões processuais e meritórias pertinentes à tutela jurisdicional objetada pelo pedido de suspensão somente podem ser discutidas através dos meios processuais adequados para tanto, dentre os quais se destacam os *recursos* ou *sucedâneos recursais* contra ela cabíveis, sendo vedada a sua discussão na análise e julgamento do aludido pedido de suspensão, que possui objeto específico e bem delineado, qual seja, a *suspensão dos efeitos da execução de determinada tutela jurisdicional por grave lesão aos interesses públicos* tutelados pela legislação regente, objeto este bastante alheio ao dos recursos ou sucedâneos recursais, que constitui a *anulação*, a *reforma*, a

---

liminar ou para a procedência da ação. De examinar, tão somente, se o ato judicial causa grave lesão á ordem, à saúde, à segurança e à economia públicas (...)" (TOURINHO NETO. *Suspensão de segurança e de liminares pelos presidentes dos tribunais*, p. 12-13); "(...) A nova lei teve também o mérito de cortar a indeterminação dos motivos da suspensão, que ficavam dependentes apenas da opinião pessoal da autoridade competente para a suspensão, levando a excessos, como já vimos em casos em que a suspensão se fundou em ser errada a sentença concessiva do mandado. Ora, isto é matéria a ser decidida no reexame às sentenças através do recurso normal, e não fundamento para a suspensão da execução (...)" (BARBI. *Do mandado de segurança*. 3. ed., p. 318); "(...) A concessão da medida prescinde de qualquer juízo quanto à incorreção da decisão atacada, *v. g.*, a análise do preenchimento dos requisitos do *fumus boni iuris* e do *periculum in mora* para a concessão da liminar (art. 273 do CPC). Deve ater-se o julgador à aferição do dano — que entendemos dever ser incontroverso — aos valores tutelados pela norma do art. 4° da lei n° 4.348/64, quais sejam, a ordem, a segurança, a economia e a saúde públicas (...)" (SOUZA. O incidente da suspensão de execução de decisões liminares e de sentenças no âmbito das agências reguladoras. *Revista da ABPI*, n. 63, p. 36); "(...) No processo de suspensão da medida liminar, ou da sentença, não se questiona o mérito da impetração do mandado de segurança, mas tão-só se verifica a ocorrência, ou não, dos pressupostos estabelecidos pela lei (...)" (MACHADO. *Mandado de segurança em matéria tributária*, p. 152); "(...) Ao apreciar o pedido de suspensão de liminar, o presidente do tribunal não adentra no âmbito da controvérsia instalada na demanda, não examinando o mérito da contenda principal (...)" (CUNHA. *A fazenda pública em juízo*, p. 230); "(...) O único objeto do pedido de suspensão da medida liminar, nos termos do dispositivo legal que o autoriza, é o de *evitar grave lesão à ordem, à saúde, à segurança e a economia públicas*, daí descaber na formulação outro qualquer pleito, máxime a anulação, revogação ou substituição do provimento sob a alegação de *erro de julgamento ou erro de procedimento* (...)" (MAIA FILHO. *Estudos processuais sobre o mandado de segurança*, p. 142).

integração ou o *aclaramento* do conteúdo da tutela jurisdicional. Em consonância ainda com tal postura, a *injuridicidade* do conteúdo da decisão judicial, embora possa restar presente, não constitui pressuposto para o deferimento do pedido de suspensão, que se resume à potencialidade de lesão grave à ordem, à saúde, à segurança ou à economia públicas decorrente dos efeitos da sua execução, como descreve a legislação específica; a decisão judicial, pois, em absoluta consonância com o ordenamento jurídico nacional, revestida, pois, de indubitável juridicidade, pode ter os efeitos de sua execução excepcionalmente obstados por malferimento aos aludidos interesses públicos.

Dentre os representantes da doutrina mencionada, destaca-se Marcelo Abelha Rodrigues, que bem esclarece:

> Todos os textos legais que cuidam do tema são claros quando mencionam que o instituto em estudo tem por objeto a suspensão de execução do pronunciamento, cuja razão e motivo para tal é ao de evitar a grave lesão ao interesse público. Dessa forma, a única preocupação do órgão é aferir se está presente o risco de dano diante da execução da decisão proferida (...). Vale dizer que o mérito do instituto, qual seja, o seu objeto de julgamento, não coincide com o da causa principal, não sendo lícito, pois, que o órgão jurisdicional competente para apreciar o instituto em tela possa pretender funcionar como órgão de duplo grau de jurisdição para reformar a decisão recorrida (...). O que justifica, pois, a suspensão da execução da decisão não é a sua injuridicidade (da decisão), ainda que tal possa ocorrer, porque, repito e repiso, o objeto de julgamento desse incidente é a verificação se há o risco potencial de grave lesão entre a decisão proferida e os interesses públicos tutelados pelo incidente (...). As razões que justificam o pedido de suspensão de execução de pronunciamento judicial não se associam à juridicidade ou antijuridicidade da decisão prolatada, isto é, não são conseqüência de uma suposta legalidade ou ilegalidade do pronunciamento que se pretende suspender a eficácia. Bem pelo contrário, as razões e motivos da suspensão são para evitar grave lesão à ordem, à saúde e à economia públicas, independentemente do acerto ou desacerto da decisão que terá sua eficácia suspensa. A licitude ou ilicitude da decisão deverão ser atacadas pela via própria recursal que terá o condão, pois, de apreciar as razões jurídicas da decisão, para só então reformá-la ou cassá-la.[479]

---

[479] RODRIGUES. *Suspensão de segurança*: sustação da eficácia de decisão judicial proferida contra o poder público, p. 135-137.

A questão, entretanto, importa registrar, não se encontra pacificada, posto que outro segmento importante da doutrina[480]

---

[480] "Substancialmente, apesar de o poder de polícia ser infenso a qualquer casuísmo, cabe aos tribunais dizer dos seus limites, e para que ele se legitime hão de concorrer dois requisitos: 1) inviolabilidade de preceito constitucional; 2) *imotivação ou injustiça aberrante*" (SIDOU. *Do mandado de segurança*, p. 448, grifos nossos); "(...) Isto porque se a situação fática apresentada ao presidente do tribunal da corte recursal respectiva não denotar situação antijurídica e ilegítima, não tem cabida a suspensão da liminar ou dos efeitos da sentença proferida em mandado de segurança (...). Em última análise, se inexiste qualquer grau de antijuridicidade na decisão cuja eficácia se pretende suspender, não há como se cogitar, *in concreto*, da aplicação do princípio da supremacia do interesse público sobre o interesse privado (...)" (BUENO. *Liminar em mandado de segurança*: um tema com variações, p. 222); "(...) os pressupostos para o deferimento da suspensão de segurança são de um juízo misto: o *periculum in mora*, constituído por um dos valores previstos na lei (ordem, segurança, saúde ou economia públicas) e o *fumus boni iuris*, consubstanciado na probabilidade de a decisão liminar (ou a sentença) contra a qual se pede a suspensão ser contrária às normas existentes na ordem jurídica (...)" (QUEIROZ NETO. Suspensão de segurança: uma análise à luz da doutrina e da jurisprudência. *Revista do Tribunal Regional Federal – 1ª Região*, v. 14, n. 5, p. 31); "(...) Em nosso sentir, só pode ter cabimento (ou melhor, só pode ser acolhido) o requerimento de suspensão se efetivamente se fizer presente na hipótese a ser examinada, além da possibilidade de lesão aos bens pela lei tutelados (ordem, saúde, segurança e economia públicas), o *fumus boni iuris*. Isto porque todos os motivos enumerados pela Lei nº 4.348 (art. 4º), ainda que reconhecidos como de *interesse público*, são motivos de ordem estritamente política, esfera na qual o Judiciário não poderia adentrar, sendo assim, esses motivos devem estar conjugados, *ainda que não previsto expressamente na lei*, com a demonstração de questões que envolvam a legalidade do ato impugnado ou a possibilidade de êxito ao final da demanda (...)" (ALVIM. Suspensão da eficácia da decisão liminar ou da sentença em mandado de segurança: aspectos controvertidos do art. 4º da Lei 4.348/64. In: BUENO; ALVIM; WAMBIER (Coord.). *Aspectos polêmicos e atuais do mandado de segurança*: 51 anos depois, 2002. p. 265); "(...) Como a norma não fez referência ao mérito da causa ou à correção da decisão, prevalece na jurisprudência o entendimento de que o ato que suspende a execução da decisão se limita a analisar os aspectos políticos, não investigando a matéria de mérito. Vale dizer, o presidente do tribunal não investiga a correção da decisão judicial, de forma que, no atendimento aos valores superiores, pode ele deferir a suspensão da execução de uma decisão judicial, ainda que proferida à luz da ordem jurídica. Entretanto, como já anteriormente consignado, é cediço que o interesse, para ser público, tem que estar em consonância com a ordem jurídica, de forma que a cognição do órgão do Poder Judiciário deve recair, também, sobre a plausibilidade jurídica do pedido e dos respectivos fundamentos no incidente de suspensão. Não há interesse público que não esteja arrimado na norma jurídica. Por conseguinte, deve o presidente do tribunal analisar se a decisão a que se visa suspender foi proferida em consonância com a ordem jurídica vigente, de modo que somente é lícito suspendê-la, desde que verifique a sua antijuridicidade e a presença do risco de lesão aos valores fundamentais (segurança, ordem, saúde e economia públicas) (...)" (OLIVEIRA. Incidente de suspensão de execução de liminar e de sentença em mandado de segurança. In: BUENO; ALVIM; WAMBIER (Coord.). *Aspectos polêmicos e atuais de mandado de segurança*: 51 anos depois, p. 392-393); "(...) Inaceitável o entendimento que vem sendo superado, mas que muitas vezes servira de fundamento de decisões do Supremo Tribunal Federal, e ainda aparece em julgados do Superior Tribunal de Justiça, que considera que o pedido de suspensão se funda em razões políticas, bastando para seu deferimento a análise da lesão ou ameaça de lesão aos bens jurídicos elencados pela lei. Quando ao *fumus boni iuris* seria indispensável sua concreta verificação pelo presidente do tribunal (...)" (BRANDÃO. A suspensão das medidas de urgência nas ações contra o poder público à luz do devido processo legal. *Revista Dialética de Direito Processual*, n. 4,

entende, de modo contrário, que as questões processuais e meritórias concernentes à ação judicial originária devem ser analisadas pelos Presidentes dos Tribunais por ocasião da apreciação e julgamento do pedido de suspensão, e que, ao risco de lesão grave à ordem, à saúde, à segurança e à economia públicas, soma-se, como pressuposto para o seu deferimento, a injuridicidade do conteúdo da tutela jurisdicional cujos efeitos se pretende suspender, sendo, portanto, vedada, a acolhida da pretensão suspensiva em face de decisões judiciais exaradas em conformidade com o ordenamento jurídico nacional, ainda que gravemente lesivas aos interesses públicos acima indicados.

Mas não somente a doutrina tem assumido posições divergentes sobre a matéria; a jurisprudência do Supremo Tribunal Federal também tem adotado entendimentos diferentes ao longo dos anos.

A jurisprudência do Supremo Tribunal Federal, que se manifestou inicialmente sobre a impossibilidade de apreciação, na análise do pedido de suspensão, das questões processuais e meritórias relativas à demanda de origem, adotou entendimento diferente a partir do julgamento do Agravo Regimental na Suspensão de Segurança nº 846/DF sob a relatoria do Ministro Sepúlveda Pertence, voltando, outrossim, em datas recentes, a defender sua anterior postura, consoante será analisado.

Ao apreciar o Agravo Regimental na Suspensão de Segurança nº 228/BA (*DJ*, 17.06.1988, p. 15.250), o Supremo Tribunal Federal, por sua composição plenária, sendo relator o *Ministro Rafael Mayer*, deixou consignado o entendimento de que, em face

---

p. 32); "(...) a simples alegação de que haverá lesão aos bens jurídicos tutelados pela referida lei não parece ser suficiente para embasar o provimento concessivo da suspensão da liminar obtida pelo impetrante, havendo necessidade de discussão da legalidade ou não da medida *in limine* concedida (...)" (PATTO. Das liminares em mandado de segurança e o art. 4º da Lei 4.348/64 como norma obstaculizadora de direito fundamental. *Revista de Processo*, v. 29, n. 114, p. 125); "(...) entendemos que as razões que deverão ser demonstradas pelo requerente para viabilizar a suspensão dos efeitos da liminar ou da sentença concessiva do mandado de segurança, de acordo com o art. 4º da Lei nº 4.348/64, são a possibilidade de grave lesão à saúde, à segurança e à economia públicas. Só que — e esta é uma posição amplamente minoritária — esta 'grave lesão' só tem sentido se a decisão concessiva da liminar ou da sentença for *injurídica*" (BUENO. *Liminar em mandado de segurança*: um tema com variações, p. 212).

da natureza jurídica do provimento suspensivo, ao Presidente do Tribunal caberia tão somente a verificação dos pressupostos elencados pelas normas de regência do instituto, sendo *descabida a discussão sobre as questões meritórias ou sobre a juridicidade da decisão impugnada*.[481]

No julgamento do Agravo Regimental na Suspensão de Segurança nº 303/DF (*DJ*, 26.04.1991, p. 05094), o mesmo órgão jurisdicional, por sua composição plenária e sob a relatoria do *Ministro Néri da Silveira*, deixou consignado que "*em suspensão de segurança, não se discute o mérito do mandado de segurança*, mas, tão-só, se verifica a ocorrência, ou não, de qualquer das hipóteses previstas no art. 297 do RISTF, isto é, se da liminar ou da decisão, em mandado de segurança, resulta ameaça de grave lesão a ordem, a saúde, a segurança e a economia pública".[482] Tal entendimento foi, ademais, ratificado no julgamento do Agravo Regimental na Suspensão de Segurança nº 282/CE (*DJ*, 24.04.1992, p. 05375)[483] e no julgamento do Agravo Regimental na Suspensão

---

[481] "Suspensão de segurança. Pressupostos. Natureza do provimento. *Descabe discutir, no quadro do pedido de suspensão de segurança, quer o mérito do mandado, quer a juridicidade da liminar, mas tão-somente a verificação dos pressupostos* estatuídos no art. 297 do RI, sob o prisma da medida cautelar que é. Agravo Regimental improvido." (Grifos nossos)

[482] "Suspensão de Segurança. Decisões concessivas de segurança. Militares. ADCT. art. 8º. Recursos extraordinários interpostos pela União. Execuções provisórias. Lei nº 4348, de 1964, art. 5º, parágrafo único. Ameaça de grave lesão a ordem administrativa e a economia pública. Suspensão de Segurança deferida, com base no art. 297, do RISTF, e a vista do art. 4º da Lei nº 4.348/1964, para suspender os efeitos dos acórdãos nos Mandados de Segurança, até o julgamento pelo STF dos recursos interpostos, ou a ocorrência do trânsito em julgado das decisões. De acordo com o art. 297, §1º, do RISTF, não e obrigatória a audiência do impetrante, desde que a matéria se tenha por esclarecida no pedido de suspensão de segurança. *Em suspensão de segurança, não se discute o mérito do mandado de segurança, mas, tão-só, se verifica a ocorrência, ou não, de qualquer das hipóteses previstas no art. 297 do RISTF, isto e, se da liminar ou da decisão, em mandado de segurança, resulta ameaça de grave lesão a ordem, a saúde, a segurança e a economia pública.* Compreende-se no conceito de ordem, ut art. 297 do RISTF, também a ordem administrativa. Despacho mantido. Agravo regimental desprovido." (Grifos nossos)

[483] "Suspensão de segurança. Decisão, em mandado de segurança, que determina o pagamento de vencimentos de Oficiais inativos da Policia Militar do Ceará, sem as restrições do teto. Alegação de ofensa ao art. 37, XI, da Constituição Federal, e art. 17 do ADCT. Indenização de representação prevista em lei estadual. Saber se essa vantagem, com as características da lei estadual, corresponde a parcela de remuneração, a título de 'gratificação de representação', ao lado do vencimento básico, assim como a concedida, largamente, na função pública, ou se cabe como mera 'vantagem pessoal', a semelhança da gratificação de tempo de serviço, ou de acréscimo relativo a 'natureza ou ao local de trabalho', a teor do art. 39, §1º, da Lei Magna Federal, e para os efeitos do art. 37, XI, da Constituição, eis o tema de

220 | Isabel Cecília de Oliveira Bezerra

de Segurança nº 302/DF (*DJ*, 18.10.1991, p. 14.548),[484] ambos sob a relatoria do mesmo *Ministro Néri da Silveira*.

Neste mesmo sentido dispôs o *Ministro Sydney Sanches*, ao relatar o Agravo Regimental na Suspensão de Segurança nº 471/DF (*DJ*, 04.06.1993, p. 11.011), também julgado pelo Tribunal Pleno do Supremo Tribunal Federal, ressaltando que em processo de suspensão de segurança, para deferi-la ou indeferi-la, o Presidente do Tribunal *não examina as questões processuais ou de mérito da causa* em que proferida, limitando-se a verificar a ocorrência dos pressupostos legais.[485] O mesmo verificou-se no julgamento

---

[484] índole constitucional que se anuncia trazer ao STF, em recurso extraordinário. *Não se analisa, na suspensão de segurança, o mérito da impetração, mas, tão-só, a ocorrência de qualquer dos pressupostos legais que legitimam essa providencia excepcional,* destinada a 'evitar grave lesão a ordem, a saúde, a segurança e a economia publicas'. Lei nº 4348/1964, art. 4º. Hipótese em que os elementos de fato evidenciam o risco de grave dano a economia pública, no caso de, executada a decisão concessiva da segurança, vir a prover-se o recurso anunciado, diante do numero dos beneficiários e dos montantes da remuneração, em certos casos, de quase o triplo dos limites máximos fixados. Pedido que se defere, para suspender a execução do acórdão, até o julgamento do recurso pelo STF, ficando sem efeito a suspensão, se o aresto local for mantido pelo Supremo Tribunal Federal, ou vier a transitar em julgado (RISTF, art. 297, §3º). Agravo regimental desprovido." (Grifos nossos)

[484] "Suspensão de Segurança. Mandados de Segurança que determinaram pagamentos a funcionários estaduais, com graves repercussões sobre a situação do Tesouro do Estado, afirmando o Chefe do Poder Executivo que as importâncias pretendidas implicam onerar as finanças publicas no percentual de 138,40% da arrecadação total. Suspensão de segurança deferida, suspendendo-se a execução das decisões concessivas dos mandados de segurança, até o trânsito em julgado dos acórdãos respectivos, ou até a decisão do STF, em recurso extraordinário eventualmente interposto. Agravo regimental. A competência do Presidente do STF, para conhecer do pedido de suspensão de segurança, resulta da fundamentação de natureza constitucional da causa, onde se propõe discussão em torno do art. 38 e seu parágrafo único do ADCT, da Carta Política de 1988, bem assim dos arts. 167, II, e 169, parágrafo único, ambos da Constituição Federal. A legitimidade da representação do Estado requerente decorre do só fato de a inicial estar firmada pelo próprio Governador e pelo Procurador-Geral do Estado, além dos advogados constituídos pelo Estado. Não há elementos no agravo regimental a afastarem os fundamentos do despacho agravado. Decisão anterior na Suspensão de Segurança nº 299-ES. *Em suspensão de segurança, não há espaço a discutir o mérito do mandado de segurança,* nem quanto a validade do reajuste trimestral a base dos índices do IPC. Ameaça de grave lesão a ordem e a economia publicas que se tem como caracterizada, aos efeitos da suspensão de segurança. Agravo regimental desprovido." (Grifos nossos)

[485] "Proventos de aposentadoria. Reajuste pretendido pelos aposentados, mediante o índice de 147 por cento (ao invés de 54,60 por cento, aplicado pelo INSS). Interpretação dos artigos 58 e 59 do ADCT, 5º, XXXVI, 7º, IV, 194, IV, 195, §5º, 201, V, §2º, da parte permanente da Constituição Federal. Mandados de Segurança deferidos pelo Superior Tribunal de Justiça para pagamento imediato do reajuste de 147 por cento. Suspensão das seguranças pelo Presidente do Supremo Tribunal Federal. Agravos regimentais improvidos pelo plenário. 1. *Em processo de suspensão de segurança, para deferi-la ou indeferi-la, o Presidente do Tribunal — a que compete o exame de eventual recurso contra a decisão concessiva — não examina as questões processuais ou de mérito da causa em que proferida. Limita-se a verificar a ocorrência dos pressupostos dos artigos 4º da Lei nº 4.348, de*

do Agravo Regimental na Suspensão de Segurança nº 490/RJ (*DJ*, 28.05.1993, p. 10382) sob a competência do mesmo Ministro.[486]

O entendimento do Supremo Tribunal Federal somente sofreu reformulação a partir do julgamento do Agravo Regimental na Suspensão de Segurança nº 846/DF (*DJ*, 08.11.1996, p. 43.208), quando o Tribunal Pleno do Supremo Tribunal Federal, sob a relatoria do *Ministro Sepúlveda Pertence*, passou a considerar as *questões processuais e meritórias* afetas à causa onde residente a decisão jurisdicional impugnada para fins de análise do pedido de suspensão, posto que "sendo medida cautelar, não há regra nem princípio segundo os quais a suspensão da segurança devesse dispensar o pressuposto do *fumus boni juris* que, no particular, se substantiva na probabilidade de que, mediante o futuro provimento

---

26.6.1964, 297 do RISTF e 25 da Lei nº 8.038, de 28.05.1990. 2. O pagamento imediato do reajuste de 147 por cento a milhões de aposentados, com acréscimo imprevisto de onze (11) trilhões de cruzeiros, na estimativa orçamentária das despesas anuais (1991/2) do Instituto Nacional de Seguridade Social; a extrema dificuldade do INSS. Para recuperar as diferenças que viessem a ser pagas; a circunstancia de muitos dos beneficiários do mandado de segurança já estarem recebendo as mesmas quantias, nos autos de outra ação, em juízo de 1º grau (ação civil pública); a possível desestabilização das finanças, já combalidas, da previdência social, em detrimento de todos os trabalhadores ativos e inativos, do presente e o futuro; tudo isso evidencia risco de grave lesão à economia pública, que, nos termos dos artigos 4º da Lei nº 4.348, de 26.6.1964, 297 do RISTF e 25 da Lei nº 8.038, de 28.5.1990, justifica a suspensão, pelo Presidente do STF, das seguranças deferidas pelo STJ (MMSS ns. 1.270 e 1.233) a associação dos aposentados e pensionistas de Brasília e ao sindicato dos trabalhadores nas indústrias metalúrgicas, mecânicas e de material elétrico de São Paulo. 3. A suspensão das seguranças deve vigorar, enquanto pendentes os recursos extraordinários — já interpostos, no caso — ficando sem efeito, se a decisão concessiva for mantida pelo supremo tribunal federal. 4. Hipótese em que a suspensão também se justifica, diante da proximidade do julgamento de tais recursos." (Grifos nossos)

[486] "Suspensão de segurança. Litisconsortes. Legitimidade. Pressupostos para o deferimento da medida. 1. Tendo sido admitidos, no processo do mandado de segurança, como litisconsortes passivos ou como assistentes da autoridade coatora e não se havendo consumado definitivamente sua posterior exclusão do feito, tem os municípios legitimidade para requerer a suspensão de medida liminar que, segundo alegam, afeta seus direitos e interesses. 2. Tanto mais porque a jurisprudência do supremo tribunal federal reconhece, a pessoas jurídicas de direito público, o direito de requererem tal suspensão, como interessadas, mesmo que não tenham ainda requerido sua intervenção no processo do mandado de segurança, dada a urgência da medida. 3. *Em processo de suspensão de segurança, não se discute o mérito da impetração do 'writ', mas, tão-só, se verifica a ocorrência, ou não, de qualquer das hipóteses previstas no art. 297 do RISTF c/c art. 25 da Lei nº 8.038, de 28.05.1990.* 4. Caracterizando-se, com a concessão da liminar em mandado de segurança, hipótese de risco de grave lesão a economia da maioria dos municípios do estado, inclusive de sua capital, e afetando-se com ela os orçamentos destinados a mais de 82 (por cento) da população de tal unidade da federação, e de se manter a decisão presidencial que suspendeu sua execução, até que o mérito seja apreciado e a decisão eventualmente concessiva do 'writ' transite em julgado. 5. Suspensão deferida. Agravo regimental improvido." (Grifos nossos)

do recurso, venha a prevalecer a resistência oposta pela entidade estatal à pretensão do impetrante".[487] Tal entendimento repetiu-se no julgamento do Agravo Regimental na Suspensão de Segurança nº 1.149/PE (*DJ*, 09.05.1997; p. 18.138)[488] e do Agravo Regimental na Suspensão de Segurança nº 1.130/DF (*DJ*, 06.06.1997; p. 24.879).[489]

---

[487] "I. Suspensão de segurança: natureza cautelar e pressuposto de viabilidade do recurso cabível contra a decisão concessiva da ordem. A suspensão de segurança, concedida liminar ou definitivamente, é contracautela que visa à salvaguarda da eficácia pleno do recurso que contra ela se possa manifestar, quando a execução imediata da decisão, posto que provisória, sujeita a riscos graves de lesão interesses públicos privilegiados — a ordem, a saúde, a segurança e a economia pública: *sendo medida cautelar, não há regra nem princípio segundo os quais a suspensão da segurança devesse dispensar o pressuposto do fumus boni juris que, no particular, se substantiva na probabilidade de que, mediante o futuro provimento do recurso, venha a prevalecer a resistência oposta pela entidade estatal à pretensão do impetrante.* II. Distrito Federal: polícia civil e militar: organização e manutenção da União: significado. Ao prescrever a Constituição (art. 21, XIV) que compete à União organizar e manter a polícia do Distrito Federal — apesar do contra-senso de entregá-la depois ao comando do Governador (art. 144, §6º) — parece não poder a lei distrital dispor sobre o essencial do verbo "manter", que é prescrever quanto custará pagar os quadros de servidores policiais: desse modo a liminar do Tribunal de Justiça local, que impõe a equiparação de vencimentos entre policiais — servidores mantidos pela União — e servidores do Distrito Federal parece que, ou impõe a este despesa que cabe à União ou, se a imputa a esta, emana de autoridade incompetente e, em qualquer hipótese, acarreta risco de grave lesão à ordem administrativa." (Grifos nossos)

[488] "I. Suspensão de segurança: compatibilidade com a Constituição. Verdadeiramente inconciliável com o Estado de Direito e a garantia constitucional da jurisdição seria o impedir a concessão ou permitir a cassação da segurança concedida, com base em motivos de conveniência política ou administrativa, ou seja, a superposição ao direito do cidadão das 'razões de Estado'; não é o que sucede na suspensão de segurança, que susta apenas a execução provisória da decisão recorrível: assim como a liminar ou a execução provisória de decisão concessiva de mandado de segurança, quando recorrível, são modalidades criadas por lei de tutela cautelar do direito provável — mas ainda não definitivamente acertado — do impetrante, a suspensão dos seus efeitos, nas hipóteses excepcionais igualmente previstas em lei, é medida de contracautela com vistas a salvaguardar, contra o risco de grave lesão a interesses públicos privilegiados, o efeito útil do êxito provável do recurso da entidade estatal. II. *Suspensão de segurança; delibação cabível e necessária do mérito do processo principal: precedente* (AgSS 846, Pertence, *DF* 8.11.96). *Sendo medida de natureza cautelar, não há regra nem princípio segundo os quais a suspensão da segurança devesse dispensar o pressuposto do fumus boni juris que, no particular, se substantiva na probabilidade de que, mediante o futuro provimento do recurso, venha a prevalecer a resistência oposta pela entidade estatal à pretensão do impetrante.* III. Previdência social do Estado: contribuição do segurado: alíquota progressiva conforme a remuneração: argüição de inconstitucionalidade, que em ação direta, o STF reputou inconsistente: grave risco à viabilidade do sistema previdenciário local: suspensão de liminar deferida." (Grifos nossos)

[489] "I. Suspensão de segurança. 1. Temas constitucionais da impetração e das razões da Administração relevantes à determinação da competência da presidência do STF. 2. *Da delibação da inviabilidade do recurso cabível contra a decisão concessiva da segurança como pressuposto da suspensão de sua eficácia: afirmação pelo Plenário* (AgSS 846), *ademais, reforçada pelo art. 4º da L. 8.437/92.* 3. Inadmissibilidade do mandado de segurança contra ato normativo, geral e abstrato, à falta de interesse de agir: conseqüente inviabilidade de impugnação por mandado de segurança do ato do Chefe do Poder Executivo que se limita a conferir efeito normativo, no âmbito da Administração, a parecer da consultoria jurídica

Suspensão de Tutelas Jurisdicionais contra o Poder Público | 223

No julgamento do Agravo Regimental na Suspensão de Segurança nº 1.015/SP (*DJ*, 24.09.1999; p. 00040), sendo relator o *Ministro Carlos Velloso*, o Tribunal Pleno do Supremo Tribunal Federal confirmou o entendimento anteriormente defendido pelo Ministro Sepúlveda Pertence, exigindo a plausibilidade das razões opostas à pretensão do impetrante para o deferimento do pedido de suspensão, além da existência de riscos aos interesses públicos tutelados pelas normas.[490] E também no Agravo Regimental na Suspensão de Segurança nº 1.272/RJ (*DJ*, 18.05.2001, p. 00435), o mesmo órgão jurisdicional considerou indispensável, em face da natureza contracautelar do pedido de suspensão, a análise do *fumus boni iuris* a partir da análise do próprio mérito da causa.[491]

---

do Governo. 4. Descabimento de mandado de segurança em caráter preventivo contra ato normativo da autoridade superior, quando não lhe compete a prática do ato concreto temido. 5. Implicações constitucionais da aparente inadmissibilidade, no caso, do mandado de segurança. 6. Suspensão de liminar deferida. II. Agravo contra a suspensão da liminar: invocação, contra a decisão agravada, da liminar deferida, no STF, ao MS 22.357, Néri da Silveira: precedente inconfundível: efeito concreto imediato da decisão do Tribunal de Contas que, com base no art. 71, III, IX e X, da Constituição, determina à administração o desfazimento de admissões ilegais (precedente: MS 21.322, Brossard, RTJ 149/139)." (Grifos nossos)

[490] I. Representação judicial da União no STF: atribuição do Advogado-Geral da União (LC 73/93, art. 4º, III), que abrange as "causas de natureza fiscal" não confiadas privativamente à Procuradoria-Geral da Fazenda Nacional (LC 73/93, art. 12, II e V): vício de ilegitimidade *ad processum* do Procurador-Geral da Fazenda Nacional suprido, no caso, pela adoção do pedido de suspensão de segurança pelo Procurador-Geral da República. II. Suspensão de segurança: cuidando-se de procedimento sumário e de cognição incompleta, não se reclama para o deferimento da medida o prejulgamento em favor da entidade pública da questão de fundo, objeto do mandado de segurança, mas apenas *que se verifique, em juízo de deliberação, a plausibilidade das razões por ela opostas à pretensão do impetrante, somada à existência de riscos de grave lesão à ordem, à saúde, à segurança e à economia públicas que a execução provisória acarretaria*. III. Imposto sobre a renda: provisão para devedores duvidosos: prevalência dos critérios da lei tributária (L. 8.981/95, art. 43) sobre normas administrativas do Conselho Monetário Nacional. Definir a base de cálculo dos tributos é matéria reservada à lei, sem sujeição a regras de hierarquia administrativa, que assim — vale insistir — parece não possam ser invocadas para restringir o campo de incidência do imposto demarcado pelo legislador. Se daí decorre ou não a ilegalidade das normas administrativas, que tolhem a disponibilidade da parcela dos lucros paralisada pela provisão compulsória, é questão que não fala está em causa e cuja solução, de qualquer sorte, ao primeiro exame, não pode ter reflexos tributários". (Grifos nossos)

[491] "Constitucional. Processual civil. Mandado de segurança: suspensão. Mérito da segurança: delibação. Competência do Presidente do Supremo Tribunal Federal. I. - Matéria constitucional discutida e decidida na ação de segurança. Competência do Presidente do Supremo Tribunal Federal para apreciação do pedido de suspensão da segurança. Lei nº 8.038, de 1990, art. 25. II. - *Mérito da causa: delibação: necessidade de, na decisão que examina o pedido de suspensão da segurança, observar-se um mínimo de delibação da matéria discutida na segurança. É que, se para a concessão de cautelar, examina-se a relevância do fundamento, o fumus boni juris e o periculum in mora Lei nº 1.533/51, art. 7º, II 3/4 na sua suspensão, que constitui contracautela, não pode o Presidente do Tribunal*

No mesmo sentido, ao apreciar o Agravo Regimental na Suspensão de Segurança nº 2.210/SE (*DJ*, 19.12.2003, p. 00050), o *Ministro Maurício Corrêa* confirmou a postura antes explicitada pelo Ministro Sepúlveda Pertence e seguida pelo Ministro Carlos Velloso, também asseverando a imprescindibilidade da análise do mérito da causa originária para fins de julgamento do pedido de suspensão.[492]

Entretanto, em decisões recentes, o mesmo *Min. Maurício Corrêa* voltou a defender a *impossibilidade de análise das questões processuais e meritórias* da causa de origem para fins de julgamento do pedido de suspensão, como se pode observar do Agravo Regimental na Suspensão de Segurança nº 2.316/PE (*DJ*, 21.05.2004, p. 00033), segundo o qual "não cabe, no âmbito da suspensão de segurança, examinar com profundidade e extensão as questões envolvidas na lide, *devendo a análise limitar-se, apenas, aos aspectos concernentes à potencialidade lesiva do ato decisório em face dos interesses públicos relevantes*",[493] do

---

furtar-se a um mínimo de apreciação daqueles requisitos. Precedente do STF: SS nº 846 (AgRg)/DF, Pertence, Plenário, 29.5.96, *DJ*, de 08.11.96. III. - Ordem pública: ordem pública administrativa: princípio da legalidade: execução provisória que arrosta proibição legal: hipóteses excepcionadas nos arts. 5º, par. único, e 7º da Lei nº 4.348/64. CPC, art. 588, II. A execução imediata, pois, da decisão que concedeu a segurança, arrostando proibição legal, seria atentatória à ordem pública, presente a doutrina do Ministro Néri da Silveira, a respeito do conceito de ordem pública. SS nº 846 (AgRg)-DF, Pertence. IV. - Grave lesão à economia pública. Lei nº 4.348/64, art. 4º; Lei nº 8.038/90, art. 25; RI/STF, art. 297. V. - Agravo não provido". (Grifos nossos)

[492] "Agravo regimental na suspensão de segurança. Pressupostos: ausência. Concurso público. Teste psicotécnico. Critérios objetivos. Exigência legal de que sejam explicitados no edital. Inobservância. 1. Suspensão de segurança. Pressupostos: potencialidade lesiva do ato decisório à ordem, à saúde, à segurança e à economia pública. *Imprescindibilidade da análise, ainda que superficial, da matéria de mérito examinada na origem, para concluir-se pela viabilidade da suspensão do acórdão, bem como do próprio recurso extraordinário contra ele interposto. Precedentes.* 2. Critérios objetivos fixados em lei estadual para a realização do teste psicotécnico (Lei nº 4.133/99, art. 32, II). Item do edital redigido em desconformidade com a norma de regência do ato. Razoabilidade da decisão que anulou o exame psicológico, garantindo-se ao candidato o ingresso na fase subseqüente do certame. 3. Improcedência do argumento de que há potencial lesão à ordem pública, se o próprio Estado descumpriu a lei. Agravo regimental a que se nega provimento." (Grifos nossos)

[493] "Agravo regimental em suspensão de segurança. Mérito. Análise. Inadmissibilidade. Potencialidade danosa do ato decisório não demonstrada. Mérito do *mandamus*. Análise. Inadmissibilidade. *Não cabe, no âmbito da suspensão de segurança, examinar com profundidade e extensão as questões envolvidas na lide, devendo a análise limitar-se, apenas, aos aspectos concernentes à potencialidade lesiva do ato decisório em face dos interesses públicos relevantes*, em obediência ao disposto nos artigos 4º da Lei 4348/64, 25 da Lei 8038/90 e 207 do RISTF. Precedentes. Agravo regimental a que se nega provimento." (Grifos nossos)

Agravo Regimental na Suspensão de Segurança n⁰ 1.918/DF (*DJ*, 30.04.2004, p. 00030),[494] do Agravo Regimental na Suspensão de Segurança n⁰ 2.255/AM (*DJ*, 30.04.2004, p. 00030)[495] e do Agravo Regimental na Suspensão de Segurança n⁰ 2.295/SP (*DJ*, 14.05.2004, p. 00032).[496]

Ao contrário do que se verificou com a jurisprudência do Supremo Tribunal Federal, a jurisprudência do Superior Tribunal de Justiça têm se firmado, de modo bastante solidificado, no sentido de que na análise do pedido de suspensão, são estranhas as questões processuais e meritórias pertinentes à demanda de origem.

---

[494] "Agravo regimental na suspensão de segurança. Exame de mérito. Impossibilidade. Grave lesão à ordem e à economia pública. 1. *Não cabe no pedido de suspensão de segurança a análise com profundidade e extensão da matéria de mérito examinada na origem. Suspensão de segurança. Pressupostos: potencialidade lesiva do ato decisório à ordem, à saúde, à segurança e à economia pública.* 2. Lesão à ordem pública, consubstanciada no fato de que o art. 1⁰, §4⁰, da Lei n⁰ 5.021/66, veda a concessão de medida liminar para efeito de pagamento de vencimentos e vantagens pecuniárias. 3. A execução dos efeitos do mandado de segurança somente é possível após o seu trânsito em julgado, em obediência aos princípios orçamentários, dentre os quais o da impossibilidade de ser concedida vantagem ou aumento de vencimento sem previsão orçamentária (CF/88, art. 169, §1⁰, I e II). Agravo regimental a que se nega provimento." (Grifos nossos).

[495] "Agravo regimental na suspensão de segurança. Procedimento político-administrativo. Inobservância aos princípios constitucionais da ampla defesa, do contraditório e do devido processo legal. Alegação de ofensa à ordem jurídica. Improcedência. *Fundamentos do pedido de segurança. Reexame no procedimento contracautelar. Impossibilidade.* 1. Suspensão de medida liminar concedida em mandado de segurança. Impugnação à causa de pedir do writ. Não-cabimento. *A via processual da suspensão de medida cautelar ou da concessão de segurança não se destina a refutar ou a reformar o provimento cautelar deferido, mas apenas a sustar os seus efeitos, se verificada a possibilidade de sua execução imediata causar grave lesão aos valores que a Lei n⁰ 4.348/64 visa resguardar.* 2. Processo político-administrativo. Inobservância aos princípios constitucionais da ampla defesa, do contraditório e do devido processo legal. Concessão de medida liminar, tendo em vista as provas pré-constituídas que instruíram o mandado de segurança. Ocorrência de grave lesão à ordem jurídica e administrativa. Alegação improcedente, dado que os fundamentos do provimento cautelar conduzem à assertiva de que a não-concessão da medida em tais hipóteses concorreria para a lesão à ordem jurídico-constitucional. Agravo regimental a que se nega provimento." (Grifos nossos)

[496] "Agravo regimental em suspensão de segurança. Ocorrência de grave lesão. *Apreciação da questão de mérito.* Verba honorária. Extensão por resolução da mesa da câmara municipal. Equiparação de vencimentos. *Inadmissibilidade.* Possibilidade de danos irreparáveis ao erário estadual. 1. Ocorrência de grave lesão. *Necessidade de aferição dos bens jurídicos tutelados nos artigos 25, da Lei n⁰ 8.038/90 e 4⁰, da Lei n⁰ 4.368/64, sem prescindir da análise da questão de mérito deduzida no mandado de segurança. Precedentes.* 2. Verba honorária. Equiparação. Impossibilidade. Extensão de parcela remuneratória a servidores com cargos para os quais é exigível o título de bacharel em Direito por medida liminar em mandado de segurança. Inobservância ao disposto no art. 5o da Lei 4348/64, que impede a concessão de cautelar que determine a reclassificação ou equiparação de servidores públicos, ou a concessão de aumento ou extensão de vantagens. Possibilidade de danos irreparáveis ao erário estadual. Agravo regimental desprovido." (Grifos nossos).

No Agravo Regimental na Suspensão de Segurança nº 524/ PE (*DJ*, 08.04.1997, p. 11528), sendo relator o *Ministro Bueno de Souza*, a corte especial do Superior Tribunal de Justiça consignou que "em pedido de suspensão de liminar *não se consentem disquisições quanto ao fundo da controvérsia objeto da demanda,* a envolver adiantamento de juízo sobre o mérito da impetração, *circunscrevendo-se os limites cognitivos à verificação de qualquer das hipóteses elencadas*" nas normas de regência.[497] No mesmo sentido restou apreciado o Agravo Regimental na Suspensão de Segurança nº 523/RS (*DJ*, 14.04.1997, p. 12673)[498] e o Agravo Regimental na Suspensão de Segurança nº 382/PA (*DJ*, 10.11.1997, p. 57.688).[499]

Ao apreciar o Recurso Especial nº 97.838/RS (*DJ*, 25.08.1997, p. 39298), sob a relatoria do *Ministro Milton Luiz Pereira*, a Primeira Turma do mesmo Superior Tribunal de Justiça entendeu que na análise do pedido de suspensão *não se questiona o mérito da ação,* reclamando apenas a presença dos pressupostos legais.[500]

Na Reclamação nº 541/GO (*DJ*, 12.04.1999; p. 84), a Corte Especial do Superior Tribunal de Justiça, sendo relator o *Ministro Antônio de Pádua Ribeiro*, consignou que no "âmbito estreito do

---

[497] "Agravo regimental. Suspensão de segurança. Questões versantes sobre o mérito. 1. *Em pedido de suspensão de liminar não se consentem disquisições quanto ao fundo da controvérsia objeto da demanda, a envolver adiantamento de juízo sobre o mérito da impetração, circunscrevendo-se os limites cognitivos à verificação de qualquer das hipóteses elencadas* no art. 4º da Lei nº 4.348/1964. 2. Agravo regimental desprovido." (Grifos nossos)

[498] "Suspensão de segurança. Agravo regimental. 1. *Em pedido de suspensão de liminar não se consentem disquisições quanto ao fundo da controvérsia objeto da demanda, a envolver adiantamento de juízo sobre o mérito da impetração.* 2. A paralisação ex abrupto de serviço de classificação de produto de consumo humano conspira contra a saúde publica. 3. Agravo regimental desprovido." (Grifos nossos)

[499] "Agravo regimental. Suspensão de segurança. 1. *As questões de fundo da demanda são insuscetíveis de apreciação na sede angusta do pedido de suspensão.* 2. Agravo regimental desprovido." (Grifos nossos)

[500] "Processual civil. Ação cautelar. Liminar. Suspensão. Limites temporais dos efeitos antes da sentença. CPC, arts. 804 e 806. Lei nº 8.437/1992 (art. 4º e §1º). 1. O ato judicial de suspensão de liminar é de reconhecida natureza política, *não se questionando o mérito da ação, apenas reclamando a presença dos pressupostos legais* (art. 4º, Lei nº 8.437/1992). 2. Os efeitos temporais da suspensão amoldam-se às hipóteses de liminar seguida, ou não, de sentença favorável à parte autora. Os efeitos extinguem-se sobrevindo o titulo sentencial, dependendo a suspensão de nova provocação do interessado. Antes da sentença os efeitos da suspensão fluem enquanto pender o curso processual da ação. 3. No caso, como a sentença ainda não proferida, o recurso e provido." (Grifos nossos)

pedido de suspensão de decisão proferida contra o Poder Público, é *vedado o exame do mérito da controvérsia principal*, bastando a verificação da ocorrência dos pressupostos atinentes ao risco de grave lesão à ordem, à saúde, à segurança e à economia públicas".[501] E neste mesmo sentido, manifestou-se o mesmo julgador no Agravo Regimental na Suspensão de Segurança nº 718/AM (*DJ*, 03.05.1999, p. 85),[502] no Agravo Regimental na Suspensão de Segurança nº 693/DF (*DJ*, 20.09.1999, p. 33),[503] nos Embargos Declaratórios no Agravo Regimental na Petição nº 980/SP (*DJ*, 14.08.2000, p. 129)[504]

---

[501] "Agravo regimental. Suspensão de segurança. Limite cognoscível restrito. Repercussão no 'mandamus'. Inocorrência. Reclamação. Descumprimento de decisão da presidência. Improcedência. I - *No âmbito estreito do pedido de suspensão de decisão proferida contra o Poder Público, é vedado o exame do mérito da controvérsia principal, bastando a verificação da ocorrência dos pressupostos atinentes ao risco de grave lesão à ordem, à saúde, à segurança e à economia públicas.* II - O indeferimento, pelo Presidente do Superior Tribunal de Justiça, do pedido de suspensão de segurança não tem repercussão no 'mandamus', em ordem a confirmar ou infirmar a decisão hostilizada, porquanto se cinge ao reconhecimento da inexistência dos pressupostos inscritos no art. 4º da Lei nº 4.348/64. III - Inocorrência de invasão de competência. IV - Reclamação julgada improcedente." (Grifos nossos)

[502] "Agravo regimental. Suspensão de segurança. Exame do mérito. Vedação. Suspensão de antecipação dos efeitos da tutela. Possibilidade. Periclitação do direito da parte. Impertinência. Fundamento inatacado. Decisão interlocutória passível de recurso especial. Súmula 86/STJ. 1. *No âmbito estreito do pedido de suspensão de decisão proferida contra o Poder Público, impõem-se a verificação da ocorrência dos pressupostos atinentes ao risco de grave lesão à ordem, à saúde, à segurança e à economia públicas, sendo vedado o exame do mérito da controvérsia principal.* 2. Cabe o pedido de suspensão de antecipação dos efeitos da tutela concedida contra o Poder Público, nas mesmas hipóteses em que autorizada para a suspensão à liminar em mandado de segurança. Inteligência do art. 1º da Lei nº 9.494, de 10 de setembro de 1997. 3. O argumento de periclitação do direito do particular cede espaço ao interesse social resguardado pela norma. 4. Remanescendo fundamento suficiente inatacado é de se desprover o agravo. 5. Cabe recurso especial contra acórdão proferido no julgamento de agravo de instrumento (Súmula nº 86/STJ). 6. Agravo regimental desprovido." (Grifos nossos)

[503] "1 - A instalação irregular de condomínio tendente a agredir o ecossistema com a desordenada ocupação do solo, acarretando grave risco de contaminação de lençóis freáticos e nascentes d'água pela abertura de fossas de coleta de esgoto próximas a poços artesianos; a ausência de regular coleta de lixo e o risco de doenças decorrentes da insalubridade; a inexistência de serviços de segurança e bombeiros em local sem iluminação pública com população estimada em mais de quatro mil pessoas; e a possibilidade de arcar com a indenização de edificações diante do fato consumado são hábeis a configurar a presença dos pressupostos autorizadores da suspensão da liminar. 2 - Fundando-se a impetração em alegação de descumprimento da Lei nº 6.766/79, que cuida de loteamento ou parcelamento de solo, firma-se a competência do Presidente do Superior Tribunal de Justiça para examinar o pedido de suspensão da medida liminar. 3 - *Afigura-se inadequado o exame, nessa sede, de questões relativas ao mérito da decisão, as quais devem ser dirimidas nas vias recursais ordinárias.* 4 - Agravo desprovido." (Grifos nossos)

[504] "Processual civil. Embargos de declaração. Alegação de omissões. Improcedência. Enfrentamento de várias questões legais e constitucionais. Não cabimento. Contracautela. Exame limitado a seus pressupostos. I - *O restrito âmbito do pedido de suspensão de decisão não*

228 | Isabel Cecília de Oliveira Bezerra

e no Agravo Regimental na Petição nº 1165/PR (*DJ*, 18.09.2000, p. 83).[505]

Também deste entendimento partilhou o Ministro Paulo Costa Leite ao relatar no Agravo Regimental na Petição nº 1489/BA (*DJ*, 22.10.2001, p. 259), explicitando que o "exame das questões pertinentes ao mérito da ação principal não é cabível no âmbito do pedido de suspensão de decisão".[506]

O *Ministro Nilson Naves* também deu continuidade à posição anteriormente firmada pelo Superior Tribunal de Justiça, consoante se observa do julgamento do Agravo Regimental na Petição nº 1.332/DF (*DJ*, 17.06.2002, p. 180);[507] do Agravo Regimental na Petição nº 1.643/PR (*DJ*, 11.11.2002, p. 132), onde destacou que "na drástica medida, não existe espaço para apreciação de questões

---

comporta o exame de matéria atinente ao mérito da controvérsia. Precedentes da Corte Especial. II - *Em sede de suspensão compete à Presidência tão-somente o exame dos pressupostos legais autorizativos da contracautela* (AgRg/SS nº 718-AM). III - Tratando-se de fato notório a atestar o resultado positivo do leilão, inaceitável a alegação de nulidade do acórdão por ausência de fundamentação, em virtude de alusão a revistas de circulação nacional. IV - Embargos de declaração rejeitados." (Grifos nossos)

[505] "Agravo regimental. Suspensão de decisão. Ameaça de grave lesão à ordem pública. I. *Inadequação da via eleita para avaliar argumento pertinente ao mérito da ação principal.* II. Configuração dos pressupostos não infirmada pela impugnação recursal. III. Agravo regimental desprovido." (Grifos nossos)

[506] "Agravo regimental. Antecipação de tutela. Pedido de suspensão. Cabimento. Inteligência dos parágrafos 3º e 4º do art. 4º da Lei nº 8.437/92, com redação da Medida Provisória nº 2.180-35. Sociedade de economia mista. Legitimidade. Exame de questões de mérito. Descabimento. Precedentes da corte. Recurso desprovido. Interposto agravo regimental tirado de indeferimento, pelo presidente do tribunal *a quo*, de pedido de suspensão de antecipação de tutela (§3º do art. 4º da Lei nº 8.437/92, com redação dada pela MP nº 2.180-35), somente após o julgamento daquele recurso caberá novo pedido ao presidente do tribunal competente para conhecer de eventual recurso especial ou extraordinário (§4º do mesmo diploma legal). Transcorrido *in albis* o prazo para interposição do agravo, é cabível a formulação de pedido de suspensão diretamente ao presidente do tribunal competente. Evidenciada, na espécie, a possibilidade de grave lesão das finanças públicas da União, é de se reconhecer também a legitimidade ativa da empresa estatal (sociedade de economia mista) para requerer pedido de suspensão, tanto mais quanto formulado em litisconsórcio com aquela. *O exame das questões pertinentes ao mérito da ação principal não é cabível no âmbito do pedido de suspensão de decisão* (precedentes do STJ). Recurso não provido." (Grifos nossos)

[507] "Agravo regimental em petição. Ação cautelar. Liminar concedida. Pedido de suspensão. Lei nº 8.437/92. I - A decisão que impõe o restabelecimento do *statu quo ante* do imóvel objeto de ação de interdito proibitório até a solução da lide não se reveste de potencialidade lesiva à saúde, à ordem, à economia e à segurança públicas, tampouco impede o regular exercício do poder de polícia. II - *Impossível o exame do mérito da controvérsia no âmbito da suspensão de liminar.* III - Rejeita-se a reiteração de argumentos repelidos na decisão agravada. IV - Agravo regimental desprovido." (Grifos nossos)

Suspensão de Tutelas Jurisdicionais contra o Poder Público | 229

meritórias";[508] do Agravo Regimental na Petição nº 1.317/ES (*DJ*, 16.12.2002; p. 223);[509] do Agravo Regimental na Suspensão de Segurança nº 1.061/GO (*DJ*, 14.04.2003; p. 168), onde consignou que "questões atinentes ao mérito da controvérsia só encontram espaço nas vias ordinárias";[510] e ainda do Agravo Regimental na Petição nº 2.262/SP (*DJ*, 28.06.2004; p. 175), onde a "estreita via da suspensão de segurança *não comporta a discussão de aspectos atinentes ao mérito da questão de fundo*, devendo ater-se ao exame da lesão aos bens protegidos pela norma de regência (ordem, saúde, segurança e economia públicas)".[511]

---

[508] "Suspensão de medida antecipatória de tutela (deferimento). Tabela do SUS. Agravo regimental. Lesão à saúde e à economia públicas. Efeito multiplicador. Precedente da Primeira Turma. *Questões de mérito não apreciadas na drástica medida.* Decisões não conflitantes. Recurso não provido. A suspensão de medida antecipatória de tutela será deferida quando a decisão impugnada tiver potencial suficiente para causar lesão aos valores tutelados pela norma de regência: saúde, segurança, economia e ordem públicas (art. 4º da Lei nº 8.437/92). Na espécie, há, em razão do efeito multiplicador das decisões, potencial lesão à economia e à saúde públicas, porquanto os recursos orçamentários destinados ao atendimento de todo o sistema de saúde pública seriam desviados para atender a interesses de particulares. A decisão promanada da Primeira Turma desta Corte não colide com as decisões proferidas pela Presidência do Superior Tribunal, visto que, *na drástica medida, não existe espaço para apreciação de questões meritórias.* Agravo não provido." (Grifos nossos)

[509] "Agravo regimental. Execução de cautelar. Suspensão de liminar (indeferimento). – Impossível o exame do mérito da controvérsia no âmbito da suspensão de liminar. – A suspensão de liminar pressupõe a existência de manifesto interesse público para evitar grave lesão à ordem, à saúde, à segurança e à economia públicas, requisito cuja comprovação é indispensável ao deferimento da medida. – *A estreita e excepcional via da suspensão não se presta a sucedâneo recursal ordinário.*" (Grifos nossos)

[510] "Suspensão de liminar deferida. Curso de formação e aperfeiçoamento. Grave lesão à ordem administrativa configurada. Agravo regimental. 1. A suspensão de liminar será deferida quando presente um dos requisitos autorizadores constantes no art. 4º da Lei nº 4.348/64. 2. A inclusão de todos os servidores titulares do cargo de Técnico-Fazendário em curso de formação e aperfeiçoamento em andamento e programado para atender poucos funcionários causa grave lesão à ordem administrativa. 3. *Questões atinentes ao mérito da controvérsia só encontram espaço nas vias ordinárias.* 4. Agravo improvido." (Grifos nossos)

[511] "Suspensão de liminar. Serviço de tratamento de esgoto. Empresa concessionária. Suspensão das atividades. Assunção pelo município e sua autarquia. Lesão à saúde pública não-configurada. Financiamento contratado pela concessionária. Repasse da dívida ao ente municipal. Grave lesão à economia pública. 1. *A estreita via da suspensão de segurança não comporta a discussão de aspectos atinentes ao mérito da questão de fundo, devendo ater-se ao exame da lesão aos bens protegidos pela norma de regência (ordem, saúde, segurança e economia públicas).* 2. Não há falar em grave lesão à saúde pública se, com a suspensão das atividades da empresa concessionária — decorrente da liminar por ela obtida —, foi o serviço de tratamento de esgoto prontamente assumido pelo município e por sua autarquia, que o vêm prestando a contento. 3. A transferência para o ente municipal da responsabilidade pelo pagamento de parcelas de financiamento tomado pela empresa concessionária no BNDES ostenta potencial de causar grave lesão à economia pública, tendo em vista que o dispêndio mensal deverá ocorrer independentemente da arrecadação proveniente das faturas pagas pelos munícipes. 4. Agravos improvidos." (Grifos nossos)

E, finalmente, também neste sentido tem se manifestado o *Ministro Edson Vidigal*, ao relatar no Agravo Regimental na Suspensão de Liminar nº 50/SC (*DJ*, 07.06.2004, p. 145), segundo o qual no "âmbito especial da suspensão de liminar, cujos limites cognitivos prendem-se à verificação das hipóteses arroladas na Lei nº 8.437/92, art. 4º, *descabem alegações relativas às questões de fundo*";[512] no Agravo Regimental na Suspensão de Liminar nº 64/RJ (*DJ*, 07.06.2004, p. 145), onde destacou que não "cabe na suspensão de liminar prevista na Lei nº 8.437/92, art. 4º, *caput, o exame de matérias relacionadas ao mérito da ação principal*" por ser "via restrita à verificação da ocorrência dos pressupostos relacionados ao risco de grave lesão à ordem, à saúde, à segurança e à economia públicas";[513] no Agravo Regimental na Suspensão de Tutela Antecipada nº 19/DF (*DJ*, 07.06.2004, p. 144), onde assevera que a suspensão "*deve cingir-se à observância de lesão aos valores tutelados pela norma de regência*, quais sejam, ordem, saúde, segurança e economia públicas";[514] no Agravo Regimental na Suspensão de Tutela Antecipada nº 67/PE (*DJ*, 20.09.2004, p. 171),

---

[512] "Agravo regimental. Suspensão de liminar. Ação popular. Não exaurimento de instância. Grave lesão à ordem pública não configurada. Ausência de impugnação, Súmula 182/STJ. 1. O novo ou o segundo pedido de suspensão de liminar a que alude a Lei nº 8.437/92, art. 4º, somente tem cabimento da decisão colegiada do Tribunal de segundo grau de jurisdição que, em última análise, nega o pedido originário, de competência monocrática do presidente do Tribunal respectivo. É, portanto, exigível o prévio esgotamento de instância para que se possa ter acesso à excepcional medida de contra-cautela prevista na referida norma legal. 2. *No âmbito especial da suspensão de liminar, cujos limites cognitivos prendem-se à verificação das hipóteses arroladas na Lei nº 8.437/92, art. 4º, descabem alegações relativas às questões de fundo*. 3. Cumpre ao agravante infirmar os fundamentos da decisão agravada, de modo que demonstre a conveniência da revogação da medida extrema (Enunciado 182 da Súmula/STJ). 4. Agravo Regimental não provido." (Grifos nossos)

[513] "Agravo regimental em suspensão de liminar. Razões pertinentes ao mérito da ação principal – Não cabimento na sede de suspensão de liminar. Depósito da quantia objeto da lide em conta judicial – Necessidade de garantir a prestação jurisdicional. 1. *Não cabe na suspensão de liminar prevista na Lei 8.437/92, art. 4º, caput, o exame de matérias relacionadas ao mérito da ação principal. Via restrita a verificação da ocorrência dos pressupostos relacionados ao risco de grave lesão à ordem, à saúde, à segurança e à economia públicas*. 2. O depósito em conta judicial da quantia objeto da demanda garante a efetividade da prestação jurisdicional. 3. Agravo Regimental não provido." (Grifos nossos)

[514] "Suspensão de tutela antecipada. Requisitos. Agravo regimental. 1. *A suspensão de tutela antecipada, decisão de cunho político, deve cingir-se à observância de lesão aos valores tutelados pela norma de regência, quais sejam, ordem, saúde, segurança e economia públicas*. 2. Razões de Agravo Regimental que se atêm a temas relacionados com o mérito da controvérsia, restrito às vias ordinárias e não discutível neste juízo excepcional. 3. Agravo Regimental não provido." (Grifos nossos)

onde esclareceu que a "via estreita da suspensão de decisão proferida na tutela antecipada contra a pessoa jurídica de direito público *não comporta apreciação do mérito da controvérsia principal,* matéria que deve ser apreciada na via recursal adequada";[515] e no recente Agravo Regimental na Suspensão de Segurança nº 1412/AC (*DJ*, 07.03.2005, p. 129).[516]

Após analisar com bastante atenção ambas as posturas, pode-se concluir que mais acertada parece ser a que considera inapropriada a análise das questões processuais e meritórias concernentes à demanda originária, pelos Presidentes dos Tribunais, para fins de apreciação e julgamento dos pedidos de suspensão.

Isto porque, ao estabelecer expressamente a finalidade e os pressupostos do instituto, a legislação regente claramente definiu seu *objeto específico.* Para evitar grave lesão à ordem, à saúde, à segurança e à economia públicas (finalidade e pressupostos), portanto, cabe ao Presidente do Tribunal determinar a suspensão dos efeitos de tutelas jurisdicionais, desde que demonstrada a efetiva possibilidade de configuração da aludida grave lesão (objeto específico) decorrente dos efeitos normais da execução de determinada tutela jurisdicional. Dessa forma, para proteger os relevantes interesses

---

[515] "Agravo regimental. Suspensão de tutela antecipada. Indeferimento. Oferta de vagas a candidatos aprovados em mesmo concurso público. Direito de preferência. Remoção. Grave lesão a ordem pública administrativa não configurada. Pretensão recursal manifesta. Reiteração dos argumentos. Descabimento. Precedentes. 1. *A via estreita da suspensão de decisão proferida na tutela antecipada contra a pessoa jurídica de direito público não comporta apreciação do mérito da controvérsia principal, matéria que deve ser apreciada na via recursal adequada.* 2. Não restando evidenciada grave lesão a ordem pública administrativa, nem ofensa aos demais bens jurídicos protegidos pelas Leis nº 4.348/64 e nº 9.494/97, quais sejam: a saúde, a segurança e a economia públicas, há que ser indeferido o pedido de suspensão. 3. Propósito evidente do manejo da contracautela excepcional como substitutivo da instância recursal adequada. 4. Precedentes da Corte (AgRgSS nº 718/BA, Agp nº 1.057/DF). 5. Agravo a que se nega provimento." (Grifos nossos)

[516] "Agravo regimental – Suspensão de liminar em mandado de segurança – Indeferimento – Lesão à ordem, à saúde e a economia pública não configuradas. 1. *No pedido de suspensão não se analisa o mérito da controvérsia, tampouco eventual erro de julgamento ou de procedimento, cuja apreciação deve se dar nas vias recursais ordinárias.* 2. A apreciação da legalidade do ato administrativo não significa ingerência do poder Judiciário no mérito administrativo, não configurando lesão à ordem pública administrativa. 3. O simples fato dos serviços essenciais de limpeza pública estarem sendo executados mediante contrato de emergência não traduz, por si, ameaça à saúde ou a economia pública, a ensejar o deferimento da medida excepcional da suspensão. 4. Agravo não provido." (Grifos nossos)

públicos tutelados pelas normas, o órgão jurisdicional deve analisar, unicamente, se os efeitos normais decorrentes da execução de uma dada decisão judicial, independentemente da juridicidade ou injuridicidade do seu conteúdo, são capazes de lesionar gravemente a ordem, a saúde, a segurança e/ou a economia públicas. Sua única preocupação, pois, se resume a aferir se presente o risco de dano aos aludidos interesses públicos diante da execução da decisão judicial proferida, sendo-lhe, pois, estranhas, as questões processuais ou meritórias pertinentes à causa principal.

A legislação, portanto, sabiamente, não inseriu a injuridicidade como pressuposto para o deferimento do pedido de suspensão, nem incluiu na cognição dos Presidentes dos Tribunais a análise das questões processuais e meritórias afetas à demanda originária, como bem atentou Ellen Gracie Nothfleet para quem "o que ao Presidente é dado aquilatar, não é a correção ou equívoco da medida cuja suspensão se requer, mas a sua potencialidade de lesão a outros interesses superiormente protegidos". Deste modo, "pode ser que a liminar ou sentença sejam juridicamente irretocáveis mas, ainda assim, ensejem risco de dano aos valores que a norma buscou proteger e, portanto, antes do trânsito em julgado, devam seus efeitos permanecer sobrestados" e "constitui incorreção técnica discorrer sobre o mérito da questão, defeito que decorre da dificuldade de se distinguir com clareza a natureza do pedido que, como se viu, nada tem em comum com a via recursal onde razões de direito serão enfrentadas".[517]

Convém esclarecer que os Presidentes dos Tribunais *não possuem competência jurisdicional* para atuar em duplo grau de jurisdição, promovendo, deste modo, a *anulação*, a *reforma*, a *integração* ou o *aclaramento* do conteúdo da tutela jurisdicional impugnada pelo pedido de suspensão, em decorrência de uma suposta possibilidade da análise das questões processuais e meritórias nela ventiladas. E, ademais, qualquer manifestação dos Presidentes dos Tribunais sobre as mesmas, poderia até mesmo

---

[517] NORTHFLEET. Suspensão de sentença e de liminar. *Revista do Instituto dos Advogados de São Paulo – Nova Série*, v. 1, n. 2, p. 168-169, 172.

representar *adiantamento*[518] de um futuro julgamento a ser realizado pelo respectivo órgão jurisdicional, o que não se admite, podendo ainda determinar o surgimento de *decisões judiciais conflitantes* advindas de órgãos integrantes da mesma casa. Além disso, pode-se asseverar que a postura acolhida por diversos doutrinadores de renome, dentre os quais Eduardo Arruda Alvin e Cássio Scarpinella Bueno, e pelo próprio Supremo Tribunal Federal, por iniciativa do respeitado Ministro Sepúlveda Pertence, se assenta em *falsas premissas*, posto que o instituto analisado, consoante antes estudado, *não possui natureza jurídica recursal*, a pretender a anulação, a reforma, a integração ou o aclaramento do conteúdo da tutela jurisdicional, exigindo, em conseqüência, a injuridicidade do conteúdo da tutela jurisdicional, *nem possui natureza jurídica cautelar ou contracautelar*, a perseguir o asseguramento do resultando útil de outra tutela jurisdicional posterior, exigindo, em conseqüência, a presença do *fumus boni iuris* em adição ao *periculum in mora*. Os inúmeros argumentos explicitados neste sentido, a propósito, podem ser revisitados no capítulo dedicado à análise da natureza jurídica do instituto em estudo.

Também constitui falsa premissa, a justificar a necessidade da análise, pelos Presidentes dos Tribunais, das questões processuais e meritórias pertinentes à demanda de origem, a assertiva de que a simples análise dos pressupostos elencados pela legislação de regência (possibilidade de grave lesão à ordem, à saúde, à segurança e/ou à economia públicas decorrente dos efeitos normais da execução da decisão judicial), atribuiria à decisão em alusão *natureza política*, posto que, na hipótese, a mesma se fundamentaria em razões extrajurídicas, discricionárias, de conveniência e oportunidade, sendo, por esta razão, incompatível com a vigente ordem jurídico-constitucional, eis que a suspensão dos efeitos da execução de uma *decisão de natureza jurídica* jamais poderia se dar por uma *decisão de natureza política*.

---

[518] Neste sentido julgou o Superior Tribunal de Justiça: "Suspensão de segurança. Agravo regimental. 1. Em pedido de suspensão de liminar não se consentem disquisições quanto ao fundo da controvérsia objeto da demanda, *a envolver adiantamento de juízo sobre o mérito da impetração*. 2. A paralisação ex abrupto de serviço de classificação de produto de consumo humano conspira contra a saúde publica. 3. Agravo regimental desprovido". (STJ - AGSS nº 523/RS - Min. Bueno de Souza – *DJ*, 14.04.1997, p. 12.673).

Para se analisar este ponto, deve-se inicialmente estudar e superar algumas concepções construídas de modo obscuro ou equivocado pela doutrina, que sempre trilhou por caminhos espinhosos ao estudar a matéria.

Deve-se, preliminarmente, analisar, de modo muito sucinto, o que se pode compreender por *decisão de natureza política*, advertindo-se, contudo, que tal análise, por si somente, renderia espaço para um volumoso trabalho independente.

Em termos gerais, pode-se conceber por *decisão de natureza política* àquela exarada pelos diversos órgãos públicos primários do Estado[519] ou órgãos constitucionais de soberania[520] (aspecto subjetivo), em conjunto ou isoladamente, mediante a qual se estabelecem *objetivos* ou *fins* relevantes para a coletividade e os respectivos *meios* ou *instrumentos* necessários para a sua consecução (aspecto objetivo). Tal conceito se harmoniza, dentre tantos, com a doutrina de Ronald Dworkin, segundo o qual por *política* se deve entender "aquele tipo de padrão que *estabelece um objetivo a ser alcançado*, em geral uma melhoria em algum

---

[519] Segundo Hely Lopes Meirelles, os órgãos primários ou independentes do Estado são aqueles "originários da Constituição e representativos dos Poderes de Estado — Legislativo, Executivo e Judiciário — colocados no ápice da pirâmide governamental, sem qualquer subordinação hierárquica ou funcional, e só sujeitos aos controles constitucionais de um Poder pelo outro (...). *Esses órgãos detêm e exercem precipuamente as funções políticas*, judiciais e quase-judiciais outorgadas diretamente pela Constituição, para serem desempenhadas pessoalmente por seus membros (agentes políticos, distintos de seus servidores, que são agentes administrativos), segundo normais especiais e regimentais. Nessa categoria encontram-se as Corporações Legislativas (Congresso nacional, Câmara dos Deputados, Senado Federal, Assembléias Legislativas, Câmaras de Vereadores), as Chefias do Executivo (Presidência da República, Governadorias dos Estados e do Distrito Federal, Prefeituras Municipais), os Tribunais Judiciários e os Juízes singulares (Supremo tribunal Federal, Tribunais Superiores Federais, Tribunais Regionais Federais, Tribunais de Justiça e de Alçada dos Estados-membros, Tribunais do Júri e Varas das Justiças Comum e Especial). De se incluir, ainda, nesta classe o Ministério Público federal e estadual e os Tribunais de Contas da União, dos Estados-membros e Municípios, os quais são órgãos funcionalmente independentes e seus membros integram a categoria dos agentes políticos, inconfundíveis com os servidores das respectivas instituições" (MEIRELLES. *Direito administrativo brasileiro*, p. 66-67, grifos nossos).

[520] Segundo Gomes Canotilho, órgãos constitucionais de soberania são aqueles titulares do "exercício do poder (*autoritas, majestas*) superior do Estado, quer na sua dimensão externa (relativamente a outros Estados e poderes soberanos) quer na sua dimensão interna (frente a outros centros de poder internos). São aqueles, segundo o mesmo constitucionalista "(1) cujo *status* e competências são imediata e fundamentalmente 'constituídos' pela constituição; (2) que dispõem de um poder de auto-organização interna; (3) que não estão subordinados a quaisquer outros; (4) que estabelecem relações de interdependência e de controlo em relação a outros órgãos igualmente ordenados na e pela constituição" (CANOTILHO. *Direito constitucional e teoria da constituição*, p. 560).

aspecto econômico, político ou social da comunidade";[521] de Gomes Canotilho que entende por *função de direção política* ou *indirizzo politico*, "a conformação dos objectivos *político-constitucionais mais importantes* e a *escolha dos meios ou instrumentos idôneos e oportunos* para os prosseguir. A 'individuação de fins' e a 'individuação de meios' (T. Martines)";[522] e ainda, no âmbito nacional, de Diogo de Figueiredo Moreira Neto, para quem cabe à *política* "impregnar axiologicamente o poder, orientá-lo na *prossecução dos fins* e *estabelecer os meios* para que isto suceda".[523] Para ilustrar a conceituação proposta, pode-se recordar que as decisões políticas podem, a título exemplificativo: impulsionar o processo de criação ou aprovar determinada lei (meio ou instrumento) para o atendimento de uma necessidade da coletividade (objetivo ou fim); nomear agentes políticos (meio ou instrumento) para o exercício de determinadas funções públicas relevantes para a coletividade (objetivo ou fim); declarar guerra (meio ou instrumento) para a proteção do território nacional (objetivo ou fim); declarar a inconstitucionalidade de determinada lei (meio ou instrumento) para preservar a integridade da ordem jurídico-constitucional (objetivo ou fim).

Consoante se observa dos exemplos apontados, as decisões de natureza política podem ser exaradas pelos diversos órgãos públicos primários do Estado ou órgãos constitucionais de soberania, no exercício concomitante de quaisquer umas das clássicas *funções estatais legislativa, executiva ou judiciária*. A decisão política, portanto, embora com maior incidência no exercício das funções executiva[524] e legislativa, pode também se manifestar no exercício da função judiciária, desde que, em quaisquer destas hipóteses, a decisão seja tomada com vistas ao atendimento de *objetivos relevantes para a integralidade do corpo social*, posto que a atividade política, segundo Santi Romano, constitui "atividade

---

[521] DWORKIN. *Levando os direitos a sério*, p. 36, grifos nossos.

[522] CANOTILHO. *Direito constitucional e teoria da constituição*, p. 562, grifos nossos.

[523] MOREIRA NETO. *Teoria do poder*: sistema de direito político: estudo juspolítico do poder, p. 28-29, grifos nossos.

[524] Neste ínterim, grande foi a preocupação dos doutrinadores para diferenciar, na função executiva, os atos considerados políticos, daqueles meramente administrativos.

de ordem superior, que se refere *não aos interesses particulares e específicos*, mas à direção suprema e geral do Estado, no seu conjunto e na sua unidade".[525] Com efeito, consoante bem observa Gomes Canotilho, embora a função do *indirizzo político* seja atribuída, sobretudo, ao legislativo e executivo, "interessa acentuar que o *policentrismo institucional* (...) implica o alargamento dos titulares da função de direcção política".[526] Também assim concluiu João Antunes dos Santos Neto, segundo o qual parece "incorreto, ou ao menos impreciso, imaginar que as decisões políticas ou de Governo consubstanciem somente aquelas emanadas das autoridades mais elevadas do Executivo" e que "não se poderia excluir o Legislativo e o Judiciário como possíveis protagonistas da ação política" posto que a produção do primeiro é essencialmente política, e a do segundo "implica participação nas decisões da alta gestão dos interesses do Estado e não pode deixar de ser considerada sob o plano político, consubstanciando, desta forma, o que se convencionou chamar de decisões políticas ou atos de Governo".[527]

Diante do exposto, entendendo-se o que se deve considerar por *decisão de natureza política*, pode-se compreender que esta assim se qualifica por colimar o *atendimento de objetivos relevantes para a integralidade do corpo social*, podendo também ser exarada pelos órgãos do Poder Judiciário ainda que no exercício de suas típicas funções jurisdicionais.

Infere-se, pois, para o estudo presente, que as decisões exaradas pelos Presidentes dos Tribunais prolatadas no julgamento dos pedidos de suspensão, por terem por finalidade exatamente a *tutela de relevantes interesses públicos*, podem ser consideradas *decisões de natureza política*, sem que percam sua *natureza jurídica jurisdicional* e sem que restem, deste modo, incompatibilizadas com a vigente ordem jurídico-constitucional.

Convém recordar, a propósito, que o que caracteriza essencialmente a *função jurisdicional*, consoante leciona Giuseppe

---

[525] ROMANO. *Princípios de direito constitucional geral*, p. 359, grifos nossos.

[526] CANOTILHO. *Direito constitucional e teoria da constituição*, p. 562.

[527] SANTOS NETO. Legalidade e decisões políticas. *Revista de Direito Administrativo – RDA*, n. 234, p. 169-172.

Chiovenda, é o fato desta se destinar à "atuação da vontade concreta da lei"[528] em situações em que se faz necessária a solução de conflitos e/ou a análise prévia da juridicidade de determinados atos jurídicos. E ao solucionar conflitos de interesses ou analisar a juridicidade de atos jurídicos, determinando, no caso concreto, qual a "vontade concreta da lei", o órgão jurisdicional pode, concomitantemente, *adotar determinadas posturas mais convenientes e oportunas para o atendimento de objetivos relevantes para a nação.*

Também se faz preciso esclarecer que estabelecer "a vontade concreta da lei", nos dias atuais, não mais se faz mediante a aplicação da *lógica formal* como dantes fazia o positivismo jurídico, mas mediante a aplicação da *lógica do razoável* do pós-positivismo, segundo a doutrina de Luis Recasens Siches, bem explicitada por Fábio Ulhoa Coelho, para quem, enquanto "o pensamento racional puro da *lógica formal* tem a natureza meramente explicativa de conexões entre idéias, entre causas e efeitos, a *lógica do razoável* tem por objeto problemas humanos, de *natureza jurídica e política*, e deve, por isso, compreender ou entender sentidos e conexões de significados, operando com valores e estabelecendo finalidades e propósitos".[529]

Neste contexto, as decisões jurisdicionais, no pós-positivismo, podem e devem amparar-se em *motivações políticas*, sem perder sua juridicidade, e sem se tornarem incompatíveis com a vigente ordem jurídico-constitucional, como bem esclarece José de Albuquerque Rocha, segundo o qual não se pode mais reduzir a decisão judicial a um silogismo em que a premissa maior seria a norma, a menor os fatos e a conclusão o seu dispositivo, eis que a mesma se faz determinada não só por elementos lógicos, mas também por fatores políticos, a pressupor a possibilidade de outras soluções: "o trabalho judicial é político no sentido de que *o juiz, ao decidir, faz opções em função de argumentos políticos em sentido amplo* (...) e não apenas lógicos".[530]

---

[528] CHIOVENDA. *Instituições de direito processual civil*, v. 2, p. 8.
[529] COELHO. *Roteiro de lógica jurídica*, p. 95-97.
[530] ROCHA. *Estudos sobre o Poder Judiciário*, p. 77, grifos nossos.

Diante do que foi exposto, pode-se concluir que:

1. as decisões exaradas pelos Presidentes dos Tribunais no julgamento dos pedidos de suspensão realmente podem ser consideradas *decisões de natureza política*, posto que voltadas para o atendimento de interesses públicos relevantes;

2. estas mesmas decisões, embora também amparadas em motivações de natureza política, não deixam de constituir *decisões de natureza jurídica jurisdicional*; e

3. a suspensão dos efeitos da execução de tutelas jurisdicionais por decisão dos Presidentes dos Tribunais não se faz inconciliável com a ordem jurídico-constitucional vigente, eis que esta, embora dotada de conteúdo político, também deve ser considerada manifestação do poder jurisdicional.

Ressalte-se, ademais, que a natureza jurisdicional das decisões prolatadas pelos Presidentes dos Tribunais não se faz suprimida em face da cognição parcial desenvolvida no procedimento pertinente ao instituto objeto do presente trabalho. Ou, em outros termos, considerar como pressupostos para o deferimento do pedido de suspensão somente aqueles elencados na legislação de regência, excluindo-se as questões processuais e meritórias pertinentes à demanda principal, não pode resultar na retirada na natureza jurisdicional das aludidas decisões.

Consoante se analisou, a natureza jurisdicional de uma decisão estatal decorre do fato de ter sido esta exarada com a finalidade de estabelecer a norma jurídica aplicável em determinado caso concreto, para a solução de conflitos de interesses e/ou para a jurisdicização prévia de atos jurídicos. Tal natureza decorre, deste modo, da finalidade da decisão exarada, e não dos *pressupostos* estabelecidos pelo ordenamento para a sua prolação. A finalidade, que define a natureza jurisdicional da decisão, não se altera ou modifica, pois, com a mais ampla ou mais reduzida fixação dos pressupostos para a acolhida do pedido de suspensão.

Também, do mesmo modo, constitui falácia asseverar que a análise das *questões processuais e meritórias* pertinentes à ação judicial de origem, questões estas apontadas pela doutrina como *jurídicas*, faria com que as decisões exaradas pelos Presidentes dos Tribunais perdessem sua nota de politicidade. Isto porque, consoante se desmitificou acima, o alargamento dos pressupostos do instituto não modificará a realidade do julgador pós-positivista, que não mais representa a "boca da lei", podendo e devendo, considerar em suas decisões judiciais questões de natureza política, e atuar como partícipe da produção governamental ou política.

Infere-se, portanto, que os argumentos construídos para elastecer a cognição desenvolvida no procedimento do pedido de suspensão são dotados de elevado grau de falibilidade.

Também se faz necessário examinar a assertiva de muitos juristas segundo os quais o instituto em estudo se ampara em *razões extrajurídicas*. Se por razões extrajurídicas se entenderem *razões políticas ou principiológicas*, então, como visto, o pedido de suspensão e a decisão respectiva dos Presidentes dos Tribunais podem efetivamente se fundar em razões que se dizem extrajurídicas, sem qualquer incompatibilidade com o ordenamento jurídico nacional.[531] Mas, se por extrajurídico se entender algo não albergado pelo ordenamento jurídico, então não se poderá afirmar, nos dias atuais, que o instituto se ampara em razões extrajurídicas.

Do mesmo modo, convém analisar a afirmativa de que as decisões prolatadas pelos Presidentes dos Tribunais, no âmbito do incidente em estudo, seriam *decisões discricionárias*.[532]

Consoante estudado acima, não se faz adequado conferir à decisão que acolhe ou rejeita o pedido de suspensão a *natureza jurídica de ato administrativo*, o que também impossibilita atribuir-lhe a nota da *discricionariedade administrativa*.[533]

---

[531] Talvez neste sentido seja a seguinte manifestação de Ellen Gracie Northfleet: "(...) nesta excepcional autorização, a Presidência exerce atividade eminentemente política avaliando a potencialidade lesiva da medida concedida e deferindo-a em bases extrajurídicas". (Suspensão de sentença e de liminar. *Revista do Instituto dos Advogados de São Paulo – Nova Série*, v. 1, n. 2, p. 169).

[532] "Indispensável à autonomia jurídica da administração, *é poder discricionário* por excelência (...)" (SIDOU. *Do mandado de segurança*, p. 447).

[533] Segundo a doutrinadora Germana de Oliveira Moraes, a discricionariedade administrativa pode ser assim compreendida: "A noção de discricionariedade administrativa, legado do Estado Liberal, concebida à época em que os domínios do Direito coincidiam com o campo

240 | Isabel Cecília de Oliveira Bezerra

Considerando, a seu turno, a *natureza jurídica de ato jurisdicional* destas mesmas decisões, não se faz cabível, dentro de um sistema jurídico coerente, segundo a doutrina de Ronald Dworkin, nelas reconhecer existente qualquer manifestação do *poder discricionário*, em face da impossibilidade da existência de múltiplas decisões para a resolução de um mesmo caso.

Consoante doutrina Dworkin, o poder discricionário pode ser assim compreendido:

> O conceito de poder discricionário só está perfeitamente à vontade em apenas um tipo de contexto: quando alguém é em geral encarregado de tomar decisões de acordo com padrões estabelecidos por uma determinada autoridade (...). Tal como o espaço vazio no centro de uma rosca, o poder discricionário não existe a não ser como um espaço vazio, circundado por uma faixa de restrições (...). Como quase todos os termos, o significado exato de "poder discricionário" é afetado pelas circunstâncias do contexto. (...). Algumas vezes empregamos "poder discricionário" em um sentido fraco, apenas para dizer que, por alguma razão, os padrões que uma autoridade pública deve aplicar não podem ser aplicados mecanicamente, mas exigem o uso da capacidade de julgar. Usamos esse sentido fraco quando o contexto não é por si só esclarecedor, quando os pressupostos de nosso público não incluem esse fragmento de informação (...). Às vezes usamos a expressão em um segundo sentido fraco, apenas para dizer que algum funcionário público tem a autoridade para tomar uma decisão em última instância e que esta não pode ser revista e cancelada por nenhum outro funcionário (...). Chamo esses dois sentidos de fracos para diferenciá-los de um sentido mais forte. Às vezes usamos "poder discricionário" não apenas para dizer que um funcionário público deve usar seu discernimento na aplicação dos padrões que foram estabelecidos para ele pela autoridade ou para afirmar que ninguém irá rever

---

da legalidade, evoluiu da concepção inicial de poder político, dominante na segunda metade do século XIX, definida que era primitivamente como a *área de livre ação da Administração Pública*, contraposta à área de atuação vinculada à lei e àquela passível de controle judicial, para a de poder jurídico. (...) Discricionariedade é a *margem de liberdade de decisão, conferida ao administrador pela norma de textura aberta*, com o fim de que possa proceder, mediante a ponderação comparativa dos interesses envolvidos no caso específico, à concretização do interesse público ali indicado, para, à luz dos parâmetros traçados pelos princípios constitucionais da Administração Pública e pelos princípios gerais de Direito e dos critérios extrajurídicos de conveniência e oportunidade: 1º) complementar, mediante valoração e aditamento, os pressupostos de fato necessários à edição do ato administrativo; 2º) decidir se e quando ele deve ser praticado; 3º) escolher o conteúdo do ato administrativo dentre mais de uma opção igualmente pré-fixada pelo Direito; 4º) colmatar o conteúdo do ato, mediante a configuração de uma conduta não pré-fixada, porém aceita pelo Direito" (MORAES. *Controle jurisdicional da administração pública*, p. 178-180, grifos nossos).

aquele exercício de juízo, mas para dizer que, em certos assuntos, ele não está limitado pelos padrões da autoridade em questão (...). Empregamos a expressão nesse sentido não para comentar a respeito da dificuldade ou do caráter vago dos padrões ou sobre quem tem a palavra final na aplicação deles, mas para comentar sobre seu âmbito de aplicação e sobre as decisões que pretendem controlar.[534]

Para Ronald Dworkin, o *poder discricionário* pode ser explicado segundo diferentes contextos: num *primeiro sentido fraco*, quando os padrões de regras, princípios ou políticas a serem aplicados em determinada hipótese são formados por conceitos vagos a exigir da autoridade a formação de juízo próprio para a decisão; num *segundo sentido fraco*, quando a decisão da autoridade não pode ser substituída, cancelada ou revista por outra autoridade em nível semelhante; e num *sentido forte*, quando a própria autoridade decide quais os padrões que aplicará para decidir em determinada hipótese.

Segundo o mesmo Ronald Dworkin, a doutrina positivista entende que os julgadores revestem-se de poder discricionário nos moldes acima propostos, principalmente quando se encontram diante de uma caso a exigir a *aplicação de padrões de regras de direito compostas por conceitos vagos*, a exigir a *formação de juízo próprio* na sua aplicação (primeiro sentido fraco) e ainda quando decidem *quais serão os padrões jurídicos a serem aplicados* (sentido forte). Entretanto, para o mesmo Ronald Dworkin, constitui equívoco afirmar que o exercício típico da função jurisdicional pode resultar na prolação de decisões discricionárias, posto que "o processo tem por finalidade descobrir, e não inventar, os direitos das partes interessadas".[535] Deste modo, quando um julgador decide um determinado caso concreto, definindo o conteúdo do conceito vago de uma regra, ou a norma jurídica aplicável dentre regras, princípios ou políticas,[536] este mesmo julgador não exerce

---

[534] DWORKIN. *Levando os direitos a sério*, p. 50-52.

[535] DWORKIN. *Levando os direitos a sério*, p. 54-55, 430.

[536] Segundo Dworkin, as regras, os princípios e as políticas, não constituem padrões a serem adotados segundo escolhas preferenciais dos julgadores, mas representam, todos, "padrões obrigatórios para as autoridades de uma comunidade, padrões que regulam suas decisões a propósito de direitos e obrigações jurídicas" (*Levando os direitos a sério*, p. 61).

qualquer poder discricionário porque *somente existe uma decisão correta para o caso concreto*, o que exclui, por óbvio, qualquer discricionariedade, que sempre pressupõe a possibilidade de mais de uma decisão correta. Para o doutrinador, portanto, não se faz possível, dentro de um sistema jurídico coerente, a existência de múltiplas decisões possíveis para um mesmo caso. A única decisão jurídica correta para um caso particular será aquela que se encaixa num sistema jurídico coerente: aquela que abriga a *certeza* (verdade analítica obtida através da dedução lógica e da validade pressuposta das normas estabelecidas pelo legislador político) e a *correção* (não-contradição; justeza; aceitabilidade racional).

Deste modo, seguindo a doutrina de Ronald Dworkin, pode-se também concluir pela impossibilidade de que as decisões prolatadas pelos Presidentes dos Tribunais possam ser consideradas *decisões discricionárias*, posto que, ainda que estes julgadores, para decidir, necessitem definir o conteúdo de conceitos vagos, ou decidir dentre a aplicação de regras, princípios ou políticas, suas decisões constituem, na hipótese, *as únicas certas* (certeza: verdade analítica obtida através da dedução lógica e da validade pressuposta das normas estabelecidas pelo legislador político) *e corretas* (correção: não-contradição; justeza; aceitabilidade racional) *para a solução do caso concreto*. Considerar descabida a assertiva de que as aludidas decisões seriam decisões discricionárias, portanto, não significa em absoluto negar-lhes a possibilidade de que elas sejam exaradas sob motivações de natureza política ou principiológica, conducentes à adoção de determinada postura mais conveniente e oportuna para o atendimento de relevantes interesses públicos, como se estudou acima.

Do que restou analisado, pode-se concluir que a doutrina nacional se divide em dois segmentos relativamente à questão da *exclusão/inclusão das questões processuais e meritórias concernentes à demanda originária*, na *cognição desenvolvida no procedimento da suspensão dos efeitos de tutelas jurisdicionais*:

1. O primeiro segmento, que encontra apoio na maioria dos pronunciamentos jurisdicionais exarados pelo Supremo Tribunal Federal e ainda na integralidade dos julgados

do Superior Tribunal de Justiça, aduz que, em face de se desenvolver a cognição, no procedimento do instituto em estudo, quanto à sua amplitude, de modo apenas parcial, *as questões processuais ou meritórias pertinentes à demanda originária não integram o objeto submetido à apreciação e julgamento dos Presidentes dos Tribunais*, sendo-lhes afetas questões processuais e meritórias próprias, absolutamente diversas daquelas ventiladas na ação judicial onde exarada a decisão cujos efeitos se impugna. As questões processuais e meritórias pertinentes à tutela jurisdicional objetada pelo pedido de suspensão somente podem ser discutidas através dos meios processuais adequados para tanto, dentre os quais se destacam os recursos ou sucedâneos recursais contra ela cabíveis, sendo vedada a sua discussão na análise e julgamento do aludido pedido de suspensão, que possui objeto específico e bem delineado, qual seja, a suspensão dos efeitos da execução de determinada tutela jurisdicional por grave lesão aos interesses públicos tutelados pela legislação regente, objeto este bastante alheio ao dos recursos ou sucedâneos recursais, que constitui a anulação, a reforma, a integração ou o aclaramento do conteúdo da tutela jurisdicional. A injuridicidade do conteúdo da decisão judicial, embora possa restar presente, não constitui pressuposto para o deferimento do pedido de suspensão, que se resume à potencialidade de lesão grave à ordem, à saúde, à segurança ou à economia públicas decorrente dos efeitos da sua execução, como descreve a legislação específica;

2. O segundo segmento, amparado em parcela reduzida da jurisprudência do Supremo Tribunal Federal, entende que *as questões processuais e meritórias concernentes à ação judicial originária devem ser analisadas pelos Presidentes dos Tribunais* por ocasião da apreciação e julgamento do pedido de suspensão, e que, ao risco de lesão grave à ordem, à saúde, à segurança e à economia públicas, soma-se, como pressuposto para o seu deferimento,

a injuridicidade do conteúdo da tutela jurisdicional cujos efeitos se pretende suspender, sendo, portanto, vedada, a acolhida da pretensão suspensiva em face de decisões judiciais exaradas em conformidade com o ordenamento jurídico nacional, ainda que gravemente lesivas aos interesses públicos acima indicados.

Após analisar com bastante atenção ambas as posturas, pode-se concluir que mais acertada parece ser a que considera inapropriada a análise das questões processuais e meritórias concernentes à demanda originária, pelos Presidentes dos Tribunais, para fins de apreciação e julgamento dos pedidos de suspensão. Isto porque:

1. Ao estabelecer expressamente a finalidade e os pressupostos do instituto, a legislação regente claramente definiu o *objeto específico* do instituto: para evitar grave lesão à ordem, à saúde, à segurança e à economia públicas (finalidade e pressupostos), cabe ao Presidente do Tribunal determinar a suspensão dos efeitos de tutelas jurisdicionais, desde que demonstrada a efetiva possibilidade de configuração da aludida grave lesão (objeto específico) decorrente dos efeitos normais da execução de determinada tutela jurisdicional, devendo o órgão jurisdicional analisar, unicamente, se os efeitos normais decorrentes da execução de uma dada decisão judicial, independentemente da juridicidade ou injuridicidade do seu conteúdo, são capazes de lesionar gravemente a ordem, a saúde, a segurança e/ou a economia públicas. Sua única preocupação, pois, se resume a aferir se presente o risco de dano aos aludidos interesses públicos diante da execução da decisão judicial proferida, sendo-lhe, pois, estranhas, as questões processuais ou meritórias pertinentes à causa principal;

2. Os Presidentes dos Tribunais *não possuem competência jurisdicional* para atuar em duplo grau de jurisdição, promovendo, deste modo, a *anulação*, a *reforma*, a *integração* ou o *aclaramento* do conteúdo da tutela jurisdicional impugnada pelo pedido de suspensão, em decorrência de uma suposta possibilidade da análise das questões

processuais e meritórias nela ventiladas. E, ademais, qualquer manifestação dos Presidentes dos Tribunais sobre as mesmas, poderia até mesmo representar *adiantamento* de um futuro julgamento a ser realizado pelo respectivo órgão jurisdicional, o que não se admite, podendo ainda determinar o surgimento de *decisões judiciais conflitantes* advindas de órgãos integrantes da mesma casa;

3. A postura acolhida por diversos doutrinadores de renome, dentre os quais Eduardo Arruda Alvim e Cássio Scarpinella Bueno, e pelo próprio Supremo Tribunal Federal, por iniciativa do respeitado Ministro Sepúlveda Pertence, se assenta em *falsas premissas*, posto que o instituto analisado *não possui natureza jurídica recursal*, a pretender a anulação, a reforma, a integração ou o aclaramento do conteúdo da tutela jurisdicional, exigindo, em conseqüência, a injuridicidade do conteúdo da tutela jurisdicional, *nem possui natureza jurídica cautelar ou contracautelar*, a perseguir o asseguramento do resultando útil de outra tutela jurisdicional posterior, exigindo, em conseqüência, a presença do *fumus boni iuris* em adição ao *periculum in mora*.

4. Também constitui falsa premissa, a justificar a necessidade da análise, pelos Presidentes dos Tribunais, das questões processuais e meritórias pertinentes à demanda de origem, a assertiva de que a simples análise dos pressupostos elencados pela legislação de regência (possibilidade de grave lesão à ordem, à saúde, à segurança e/ou à economia públicas decorrente dos efeitos normais da execução da decisão judicial), atribuiria à decisão em alusão *natureza política*, sendo, por esta razão, incompatível com a vigente ordem jurídico-constitucional, eis que a suspensão dos efeitos da execução de uma *decisão de natureza jurídica jurisdicional* jamais poderia se dar por uma *decisão de natureza política*. Consoante acima analisado:

a) as decisões exaradas pelos Presidentes dos Tribunais no julgamento dos pedidos de suspensão podem ser consideradas *decisões de natureza política*, posto que voltadas para o atendimento de interesses públicos relevantes;

b) estas mesmas decisões, embora também amparadas em motivações de natureza política, não deixam de constituir *decisões de natureza jurídica jurisdicional*;

c) a suspensão dos efeitos da execução de tutelas jurisdicionais por decisão dos Presidentes dos Tribunais não se faz inconciliável com a ordem jurídico-constitucional vigente, eis que esta, embora dotada de conteúdo político, também deve ser considerada manifestação do poder jurisdicional;

5. Se por razões extrajurídicas se entender *razões políticas*, o pedido de suspensão e a decisão respectiva dos Presidentes dos Tribunais podem efetivamente se fundar em razões que se dizem extrajurídicas, sem qualquer incompatibilidade com o ordenamento jurídico nacional;

6. Considerando que não se faz adequado conferir às decisões que acolhem ou rejeitam o pedido de suspensão a *natureza jurídica de ato administrativo*, não se pode atribuir-lhes qualquer nota de *discricionariedade administrativa*. Considerando, a seu turno, a *natureza jurídica de ato jurisdicional* destas mesmas decisões, não se faz cabível, dentro de um sistema jurídico coerente, segundo a doutrina de Ronald Dworkin, nelas reconhecer existente qualquer manifestação do *poder discricionário*, em face da impossibilidade da existência de múltiplas decisões para a resolução de um mesmo caso. A conclusão, todavia, de que se faz descabida a assertiva de que as aludidas decisões seriam decisões discricionárias não significa em absoluto negar-lhes a possibilidade de que elas sejam exaradas sob motivações de natureza política ou principiológica, conducentes à adoção de determinada postura mais conveniente e oportuna para o atendimento de relevantes interesses públicos.

7.4.3.3 A decisão que aprecia o pedido de suspensão

Muito do que acima se estudou terá aplicação no estudo agora iniciado sobre a decisão que aprecia o pedido de suspensão. Deve-se recordar, por primeiro, que a *natureza jurídica* do instituto, sob o aspecto *substancial,* mais se identifica com a *jurisdicional*: o pedido de suspensão nada mais representa do que exercício do direito de ação, e. em conseqüência, a *decisão que aprecia seu conteúdo* para deferi-lo ou indeferi-lo nada mais representa do que uma *decisão jurisdicional.*[537]

Estudou-se, ademais, que a natureza jurisdicional da decisão que aprecia o pedido de suspensão não se altera em face da *politicidade do seu conteúdo,* sempre voltado para o atendimento de relevantes interesses públicos. E os Presidentes dos Tribunais, portanto, embora possam também se amparar em *motivações políticas ou extrajurídicas* para deferir ou indeferir os pedidos de suspensão, exaram, neste momento, decisões indubitavelmente jurisdicionais, destinadas a resolução de determinados conflitos concretos de interesses. Suas decisões, contudo, não podem ser consideradas *decisões discricionárias,* posto que prolatadas no âmbito do exercício da função jurisdicional, que, segundo a doutrina pós-positivista de Ronald Dworkin, não comporta diversas decisões juridicamente corretas para a resolução de um mesmo caso concreto.

A decisão que aprecia o pedido de suspensão, deste modo, embora possa possuir *conteúdo político,* não pode deixar de ser

---

[537] Conforme visto, a impossibilidade da Administração Pública de atuar autonomamente, auto-executoriamente, adotando as providências administrativas que considera necessárias para evitar que a ordem, a saúde, a segurança e a economia públicas sejam lesionados pelos efeitos normais decorrentes de determinada tutela jurisdicional, lhe obriga, em defesa dos interesses públicos sob sua tutela, a pleitear a intervenção dos órgãos jurisdicionais para que estes decidam se os interesses da Administração Pública devem ou não prevalecer sobre os interesses particulares, solvendo, deste modo, no caso concreto, o conflito entre os aludidos interesses antagônicos. E diante destas circunstâncias, não se pode negar a natureza jurisdicional do pedido formulado pela Administração Pública e da correspondente decisão exarada pelos órgãos jurisdicionais competentes legalmente incumbidos de revelar, no caso concreto, a "atuação da vontade concreta da lei" para a solução do conflito de interesses entre a Administração Pública e o particular.

considerada *decisão jurisdicional*.[538] Mas segundo a doutrina pós-positivista, não deve ser considerada discricionária. As decisões jurisdicionais, segundo o Código de Processo Civil, em seu art. 162,[539] podem ser classificadas em *sentenças, decisões interlocutórias* e *despachos*. E segundo a mesma norma, em seus parágrafos 1º, 2º e 3º, por *sentença* deve-se conceber "o ato do juiz que implica alguma das situações previstas nos arts. 267 e 269 desta Lei"; por *decisão interlocutória* "o ato pelo qual o juiz, no curso do processo, *resolve questão incidente*"; e por *despachos* "todos os demais atos do juiz praticados no processo, de ofício ou a requerimento da parte, a cujo respeito a lei não estabelece outra forma".

Embora a legislação disponha que o pedido de suspensão se faz decidido por *despacho*,[540] a doutrina nacional já pacificou o entendimento de que esta espécie de provimento jurisdicional evidentemente não se ajusta ao *conteúdo decisório* nele indiscutivelmente presente.[541]

---

[538] Neste sentido doutrina Marcelo Abelha Rodrigues: "(...) a medida tomada pelo Presidente do tribunal depende de provocação pelo legitimado e *possui inquestionável natureza jurisdicional*" (*Suspensão de segurança*: sustação da eficácia de decisão judicial proferida contra o poder público, p. 97).

[539] "Art. 162. Os atos do juiz consistirão em sentenças, decisões interlocutórias e despachos. §1º. Sentença é o ato do juiz que implica alguma das situações previstas nos arts. 267 e 269 desta Lei. §2º. Decisão interlocutória é o ato pelo qual o juiz, no curso do processo, resolve questão incidente. §3º. São despachos todos os demais atos do juiz praticados no processo, de ofício ou a requerimento da parte, a cujo respeito a lei não estabelece outra forma."

[540] A Lei nº 4.348/64 tinha a seguinte redação: "Art. 4º. Quando, a requerimento de pessoa jurídica de direito público interessada e para evitar grave lesão à ordem, à saúde, à segurança e à economia pública, o presidente do tribunal, ao qual couber o conhecimento do respectivo recurso (VETADO) suspender, em *despacho* fundamentado, a execução da liminar, e da sentença, dessa decisão caberá agravo sem efeito suspensivo, no prazo de 10 (dez) dias, contados da publicação do ato". A Lei nº 8.038/90 dispõe: "Art. 25. Salvo quando a causa tiver por fundamento matéria constitucional, compete ao Presidente do Superior Tribunal de Justiça, a requerimento do Procurador-Geral da República ou da pessoa jurídica de direito público interessada, e para evitar grave lesão à ordem, à saúde, à segurança e à economia pública, suspender, em *despacho* fundamentado, a execução de liminar ou de decisão concessiva de mandado de segurança, proferida, em única ou última instância, pelos tribunais regionais federais ou pelos Tribunais dos Estados e do Distrito Federal". A Lei nº 8.437/92 dispõe: "Art. 4º. Compete ao presidente do tribunal, ao qual couber o conhecimento do respectivo recurso, suspender, em *despacho* fundamentado, a execução da liminar nas ações movidas contra o Poder Público ou seus agentes, a requerimento do Ministério Público ou da pessoa jurídica de direito público interessada, em caso de manifesto interesse público ou de flagrante ilegitimidade, e para evitar grave lesão à ordem, à saúde, à segurança e à economia públicas".

[541] "A lei fala que a presidência proferirá 'despacho'. É claro que de mero despacho, ato de impulso do processo, não se cuida. O pronunciamento tem nítido caráter decisório" (VIANA. *Efetividade do processo em face da fazenda pública*, p. 241).

Deste modo, feliz foi a alteração da legislação antes vigente, com a inserção da lei nº 12.016/09, que utiliza o termo *decisão*, e não mais *despacho*.

A decisão jurisdicional que analisa o pedido de suspensão, segundo alguns autores, deve ser considerada *decisão interlocutória*, posto que resolveria mera questão incidente do processo. Entretanto, ao analisar a *natureza jurídica do instituto* sob o aspecto *formal*, concluiu-se que o instituto, embora realmente represente um *incidente processual*, não se manifesta por mera *questão incidente*, mas por *causa incidente*.[542] E constituindo causa incidente, sua resolução não se faz por decisão interlocutória, mas por *sentença*, ato processual onde se consuma a função jurisdicional, "aplicando-se a lei ao caso concreto controvertido, com a finalidade de extinguir juridicamente a controvérsia".[543] Neste sentido, Cristina Gutiérrez comenta que não se pode negar o *conteúdo sentencial* da decisão que aprecia o pedido de suspensão.[544]

As *sentenças*, portanto, em sentido amplo, representam *tutelas jurisdicionais definitivas* que põem fim aos processos, decidindo ou não o mérito da causa. E podem ser exaradas por julgadores de primeiro grau de jurisdição, quando se denominam *sentenças*, em sentido restrito, ou por julgadores de segundo grau

---

[542] O instituto em estudo se manifesta por *causa incidente* e não por questão incidente, porque:

1. O pedido de suspensão, embora acessório e dependente da causa principal, *se faz integrado por elementos de identificação subjetivos e objetivos absolutamente distintos* da ação originária: *partes distintas* (elemento subjetivo), *causa de pedir distinta* (elemento objetivo) e *pedido* (elemento objetivo) *também distinto*. E nos moldes do que dispõe o art. 301, §2º, do Código de Processo Civil Brasileiro, a identificação e a individualização das ações se realiza pela *teoria das três identidades*, segundo a qual uma ação somente pode ser considerada idêntica à outra quando tem as mesmas partes, a mesma causa de pedir e o mesmo pedido;

2. *As questões incidentes são sempre prejudiciais*, ou seja, exigem resolução em momento anterior à prolação da providência jurisdicional definitiva postulada, o que não se verifica relativamente ao pedido de suspensão, posto que a providência jurisdicional definitiva pode ser exarada em momento anterior à apreciação do pedido de suspensão, a qual, se transitada em julgado, causará a superveniente ausência do interesse processual da postulação suspensiva;

3. As questões incidentes somente podem ser suscitadas pelos *sujeitos integrantes da relação jurídico-processual*, o que não se verifica relativamente ao pedido de suspensão. Em face de tais considerações, entende-se que a suspensão dos efeitos de tutelas jurisdicionais deve ser considerado, sob o aspecto formal, *incidente processual* manifestado em *causa incidente*, absolutamente diversa da originária, embora dela acessória e dependente.

[543] ALVIM. *Manual de direito processual civil*, v. 2, p. 632.

[544] GUTIÉRREZ. *Suspensão de liminar e de sentença na tutela do interesse público*, p. 62.

de jurisdição, quando se denominam *acórdãos colegiados*[545] ou *decisões monocráticas*. Deste modo, as *decisões monocráticas* exaradas pelos Presidentes dos Tribunais, que analisam e julgam pedidos de suspensão, devem ser qualificadas como *sentenças*, como *tutelas jurisdicionais definitivas*, que determinam *a finalização ou terminação da relação jurídico-processual, mediante a aplicação da lei ao caso concreto*.

A tutela jurisdicional definitiva, como manifestação decisória do órgão jurisdicional, pode concluir no sentido de que:

1. o processo desenvolveu-se segundo as normas processuais, e *deve ser extinto com julgamento do seu mérito*, nos moldes do art. 269, *caput*, do Código de Processo Civil, culminando com:

   a) com a procedência do pedido da parte autora, posto que este se coaduna com as normas de direito material; ou

   b) com a improcedência do pedido da parte autora, posto que este não se coaduna com as normas de direito material.

2. o processo não se desenvolveu segundo as normas processuais, e *deve ser extinto sem julgamento do seu mérito*, nos molde do art. 267, *caput* e incisos, do Código de Processo Civil.[546]

---

[545] "Art. 163. Recebe a denominação de *acórdão* o julgamento proferido pelos tribunais."

[546] "Art. 267. Extingue-se o processo, sem julgamento do mérito: I - quando o juiz indeferir a petição inicial; II - quando ficar parado durante mais de 1 (um) ano por negligência das partes; III - quando, por não promover os atos e diligências que lhe competir, o autor abandonar a causa por mais de 30 (trinta) dias; IV - quando se verificar a ausência de pressupostos de constituição e de desenvolvimento válido e regular do processo; V - quando o juiz acolher a alegação de peremção, litispendência ou de coisa julgada; VI - quando não ocorrer qualquer das condições da ação, como a possibilidade jurídica, a legitimidade das partes e o interesse processual; VII - pela convenção de arbitragem; VIII - quando o autor desistir da ação; IX - quando a ação for considerada intransmissível por disposição legal; X - quando ocorrer confusão entre autor e réu; XI - nos demais casos prescritos neste Código. §1º. O juiz ordenará, nos casos dos nºs II e III, o arquivamento dos autos, declarando a extinção do processo, se a parte, intimada pessoalmente, não suprir a falta em 48 (quarenta e oito) horas. §2º. No caso do parágrafo anterior, quanto ao nº II, as partes pagarão proporcionalmente as custas e, quanto ao nº III, o autor será condenado ao pagamento das despesas e honorários de advogado (art. 28). §3º. O juiz conhecerá de ofício, em qualquer tempo e grau de jurisdição, enquanto não proferida a sentença de mérito, da matéria constante dos nºs IV, V e VI; todavia, o réu que a não alegar, na primeira oportunidade em que lhe caiba falar nos autos, responderá pelas custas de retardamento. §4º. Depois de decorrido o prazo para a resposta, o autor não poderá, sem o consentimento do réu, desistir da ação."

Nos casos em que apreciado o mérito do pedido de suspensão, os órgãos jurisdicionais exercerão *atividades cognitivas*, devendo, pois, conhecer os fatos que lhe são postos (efeitos da tutela jurisdicional e possibilidade de lesão aos interesses públicos), avaliar estes mesmos fatos diante das normas jurídicas abstratamente aplicáveis à espécie (legislação de regência específica, leis processuais e normas constitucionais) e determinar as conseqüências jurídicas decorrentes da incidência das normas jurídicas sobre os mesmos fatos, mediante a produção da norma jurídica concreta incidente sobre o caso (rejeição ou acolhida do pedido de suspensão), exercendo, deste modo, funções jurisdicionais cognitivas.[547]

A decisão judicial que culminar com a *acolhida da pretensão suspensiva*, quando restar devidamente demonstrado nos autos que os efeitos decorrentes da execução da tutela jurisdicional impugnada podem causar sérios danos à ordem, à saúde, à segurança e à economia públicas, verificando-se, ademais, no caso concreto, a prevalência do interesse público sobre o interesse particular, determinará que seja imediatamente *sustada a produção integral ou parcial dos atos processuais e extraprocessuais com vistas à execução provisória da tutela jurisdicional impugnada*, o que importa, nas palavras de De Plácido e Silva, "numa paralisação, ou na cessação temporária, ou por tempo determinado, de uma atividade, ou de um procedimento".[548] A *decisão que acolhe o pedido de suspensão*, portanto, *paralisa, cessa, susta ou detém, temporariamente, a produção total ou parcial dos efeitos normais decorrentes da execução provisória* da tutela jurisdicional

---

[547] Segundo José de Albuquerque Rocha, as "(...) ações de conhecimento são aquelas que tendem a provocar um juízo no sentido preciso do termo, ou seja, um julgamento sobre a situação jurídica afirmada pelo autor. A ação é dita de conhecimento justamente porque nela o órgão jurisdicional exerce uma função preponderantemente cognoscitiva, ou seja, nela o órgão jurisdicional é chamado a conhecer os fatos e os argumentos alegados pelas partes para, em conseqüência, julgar por sentença qual delas tem razão, ou seja, formular a norma jurídica concreta que deve regular a situação afirmada pelo autor". Para o mesmo jurista cearense, nas ações de conhecimento, o juiz realiza três operações básicas: "a) conhece os fatos da realidade alegados pelas partes; b) avalia juridicamente esses fatos à luz das normas a eles aplicáveis, o que pressupõe implicitamente um conhecimento prévio dessas normas; e c) finalmente, determina as conseqüências estabelecidas abstratamente pelas normas legais para os fatos reais, isto é, formula a norma concreta reguladora dos fatos reais a partir da norma abstrata" (*Teoria geral do processo*, p. 158)

[548] SILVA. *Vocabulário jurídico*, v. 4, p. 16.

deferida contra os interesses do Poder Público, determinando, pois, a *modificação de uma situação jurídica anterior mediante a constituição de uma situação jurídica nova*. A sentença, pois, que defere o pedido de suspensão, trata-se de *sentença constitutiva*. E sentença constitutiva cujos efeitos, obviamente, se submetem à sua legislação de regência, sendo vedada, mesmo excepcionalmente, a acolhida de pedidos de suspensão para conceder tutelas jurisdicionais indeferidas, restabelecer tutelas jurisdicionais revogadas, ou ainda anular, revogar ou modificar tutelas jurisdicionais deferidas.

Além disso, tratando-se de sentenças, as decisões monocráticas que apreciam o conteúdo dos pedidos de suspensão submetem-se e reveste-se, respectivamente, a todos os *requisitos* e de todos os *atributos* próprios dos provimentos desta natureza.

Dentre os *requisitos* a que se submetem as decisões que analisam os pedidos de suspensão, destacam-se:

1. a necessidade de que sejam *produzidas e subscritas por seus julgadores*, os Presidentes dos Tribunais, nos moldes do que dispõe o art. 164 do Código de Processo Civil;[549]

2. a necessidade de que sejam *integradas por relatório, fundamentação e dispositivo*, nos moldes do art. 458, *caput* e incisos, do Código de Processo Civil;[550]

3. a necessidade de que o *seu conteúdo se contenha aos limites estabelecidos pelo pedido*, o *ne eat iudex ultra petita partium*, nos moldes do que dispõem os artigos 2º, 128 e 460 do Código de Processo Civil Brasileiro.[551]

---

[549] "Art. 164. Os despachos, decisões, sentenças e acórdãos serão redigidos, datados e assinados pelos juízes. Quando forem proferidos, verbalmente, o taquígrafo ou o datilógrafo os registrará, submetendo-os aos juízes para revisão e assinatura."

[550] "Art. 458. São requisitos essenciais da sentença: I - o relatório, que conterá os nomes das partes, a suma do pedido e da resposta do réu, bem como o registro das principais ocorrências havidas no andamento do processo; II - os fundamentos, em que o juiz analisará as questões de fato e de direito; III - o dispositivo, em que o juiz resolverá as questões, que as partes lhe submeterem."

[551] "Art. 2º. Nenhum juiz prestará a tutela jurisdicional senão quando a parte ou o interessado a requerer, nos casos e forma legais. (...) Art. 128. O juiz decidirá a lide nos limites em que foi proposta, sendo-lhe defeso conhecer de questões, não suscitadas, a cujo respeito a lei exige a iniciativa da parte. (...) Art. 460. É defeso ao juiz proferir sentença, a favor do autor, de natureza diversa da pedida, bem como condenar o réu em quantidade superior ou em objeto diverso do que lhe foi demandado. Parágrafo único. A sentença deve ser certa, ainda quando decida relação jurídica condicional."

E dentre os *atributos* próprios das sentenças, destacam-se a *definitividade*, a *imutabilidade* e *indiscutibilidade* do seu conteúdo, decorrentes da formação da *coisa julgada* formal e material.[552] E consoante bem julgou o Superior Tribunal de Justiça, confirmando tal entendimento, a decisão que aprecia o pedido de suspensão, à semelhança das demais sentenças, forma *coisa julgada*.[553] Mas observe-se, contudo, que a formação da coisa julgada não impede a *revisão*, a qualquer tempo, do conteúdo do julgado, nos moldes do art. 471, inc. I, do Código de Processo Civil, na hipótese de superveniente "modificação no estado de fato ou de direito".

Dentre os requisitos das sentenças de suspensão antes explicitados, destaca-se por sua relevância a *fundamentação*,[554]

---

[552] Assim dispõe o Código de Processo Civil, sobre a coisa julgada: "Art. 463. Ao publicar a sentença de mérito, o juiz cumpre e acaba o ofício jurisdicional, só podendo alterá-la: I - para lhe corrigir, de ofício ou a requerimento da parte, inexatidões materiais, ou lhe retificar erros de cálculo; II - por meio de embargos de declaração. (...) Art. 467. Denomina-se coisa julgada material a eficácia, que torna imutável e indiscutível a sentença, não mais sujeita a recurso ordinário ou extraordinário. (...) Art. 468. A sentença, que julgar total ou parcialmente a lide, tem força de lei nos limites da lide e das questões decididas. Art. 469. Não fazem coisa julgada: I - os motivos, ainda que importantes para determinar o alcance da parte dispositiva da sentença; II - a verdade dos fatos, estabelecida como fundamento da sentença; III - a apreciação da questão prejudicial, decidida incidentemente no processo. (...) Art. 471. Nenhum juiz decidirá novamente as questões já decididas, relativas à mesma lide, salvo: I - se, tratando-se de relação jurídica continuativa, sobreveio modificação no estado de fato ou de direito; caso em que poderá a parte pedir a revisão do que foi estatuído na sentença; II - nos demais casos prescritos em lei. Art. 472. A sentença faz coisa julgada às partes entre as quais é dada, não beneficiando, nem prejudicando terceiros. Nas causas relativas ao estado de pessoa, se houverem sido citados no processo, em litisconsórcio necessário, todos os interessados, a sentença produz coisa julgada em relação a terceiros. (...) Art. 474. Passada em julgado a sentença de mérito, reputar-se-ão deduzidas e repelidas todas as alegações e defesas, que a parte poderia opor assim ao acolhimento como à rejeição do pedido".

[553] "Processual civil. Suspensão de segurança. Natureza. Transito em julgado. Agravo. Ausência de prequestionamento da matéria. 1. *A suspensão de segurança possui natureza jurisdicional e não administrativa, sujeitando-se, portanto, aos efeitos da coisa julgada.* 2. Não tendo havido o prequestionamento da matéria em sede do agravo regimental, o não conhecimento do recurso se impõe. 3. Recurso especial não conhecido" (STJ - REsp nº 126.586/SP - Min. José Delgado – *DJ*, 30.03.1998, p. 00013).

"Processo civil. Mandado de segurança. Ato do presidente do Superior Tribunal de Justiça. Indeferimento de suspensão de segurança. Descabimento. I - *Não é admissível mandado de segurança contra ato do Presidente do Superior Tribunal de Justiça que indefere a suspensão de segurança, por não se tratar de ato administrativo, mas jurisdicional.* II - Nos termos do enunciado 217 da Súmula/STJ, "não cabe agravo de decisão que indefere o pedido de suspensão da execução da liminar, ou da sentença em mandado de segurança" (STJ - MS nº 7.029/DF - Min. Sálvio de Figueiredo Teixeira – *DJ*, 14.10.2002, p. 00178).

[554] "*O ato há de ser justificado*, inclusive e sobretudo na espécie do art. 13, porque é a própria norma autorizadora que o torna passível de recurso, via do qual emergirão fatalmente as suas motivações e contramotivações" (SIDOU. *Do mandado de segurança*, p. 448-449); "Sem dúvida, em respeito ao princípio da motivação das decisões judiciais (art. 93, IX, CF),

254 | Isabel Cecília de Oliveira Bezerra

prevista não somente no mencionado art. 458, inc. II, do Código de Processo Civil, mas também na própria Constituição Federal, em seu art. 93, inc. IX,[555] e ainda na Lei nº 12.016/09, em seu art. 15;[556] na Lei nº 7.347/85, em seu art. 11, §1º;[557] na Lei nº 8.038/90, em seu art. 25;[558] e na Lei nº 8.437/92, em seu art. 4º.[559]

---

a decisão da presidência há de ser devidamente fundamentada, deixando explícito o interesse público que se está resguardando. Vale recordar, como já foi destacado acima, que a medida é de natureza excepcional e, assim, tal excepcionalidade há de refletir-se na confecção e apresentação das razões de decidir da presidência. Cumprirá ao presidente da corte demonstrar, precisamente, a presença dos requisitos legais, quais sejam, o manifesto interesse público ou flagrante ilegitimidade; a grave lesão à ordem, à saúde, à segurança e à economia públicas" (VIANA. *Efetividade do processo em face da fazenda pública,* p. 241); "Em qualquer dos casos, quer se trate de suspender a execução do despacho liminar, quer de sobrestar na execução da sentença final concessiva do mandado — e sobretudo nessa hipótese —, o despacho do presidente da instância superior deverá ser fundamentado, de modo a excluir o arbítrio (...)" (NUNES. *Do mandado de segurança:* e de outros meios de defesa contra atos do poder público, p. 314); "A lei impõe ao Presidente do Tribunal o dever de motivar o despacho cassatório de modo a evidenciar as razões que justificam e legitimam o ato (...)" (MEIRELLES. *Mandado de segurança:* ação popular, ação civil pública, mandado de injunção, habeas data, ação direta de inconstitucionalidade, ação declaratória de constitucionalidade, argüição de descumprimento de preceito fundamental e controle incidental de normas no direito brasileiro. 27. ed., p. 90); "O 'despacho' que suspende a medida liminar ou a eficácia da sentença concessiva da segurança, deve ser fundamentado e ater-se aos motivos de ordem pública que lhe deve servir de base. É uma verdadeira decisão" (PACHECO. *O mandado de segurança e outras ações constitucionais típicas,* p. 277).

[555] "IX - todos os julgamentos dos órgãos do Poder Judiciário serão públicos, e fundamentadas todas as decisões, sob pena de nulidade, podendo a lei, se o interesse público o exigir, limitar a presença, em determinados atos, às próprias partes e a seus advogados, ou somente a estes."

[556] "Art. 15. Quando, a requerimento de pessoa jurídica de direito público interessada ou do Ministério Público e para evitar grave lesão à ordem, à saúde, à segurança e à economia pública, o presidente do tribunal, ao qual couber o conhecimento do respectivo recurso suspender, *em decisão fundamentada,* a execução da liminar e da sentença, dessa decisão caberá agravo sem efeito suspensivo, no prazo de 5 (cinco) dias, que será levado a julgamento na sessão seguinte à sua interposição."

[557] "§1º. A requerimento de pessoa jurídica de direito público interessada, e para evitar grave lesão à ordem, à saúde, à segurança e à economia pública, poderá o Presidente do Tribunal a que competir o conhecimento do respectivo recurso suspender a execução da liminar, *em decisão fundamentada,* da qual caberá agravo para uma das turmas julgadoras, no prazo de 5 (cinco) dias a partir da publicação do ato".

[558] "Art. 25. Salvo quando a causa tiver por fundamento matéria constitucional, compete ao Presidente do Superior Tribunal de Justiça, a requerimento do Procurador-Geral da República ou da pessoa jurídica de direito público interessada, e para evitar grave lesão à ordem, à saúde, à segurança e à economia pública, suspender, *em despacho fundamentado,* a execução de liminar ou de decisão concessiva de mandado de segurança, proferida, em única ou última instância, pelos tribunais regionais federais ou pelos Tribunais dos Estados e do Distrito Federal."

[559] "Art. 4º Compete ao presidente do tribunal, ao qual couber o conhecimento do respectivo recurso, suspender, *em despacho fundamentado,* a execução da liminar nas ações movidas contra o Poder Público ou seus agentes, a requerimento do Ministério Público ou da pessoa jurídica de direito público interessada, em caso de manifesto interesse público ou de flagrante ilegitimidade, e para evitar grave lesão à ordem, à saúde, à segurança e à economia públicas."

Referidas normas exigem que a aludida decisão contenha *fundamentação específica para o caso concreto apreciado*, sendo insuficientes meras argumentações genéricas ou abstratas de que, por exemplo, a situação fática apresentada evidencia ou não evidencia a presença dos pressupostos necessários para o deferimento do pedido. Correta, portanto, a lição de Hely Lopes Meirelles, ao afirmar que "a lei impõe ao Presidente do Tribunal o dever de motivar o despacho cassatório de modo a *evidenciar as razões que justificam e legitimam o ato*"[560] e de Pedro dos Santos Barcelos, quando aduz que "não basta citar um ou todos os itens", sendo necessário "*demonstrar e provar* (...) o que será afetado, porque será danoso, qual o prejuízo que acarretará caso a execução da medida liminar venha a ser concretizada", ou seja, demonstrar "o porquê, como e quando irá prejudicá-la".[561] A decisão, portanto, que acolhe ou que rejeita o pedido formulado, determinando, ou não, a suspensão dos efeitos normais decorrentes da execução provisória de uma determinada tutela jurisdicional, deve, sob pena de *nulidade*, explicitar as *razões fáticas e jurídicas* que lhes serviram de fundamento, as quais *devem restar devidamente comprovadas* nos autos.

As *razões fáticas* que fundamentam o deferimento ou indeferimento do pedido de suspensão mantém relação de pertinência com os fatos que subsidiam a postulação, com os efeitos da tutela jurisdicional impugnada e com os riscos de danos desta decorrentes aos interesses públicos especialmente protegidos, "afetas a macrointeresses do Poder Público, no nível da proteção dos valores da ordem, saúde, segurança, finanças e economia públicas";[562] as *razões jurídicas*, a seu turno, mantém relação de pertinência com o direito, com o conjunto de normas processuais e materiais que subsidiam a mesma postulação.

---

[560] MEIRELLES. *Mandado de segurança*: ação popular, ação civil pública, mandado de injunção, habeas data, ação direta de inconstitucionalidade, ação declaratória de constitucionalidade, argüição de descumprimento de preceito fundamental e controle incidental de normas no direito brasileiro. 27. ed., p. 90.

[561] BARCELOS. Medidas liminares em mandado de segurança: suspensão de execução de medida liminar, suspensão de execução de sentença, medidas cautelares. *Revista dos Tribunais*, v. 80, n. 663, p. 42.

[562] MAIA FILHO. *Estudos processuais sobre o mandado de segurança*, p. 136.

Referidas *razões fáticas e jurídicas*, contudo, não decorrem da análise das questões processuais e meritórias concernentes à demanda originária, mas das *questões processuais e meritórias próprias da ação de suspensão*. Isto porque, consoante estudado acima, se considera inapropriada a análise pelos Presidentes dos Tribunais, das *questões processuais e meritórias concernentes à demanda originária* para fins de apreciação e julgamento dos pedidos de suspensão, cabendo-lhes aferir, unicamente, se os efeitos normais decorrentes da execução da tutela jurisdicional impugnada, independentemente da juridicidade ou injuridicidade do seu conteúdo, são capazes de lesionar gravemente a ordem, a saúde, a segurança e/ou a economia públicas.

Ao afirmar, contudo, que aos Presidentes dos Tribunais, em face da *cognição parcial* do procedimento em estudo, resta vedada a análise das *questões processuais e meritórias concernentes à demanda originária* para fins de apreciação e julgamento dos pedidos de suspensão, não se defende, contudo, a impossibilidade de que a *integralidade da situação fático-jurídica* seja pelos mesmos considerada. Deste modo, ao apreciar os pedidos de suspensão, considerando a *integralidade da situação fático-jurídica*, os Presidentes dos Tribunais devem efetivamente possuir *amplos conhecimentos sobre todas as questões fáticas e jurídicas pertinentes à demanda de origem*; mas *não devem nem podem analisar sob o aspecto da juridicidade, quaisquer das questões processuais ou meritórias a esta afetas*.

Em suma, os Presidentes dos Tribunais devem explicitar as razões fáticas e jurídicas que fundamentam suas decisões, mas referidas razões não decorrem da análise das questões processuais e meritórias pertinentes à demanda originária, mas da análise das questões processuais e meritórias próprias da ação de suspensão. Mas isto não dispensa, contudo, que o julgador possua amplo conhecimento da integralidade da situação fático-jurídica, onde também se insere a demanda de origem.

Mas se a ação de suspensão se compõe de questões processuais e meritórias que lhe são próprias, porque o julgador não poderia dispensar o amplo conhecimento da integralidade da situação fático-jurídica, onde também se insere a demanda de origem?

Embora os Presidentes dos Tribunais não possam apreciar, sob o aspecto da juridicidade, as questões processuais ou meritórias pertinentes à ação judicial onde repousa a tutela jurisdicional impugnada, *o mesmo não pode dispensar o conhecimento amplo de todas as questões fáticas e jurídicas,* posto que tal conhecimento se faz necessário para que o mesmo possa *aferir se no caso concreto os interesses públicos especialmente protegidos devem ou não prevalecer sobre os interesses particulares.* E somente neste sentido pode-se realmente asseverar que a decisão judicial que aprecia o pedido de suspensão não pode cingir-se à mera análise dos pressupostos elencados nas normas jurídicas de regência.

Não se pode negar, com efeito, para que a tutela jurisdicional suspensiva seja exarada, que aos pressupostos acima elencados deve-se adicionar a necessidade de que no caso concreto *prevaleça o interesse público sobre o interesse particular.* Mas a aferição promovida pelos Presidentes dos Tribunais, no sentido de prevalecer ou não o interesse público sobre o interesse particular, não se realiza mediante o exame da conformidade do conteúdo da tutela jurisdicional cujos efeitos se impugna com o ordenamento jurídico nacional, mas mediante o exame da conformidade da pretensão suspensiva com o *princípio da proporcionalidade.*

Tal conformação da pretensão suspensiva com o princípio da proporcionalidade se exige não por imposição normativa, mas por *imposição constitucional.* Embora nenhuma das normas antes analisadas que dispõem sobre o instituto estudado tenha submetido o deferimento do pedido de suspensão à sua conformidade com o princípio da proporcionalidade, esta conformação se exige em decorrência da necessidade de que, nas hipóteses concretas, seja:

1. solvida evidente *colisão entre princípios constitucionais dotados de semelhante hierarquia constitucional:* o *princípio da supremacia do interesse público sobre o interesse particular,* fundamentando a postulação do Poder Público, em defesa da manutenção da ordem, da saúde, da segurança e da economia públicas, de suspender os efeitos normais decorrentes da execução de tutelas jurisdicionais; e o *princípio da efetividade da tutela jurisdicional,* fundamentando a postulação particular de

manter intactos os efeitos normais decorrentes da execução de tutela jurisdicional deferida em seu favor;

2. ou, em termos outros, seguindo a doutrina de Robert Alexy, seja solvida evidente *colisão entre bens coletivos e direitos fundamentais*: ordem, saúde, segurança ou economia públicas, e o direito fundamental à tutela jurisdicional efetiva.[563]

Como sabido, a dissolução dos conflitos entre princípios se efetiva de modo diverso dos conflitos entre regras, posto que os *princípios* e as *regras* guardam diferenças significativas entre si. Os princípios e as regras são, ambos, espécies de *normas jurídicas*, entendidas como *prescrições de condutas humanas pertinentes a um determinado ordenamento jurídico*. As normas e os princípios, contudo, diferem em vários aspectos:

1. os *princípios* possuem *grau de abstração e de generalidade* maior do que as regras;

2. as *regras* vinculam-se a *fatos hipotéticos e respectivas conseqüências jurídicas*; os *princípios* vinculam-se a *valores*;

3. as *regras* não podem ser *relativizadas*, podendo ser *observadas ou inobservadas*; os princípios são sempre *relativizados*, podendo ser acatados, na medida das possibilidades fáticas e jurídicas que se oferecem concretamente;

4. *os conflitos entre regras* (antinomias jurídicas) resolvem-se pela *supressão* ou *expurgação*, no caso concreto, da validade de uma das regras em conflito; os *conflitos entre princípios* não se resolvem pela supressão ou expurgação de qualquer dos princípios em conflito, mas pela *ponderação ou sopesamento* de ambos com a manutenção de sua validade, mas redução circunstancial e pontual da eficácia de um deles;

5. as *regras* podem ser aplicadas autonomamente, mas exigem formulação explícita; os *princípios* exigem intermediação normativa de outros princípios e regras, mas podem

---

[563] ALEXY. Colisão de direitos fundamentais e realização de direitos fundamentais no Estado de Direito Democrático. *Revista de direito administrativo – RDA*, n. 217, p. 71-73.

dispensar formulação explícita (princípios implícitos do sistema normativo).

Ainda sobre a distinção entre *princípios* e *regras*, não se pode deixar de transcrever as lições de Robert Alexy:

> Segundo a definição standard da teoria dos princípios, princípios são normas que ordenam que algo seja realizado em uma medida tão ampla quanto possível relativamente a possibilidades fáticas ou jurídicas. Princípios são, portanto, mandamentos de otimização. Como tais, eles podem ser preenchidos em graus distintos. A medida ordenada do cumprimento depende não só das possibilidades fáticas, senão também das jurídicas. Estas são determinadas, ao lado, por regras, essencialmente por princípios opostos. As colisões de direitos fundamentais supra delineadas devem, segundo a teoria dos princípios, ser qualificadas de colisões de princípios. O procedimento para a solução de colisões de princípios é a ponderação. Princípios e ponderações são dois lados do mesmo objeto. Um é do tipo teórico-normativo, o outro, metodológico. Quem efetua ponderações no direito pressupõe que as normas, entre as quais é ponderado, têm a estrutura de princípios e quem classifica normas como princípios deve chegar a ponderações. A discussão sobre a teoria dos princípios é, com isso, essencialmente, uma discussão sobre a ponderação. Bem diferente estão as coisas nas regras. Regras são normas que, sempre, ou só podem ser cumpridas ou não cumpridas. Se uma regra vale, é ordenado fazer exatamente aquilo que ela pode, não mais e não menos. Regras contêm, com isso, determinações no quadro do fática e juridicamente possível. Elas são, portanto, mandamentos definitivos. A forma de aplicação das regras não é a ponderação, senão a subsunção.[564]

De acordo, portanto, com tais ensinamentos, a dissolução dos conflitos entre o *princípio da supremacia do interesse público sobre o interesse particular* e o *princípio da efetividade da tutela jurisdicional*, ou, em outros termos, entre os *bens coletivos ordem, saúde, segurança* ou *economia públicas* e o *direito fundamental à tutela jurisdicional efetiva*, nos casos concretos submetidos à apreciação e julgamento, deve ser efetuada mediante a *ponderação* ou *sopesamento* de ambos. E tal ponderação ou sopesamento, segundo a mesma doutrina de Robert Alexy, se efetiva mediante a aplicação do *princípio da proporcionalidade*:

---

[564] ALEXY. Colisão de direitos fundamentais e realização de direitos fundamentais no Estado de Direito Democrático. *Revista de direito administrativo – RDA*, n. 217, p. 74-75.

O mandamento da ponderação corresponde ao terceiro princípio parcial do princípio da proporcionalidade do direito constitucional alemão. O primeiro é o princípio da idoneidade do meio empregado para o alcance do resultado com ele pretendido, o segundo, o da necessidade deste meio mais ameno, menos interventor. É um dos argumentos mais fortes tanto para a força teórica como também para a prática da teoria dos princípios que todos os três princípios parciais do princípio da proporcionalidade resultam logicamente da estrutura de princípios das normas dos direitos fundamentais e essas, novamente, do princípio da proporcionalidade. Isso, todavia, não pode aqui ser seguido. *Deve ser lançado somente um olhar sobre o terceiro princípio parcial, o princípio da proporcionalidade em sentido estrito ou da proporcionalidade, porque ele é o meio para a solução das colisões de direitos fundamentais. O princípio da proporcionalidade em sentido estrito deixa-se formular como uma lei de ponderação, cuja forma mais simples relacionada a direitos fundamentais soa: "Quanto mais intensiva é uma intervenção em um direito fundamental tanto mais graves devem ser as razões que as justificam".*[565]

Deste modo, seguindo a doutrina de Robert Alexy, os Presidentes dos Tribunais, ao analisarem e julgarem os pedidos de suspensão, devem dissolver, nos casos concretos, as colisões entre os princípios acima apontados, mediante a ponderação ou sopesamento de ambos, que se realiza mediante a aplicação do *princípio da proporcionalidade*,[566] a qual, por sua vez, exige *correlação equilibrada entre os objetos perseguidos e os ônus impostos*; e "quanto mais intensiva é uma intervenção em um direito fundamental tanto mais graves devem ser as razões que as justificam".[567]

---

[565] ALEXY. Colisão de direitos fundamentais e realização de direitos fundamentais no Estado de Direito Democrático. *Revista de direito administrativo – RDA*, n. 217, p. 77-78.

[566] A teorização do princípio da *proporcionalidade* decorre de idéias *racionalistas*, por intermédio das quais se apregoa a utilização do Direito como instrumento de "racionalização do poder", na busca da "submissão do Estado e do poder à razão" e "não da razão ao poder" (MORAES. *Controle jurisdicional da administração pública*, p. 185). No ordenamento jurídico brasileiro, o princípio da proporcionalidade *não se encontra formulado explicitamente* na Constituição Federal, o que também se observa na maioria dos países europeus que o alberga. Entretanto, isto não obstaculiza a larga utilização do referido princípio pelos Tribunais Brasileiros, como *técnica de controle judicial dos atos administrativos e legislativos*. Consagrou-se a partir de formulações jurisprudenciais e doutrinárias *germânicas*, e define-se, segundo a doutrina alemã, pela "tríplice manifestação do mandamento da proporcionalidade" ou proibição do excesso: *adequação (utilidade para o fim perseguido), exigibilidade (indispensabilidade) e proporcionalidade em sentido estrito (proporcionalidade entre o objeto perseguido e o ônus imposto ao atingido)*.

[567] ALEXY. Colisão de direitos fundamentais e realização de direitos fundamentais no Estado de Direito Democrático. *Revista de direito administrativo – RDA*, n. 217, p. 77-78.

Sob esta ótica, portanto, e para a aplicação do aludido *princípio da proporcionalidade*, os Presidentes dos Tribunais devem possuir *amplos conhecimentos sobre a integralidade da situação fático-jurídica*, sendo insuficiente, para a completa visualização dos interesses em conflito, a simples verificação da comparência ou não dos pressupostos elencados nas normas. Isto porque os Presidentes dos Tribunais não devem verificar unicamente a possibilidade de lesão à ordem, à saúde, à segurança e/ou à economia públicas, mas devem também *ponderar se no caso concreto o interesse público deve ser priorizado*. Neste sentido, e após analisar o direito comparado, leciona Cássio Scarpinella Bueno que:

> (...) o que se pode extrair do direito comparado é que as normas que restringem a eficácia da ação de amparo símiles ao comando do art. 4º da Lei nº 4.348/64 (e, entre nós, do mandado de segurança) *somente poderão ter alguma valia a partir do exame de cada caso concreto e do necessário (e indeclinável) sopesamento dos valores postos em discussão pelo magistrado, motivando, amplamente, as circunstâncias pelas quais entende que, na hipótese, deva prevalecer o interesse público sobre o privado.*[568]

Ainda sobre a decisão que aprecia o pedido de suspensão, deve-se considerar, finalmente, que a mesma deverá ser publicada na imprensa oficial, com vistas ao atendimento do princípio da publicidade, previsto no art. 93, inc. IX, da Constituição Federal[569] e no art. 155 do Código de Processo Civil,[570] delas *intimadas as partes* e o *Ministério Público*, em conformidade com o art. 236 do Código de Processo Civil,[571] e *oficiado o juízo de origem* para que

---

[568] BUENO. *Liminar em mandado de segurança*: um tema com variações, p. 217. Observe-se, contudo, que o autor citado, embora também defenda a necessidade do sopesamento dos interesses em conflito, inclui a injuridicidade do conteúdo da decisão cujos efeitos se impugna dentre os pressupostos para o seu deferimento, entendimento com o qual não se concorda.

[569] "Art. 93. (...) IX - todos os julgamentos dos órgãos do Poder Judiciário serão públicos, e fundamentadas todas as decisões, sob pena de nulidade, podendo a lei, se o interesse público o exigir, limitar a presença, em determinados atos, às próprias partes e a seus advogados, ou somente a estes."

[570] "Art. 155. Os atos processuais são públicos. Correm, todavia, em segredo de justiça os processos: I - em que o exigir o interesse público; II - que dizem respeito a casamento, filiação, separação dos cônjuges, conversão desta em divórcio, alimentos e guarda de menores."

[571] "Art. 236. No Distrito Federal e nas Capitais dos Estados e dos Territórios, consideram-se feitas as intimações pela só publicação dos atos no órgão oficial. §1º. É indispensável, sob pena de nulidade, que da publicação constem os nomes das partes e de seus advogados, suficientes para sua identificação. §2º. A intimação do Ministério Público, em qualquer caso, será feita pessoalmente."

este providencie a sustação dos atos processuais e extraprocessuais destinados à efetivação da execução provisória.

7.4.3.4 Efeitos da decisão que defere o pedido de suspensão

A legislação que disciplina o instituto estudado pouco menciona sobre os efeitos da decisão que aprecia o pedido de suspensão. Somente a Lei n⁰ 8.038/90, em seu art. 25, §3⁰, e a Lei n⁰ 8.437/92, com alterações da Medida Provisória n⁰ 2.180/2001, em seu art. 4⁰, parágrafos 8⁰ e 9⁰, dispõem, respectivamente, que "a suspensão de segurança vigorará enquanto pender o recurso, ficando sem efeito, se a decisão concessiva for mantida pelo Superior Tribunal de Justiça ou transitar em julgado"; que "as liminares cujo objeto seja idêntico poderão ser suspensas em uma única decisão, podendo o Presidente do Tribunal estender os efeitos da suspensão a liminares supervenientes, mediante simples aditamento do pedido original"; e que "a suspensão deferida pelo Presidente do Tribunal vigorará até o trânsito em julgado da decisão de mérito na ação principal".

Embora a aludida legislação nada disponha sobre o *termo inicial* de produção dos efeitos da decisão que defere a postulação suspensiva, em todas as hipóteses de cabimento, esse deve ser considerado o momento da sua própria prolação. Isto em razão da natureza *constitutiva* da sentença que acolhe a postulação suspensiva, cuja produção dos efeitos sempre com ela se inicia (*ex nunc*), sendo vedada, por ausência de anterior previsão normativa, a *suspensão retroativa* (*ex tunc*). Neste sentido, registre-se, a propósito, que o *Supremo Tribunal Federal*, ao apreciar a Ação Direta de Inconstitucionalidade n⁰ 2.251-2/DF (*DJ*, 24.10.2003) manifestou-se pela *impossibilidade da suspensão retroativa*, deferindo a suspensão cautelar do §8⁰ do art. 4⁰ da Lei n⁰ 8.437/92, introduzido pelo art. 1⁰ da Medida Provisória n⁰ 1.984-19, que admitia a possibilidade da suspensão retroativa, nos seguintes termos: "§8⁰. Ao verificar que a liminar esgotou, no todo ou em qualquer parte, o objeto da ação ou foi deferida em flagrante ofensa à lei ou a jurisprudência de tribunal superior, o presidente do tribunal poderá suspendê-la com *eficácia retroativa* à data em que foi concedida, tornando sem efeito qualquer ato executivo dela decorrente".

O estabelecimento do *termo final* da tutela jurisdicional suspensiva, a seu turno, requer análise mais cuidadosa. Isto porque, embora se encontre disciplinado por algumas normas que regem especificamente a matéria, consoante visto, o mesmo deve ser analisado não somente em consonância com estas normas, mas também com as características peculiares do instituto, com a vigente ordem jurídico-processual, estabelecida por diversas normas processuais subsidiariamente aplicadas ao instituto em estudo, e com o entendimento jurisprudencial construído a partir da interpretação destas normas para sua aplicação aos casos concretos.

Segundo a doutrina de Francesco Carnelitti, "a suspensão do procedimento é uma detenção temporária do seu curso, o qual *deve prosseguir assim que cesse a causa ou tenha vencido o prazo para ela*".[572] Deste modo, de acordo com a doutrina do processualista italiano, bem pertinente para o estudo da matéria, deve-se investigar, para estabelecer o termo final da tutela suspensiva, diante da inexistência de qualquer prazo estabelecido pela legislação, qual a *causa* que justifica a própria existência do instituto. E esta causa, segundo visto, representa justamente a *possibilidade de danos* a interesses públicos primários decorrentes dos *efeitos* normais decorrentes da *execução provisória* de determinadas tutelas jurisdicionais.

Considerando, deste modo, a causa que justifica a suspensão, em termos gerais, os seus efeitos cessarão quando:

a) *desaparecer, por quaisquer motivos, a possibilidade de danos aos interesses públicos primários*, ou seja, quando os efeitos normais da execução provisória de determinadas tutelas jurisdicionais não mais sejam susceptíveis de macular gravemente a ordem, a saúde, a segurança ou a economia públicas; nesta hipótese, deferida a tutela suspensiva liminar, autorizar-se-á sua revogação, e, deferida a tutela suspensiva definitiva, autorizar-se-á sua reforma ou revisão;

---

[572] CARNELUTTI. *Instituições do processo civil*, v. 2, p. 172.

b) *desaparecerem, por quaisquer motivos, os efeitos* da tutela jurisdicional impugnada;

c) *advier, por quaisquer motivos, a possibilidade de execução definitiva*; somente enquanto persiste a possibilidade de que seja efetuada execução provisória, em prejuízo da ordem, da saúde, da segurança e da economia públicas, persistem os efeitos da tutela suspensiva.

Partindo, portanto, desta análise, em todas as hipóteses de cabimento, a produção dos efeitos da decisão que acolhe a postulação suspensiva pode se encerrar com:

a) *o trânsito em julgado da tutela jurisdicional definitiva cujos efeitos foram suspensos*, ou a confirmação dos termos desta mesma *tutela jurisdicional definitiva cujos efeitos foram suspensos, pelo Superior Tribunal de Justiça ou pelo Supremo Tribunal Federal*, em julgamento de recurso especial ou extraordinário contra ela interposto. Nestas hipóteses, a superveniente possibilidade da *execução definitiva* restabelece automaticamente a possibilidade de que sejam produzidos todos os atos processuais necessários à satisfação efetiva do direito. Encontra-se previsto, explicitamente, na Lei nº 8.038/90, em seu art. 25, §3º: "a suspensão de segurança vigorará enquanto pender o recurso, *ficando sem efeito, se a decisão concessiva for mantida pelo Superior Tribunal de Justiça ou transitar em julgado*" e na Lei nº 8.437/92, com alterações da Medida Provisória nº 2.180/2001, em seu art. 4º, §9º: "a suspensão deferida pelo Presidente do Tribunal *vigorará até o trânsito em julgado da decisão de mérito na ação principal*";

b) *o trânsito em julgado da tutela jurisdicional definitiva que confirmou, ratificou ou incorporou os termos da tutela jurisdicional cautelar ou antecipatória deferitória cujos efeitos foram suspensos*, ou a confirmação dos termos desta mesma *tutela jurisdicional definitiva que confirmou, ratificou ou incorporou os termos da tutela jurisdicional cautelar ou antecipatória deferitória cujos efeitos foram suspensos, pelo Superior Tribunal de Justiça ou pelo Supremo Tribunal Federal,* em julgamento de recurso especial ou extraordinário contra ela interposto. Nestas hipóteses, a superveniente possibilidade da *execução definitiva* também restabelece automaticamente a possibilidade de que sejam produzidos todos os atos processuais necessários à satisfação efetiva do direito. Também encontra-se previsto, explicitamente, na Lei nº 8.038/90, em seu art. 25, §3º: "a suspensão de segurança vigorará enquanto pender o recurso, *ficando sem efeito, se a decisão concessiva for mantida pelo Superior Tribunal de Justiça ou transitar em julgado*" e na Lei nº 8.437/92, com alterações da Medida Provisória nº 2.180/2001, em seu art. 4º, §9º: "a suspensão deferida pelo Presidente do Tribunal *vigorará até o trânsito em julgado da decisão de mérito na ação principal*";

c) a prolação da *tutela jurisdicional que determinou a revogação, a reforma ou a cessação dos efeitos da tutela jurisdicional cautelar ou antecipatória cujos efeitos foram suspensos*, obstando a produção normal destes mesmos efeitos. Neste sentido, dispõe a Súmula nº 405, do Supremo Tribunal Federal, que "denegado o mandado de segurança pela sentença, ou no julgamento do *agravo*, dela interposto, *fica sem efeito a liminar concedida*, retroagindo os efeitos da decisão contrária";

d) a prolação da *tutela jurisdicional que determinou a reforma ou a desconstituição da tutela jurisdicional definitiva que confirmou, ratificou ou incorporou os termos da tutela jurisdicional cautelar ou antecipatória cujos efeitos foram suspensos*, também obstando a produção normal destes mesmos efeitos;

e) a prolação da tutela jurisdicional que determinou a *extinção do processo sem julgamento do mérito* ou a *extinção do processo com julgamento improcedente do mérito*, cessando a produção dos efeitos da tutela jurisdicional cautelar ou antecipatória anterior. Também ratifica tal entendimento a aludida Súmula nº 405 do Supremo Tribunal Federal: "*denegado o mandado de segurança pela sentença*, ou no julgamento do agravo, dela interposto, *fica sem efeito a liminar concedida*, retroagindo os efeitos da decisão contrária".

Tal entendimento, ademais, conforma-se com parcela da *doutrina nacional*,[573] e com a jurisprudência do *Superior Tribunal de Justiça*[574] e do Supremo Tribunal Federal,[575] que, aliás, editou, este último, a Súmula n° 626, que assim dispõe:

---

[573] "Suspensa a liminar, (...) o efeito dessa suspensão perdurará até o final de sua (liminar) existência (...). Havendo o julgamento definitivo, e, mesmo antes do trânsito em julgado, se o resultado for pela improcedência, também não há mais razão de sua existência porque a liminar é automaticamente revogada (...). O presidente do tribunal pode suspender a execução da sentença de mérito até o seu trânsito em julgado" (BARCELOS. Medidas liminares em mandado de segurança: suspensão de execução de medida liminar, suspensão de execução de sentença, medidas cautelares. *Revista dos Tribunais*, v. 80, n. 663, p. 43-44); "(...) vigorará a suspensão da liminar concedida pelo juízo monocrático, ainda quando não posto o agravo, até o julgamento do recurso de apelo, ou até o julgamento pelo juiz de primeira instância do mandado de segurança, quando conheça o mérito de forma em contrário ou cesse a cognição por sentença extintiva do processo" (GUTIÉRREZ. *Suspensão de liminar e de sentença na tutela do interesse público*, p. 83); "Uma vez deferido o pedido de suspensão, a sua eficácia perdurará, com relação à liminar, até o trânsito em julgado da decisão que conceder o mandado de segurança na instância de origem e, com relação à sentença, até o julgamento do recurso dela interposto" (QUEIROZ NETO. Suspensão de segurança: uma análise à luz da doutrina e da jurisprudência. *Revista do Tribunal Regional Federal – 1ª Região*, v. 14, n. 5, p. 34); "(...) cessa a suspensão: a) se tiver sido concedido o mandado de segurança, em decisão originária ou em última instância, pelo TRF ou pelos tribunais dos Estados ou do Distrito Federal, e houver recurso ordinário ou especial para o STJ, com a manutenção da decisão concessiva; b) se a Corte especial do STJ houver por bem, conhecendo do agravo regimental interposto do 'despacho' desse tribunal, tornar sem efeito a suspensão; c) se a decisão recorrida do TRF ou do Tribunal dos Estados ou do Distrito Federal transitar em julgado, como por exemplo nas hipóteses de desistência, abandono, deserção do recurso interposto ou denegação do mandado" (PACHECO. *O mandado de segurança e outras ações constitucionais típicas*, p. 277).

[574] "Processual civil. Suspensão de liminar em mandado de segurança. *A suspensão de liminar perdura enquanto tiver fluência a causa ou pender recurso e somente perderá eficácia quando a decisão concessiva do writ transitar em julgado ou for mantida pelo Superior Tribunal de Justiça* (Lei n° 8.038/90, art. 25, §3°). Descabimento de agravo contra despacho que apenas comunica a permanência dessa eficácia. Agravo não conhecido" (STJ - AGSS n° 60/PA - Min. Antônio Torreão Braz – *DJ*, 05.08.1991, p. 09964).

"Suspensão de segurança (deferimento) – Agravo Regimental (cabimento) – Homologação de desistência (indeferimento) – Suspensão (vigência) – Lesão à ordem e à saúde públicas (art. 4° da Lei n° 4.348/64) – Indenização (existência de meios eficazes). I - Cabe agravo regimental contra decisão deferitória em suspensão de segurança. II - O pedido de desistência restou indeferido, pois, a teor do §3° do art. 25 da Lei n° 8.038/90, *o deferimento do pedido de suspensão mantém seus efeitos até o trânsito em julgado da decisão concessiva ou até sua ratificação pelo Superior Tribunal*; dessa forma, a concessão da segurança pelo Juízo da Comarca de Timbó não produz efeitos imediatos. III - Houve ocorrência de lesão à ordem e à saúde públicas (art. 4° da Lei n° 4.348/64), visto que a municipalidade, por força de liminar, ficou impossibilitada de exercer plenamente sua condição de poder concedente. IV - A concessionária possui, nas vias ordinárias, meios eficazes de garantir eventual indenização. V - Agravo improvido" (STJ - AGSS n° 1.021/SC - C.Esp. - Rel. Min. Nilson Naves – *DJU*, 26.05.2003, p. 00241).

"Suspensão de tutela antecipada (deferimento) – Eficácia até o trânsito em julgado da ação principal (art. 4°, §9°, da Lei n° 8.437/92). Reclamação (cabimento). Liminar (deferimento).

Suspensão de Tutelas Jurisdicionais contra o Poder Público | 267

Agravo regimental (prejudicado). 1- o art. 4º, §9º, da Lei nº 8.437/92 dispõe que *a decisão deferitória de pedido de suspensão vigorará até o trânsito em julgado da decisão de mérito da ação principal.* 2- reclamação procedente" (STJ - RCL nº 1141/BA - C.Esp. - Rel. Min. Nilson Naves – *DJU*, 22.09.2003, p. 00248).

[575] "Suspensão de Segurança. Mandados de Segurança que determinaram pagamentos a funcionários estaduais, com graves repercussões sobre a situação do Tesouro do Estado, afirmando o Chefe do Poder Executivo que as importâncias pretendidas implicam onerar as finanças publicas no percentual de 138,40% da arrecadação total. *Suspensão de segurança deferida, suspendendo-se a execução das decisões concessivas dos mandados de segurança, até o trânsito em julgado dos acórdãos respectivos, ou até a decisão do STF, em recurso extraordinário eventualmente interposto.* Agravo regimental. A competência do Presidente do STF, para conhecer do pedido de suspensão de segurança, resulta da fundamentação de natureza constitucional da causa, onde se propõe discussão em torno do art. 38 e seu parágrafo único do ADCT, da Carta Política de 1988, bem assim dos arts. 167, II, e 169, parágrafo único, ambos da Constituição Federal. A legitimidade da representação do Estado requerente decorre do só fato de a inicial estar firmada pelo próprio Governador e pelo Procurador-Geral do Estado, além dos advogados constituídos pelo Estado. Não há elementos no agravo regimental a afastarem os fundamentos do despacho agravado. Decisão anterior na Suspensão de Segurança n. 299/ES. Em suspensão de segurança, não há espaço a discutir o mérito do mandado de segurança, nem quanto a validade do reajuste trimestral a base dos índices do IPC. Ameaça de grave lesão a ordem e a economia publicas que se tem como caracterizada, aos efeitos da suspensão de segurança. Agravo regimental desprovido" (STF - SS nº 302 AgR/DF - Min. Néri da Silveira - Tribunal Pleno – *DJ*, 18.10.1991, p. 14.548).

"Suspensão de liminar em mandado de segurança: eficácia no tempo. *O posterior deferimento da segurança, por si só, não afeta a continuidade dos efeitos da suspensão de liminar, que se determinou — na forma de entendimento do STF* (Recl. 429, Gallotti, 13.10.93) *— até o trânsito em julgado do deferimento da segurança ou o julgamento de recurso extraordinário eventualmente interposto*" (STF - SS 780 AgR/PI - Min. Sepúlveda Pertence - Tribunal Pleno – *DJ*, 20.09.1996, p. 34.542).

"*Suspensão de liminar: perda de objeto pela extinção do processo em que deferida a liminar suspensa, independentemente do acerto da decisão que a decretou.* 1. Se a segurança foi indeferida em primeiro grau, correta a decisão que extinguiu a segunda impetração, que visava a conceder-lhe liminar: de aplicar-se, na hipótese, *mutatis mutandis*, a doutrina da Súmula 405; diversamente, se a sentença de primeiro grau concedeu a segurança, a decisão que, em segundo grau, extinguiu o processo do mandado segurança cautelar terá contrariado frontalmente a jurisprudência do Supremo Tribunal, segundo a qual *a suspensão da liminar não perde vigência com a superveniência de sentença de mérito concessiva de segurança, cuja eficácia permanecerá suspensa até o seu trânsito em julgado ou sua manutenção em recurso extraordinário.* 2. De qualquer sorte, *a extinção do processo do mandado de segurança de natureza cautelar implicou a extinção da liminar nele deferida, de que decorre o prejuízo da decisão que a suspendera e do agravo dela interposto*" (STF - SS nº 984 AgR/SP - Min. SEPÚLVEDA PERTENCE - Tribunal Pleno – *DJ*, 23.05.1997, p. 217.360).

"Mandado de segurança – *Liminar* – Suspensão – Julgamento de fundo – Extensão – Pressuposto. *A extensão dos efeitos da suspensão da liminar pressupõe a concessão da segurança. Indeferida a ordem, há de se concluir pelo prejuízo do ato suspensivo, ante a razão do texto regimental — art. 297, §3º, do Regimento Interno do Supremo Tribunal Federal — e, até mesmo, a dinâmica e a organicidade do Direito, alfim, em face da ordem natural das coisas*" (STF - SS nº 1.045 AgR-AgR/SP - Min. Marco Aurélio - Tribunal Pleno – *DJ*, 22.03.2002, p. 00033).

"*Liminar* – Suspensão – Eficácia. *Uma vez denegada a segurança, deixa de subsistir o interesse no ato mediante o qual fora suspensa a liminar deferida no mandado de segurança.* Inteligência do §3º do art. 297 do Regimento Interno do Supremo Tribunal Federal" (STF - SS nº 1.015 AgR-ED-AgR/SP - Min. Marco Aurélio - Tribunal Pleno – *DJ*, 22.02.2002, p. 00036).

"Mandado de Segurança – *Liminar. A suspensão de liminar em mandado de segurança persiste até o trânsito em julgado da decisão final concessiva ou daquela que implicar*

Súmula nº 626. A suspensão da liminar em mandado de segurança, salvo determinação em contrário da decisão que a deferir, *vigorará até o trânsito em julgado da decisão definitiva de concessão da segurança* ou, havendo recurso, até a sua manutenção pelo Supremo Tribunal Federal, *desde que o objeto da liminar deferida coincida, total ou parcialmente, com o da impetração.* (grifos nossos)

Dentre os casos acima analisados, viu-se que na hipótese de suspensão de tutela jurisdicional cautelar ou antecipatória, a produção dos seus efeitos se estendem até o trânsito em julgado da tutela jurisdicional definitiva que confirmou, ratificou ou incorporou os termos desta mesma tutela jurisdicional cautelar ou antecipatória, ou até a confirmação dos termos desta mesma tutela jurisdicional definitiva pelo Superior Tribunal de Justiça ou pelo Supremo Tribunal Federal, em julgamento de recurso especial ou extraordinário contra ela interposto. Tal *extensão automática de efeitos*, denominada por parcela da doutrina como "efeito ultra-ativo da tutela jurisdicional suspensiva", somente pode verificar-se *quando*

---

o indeferimento da segurança — art. 297, §3º, do Regimento Interno do Supremo Tribunal Federal e precedentes, a saber: Agravos Regimentais nas Suspensões de Segurança nºs 780/PI, 761/PE e 846/DF, todos relatados pelo Ministro Sepúlveda Pertence e com acórdãos publicados no *Diário da Justiça*, respectivamente, em 20 de setembro de 1996, 22 de março de 1996 e 8 de novembro de 1996" (STF - Rcl. nº 1.251/MT - Min. Marco Aurélio - Tribunal Pleno – *DJ*, 28.06.2002, p. 00092).

"Mandado de segurança – *Liminar*. A teor do disposto no §3º do art. 297 do Regimento Interno do Supremo Tribunal Federal, *a suspensão de liminar irradia-se a ponto de alcançar o acórdão relativo à concessão da segurança*" (STF - Rcl 2137/RJ - Min. Marco Aurélio - Tribunal Pleno – *DJ*, 07.03.2003, p. 00034).

"Reclamação – Liminar mandamental concedida por Desembargador-Relator – Suspensão da eficácia executiva desse provimento liminar, derivada da outorga, pelo Presidente do Supremo Tribunal Federal, de medida de contracautela (Lei nº 4.348/64, art. 4º) – Posterior concessão, pelo Tribunal de Justiça, do próprio mandado de segurança – Acórdão concessivo que, não obstante a medida de contracautela previamente deferida pelo supremo tribunal federal, torna efetivo o provimento liminar anteriormente suspenso – Efeito prospectivo que resulta da decisão emanada do presidente do supremo tribunal federal, em sede de contracautela (Lei nº 4.348/64, art. 4º, c/c a Lei nº 8.038/90, art. 25) – Desrespeito à autoridade decisória do Supremo Tribunal Federal – Reclamação procedente. – *A eficácia da decisão do Presidente do Supremo Tribunal Federal, proferida no exercício do poder de contracautela (Lei nº 4.348/64, art. 4º), não obstante inicialmente limitada à suspensão de liminar mandamental, também paralisa, por efeito da prospectividade que lhe é inerente, todas as conseqüências jurídicas decorrentes da ulterior concessão do mandado de segurança, desde que o conteúdo daquele provimento liminar revele-se idêntico ao do acórdão que deferiu o 'writ' constitucional. Esse efeito prospectivo — que inibe a produção da carga eficacial resultante do deferimento do mandado de segurança — perdurará até que sobrevenha o trânsito em julgado do acórdão que concedeu a ordem mandamental.* Precedente" (STF - Rcl. nº 718/PA - Min. Celso de Mello - Tribunal Pleno – *DJ*, 03.10.2003, p. 00010).

o conteúdo da tutela jurisdicional cautelar ou antecipatória seja coincidente, total ou parcialmente, com o conteúdo da tutela jurisdicional definitiva, sendo esta mera confirmação ou ratificação da primeira. Em hipóteses diversas, prevalece a regra geral de que a tutela jurisdicional suspensiva possui *conteúdo específico*, restando *impossibilitada a automática extensão dos seus efeitos para outros provimentos jurisdicionais.*

A *ultra-atividade dos efeitos da tutela jurisdicional suspensiva*, nestas hipóteses, decorre, como visto, da própria causa que justifica a existência do instituto. Deste modo, enquanto perdurar a possibilidade de realização da *execução provisória*, como se verifica na hipótese de tutela jurisdicional cautelar ou antecipatória, incorporada em tutela jurisdicional definitiva posterior, persistem os efeitos da decisão deferitória do pedido de suspensão, independentemente da necessidade de formulação de novo pedido.

Encontra-se, ademais, expressamente previsto na Lei n° 8.038/90, em seu art. 25, §3°: "a suspensão de segurança vigorará enquanto pender o recurso, *ficando sem efeito, se a decisão concessiva for mantida pelo Superior Tribunal de Justiça ou transitar em julgado*" e na Lei n° 8.437/92, com alterações da Medida Provisória n° 2.180/2001, em seu art. 4°, §9°: "a suspensão deferida pelo Presidente do Tribunal *vigorará até o trânsito em julgado da decisão de mérito na ação principal*". Mas a incidência de tais normas deve ser reconhecida em todas as hipóteses de cabimento acima analisadas, posto que o art. 4° da Lei de Introdução ao Código Civil Brasileiro autoriza que o julgador, nestes casos, decida mediante a aplicação da *analogia.*

Convém registrar, contudo, que muitos doutrinadores nacionais, sem estudar, com profundidade, as causas que justificam a inserção do instituto em nosso ordenamento jurídico, têm repudiado a ultra-atividade dos efeitos da tutela jurisdicional suspensiva.[576]

---

[576] Contra o efeito ultra-ativo na suspensão, manifestam-se, dentre outros: "Juristas de escol vêm sustentando que quando um Juiz de 1° grau defere liminar (exame perfunctório) em Mandado de Segurança e o Tribunal a suspende (a liminar), essa situação de suspensão se prolonga até mesmo depois do Juiz de 1° grau julgar e conceder, ao final, a própria segurança (...). Como Juiz de 1° grau não tenho a felicidade de concordar com o referido entendimento, tendo em vista que é dos próprios Tribunais que sempre ouvi dizer que o Juiz brasileiro só tem compromisso com a Lei e notadamente com a Constituição Federal, não

podendo despachar ou julgar como bem entender. Se um Juiz de 1º grau defere uma liminar em Mandado de Segurança é claro que o Tribunal respectivo, atendendo a requerimento da pessoa jurídica de direito público interessada, desde que vislumbre dano pode, legalmente, suspender os efeitos da liminar. Todavia, quando no mesmo processo o Juiz de 1º grau, ao final, concede a segurança, essa decisão, já com maior dose de fundamentação, deve ser logo executada, dado o seu caráter mandamental, salvo se, atendendo a novo pedido da mesma pessoa jurídica de direito público interessada, o Tribunal respectivo novamente cassar, desta feita, a própria execução da segurança (sentença). Não sendo assim, haveria violação ao juízo natural, se não se trata de competência originária dos Tribunais, e tudo importaria em uma avocatória, dos sombrios tempos da ditadura, já eliminada, graças a Deus, do nosso Direito Constitucional (...). *O inusitado prolongamento da suspensão da liminar para até depois da própria concessão da segurança atenta contra o juízo natural* (quando o 'writ' não envolve competência originária dos Tribunais e, como bem lembra o ilustre Juiz Federal da 8ª Vara, Dr. Napoleão Nunes Maia Filho (despacho n. proc. 95.1881-0), 'quando muito só teria aplicabilidade nos processos que tramitam no Supremo Tribunal Federal e no Superior Tribunal de Justiça, em razão do art. 25, parágrafo único da Lei nº 8.038/90, não havendo regra de processo tornando esse dispositivo extensivo às decisões de instância singular'. Se a Lei nº 8.038/90, aplicável somente ao STF e STJ, é óbvio não ser aplicável aos demais Tribunais inferiores, salvo em matéria criminal por força da Lei nº 8.658, de 26.5.1993. Os Tribunais Regionais Federais e de Justiça também não poderão, legalmente, invocar seus Regimentos Internos para aplicarem a regra do art. 25, §3º, da Lei nº 8.038/90, em matéria não penal, porque no campo dos direitos individuais, onde está alocado o direito de acesso à Justiça a começar do 1º grau, só ao verdadeiro legislador cabe determinar restrições: Repita-se: *a Lei nº 8.038/90 só se aplica ao STF e STJ,* já que a Lei nº 8.658/93, diz respeito apenas à ação penal originária. A Lei nº 8.658/93 manda aplicar aos TRFs e TJs apenas os arts. 1º ao 12 da Lei nº 8.038/90 e jamais o art. 25. Portanto, se os Tribunais Regionais Federais ou de Justiça suspenderem despacho liminar de Juízes de 1º grau em Mandado de Segurança e estes (Juízes, federal ou estadual), ao final, concederem a segurança, *a sentença, porque de natureza mandamental, deve ser desde logo executada, salvo se, atendendo a novo pedido da pessoa jurídica de direito público, tais Tribunais cassarem a própria execução da sentença*" (MACHADO. Efeitos de liminar em "writ" cassado pelo tribunal. *Correio Braziliense,* n. 11.633, p. 2, grifos nossos); "Combate-se essa idéia de *ultra-atividade,* em qualquer dos seus 'graus', sob o aduzir de que, deixando de existir a liminar, não existe mais, na verdade, eficácia alguma a ser suspensa, durando somente até aí o prazo de mantença da suspensão do presidente do tribunal (...). É claro que são distintas, conceitual e topograficamente, na estrutura do processo, a liminar e a sentença. Deixando de existir aquela porque revogada ou mesmo ratificada pela sentença, não existe mais o objeto da suspensão, sobre o qual pronunciou-se o tribunal. Insiste-se: foi exatamente em relação a essa (medida liminar) que a presidência do tribunal exerceu sua cognição e proferiu seu juízo. A presidência não teria o dom de outorgar uma suspensividade para o futuro. Com o advento da sentença do processo, provimento maior, não há que se falar mais na medida liminar, provimento menor, que por aquela é sorvida. Insistir nessa perpetuação é desejar que a suspensão concedida pela Corte se projete para além da vigência do pronunciamento (liminar) analisado e suspenso efetivamente pela Corte. Cuidando-se de suspensão de liminar, portanto, a eficácia da decisão da presidência deveria extinguir-se ao sobrevir do ato sentencial, dependendo a suspensão dessa de nova provocação do interessado" (VIANA. *Efetividade do processo em face da fazenda pública,* p. 245-246); "Sendo ela, liminar, incorporada na decisão final de mérito, porque reconhecida a procedência do pedido, automaticamente, também desaparece a sua suspensão, visto que não há mais liminar e sim decisão de mérito (...). A suspensão da execução da liminar, pelo presidente do tribunal, jamais ultrapassará para a sentença que examina o mérito do mandado de segurança, quer seja acolhendo ou rejeitando o pedido" (BARCELOS. Medidas liminares em mandado de segurança: suspensão de execução de medida liminar, suspensão de execução de sentença, medidas cautelares. *Revista dos Tribunais,* v. 80, n. 663, p. 43); "Ademais, o efeito suspensivo do ato do Presidente do Tribunal é provisório e se esgota automaticamente com a ulterior prolação da sentença final do processo, pelo mesmo juízo que proferiu a medida liminar, sentença que, por sua

Entretanto, conforme bem destaca Hugo de Brito Machado, além da interpretação literal das normas conduzir à prorrogação dos efeitos da suspensão da liminar à sentença, a *interpretação teleológica* e o *princípio da economia processual* também devem ser considerados, pois "a razão política que autoriza a suspensão da execução da liminar é exatamente a mesma que autoriza a suspensão da execução da sentença.(...). Assim, suspensa a execução da liminar, porque presente aquela razão legal, pela mesma razão há de ser suspensa a execução da sentença que concede a segurança" sem que, para tanto, seja necessária a formulação de novo pedido.[577]

Como visto acima, também se explicitou que os efeitos da tutela jurisdicional suspensiva se extinguem com a prolação da *tutela jurisdicional que determina a revogação, a reforma ou a cessação dos efeitos da tutela jurisdicional cautelar ou antecipatória cujos efeitos foram suspensos*, ou da *tutela jurisdicional que determina a reforma ou a desconstituição da tutela jurisdicional definitiva que confirmou, ratificou ou incorporou os termos da tutela jurisdicional cautelar*

---

vez, poderá ser também objeto de pedido de suspensão (...), através de outra iniciativa da pessoa jurídica de direito público interessada, se bem que calcada em pressuposto idêntico. Entretanto, tratando-se de suspensão da execução da liminar ou da sentença de segurança por ato do Presidente do STJ, dadas em única ou última instância pelos TRFs ou pelos TJs dos Estados, o ato suspensivo vigorará até o julgamento do recurso pelo Tribunal Superior, ficando a mesma sem efeito, se a decisão local ou regional for mantida ou se ocorrer o seu trânsito em julgado (art. 25, §3º da Lei nº 8.038/90) (...). *Esse mecanismo de suspensão automática da sentença final de segurança, por efeito retardado do ato de suspensão da liminar antecedente, não se aplica, porém, às decisões dos Juízes Federais e de Direito, quando o Presidente do TRF ou TJ suspende liminares mandamentais por eles deferidas*, porque somente as disposições da Lei nº 8.038/90 que regem o procedimento da ação penal originária (arts. 1º a 12) é que foram estendidas aos TFRs e TJs dos Estados (Lei nº 8.658/93)" (MAIA FILHO. *Estudos processuais sobre o mandado de segurança*, p. 139, grifos nossos); "Os juízos de cognição judicial pelos quais a liminar e a sentença e seus respectivos recursos são proferidos são diversos, pelo que a suspensão da liminar não pode se sobrepor à plena eficácia da sentença concessiva da ordem (...) que só será obstada se o sucumbente obtiver efeito suspensivo a seu recurso de apelação (...) ou se obtiver nova suspensão (agora da sentença) (...)" (BUENO. *Liminar em mandado de segurança*: um tema com variações, p. 23); "Filiamo-nos àqueles que defendem o fim da suspensão da liminar com o término da própria liminar. Isto porque a executoriedade, a ausência de efeito suspensivo é característica intrínseca do *mandamus*, portanto, não há como entender que a suspensão dos efeitos de uma liminar prevaleça sobre a sentença com concessiva" (COUTINHO. *Mandado de segurança*: da suspensão de segurança no direito brasileiro, p. 125-126).

[577] MACHADO. *Mandado de segurança em matéria tributária*, p. 154.

ou antecipatória cujos efeitos foram suspensos, posto que, nestas hipóteses, o objeto da suspensão deixa de subsistir, *desaparecendo os efeitos da execução provisória* da tutela jurisdicional impugnada. Os *efeitos da decisão revogatória, reformatória ou desconstitutiva* dos efeitos da tutela jurisdicional suspensa *prevalecem sobre os efeitos da tutela jurisdicional suspensiva*.

Observe-se, em sentido oposto, que o advento da *tutela jurisdicional que mantém os termos da tutela jurisdicional cautelar ou antecipatória, da tutela jurisdicional que confirma, ratifica ou incorpora a tutela jurisdicional cautelar ou antecipatória*, ou da *tutela jurisdicional definitiva, cujos efeitos foram suspensos*, não implicam na extinção dos efeitos da tutela jurisdicional suspensiva, posto que em todas estas hipóteses *permanece a possibilidade de execução provisória*. Nestes mesmos casos, contudo, quando estas mesmas tutelas jurisdicionais tenham sido *exaradas em última instância e tendo por objeto a tutela jurisdicional definitiva*, restarão extintos os efeitos da tutela suspensiva, posto que *o advento da possibilidade da execução definitiva supera a possibilidade de suspensão*. Assim, *os efeitos da tutela jurisdicional confirmatória* somente prevalecem sobre os efeitos da tutela jurisdicional suspensiva quando desta decorrer a possibilidade de *execução definitiva*.[578]

Para exemplificar, a suspensão dos efeitos de decisão concessiva de tutela cautelar liminar não cessa com a improcedência do agravo de instrumento contra a mesma interposto, se permanece a possibilidade de sua execução provisória; a suspensão dos efeitos de sentença não cessa com a improcedência da apelação contra

---

[578] Discorda-se, portanto, do entendimento explicitado no seguinte julgado do Superior Tribunal de Justiça, amparado, aliás, na falsa premissa de não possuir natureza jurisdicional a decisão que defere a postulação suspensiva:

"Processo civil – Litisconsórcio – Salário educação – INSS e FNDE – Suspensão de segurança e Agravo regimental. 1. *Em havendo superposição de controle judicial, um político (suspensão de tutela pelo Presidente do Tribunal) e outro jurídico (agravo de instrumento) há prevalência da decisão judicial.* 2. A lei atribui ao INSS a arrecadação da contribuição do salário educação, para que o repasse ao FNDE, ficando com um pequeno percentual. Há na espécie litisconsórcio necessário. 3. Recurso improvido" (STJ - REsp nº 476.469/RJ - Min. Eliana Calmon – *DJ*, 12.05.2003, p. 00297).

a mesma ajuizada, se também permanece a possibilidade de sua execução provisória; mas a suspensão dos efeitos de decisão concessiva de tutela antecipada ou de sentença que ratifica os seus termos cessa automaticamente com a improcedência do recurso extraordinário movido contra o acórdão que julgou improcedente o apelo, posto que neste caso, o advento da possibilidade da execução definitiva supera a possibilidade de persistência da suspensão.

Considerando, por fim, que a tutela jurisdicional suspensiva possui conteúdo específico, restando impossibilitada a automática extensão dos seus efeitos para outros provimentos jurisdicionais, submete-se a aditamento do pedido a hipótese elencada no art. 4°, $\S 8^{\circ}$, da Lei nº 8.437/92 (parágrafo acrescentado pela Medida Provisória nº 2.180-35, de 24.08.2001, *DOU*, 27.08.2001, em vigor conforme o art. 2° da EC nº 32/2001), que dispõe, como medida de economia processual, que as tutelas jurisdicionais cautelares ou antecipatórias cujos objetos sejam idênticos, podem ter seus efeitos suspensos mediante único provimento jurisdicional, "podendo o Presidente do Tribunal estender os efeitos da suspensão a liminares supervenientes, mediante o prefalado aditamento do pedido original".

Tal sistemática também foi acolhida pela recente legislação, pela Lei nº 12.016/2009, que, em seu art. 15, $\S 5^{\circ}$, dispõe que "as liminares, cujo objeto seja idêntico, poderão ser suspensas em uma única decisão, podendo o presidente do tribunal estender os efeitos da suspensão a liminares supervenientes, mediante simples aditamento do pedido original".

7.4.4 Fase recursal

A legislação de regência do instituto, com algumas variações, sempre disciplinou a possibilidade do ajuizamento de recurso específico contra a decisão que aprecia o pedido de suspensão. E as normas vigentes realmente contêm diversos dispositivos regulamentando a matéria: a Lei nº 12.016/09, em seu art. 15, estabelece ser cabível o "agravo, sem efeito suspensivo, no prazo de 5 (cinco) dias" (a Lei nº 4.348/64, em seu art. 4º, estabelecia que contra a *decisão que suspendesse* os efeitos da liminar ou da sentença caberia *agravo*, sem efeito suspensivo, *no prazo de dez (10) dias*, contados da publicação do ato; a Lei nº 1.533/51, em seu art. 13, por sua vez, dizia que contra a *decisão que suspendesse* os efeitos da sentença caberia *agravo* para o Tribunal); a Lei nº 7.347/85, em seu art. 11, §1º, que contra a *decisão que suspender* os efeitos da liminar "caberá *agravo* para uma das turmas julgadoras, *no prazo de 5 (cinco) dias* a partir da publicação do ato"; a Lei nº 8.038/90, em seu art. 25, §2º, que contra a *decisão que suspender* os efeitos da liminar ou da sentença "caberá *agravo regimental*"; a Lei nº 8.437/92, em seu art. 4º, §3º, a seu turno, inovando, que contra a *decisão 'que conceder ou negar a suspensão*, caberá *agravo*, *no prazo de cinco dias*, que será levado a julgamento na sessão seguinte a sua interposição"; e a Lei nº 9.507/97, em seu art. 16, que contra a decisão que suspender os efeitos da sentença "caberá *agravo* para o Tribunal a que presida".

A legislação citada, consoante se observa, não regulamentou de modo uniforme as questões relativas ao recurso cabível contra a decisão que aprecia o pedido de suspensão, sendo díspar principalmente no que pertine ao seu cabimento e tempestividade,[579] causando verdadeira tormenta doutrinária e jurisprudencial.

Registre-se, contudo, desta feita, de modo uniforme, que em todas as hipóteses acima elencadas, as entidades de direito público podem ajuizar o recurso no prazo em dobro, nos moldes do que dispõe o art. 188 do Código de Processo Civil Brasileiro[580] e ainda nos termos da Súmula nº 116 do Superior Tribunal de Justiça.[581] E que os prazos para o ajuizamento dos recursos, também em todas as hipóteses, contam-se da intimação da decisão recorrida, observado o disposto no art. 236 e seguintes

---

[579] As divergências relativas à tempestividade foram superadas com a edição da Lei nº 12.016/2009.

[580] "Art. 188. Computar-se-á em quádruplo o prazo para contestar e em dobro para recorrer quando a parte for a Fazenda Pública ou o Ministério Público."

[581] "A Fazenda Pública e o Ministério Público têm prazo em dobro para interpor agravo regimental no Superior Tribunal de Justiça."

do Código de Processo Civil Brasileiro[582] e no art. 6º da Lei nº 9.028/95.[583]

7.4.4.1 Agravo legal

A legislação que disciplina o instituto em estudo poderia ter simplesmente disposto sobre o cabimento do recurso do agravo regimental contra as decisões prolatadas pelos Presidentes dos Tribunais que apreciam os pedidos de suspensão. Mas ao contrário disto, criou modalidade recursal nova e específica, o *agravo legal* previsto na Lei nº 12.016/09, em seu art. 15, que manteve a disciplina das leis nº 4.348/64 e nº 1.533/51); na Lei nº 7.347/85, em seu art. 11, §1º; na Lei nº 8.038/90, em seu art. 25, §2º; na Lei nº 8.437/92, em seu art. 4º, §3º; e na Lei nº 9.507/97, em seu art. 16.

---

[582] "Art. 236. No Distrito Federal e nas Capitais dos Estados e dos Territórios, consideram-se feitas as intimações pela só publicação dos atos no órgão oficial. §1º. É indispensável, sob pena de nulidade, que da publicação constem os nomes das partes e de seus advogados, suficientes para sua identificação. §2º. A intimação do Ministério Público, em qualquer caso, será feita pessoalmente. Art. 237. Nas demais comarcas aplicar-se-á o disposto no artigo antecedente, se houver órgão de publicação dos atos oficiais; não o havendo, competirá ao escrivão intimar, de todos os atos do processo, os advogados das partes: I - pessoalmente, tendo domicílio na sede do juízo; II - por carta registrada, com aviso de recebimento quando domiciliado fora do juízo. Art. 238. Não dispondo a lei de outro modo, as intimações serão feitas às partes, aos seus representantes legais e aos advogados pelo correio ou, se presentes em cartório, diretamente pelo escrivão ou chefe de secretaria. Art. 239. Far-se-á a intimação por meio de oficial de justiça, quando frustrada a realização pelo correio. Parágrafo único. A certidão de intimação deve conter: I - a indicação do lugar e a descrição da pessoa intimada, mencionando, quando possível, o número de sua carteira de identidade e o órgão que a expediu; II - a declaração de entrega da contrafé; III - a nota de ciente ou certidão de que o intimado não a apôs no mandado. Art. 240. Salvo disposição em contrário, os prazos para as partes, para a Fazenda Pública e para o Ministério Público contar-se-ão da intimação. Parágrafo único. As intimações consideram-se realizadas no primeiro dia útil seguinte, se tiverem ocorrido em dia em que não tenha havido expediente forense. Art. 241. Começa a correr o prazo: I - quando a citação ou intimação for pelo correio, da data de juntada aos autos do aviso de recebimento; II - quando a citação ou intimação for por oficial de justiça, da data de juntada aos autos do mandado cumprido; III - quando houver vários réus, da data de juntada aos autos do último aviso de recebimento ou mandado citatório cumprido; IV - quando o ato se realizar em cumprimento de carta de ordem, precatória ou rogatória, da data de sua juntada aos autos devidamente cumprida; V - quando a citação for por edital, finda a dilação assinada pelo juiz. Art. 242. O prazo para a interposição de recurso conta-se da data em que os advogados são intimados da decisão, da sentença ou do acórdão. §1º. Reputam-se intimados na audiência, quando nesta é publicada a decisão ou a sentença. §2º. Havendo antecipação da audiência, o juiz, de ofício ou a requerimento da parte, mandará intimar pessoalmente os advogados para ciência da nova designação."

[583] "Art. 6º A intimação de membro da Advocacia-Geral da União, em qualquer caso, será feita pessoalmente. §1º O disposto neste artigo se aplica aos representantes judiciais da União designados na forma do art. 69 da Lei Complementar nº 73, de 1993. §2º As intimações a serem concretizadas fora da sede do juízo serão feitas, necessariamente, na forma prevista no art. 237, inc. II, do Código de Processo Civil."

Tal recurso, consoante dispõe a aludida legislação, deve ser interposto sempre no prazo de 5 (cinco) dias contados da intimação, pois com a edição da recente Lei nº 12.016/2009, e a revogação que esta operou às leis nº 4.348/64 e nº 1.533/51, superou-se as antigas divergências quanto ao prazo recursal do agravo legal previstas nestas últimas normas em 10 (dez) dias, senão se veja:

a) *cinco dias*, nas hipóteses previstas na Lei nº 12.016/2009;

b) *cinco dias*, nas hipóteses previstas na Lei nº 7.347/85;

c) *cinco dias*, nas hipóteses previstas na Lei nº 8.038/90, perante o Supremo Tribunal Federal, nos moldes do que dispõe o seu Regimento Interno, em seu art. 317[584] e o art. 39 da mesma norma;[585]

d) *cinco dias*, nas hipóteses previstas na Lei nº 8.038/90, perante o Superior Tribunal de Justiça, nos moldes do que dispõe o seu Regimento Interno, em seu art. 258[586] e o art. 39 da mesma norma;[587]

e) *cinco dias*, nas hipóteses previstas na Lei nº 8.437/92 e na Lei nº 9.494/97;

---

[584] "Art. 317. Ressalvadas as exceções previstas neste Regimento, *caberá agravo regimental, no prazo de cinco dias* de decisão do Presidente do Tribunal, de Presidente de Turma ou do Relator, que causar prejuízo ao direito da parte. §1º. A petição conterá, sob pena de rejeição liminar, as razões do pedido de reforma da decisão agravada. §2º. O agravo regimental será protocolado e, sem qualquer outra formalidade, submetido ao prolator do despacho, que poderá reconsiderar o seu ato ou submeter o agravo ao julgamento do Plenário ou da Turma, a quem caiba a competência, computando-se também o seu voto. §3º. Provido o agravo, o Plenário ou a Turma determinará o que for de direito. §4º. O agravo regimental não terá efeito suspensivo." (Grifos nossos)

[585] "Art. 39. Da decisão do Presidente do Tribunal, de Seção de Turma ou de Relator que causar gravame à parte, caberá agravo para o órgão especial, Seção ou Turma, conforme o caso, *no prazo de cinco dias*."

[586] "Art. 258. A parte que se considerar agravada por decisão do Presidente da Corte Especial, de Seção, de Turma ou de relator, poderá requerer, *dentro de cinco dias*, a apresentação do feito em mesa, para que a Corte Especial, a Seção ou a Turma sobre ela se pronuncie, confirmando-a ou reformando-a. §1º O órgão do Tribunal competente para conhecer do agravo é o que seria competente para o julgamento do pedido ou recurso. §2º Não cabe agravo regimental da decisão do relator que der provimento a agravo de instrumento, para determinar a subida de recurso não admitido. Art. 259. O agravo regimental será submetido ao prolator da decisão, que poderá reconsiderá-la ou submeter o agravo ao julgamento da Corte Especial, da Seção ou da Turma, conforme o caso, computando-se também o seu voto. Parágrafo único. Se a decisão agravada for do Presidente da Corte Especial ou da Seção, o julgamento será presidido por seu substituto, que votará no caso de empate." (Grifos nossos)

[587] "Art. 39. Da decisão do Presidente do Tribunal, de Seção de Turma ou de Relator que causar gravame à parte, caberá agravo para o órgão especial, Seção ou Turma, conforme o caso, *no prazo de cinco dias*."

f) *cinco dias*, nas hipóteses previstas na Lei nº 9.507/97, por aplicação analógica das demais normas.

E o mesmo recurso, segundo ainda a mesma legislação, se faz cabível:

a) em face da *tutela jurisdicional definitiva prolatada pelo Presidente do Tribunal, que acolhe o pedido de suspensão*, nas hipóteses previstas na Lei nº 12.016/2009 (referida norma, em seu art. 15, §1º, repete a redação da Lei nº 4.348/64, em seu art.4º, §1º); na Lei nº 7.347/85; na Lei nº 8.038/90 e na Lei nº 9.507/97;

b) em face da *tutela jurisdicional definitiva prolatada pelo Presidente do Tribunal, que acolhe ou não acolhe o pedido de suspensão*, nas hipóteses previstas na Lei nº 8.437/92 e na Lei nº 9.494/97.

Amparando-se na interpretação literal da aludida legislação, o Supremo Tribunal Federal editou a Súmula nº 506, que assim dispunha: "O agravo a que se refere o art. 4º da Lei nº 4.348, de 26.6.1964, cabe, somente, do despacho do Presidente do Supremo Tribunal Federal que defere a suspensão da liminar, em mandado de segurança; não do que a denega". E o Superior Tribunal de Justiça, no mesmo sentido, editou a Súmula nº 217: "Não cabe agravo de decisão que indefere o pedido de suspensão da execução da liminar ou da sentença em mandado de segurança". Referido entendimento, contudo, restou recentemente superado pela jurisprudência dos mesmos tribunais, que, interpretando sistematicamente a legislação de regência, passaram a admitir o cabimento do mesmo *agravo legal* também em face da *tutela jurisdicional definitiva que indefere o pedido de suspensão.*

Com efeito, ao apreciar a Questão de Ordem no Agravo Regimental na Suspensão de Segurança nº 1945/AL (*DJ*, 1º.08.2003, p. 102), o Supremo Tribunal Federal, por sua composição plenária e sob a relatoria do Ministro Gilmar Mendes, decidiu pelo *cancelamento* da Súmula nº 506, por entender que os termos da Lei nº 8.437/92, que alteraram as normas sobre o cabimento do recurso, deveriam ser aplicadas, por analogia, às hipóteses de suspensão previstas nas

278 | Isabel Cecília de Oliveira Bezerra

demais normas que regulamentam o instituto.[588] Do mesmo modo decidiu o Superior Tribunal de Justiça, por sua Corte Especial, ao analisar o Agravo Regimental nº 1.204/AM (*DJ*, 23.10.2003).[589]

---

[588] "Suspensão de Segurança. Agravo Regimental. 2. Completa reformulação da legislação, quanto à suspensão das liminares nos diversos processos, até mesmo na ação civil pública e na ação popular. 3. Disciplina assimétrica na legislação do mandado de segurança. Recorribilidade, tão-somente, da decisão que nega o pedido de suspensão em mandado de segurança. Súmula 506. 4. Configuração de lacuna de regulação superveniente. Necessidade de sua colmatação. Extensão da disciplina prevista na Lei nº 8.437, de 1992, à hipótese de indeferimento do pedido de suspensão em mandado de segurança. 5. Admissibilidade do agravo nas decisões que deferem ou indeferem a suspensão de segurança. Questão de ordem resolvida no sentido do conhecimento do agravo. Revogação da Súmula 506. 6. No mérito, em face da grave lesão causada à economia pública, o agravo foi provido, para deferir a suspensão de segurança."

[589] Neste sentido: "Suspensão de segurança. Liminar ou sentença em mandado de segurança. Pedido de suspensão. Agravo regimental. Cabimento/não-cabimento. Drogaria. Comercialização de produtos não-perecíveis. Inevidente grave lesão à ordem, à saúde, à segurança ou à economia públicas do Município. Recurso a que se negou provimento. 1. De acordo com a posição do Relator, não cabe agravo de decisão que indefere o pedido de suspensão; princípio da *Súmula 217* (Leis nºs 4.348/64, art. 4º, e 8.038/90, art. 25, §2º, e Regimento Interno, art. 271, §2º). 2. *De acordo, porém, com a maioria da Corte Especial, cabe, sim, o agravo, porquanto o sistema teria sido alterado pela Lei nº 8.437/92.* 3. Ausência de um dos pressupostos da suspensão (lesão à ordem, à saúde, à segurança ou à economia públicas). 4. Agravo de que a Corte conheceu por maioria de votos. Agravo a que a Corte negou provimento" (STJ - AgRg na SS nº 1166/SP - Corte Especial - Min. Nilson Naves – *DJ*, 09.12.2003, p. 192).

"Suspensão de segurança. Liminar ou sentença em mandado de segurança. Pedido de suspensão. Agravo regimental. Cabimento/não-cabimento. Auditores fiscais aposentados e pensionistas. Exclusão de vantagem pessoal do teto remuneratório. Inevidente grave lesão à ordem, à saúde, à segurança ou à economia públicas. Recurso a que se negou provimento. 1. De acordo com a posição do Relator, não cabe agravo de decisão que indefere o pedido de suspensão (Leis nºs 4.348/64, art. 4º, e 8.038/90, art. 25, §2º, e Regimento Interno, art. 271, §2º). 2. *De acordo, porém, com a maioria da Corte Especial, cabe, sim, o agravo, porquanto o sistema teria sido alterado pela Lei nº 8.437/92. Cancelamento da Súmula 217.* 3. Ausência de um dos pressupostos da suspensão (lesão à ordem, à saúde, à segurança ou à economia públicas). 4. A Corte, por maioria, conheceu do agravo, mas negou-lhe provimento" (STJ - AgRg na SS nº 1.181/CE - Corte Especial - Min. Nilson Naves - *DJ*, 5.4.2004, p. 185).

"Embargos de declaração em Agravo regimental em suspensão de segurança. *Cancelamento da Súmula 217/STJ* – Alegações de graves lesões à ordem jurídica, à ordem administrativa e à ordem econômica – Não demonstradas. Razões relacionadas ao mérito do mandado de segurança. Ordem jurídica – Inclusão no conceito de ordem pública – Não cabimento. 1. *Os Embargos de Declaração merecem acolhimento, tendo em consideração o cancelamento da Súmula 217 deste STJ. Não persistindo o óbice sumular, o Regimento interposto contra decisão que não concede a Suspensão de Segurança requerida deve ser conhecido;* 2. Não demonstrou o requerente da contra-cautela as grave lesões aos bens públicos tutelados; 3. As razões apresentadas pelo requerente relacionam-se com o mérito do Mandado de Segurança impetrado, não sendo a via da suspensão adequada para o seu exame; 4. A Corte Especial entende que a alegação de lesão à ordem jurídica não se inclui no conceito de ordem pública para efeito de Suspensão de Segurança, ante a impossibilidade de exame nesta via de eventuais *error in procedendo* e *error in judicando* na decisão impugnada. Embargos de Declaração acolhidos para, conhecendo do Regimental, negar-lhe provimento" (STJ - EDcl no AgRg na SS nº 1.049/AM - Corte Especial - Min. Edson Vidigal - *DJ*, 6.12.2004, p. 173).

O cancelamento das Súmulas nº 506 e nº 217, respectivamente, pelo Supremo Tribunal Federal e pelo Superior Tribunal de Justiça, foi aplaudido por grande parcela da doutrina,[590] posto que o tratamento assimétrico da matéria realmente resultava em malferimento ao *princípio constitucional da igualdade das partes no processo*, não existindo razões plausíveis capazes de justificar a possibilidade do recurso somente na hipótese de deferimento do pedido de suspensão[591] e à interpretação sistemática das normas processuais, eis que o art. 4º, §3º da Lei nº 8.437/92[592] e o art. 39 da Lei nº 8.038/90[593] prevêem o cabimento do recurso de agravo contra decisões prolatadas por seus Presidentes, independentemente do seu conteúdo, devendo tais normas ser aplicadas, por analogia, às demais hipóteses de suspensão.

---

[590] Em sentido contrário manifestou-se Cássio Scarpinella Bueno, defendendo que "da decisão do Presidente do Tribunal que indeferir o pedido de suspensão não deve caber agravo" devendo-se "conservar a eficácia da decisão que protege o particular que se sente ameaçado ou violado por ato do Poder Público", posto que o mandado de segurança é "ação prevista expressamente pela Constituição" (O agravo interno e o indeferimento da suspensão de segurança: o cancelamento da súmula 506 do STF: notas para uma primeira reflexão. *Revista Dialética de Direito Processual*, n. 3, p. 19); e Napoleão Nunes Maia Filho, eis que "caberia, quanto a esse ponto, invocar mais uma vez a natureza constitucional do mandado de segurança e a sua finalidade de proteção ao indivíduo, para não admitir que o despacho presidencial denegatório da suspensão de medida liminar possa ser objeto de agravo, pois se trataria de iniciativa *contra civem*, adversa, portanto, à vocação da ação mandamental" (MAIA FILHO. *Estudos processuais sobre o mandado de segurança*, p. 148).

[591] "Não abonamos essa orientação parcial, que só autoriza o reexame da liminar concedida, pois que sua denegação pode ser tão prejudicial à parte quanto sua concessão" (MEIRELLES. *Mandado de segurança*: ação popular, ação civil pública, mandado de injunção, habeas data, ação direta de inconstitucionalidade, ação declaratória de constitucionalidade, argüição de descumprimento de preceito fundamental e controle incidental de normas no direito brasileiro. 27. ed., p. 90); "Muito embora a Súmula 506 do STF preceitue que o agravo a que se refere o art. 4º da lei nº 4.348/64 só é cabível na hipótese de suspensão da liminar, entendemos insustentável tal distinção, pois tanto a concessão com a denegação podem ser prejudiciais à parte interessada" (WALD. *Do mandado de segurança na prática judiciária*, p. 205); "Registre-se que da decisão presidencial, favorável ou não, à suspensão, cabe, segundo tais leis, agravo, em cinco dias, para o órgão julgador competente, do respectivo tribunal, recurso que, por estar previsto, em geral, nos Regimentos dos Tribunais, é nominado de "agravo regimental", cujo procedimento, todavia, não observa, tanto quanto o próprio requerimento original, o contraditório, pois a parte adversa não tem a oportunidade de respondê-lo, inadmitindo-se, também, quando do seu julgamento, pelo colegiado, sustentação oral, não deixando, assim, de tangenciar o devido processo legal" (LIMA. Suspensão da execução de liminar ou de sentença: observações. *Revista Emarf – Escola de Magistratura Regional Federal*, v. 3, n. 1, p. 203-204).

[592] "§3º Do despacho que conceder ou negar a suspensão, caberá agravo, *no prazo de cinco dias*, que será levado a julgamento na sessão seguinte à sua interposição."

[593] "Art. 39. Da decisão do Presidente do Tribunal, de Seção de Turma ou de Relator que causar gravame à parte, caberá agravo para o órgão especial, Seção ou Turma, conforme o caso, *no prazo de cinco dias.*"

7.4.4.2 Agravo regimental

Além do agravo legal previsto na legislação de regência do instituto em estudo, deve-se também asseverar que algumas decisões judiciais prolatadas no âmbito da suspensão dos efeitos de tutelas jurisdicionais deferidas contra o Poder Público, podem ser impugnadas por *agravo regimental*, nos moldes do que dispõem os Regimentos Internos dos diversos Tribunais Brasileiros.

O agravo regimental encontra previsão normativa nos diversos Regimentos Internos dos Tribunais Brasileiros: no Regimento Interno do Supremo Tribunal Federal, em seu art. 317, e incisos;[594] no Regimento Interno do Superior Tribunal de Justiça, em seus artigos 258 e 259;[595] no Regimento Interno do Tribunal Regional Federal da 5ª Região, em seus artigos 228 e 229;[596] e no Regimento

---

[594] "Art. 317. Ressalvadas as exceções previstas neste Regimento, caberá agravo regimental, *no prazo de cinco dias* de *decisão do Presidente do Tribunal, de Presidente de Turma ou do Relator*, que causar prejuízo ao direito da parte. §1º. A petição conterá, sob pena de rejeição liminar, as razões do pedido de reforma da decisão agravada. §2º. O agravo regimental será protocolado e, sem qualquer outra formalidade, submetido ao prolator do despacho, que poderá reconsiderar o seu ato ou submeter o agravo ao julgamento do Plenário ou da Turma, a quem caiba a competência, computando-se também o seu voto. §3º. Provido o agravo, o Plenário ou a Turma determinará o que for de direito. §4º. O agravo regimental não terá efeito suspensivo".

[595] "Art. 258. A parte que se considerar agravada por *decisão do Presidente da Corte Especial, de Seção, de Turma ou de relator*, poderá requerer, *dentro de cinco dias*, a apresentação do feito em mesa, para que a Corte Especial, a Seção ou a Turma sobre ela se pronuncie, confirmando-a ou reformando-a. §1º O órgão do Tribunal competente para conhecer do agravo é o que seria competente para o julgamento do pedido ou recurso. §2º Não cabe agravo regimental da decisão do relator que der provimento a agravo de instrumento, para determinar a subida de recurso não admitido. Art. 259. O agravo regimental será submetido ao prolator da decisão, que poderá reconsiderá-la ou submeter o agravo ao julgamento da Corte Especial, da Seção ou da Turma, conforme o caso, computando-se também o seu voto. Parágrafo único. Se a decisão agravada for do Presidente da Corte Especial ou da Seção, o julgamento será presidido por seu substituto, que votará no caso de empate."

[596] "Art. 228. A parte que se considerar agravada por *decisão do Presidente do Tribunal, de Turma ou de Relator*, poderá requerer, *dentro de 5 (cinco) dias*, a apresentação do feito em mesa, para que o Plenário ou a Turma sobre ele se pronuncie, confirmando-a ou reformando-a. §1º Caberá, ainda, agravo regimental de decisão do Relator que julgar pedido ou recurso sem objeto, que indeferir o agravo manifestamente improcedente, ou que mandar arquivar ou negar seguimento a pedido ou recurso intempestivo ou incabível, ou porque contrário a Súmula do Tribunal, do extinto Tribunal Federal de Recursos, do Superior Tribunal de Justiça ou do Supremo Tribunal Federal. O órgão do Tribunal competente para conhecer do agravo é o que seria competente para o julgamento do pedido ou recurso. §2º Da decisão que deferiu ou indefere medida liminar em mandado de segurança cabe agravo regimental (art. 173, §1º). Art. 229. O agravo regimental será submetido ao prolator do despacho, que poderá reconsiderá-lo ou submeter o agravo ao julgamento do Plenário ou da Turma, conforme o caso. §1º Se houver empate na votação, nos casos em que o Presidente não tem direito a voto, por ser dele a decisão agravada, esta prevalecerá. §2º Na hipótese de ser mantida a decisão

Interno do Tribunal de Justiça do Estado do Ceará, em seus artigos 242 e 243.[597]

E nos moldes das aludidas normas regimentais, caberá recurso de *agravo regimental*, no âmbito da suspensão dos efeitos de tutelas jurisdicionais:

a) contra a *decisão prolatada pelo Presidente do Tribunal*, que *defere ou indefere pedido liminar de suspensão*;

b) contra a decisão prolatada pelo *Relator do Tribunal*, que *negar seguimento ou conceder provimento* ao *agravo legal* interposto contra a decisão do Presidente do Tribunal que apreciar o pedido de suspensão, nos moldes do art. 557 e parágrafos, do Código de Processo Civil.[598]

7.4.4.3 Embargos de declaração

Partindo do pressuposto de que a decisão que aprecia o pedido de suspensão possui natureza jurisdicional, admite-se, contra a mesma, o ajuizamento do recurso de embargos de declaração, nos moldes do art. 535 do Código de Processo Civil e seguintes, quando a mesma contenha obscuridade ou contradição, ou tenha omitido ponto sobre o qual devia pronunciar-se o Presidente do Tribunal, a ser interposto no prazo de cinco dias.[599]

---

agravada, o acórdão será lavrado pelo Juiz Relator do recurso. No caso de reforma, pelo Juiz que, por primeiro, houver votado provendo o agravo."

[597] "Art. 242. A parte que se considerar em gravame por força de *despacho do Presidente ou do Relator* poderá solicitar que se apresentem os autos em mesa, para reexame da decisão, *no prazo de cinco dias*, contados da publicação ou da intimação do ato impugnado. Art. 243. A petição de recurso será protocolizada, e, sem qualquer formalidade, submetida ao prolator do despacho, que poderá reconsiderar o seu ato ou submeter o agravo ao julgamento do órgão competente, na sessão imediatamente seguinte, ocasião em que terá direito a voto. Parágrafo único. Provido o agravo, o Desembargador que proferir o primeiro voto vencedor será o Relator do acórdão. Mantido o decisório recorrido, não será lavrado acórdão."

[598] "Art. 557. O relator negará seguimento a recurso manifestamente inadmissível, improcedente, prejudicado ou em confronto com súmula ou com jurisprudência dominante do respectivo tribunal, do Supremo Tribunal Federal, ou de Tribunal Superior. §1º-A. Se a decisão recorrida estiver em manifesto confronto com súmula ou com jurisprudência dominante do Supremo Tribunal Federal, ou de Tribunal Superior, o relator poderá dar provimento ao recurso. §1º Da decisão caberá agravo, no prazo de cinco dias, ao órgão competente para o julgamento do recurso, e, se não houver retratação, o relator apresentará o processo em mesa, proferindo voto; provido o agravo, o recurso terá seguimento."

[599] "Art. 535. Cabem embargos de declaração quando: I - houver na sentença ou no acórdão obscuridade ou contradição; II - for omitido ponto sobre o qual devia pronunciar-se o juiz ou tribunal. Art. 536. Os embargos serão opostos, no prazo de cinco dias, em petição dirigida

7.4.4.4 Recurso especial e recurso extraordinário

A doutrina e a jurisprudência nacionais *não consideram usualmente cabíveis os recursos especial e extraordinário* contra as decisões que julgam pedidos de suspensão, posto que:

a) estas decisões possuiriam *natureza política*,[600] sendo, portanto, impassíveis de reforma mediante recurso especial e extraordinário;

---

ao juiz ou relator, com indicação do ponto obscuro, contraditório ou omisso, não estando sujeitos a preparo. Art. 537. O juiz julgará os embargos em cinco dias; nos tribunais, o relator apresentará os embargos em mesa na sessão subseqüente, proferindo voto. Art. 538. Os embargos de declaração interrompem o prazo para a interposição de outros recursos, por qualquer das partes. Parágrafo único. Quando manifestamente protelatórios os embargos, o juiz ou o tribunal, declarando que o são, condenará o embargante a pagar ao embargado multa não excedente de um por cento sobre o valor da causa. Na reiteração de embargos protelatórios, a multa é elevada a até dez por cento, ficando condicionada a interposição de qualquer outro recurso ao depósito do valor respectivo."

[600] Neste sentido: "Processual civil. Medida cautelar. Efeito suspensivo. Inércia na apresentação do recurso especial. Impossibilidade de verificação da existência da fumaça do bom direito e de sua plausibilidade. 1. Medida Cautelar, com o objetivo de ver atribuído efeito suspensivo a recurso especial, apresentada à 1ª Turma em 5 de setembro, estando a mesma com quase três meses da data de sua distribuição até o dia de hoje. Não há nenhuma prova da interposição do recurso especial. 2. A adoção de medidas cautelares (inclusive as liminares *inaudita altera pars*) é fundamental para o próprio exercício da função jurisdicional, que não deve encontrar obstáculos, salvo no ordenamento jurídico. 3. *Posicionamento deste Relator no sentido de que o ato de decisão que suspende a execução de medida liminar, ou decisão concedida em sede de mandado de segurança pelo Presidente do Tribunal, com base no art. 4º, da Lei nº 4.348/1964, que se limita àquelas quatro estruturas de danos à saúde, à economia, à ordem pública e à segurança, tem natureza eminentemente política e, por se tratar de um ato político, não é controlado pela via do recurso especial, por sua fundamentação jurídica, tendo em vista o Presidente do Tribunal analisar situações de fato e não legais. Por esse motivo, não é controlado pela via do Poder Judiciário, no âmbito do recurso especial.* 4. Manutenção dessa característica (o ato ser de natureza política), em face de que, passados quase três meses do ato aqui atacado do agravo regimental, julgado pelo Tribunal de Justiça do Distrito Federal, ainda não ter a parte — o Ministério Público — apresentado ao Relator a cópia do recurso especial interposto, para que se possa analisar as questões da fumaça do bom direito do recurso em análise e sua plausibilidade. 5. Medida Cautelar improcedente" (STJ - MC nº 3.074/DF - Min. Milton Luiz Pereira – *DJ*, 04.06.2001, p. 00060).

"Processual civil – Mandado de segurança – Liminar – Pedido de suspensão fundado na Lei nº 4.348/64, art. 4º – Decisão de Tribunal Local – Precedente. – *A decisão suspensiva da execução de medida liminar, em mandado de segurança, na forma do art. 4º da Lei nº 4.348/64 é resultado de Juízo político a respeito da lesividade do ato judicial à ordem, à saúde, à segurança e à economia públicas, não se sujeitando a recurso especial, em que as controvérsias são decididas à base de juízo de legalidade; é, pois, da estrita competência do Tribunal (Presidente e Plenário), a que o juiz que a proferiu está vinculado.* – Recurso não conhecido" (REsp nº 116.832/MG - Segunda Turma - Min. Francisco Peçanha Martins – *DJ*, 28.02.2000).

"Processo civil. Recurso especial. Decisão de Tribunal Local suspendendo a execução de medida liminar em mandado de segurança. – A decisão que suspende a execução de medida

Suspensão de Tutelas Jurisdicionais contra o Poder Público | 283

b) a apreciação dos aludidos recursos *exige nova análise do conjunto probatório,*[601] o que não se permite em face do conteúdo da Súmula nº 279 do Supremo Tribunal Federal[602] e da Súmula nº 7 do Superior Tribunal de Justiça.[603] Ressalte-se, por primeiro, que a suposta *natureza política* das decisões que apreciam pedidos de suspensão (análise de questões políticas), não pode representar óbice para o conhecimento dos recursos especial e extraordinário contra elas eventualmente interpostos, posto que esta natureza política não lhes

---

liminar em mandado de segurança na forma do art. 4º da Lei nº 4.348/1964, é resultado de juízo político a respeito da lesividade do ato judicial à ordem, à saúde, à segurança e à economia públicas, sendo da estrita competência do Tribunal (Presidente e Plenário) a que o juiz que a proferiu está vinculado; não se sujeita a recurso especial, em que as controvérsias são decididas à base de juízo de legalidade. Ressalva do ponto de vista do Ministro Antônio de Pádua Ribeiro, que também negou provimento ao agravo regimental, mas por outra motivação" (AgReg no AG nº 121340/MG - 2ª Turma - Rel. Min. Ari Pargendler – *DJ*, 03.03.1997).

[601] "Constitucional. Processual. Mandado de segurança. Suspensão de liminar. 1. A suspensão de liminar em mandado de segurança deve ser decretada quando os seus efeitos afetem a economia pública. 2. Os critérios da valoração da conveniência e da oportunidade da suspensão de liminar em mandado de segurança são fixados pelo Presidente do Tribunal, que exerce o juízo crítico a respeito da existência ou não de atentado à ordem administrativa, à saúde e à economia da coletividade. 3. Em tema de suspensão de liminar em mandado de segurança, há de se considerar a provisoriedade do ato expedido, em comparações com o dever de serem resguardados interesses maiores da nação que devem se submeter à definitividade da coisa julgada. 4. Há de se considerar, de modo objetivo, como provocador de grave lesão às finanças do país, a proliferação de liminares concedendo a correção de todos os balanços patrimoniais das empresas com base em indexadores diferentes dos até então adotados. 5. Não há possibilidade de, em sede recurso especial, proceder-se a revisão de entendimento posto em acórdão que prestigiou decisão do Presidente do Tribunal no sentido de suspender liminar em mandado de segurança, por entendê-la capaz de afetar a economia pública. 6. O juízo emitido pelo acórdão não contém violação ao art. 4º, da Lei nº 7.384/64, haja vista não conter excesso e se comportar nos limites da discricionariedade a ser gerida pelo julgador, conforme lhe permite o dispositivo legal supra-referido. 7. Agravo regimental improvido" (STJ - AgRg nos EDcl no AG nº 156497/MG - Primeira Turma – Min. José Delgado – *DJ*, 03.08.1998, p. 101).
"Suspensão de segurança – Recurso especial – Possibilidade – Ato político – Matéria de fato – Precedentes. Consoante entendimento consagrado na doutrina e jurisprudência, o escopo do recurso especial pode ser circunscrito à harmonização da jurisprudência e à proteção da legislação infraconstitucional, o que significa reconhecer sua estrita vinculação à questões de direito. O instituto da suspensão de segurança, por seu turno, destoa do enfoque que se perfaz no recurso especial, porquanto subordina-se a preceitos de ordem jurídico-política. O exame da pretensa violação do art. 4º da Lei nº 4.348/64 sujeita-se ao exame do acervo fático-probatório, consoante reiteradamente tem sido decido por este Colendo Superior Tribunal de Justiça. Peço vênia a eminente Ministra Eliana Calmon, de sorte que não conheço do recurso especial" (STJ - REsp. nº 594.121/SP - Segunda Turma - Min. Franciulli Netto – *DJ*, 08.11.2004, p. 210).

[602] "Para simples reexame de prova não cabe recurso extraordinário."

[603] "Pretensão de simples reexame de prova não enseja recurso especial."

subtrai a *natureza jurídica jurisdicional,* consoante estudado acima.[604]

Mas considerando o teor da Súmula nº 279 do Supremo Tribunal Federal e da Súmula nº 7 do Superior Tribunal de Justiça, a *impossibilidade de nova análise dos pressupostos necessários* para o deferimento ou para o indeferimento das tutelas jurisdicionais suspensivas, o que pressupõe, necessariamente, *o cotejo dos fatos e das provas carreadas aos autos,* realmente impede a acolhida de eventuais recursos especial ou extraordinário contra as mesmas ajuizados visando a sua reforma com amparo nestes exatos fundamentos.

Entretanto, em situações diversas, *desde que rigorosamente atendidos os estreitos pressupostos de admissibilidade dos aludidos recursos excepcionais, estes não podem deixar de*

---

[604] "Processual civil – Decisão denegatória de medida cautelar originária – Efeito suspensivo ativo – *Recurso especial em pedido de suspensão de liminar* – Análise do cabimento e pressupostos de admissibilidade – Não-configuração do *fumus boni iuris* e *periculum in mora* – Medida indeferida – Agravo regimental – 1. Juízo positivo em medida cautelar só é possível quando coexistem os requisitos autorizadores da tutela, o *fumus boni iuris* e *periculum in mora,* revelando a viabilidade do processo cautelar e a plausabilidade do direito. 2. Medida cautelar intentada para conferir efeito suspensivo 'ativo' ao Recurso especial aviado na instância de origem. Possibilidade do relator proceder ao exame, ainda que perfunctório, da viabilidade do recurso, perquirindo sobre seu cabimento e ocorrência dos pressupostos específicos de admissibilidade. 3. *Recurso Especial interposto contra decisão proferida em pedido de suspensão de liminar. Cabimento. O art. 4º, da Lei nº 8.437/92, bem como o art. 4º, da Lei nº 4.348/64, ao disciplinarem a suspensão de liminares contra o Poder Público pelos Presidentes de Tribunais, valem-se, no seu enunciado, de 'conceitos jurídicos indeterminados', o que, no entanto, não autoriza a conclusão de existência de ilimitado poder discricionário de decisão. 4. O Presidente de Tribunal, ao analisar pedido de suspensão de liminar e demais tutelas, poderá, sempre, no caso concreto, aferir se existe lesão à ordem pública, à economia pública, à saúde, ao interesse público, e, diante dessa constatação, deverá, necessariamente, suspender a medida que cause o gravame. Não se trata de exercício de juízo político ou de conveniência e oportunidade sobre suspender ou não a medida impugnada. 5. Superada a questão do cabimento do Recurso Especial, a análise dos pressupostos de admissibilidade do recurso determinam sua inviabilidade. Ausência de indicação dos dispositivos federais reputados violados. Deficiência na fundamentação, a impedir a exata compreensão da controvérsia.* Incidência da Súmula 284/STF. 6. A inadmissibilidade do Recurso Especial impede o seguimento da medida cautelar intentada, por falta dos requisitos autorizadores de seu processamento. 7. O Agravo regimental não se presta à correção dos defeitos do recurso especial. O sistema recursal não contempla a possibilidade de a parte, após a interposição do recurso, verificando a imprestabilidade deste, vir a 'emendá-lo' com o fito de sanar os vícios que o maculam. 8. Inexistência, no agravo regimental, de qualquer razão a fundamentar a necessidade da reforma da decisão recorrida. 9. Manutenção da decisão monocrática. 10. Agravo Regimental improvido" (STJ - AGRMC nº 4.053/RS - Segunda Turma - Min. Paulo Medina – *DJU,* 12.11.2001, p. 00130)

ser considerados cabíveis em ações incidentais de suspensão, quando estas, nos moldes do art. 105, inc. III, da Constituição Federal, tenham sido "decididas, em única ou última instância, pelos Tribunais Regionais Federais ou pelos Tribunais dos Estados, do Distrito Federal e Territórios" e ainda "quando a decisão recorrida: a) contrariar tratado ou lei federal, ou negar-lhes vigência; b) julgar válida lei ou ato de governo local contestado em face de lei federal; c) der à lei federal interpretação divergente da que lhe haja atribuído outro tribunal"; ou, nos moldes do art. 102, inc. III, da Constituição Federal, tenham sido "decididas em única ou última instância, quando a decisão recorrida: a) contrariar dispositivo desta Constituição; b) declarar a inconstitucionalidade de tratado ou lei federal; c) julgar válida lei ou ato de governo local contestado em face desta Constituição", restando ainda devidamenta demonstrada "a repercussão geral das questões constitucionais discutidas no caso".[605]

---

[605] "Processual civil. *Mandado de segurança.* União Federal. Autarquia federal. Litisconsórcio necessário: inexistência. Assistência: inadmissibilidade. Medida liminar concedida. *Recurso* para *suspensão* da execução da liminar (art. 4º da Lei n° 4.348/64). Agravo regimental. Recurso especial: *Cabimento da causa: Sentido amplo. Enunciado n° 86 da Súmula da Corte.* Lesão a ordem e economia publicas. *Reexame da matéria de fato: impossibilidade. Verbete n° 7 da Súmula do STJ. Falta de prequestionamento quanto às demais questões. Enunciados números 282 e 356 da Súmula do STF.* Precedentes. Recurso especial *não conhecido.* I - A União não e litisconsorte necessária das autarquias federais nos mandados *de segurança,* não tendo por conseqüência, legitimidade para interpor *recursos* nas respectivas ações. A união não pode intervir nos mandados *de segurança* como assistente das autarquias federais, pois não cabe assistência em 'writ'. Inteligência do art. 131 da CF/88, dos arts. 1º, 2º, 17, 35 e 38, todos da Lei Complementar n° 73/93, do art. 2º da Lei n° 8.197/91, dos arts. 47 e 50, ambos do CPC, e do art. 19 da Lei n° 1.533/51. Precedente do STF: RE n° 111.778/SP. II - A UFRJ, autarquia federal, interpôs *recurso* para suspender a execução *de* liminar concedida em writ (art. 4 da Lei n° 4.364/64). O Presidente do Tribunal 'a quo' denegou a *suspensão.* irresignada, a recorrente interpôs agravo regimental. O plenário do TRF da 2ª região negou provimento ao agravo. Não se dando por vencida, a autarquia interpõe o presente recurso especial. *O STJ já decidiu que cabe recurso especial em hipóteses como a dos autos, pois 'o vocábulo causa, inserto no inc. III do art. 105 da Constituição Federal, deve ser entendido em sentido amplo' (Resp n° 5.659-0/SP). Aplicação do Enunciado n° 86 da Súmula da corte.* III - *Embora o acórdão recorrido tenha examinado o artigo da Lei n° 4.348/64, estando, portanto, prequestionada a questão, o enunciado n. 7 da Súmula da Corte veda o reexame da matéria de fato na estreita via do Especial. Em casos como o dos autos, cabe tão-somente ao tribunal a quo analisar se há ou não grave lesão à ordem e à economia publica. Ao STJ compete 'velar pela exata aplicação do direito aos fatos que as instâncias ordinárias soberanamente examinaram' (AG n° 3.742/RJ-AGRG). Assim, se o Tribunal 'a quo' constatou, no exame da matéria fática, 'que a liminar, nos termos em que foi concedida, não ameaça a ordem ou a economias publicas' (fl. 41), ao STJ não é dado suspender a execução da medida liminar.* IV - Quanto às demais questões apresentadas no *Recurso Especial,* não

Observe-se, contudo, que se faz descabida a interposição do recurso especial ou do recurso extraordinário diretamente contra as *decisões prolatadas pelos Presidentes dos Tribunais* que apreciam pedidos de suspensão, eis que tais decisões são *impugnáveis por agravo legal*, e, portanto, não inseridas no conceito de "última instância". As decisões que apreciam agravos legais, outrossim, decididas, portanto, em "ultima instância", podem ser objeto dos recursos excepcionais nas hipóteses constitucionalmente previstas.

Apenas para exemplificar, um acórdão prolatado por Tribunal de Justiça, que julga improcedente agravo legal movido contra decisão do Presidente do Tribunal que deferiu pedido de suspensão sem apresentar a devida fundamentação, pode ser impugnado por recurso extraordinário, por malferimento ao art. 93, inc. IX da Constituição Federal, e ainda por recurso especial, por violação ao art. 165 do Código de Processo Civil Brasileiro.[606]

Algumas decisões, portanto, que apreciam pedidos de suspensão, podem, eventualmente, deixar de observar dispositivos legais ou constitucionais incidentes sobre seu processamento, e, assim, serem passíveis de impugnação por recurso especial ou por recurso extraordinário.

---

houve o necessário prequestionamento, como determinam os verbetes números 282 e 356 da sumula do STF, bem como a jurisprudência pacifica da corte. V - *Recurso Especial* não conhecido" (STJ - REsp. nº 38.867/RJ - Sexta Turma - Min.Adhemar Maciel – *DJ*, 13.05.1996, p. 15.577).

[606] Neste sentido: "Processual – Suspensão de segurança – Decisão cujos fundamentos não correspondem à conclusão – Fundamentação deficiente – Ofensa aos artigos 165 do CPC e 4º da Lei nº 4.384/64. I - Embora não se resuma a puro e abstrato silogismo, a decisão judicial resulta de um exercício lógico, em que premissas e conclusões mantenham vínculos de pertinência e conseqüência. O dispositivo judicial é um teorema que deve ser demonstrado. II - Não se pode ter como fundamentada a decisão assentada em motivo impertinente com sua conclusão. Não satisfaria o Art. 165 do CPC, uma sentença que dissesse, por exemplo: 'o autor, por ser estrangeiro, carece de ação, para obter ressarcimento pelos danos causados a seu automóvel'. É que a nacionalidade em nada interfere com o direito de ação para recomposição patrimonial. III - 'É possível, no processo de Mandado de Segurança, a declaração incidente de inconstitucionalidade de Lei (STJ/RMS nº 4.780)'. IV - A declaração de inconstitucionalidade de lei local, longe de aniquilar o poder de disciplinar os assuntos de interesse municipal, purifica-o e o coloca em sintonia com o ordenamento jurídico. V - Decisão que suspende Mandado de Segurança constitui providência excepcionalíssima, a ser adotada quando se manifestar ameaça de 'lesão grave' a um dos três valores enunciados no texto do art. 4º da Lei nº 4.384/64. Tal ameaça haverá de ser demonstrada em 'despacho fundamentado'. Suspender segurança em decisão carente de fundamentos é ofender o art. 4º" (STJ - REsp. 132349/SP - Primeira Turma - Min. Humberto Gomes de Barros – *DJ*, 03.11.1998, p. 20).

7.4.4.5 Reclamação

Segundo dispõe a Constituição Federal, em seu art. 102, inc. I, alínea l, "compete ao Supremo Tribunal Federal, precipuamente, a guarda da Constituição, cabendo-lhe: I - processar e julgar, originariamente: (...) l) *a reclamação para a preservação de sua competência e garantia da autoridade de suas decisões*" e em seu art. 105, inc. I, alínea f, "compete ao Superior Tribunal de Justiça: I - processar e julgar, originariamente: (...) f) *a reclamação para a preservação de sua competência e garantia da autoridade de suas decisões*".

Perante o Supremo Tribunal Federal e Superior Tribunal de Justiça, portanto, podem ser ajuizadas reclamações em face de decisões prolatadas no âmbito da ação incidental de suspensão, quando estas tenham sido prolatadas por juízos incompetentes, em afronta às atribuições jurisdicionais dos referidos órgãos,[607]

---

[607] "Competência – Suspensão de liminar deferida em ação civil pública – *O pedido de suspensão de liminar deferida em ação civil pública deve ser apresentado ao Presidente do Tribunal ao qual compete julgar possível recurso interposto em face de sentença formalizada.* A protocolação do recurso extraordinário contra decisão proferida por força de agravo de instrumento não prejudica o pleito" (STF - Rcl nº 1.965/GO - Pleno - Min. Marco Aurélio – *DJU,* 20.09.2002, p. 00091).

"Reclamação – Competência – Suspensão de tutela antecipada – Fazenda pública estadual – 1. *Importa em usurpação de competência do Presidente do Superior Tribunal de Justiça o ato de suspensão de antecipação de tutela deferida por órgão fracionário do Tribunal local,* onde reconhecida a inexigibilidade do ICMS na remessa de mercadoria para depósito, sem que haja operação onerosa de natureza mercantil. *É que, neste caso, o pedido de suspensão deveria ser ajuizado perante o STJ, a teor das disposições do art. 4º, da Lei nº 8.437, de 1992, art. 1º, da Lei 9.494, de 1997 e art. 25 da Lei nº 8.038, de 1990.* 2. Reclamação procedente" (STJ - RCL nº 858/PE - Corte Especial - Min. Fernando Gonçalves – *DJU,* 24.03.2003).

"Reclamação – Administrativo – Mandado de segurança – Liminar concedida – Impugnação – Usurpação de competência. I - Em se tratando de discussão embasada em dispositivos constitucionais, não há que se falar em usurpação de competência do STJ em face da suspensão de liminar em *mandamus* pelo próprio tribunal, pois o pedido de suspensão de segurança caberia, em tese, perante o STF. II - A impugnação da concessão de liminar em mandado de segurança originário pode ser feita perante o próprio Tribunal de Justiça, sem que isso configure usurpação de competência do STJ, salvo se o intuito da irresignação for o de evitar grave lesão à ordem, à saúde, à segurança e à economia pública, hipóteses nas quais caberia a suspensão de segurança, nos termos do art. 25 da Lei nº 8.038/90. Reclamação improcedente" (STJ - RCL nº 736/PE - Corte Especial - Min. Felix Fischer – *DJU,* 10.03.2003).

288 | Isabel Cecília de Oliveira Bezerra

ou quando estas tenham desrespeitado o conteúdo ou a eficácia de suas decisões.[608]

---

[608] "Constitucional – Processual civil – Banespa – Liminar concedida – Sua suspensão – Liminar novamente concedida – Pedido de suspensão conhecido como reclamação – Agravo regimental prejudicado. I. - Liminares concedidas para impedir o leilão do BANESPA. *Sua suspensão em duas decisões da Presidência do Supremo Tribunal Federal, certo que contra uma delas foi interposto agravo regimental que o Plenário do STF ao mesmo negou provimento. Reiteração da concessão. Pedido de suspensão conhecido como reclamação, com a concessão de liminar a fim de fazer prevalecer a autoridade das decisões do Supremo Tribunal Federal.* Realizado o leilão, resta prejudicado o agravo regimental interposto contra a decisão que fez prevalecer a autoridade das decisões do Supremo Tribunal. II. - Agravo não provido" (STF - RCLAA nº 1718 - Pleno - Min. Carlos Velloso – *DJU*, 06.04.2001, p. 00071).

"Suspensão de tutela antecipada (deferimento) – Eficácia até o trânsito em julgado da ação principal (art. 4º, §9º, da Lei nº 8.437/92). Reclamação (cabimento). Liminar (deferimento). Agravo regimental (prejudicado). 1- *O art. 4º, §9º, da Lei nº 8.437/92 dispõe que a decisão deferitória de pedido de suspensão vigorará até o trânsito em julgado da decisão de mérito da ação principal.* 2- Reclamação procedente" (STJ - RCL nº 1141/BA - Corte Especial - Min. Nilson Naves – *DJU*, 22.09.2003, p. 00248).

Capítulo 8

Pressupostos materiais para o deferimento do pedido de suspensão

Sumário: 8.1 Gravidade da lesão: excepcionalidade da tutela suspensiva - **8.2** Ordem, saúde, segurança e economia públicas - **8.2.1** Ordem pública - **8.2.2** Saúde pública - **8.2.3** Segurança pública - **8.2.4** Economia pública - **8.2.5** Manifesto interesse público e flagrante ilegitimidade

A maioria das normas jurídicas regentes do instituto em análise dispõe expressamente sobre os pressupostos necessários para o deferimento da tutela jurisdicional suspensiva pelos Presidentes dos Tribunais: segundo o art. 15 da Lei nº 12.016/2009, o §1º do art. 11 da Lei nº 7.347/85, o art. 25 da Lei nº 8.038/90, e o art. 4º da Lei nº 8.437/92, a suspensão será deferida "para evitar *grave lesão* à *ordem*, à *saúde*, à *segurança* e à *economia públicas*". E embora a Lei nº 9.507/97 silencie sobre os pressupostos necessários para o deferimento do pedido de suspensão no *habeas data*, os exigidos para as demais hipóteses de cabimento, por analogia, se lhes aplicam inteiramente.

Conforme se observa do conteúdo das normas, os pressupostos exigidos para a tutela jurisdicional suspensiva encontram-se intimamente relacionados com a *finalidade* do instituto, que constitui a proteção de determinados interesses públicos protegidos especialmente pelo ordenamento jurídico em face do seu relevante valor para a sociedade. A acolhida do pedido de suspensão somente se autoriza quando os efeitos da tutela jurisdicional impugnada forem capazes de lesionar gravemente a ordem, a saúde, a segurança ou a economia públicas. E a manutenção destes bens, mais do que interesses públicos a serem necessariamente resguardados pelo Estado, constituem elementos justificadores da sua própria existência, inseridos dentre suas finalidades precípuas.[609]

De fundamental importância ressaltar, ademais, que a *injuridicidade* ou *ilegalidade* do conteúdo da decisão judicial cujos efeitos de almeja obstar não constitui pressuposto para a suspensão. A decisão judicial cujos efeitos se impugna pode se encontrar em perfeita conformidade com o ordenamento jurídico, e, ainda assim, ser passível de suspensão por causar grave lesão à ordem, à saúde, à segurança e à economia públicas, consoante bem destacou Ellen Gracie Northfleet, ao asseverar que:

> (...) o que ao Presidente é dado aquilatar, não é a correção ou equívoco da medida cuja suspensão se requer, mas a sua potencialidade de lesão a outros interesses superiormente protegidos, como se verá adiante. *Pode ser que a liminar ou sentença sejam juridicamente irretocáveis mas, ainda assim, ensejem risco de dano aos valores que a norma buscou proteger e, portanto, antes do trânsito em julgado, devam seus efeitos permanecer sobrestados.*[610]

A desconsideração da *injuridicidade* ou *ilegalidade* como pressupostos para o deferimento do pedido de suspensão, a propósito, decorre do *caráter parcial da cognição* desenvolvida pelos Presidentes dos Tribunais no procedimento, que, consoante acima estudado, e por uma série de motivações antes expostas, não alcança a análise das *questões processuais e meritórias concernentes à demanda originária.*

A *interposição do recurso cabível* e sua *plausibilidade* ou *viabilidade*, ademais, também não constitui pressupostos para o deferimento do pedido de suspensão, posto que ausente qualquer previsão normativa neste sentido.

Observa-se, assim, que o ajuizamento do pedido de suspensão não depende da propositura do recurso cabível, nem da sua

---

[609] Segundo Ana Luísa Celino Coutinho, o zelo pela ordem, saúde, segurança e economia públicas são finalidades precípuas do Estado como gestor do bem comum (COUTINHO. *Mandado de segurança*: da suspensão de segurança no direito brasileiro, p. 90).

[610] NORTHFLEET. Suspensão de sentença e de liminar. *Revista do Instituto dos Advogados de São Paulo – Nova Série*, p. 168.

plausibilidade ou viabilidade, podendo ser interposto independentemente deste, desde que necessária a proteção dos relevantes interesses públicos prestigiados pela legislação de regência.[611] Os seus legitimados ativos, diante de um determinado provimento jurisdicional, podem perfeitamente entender por sua plena juridicidade e pelo descabimento de qualquer recurso visando sua reforma, mas, diante de determinada situação fática, também entender que sua execução provisória pode causar graves danos à ordem, à saúde, à segurança ou à economia pública, sendo cabível a suspensão temporária dos seus efeitos para que, quando do advento do seu trânsito em julgado, a Administração Pública já tenha providenciado a compatibilização da sua execução definitiva com os interesses públicos.

Foi oportuna, portanto, a previsão inserida na Lei n$^{\circ}$ 12.016/2009, em seu art. 15, §3°, que desvincula completamente o agravo de instrumento e o incidente de suspensão, esclarecendo que "a interposição de agravo de instrumento contra liminar concedida nas ações movidas contra o poder público e seus agentes não prejudica nem condiciona o julgamento do pedido de suspensão a que se refere este artigo".

---

[611] Neste sentido: "(...) afigura-se razoável entender-se que a não interposição do agravo de instrumento ou do agravo regimental, a guerrearem, respectivamente, a liminar concedida por juízo monocrático, ou a liminar deferida nas hipóteses de competência originária dos Tribunais, não inviabilizam o pedido de suspensão (...)" (GUTIÉRREZ. *Suspensão de liminar e de sentença na tutela do interesse público*, p. 83).

Contra: "Importa, ainda, apontar mais um relevante elemento delimitador da suspensão da liminar da ação de segurança, qual seja a plausibilidade da procedência do recurso a ser ulteriormente interposto pela parte pública, ou seja, *se a entidade pública não demonstrar, desde logo, a viabilidade jurídica do seu ulterior recurso contra a decisão, não será o caso de se lhe deferir o pedido de suspensão*" (MAIA FILHO. *Estudos processuais sobre o mandado de segurança*, 144-145, grifos nossos); "Mas se a parte, a pessoa pública interessada, não recorreu ou deixou perimir o recurso? Não será possível a intervenção do presidente do tribunal para mandar executar o ato proibido porque essa execução é, de seu natural, medida provisória, pressuposto o julgamento do caso pelo tribunal" (NUNES. *Do mandado de segurança*: e de outros meios de defesa contra atos do poder público, p. 315); "A suspensão da execução da liminar ou da sentença, insistimos, não é uma forma autônoma de controle, um recurso anômalo, sem contraditório, sem formalidades asseguradoras do devido processo legal. A suspensão pelos presidentes dos tribunais é simplesmente o poder que lhes foi deferido (submetido ao controle do respectivo colegiado) para atribuírem efeito suspensivo a um recurso dele desprovido. Destarte, *sem a interposição do recurso e a demonstração de sua admissibilidade, descabe o pedido de suspensão pela pessoa jurídica de direito público*" (PASSOS. *Mandado de segurança coletivo, mandado de injunção, habeas data*: constituição e processo, p. 57).

8.1 Gravidade da lesão: excepcionalidade da tutela suspensiva

Consoante explicitam os dispositivos legais acima elencados, somente *lesão grave* à ordem, à saúde, à segurança ou à economia públicas, decorrentes dos efeitos normais da execução de tutelas jurisdicionais contra o Poder Público, autorizam o deferimento do pedido de suspensão. Não se faz possível, deste modo, a concessão da tutela jurisdicional suspensiva quando a lesão aos interesses públicos tutelados pelas normas de regência não se caracterizarem pela *gravidade, magnitude, seriedade* ou *importância*, a justificar a sua adoção como remédio extremo para o resguardo destes mesmos interesses públicos.[612]

O remédio extremo em estudo, portanto, responsável pelo afastamento temporário da executabilidade de tutelas jurisdicionais deferidas contra o Poder Público, e, em alguns casos, da própria efetividade destas mesmas tutelas, efetividade esta assegurada em nosso ordenamento jurídico como direito fundamental, somente se admite diante de situações graves, quando evidentemente

---

[612] "Todos estão de acordo em que essa suspensão deva ser determinada em casos excepcionais, somente quando for manifesta a inconveniência da execução de um mandado (...)" (CAVALCANTI. *Do mandado de segurança*, p. 21-22); "(...)a decisão que autoriza o ato só deve ser emitida em circunstâncias tais que, caso não emitida, possa ocorrer grave lesão à ordem, à saúde, à segurança ou à economia pública" (SIDOU. *Do mandado de segurança*, p. 455); "(...) Acentuam a doutrina e a jurisprudência, em geral, que tal suspensão só se justifica quando algum de tais bens a que se visa tutelar (ordem, economia, etc.) correr fundado risco de grave dano, caso se cumpra, desde logo, a decisão (...)" (LIMA. Suspensão da execução de liminar ou de sentença: observações. *Revista Emarf – Escola de Magistratura Regional Federal*, p. 204); "(...) É necessário que a lesão potencial seja de natureza grave, vale dizer, que possa fazer periclitar a saúde, ordem, segurança ou economia públicas (...)" (NORTHFLEET. Suspensão de sentença e de liminar. *Revista do Instituto dos Advogados de São Paulo – Nova Série*, p. 168-169, 172); "Sendo a suspensão da liminar ou dos efeitos da sentença uma providência drástica e excepcional, só se justifica quando a decisão possa afetar de tal modo a ordem pública, a economia, a saúde ou qualquer outro interesse da coletividade que aconselhe sua sustação até o julgamento final do mandado" (MEIRELLES. *Mandado de segurança*: ação popular, ação civil pública, mandado de injunção, habeas data, ação direta de inconstitucionalidade, ação declaratória de constitucionalildade, argüição de descumprimento de preceito fundamental e controle incidental de normas no direito brasileiro, p. 44); "(...) não basta que seja qualquer lesão. Não foi por um acaso que, desde 1936 (Lei nº 191/36), o legislador inseriu a palavra 'grave' aposta a palavra 'lesão'. Assim, a ofensa aos valores jurídicos tutelados pelo Poder Público, além de incontroversa, deve ser grave, já que cerceadora de direitos constitucionalmente conferidos ao particular" (SOUZA. O incidente da suspensão de execução de decisões liminares de sentenças no âmbito das agências reguladoras. *Revista da ABPI*, p. 39).

perceptível *a necessidade de que os interesses públicos legalmente sobressaltados sejam priorizados em face de outros interesses públicos ou individuais,* não se admitindo o deferimento do pedido de suspensão para evitar *lesões de bagatela, de pequena monta* ou *insignificantes.*[613] Neste sentido, o Superior Tribunal de Justiça, corretamente, tem rejeitado pedidos de suspensão ajuizados contra decisões judiciais cujos reflexos não continham *grave potencial ofensivo* aos interesses públicos.[614]

Observe-se, ademais, que a legislação em vigor, ao exigir lesão grave para o deferimento do pedido de suspensão, acabou por revestir o instituto de *excepcionalidade.* Deste modo, não

---

[613] "Verifica-se, em conseqüência, que apenas se houver *interesse público qualificado* pela norma, consistente na tutela dos valores *ordem pública, segurança pública, saúde pública e economia pública, adjetivados pela ameaça de grave lesão,* pode haver suspensão. Em sentido contrário, *não pode haver suspensão se estes valores não estiverem ameaçados gravemente*" (FIGUEIREDO. *Mandado de segurança,* p. 158); "(...) não basta que seja qualquer lesão. Não foi por acaso que, desde 1936 (Lei n° 191/36), o legislador inseriu a palavra 'grave' aposta a palavra 'lesão'. Assim, a ofensa aos valores jurídicos tutelados pelo Poder Público, além de incontroversa, deve ser grave, já que cerceadora de direitos constitucionalmente conferidos ao particular" (SOUZA. O incidente da suspensão de execução de decisões liminares de sentenças no âmbito das agências reguladoras. *Revista da ABPI,* p. 39).

[614] "Processual civil. Suspensão de segurança. Agravo regimental. Concurso público. Liminar que autoriza *nomeação de dois candidatos.* Lesão à ordem e economia públicas. Não ocorrência. Lei n° 4.348/64, art. 4°. Direito líquido e certo. Questão de mérito. 1. Para a concessão da ordem se faz necessário a demonstração inequívoca de risco de grave lesão a um dos bens tutelados pela Lei n° 4.348/64: ordem, segurança, saúde e economia públicas. 2. *A nomeação de dois candidatos não é suficiente para caracterização do potencial lesivo à economia, tão pouco a suposição de um efeito multiplicador.* 3. Na via estreita da Suspensão de Segurança não cabe analisar o mérito do Mandado de Segurança. 4. Agravo Regimental não provido" (STJ - AgRg na SS n° 1.398/AL - Min. Edson Vidigal - Corte Especial - *DJ,* 9.2.2005, p. 166).
"Processual civil. Suspensão de segurança. Liminar que concede férias a servidor. Lesão à ordem e à economia públicas. Não ocorrência. Lei n° 4.348, art. 4°. 1. Para a concessão de suspensão de segurança é imprescindível a constatação de efetivo risco de grave lesão a pelo menos um dos bens tutelados pela norma de regência: ordem, segurança, saúde e economia públicas. 2. *Na hipótese, não há como se cogitar que a concessão da liminar que concede férias a um único servidor possa configurar grave dano ao aparelho administrativo, de modo a inviabilizar o regular andamento do serviço público, tampouco há falar-se em grave lesão às finanças públicas, tendo em vista que, em caso de eventual sentença em sentido contrário, será perfeitamente possível o ressarcimento da quantia mediante desconto em folha.* 3. Agravo a que se nega provimento" (STJ - AgRg na SS n° 1.327/SP - Min. Edson Vidigal - Corte Especial - DJ, 07.06.2004, p. 147).
"Processual civil. Suspensão de segurança. Lei n° 4.348, de 26.6.1964, art. 4°. Lei n° 8.038, de 28.5.1990, art. 25. Interpretação. I - *A concessão singular de uma segurança, visando benefício de um funcionário, não pode ser considerada grave lesão à ordem publica a justificar a suspensão requerida,* não sendo cabível presumir que a impetração seja reiterada em feitos supervenientes. II - Agravo regimental provido" (STJ - AgRg na SS n° 505/PA - Min. Américo Luz - Corte Especial - *DJ,* 18.8.1997, p. 37.776).

são todas as lesões aos interesses públicos que autorizam o seu manejo, mas somente os *casos excepcionais, extraordinários*,[615] como bem ressalta a doutrina de Ellen Gracie Northfleet:

> Como tantas vezes já mencionado, defere-se a suspensão quando presentes os requisitos autorizadores dessa intervenção *verdadeiramente extraordinária* da presidência. O máximo de rigor na averiguação de sua ocorrência é aconselhável para evitar-se que a medida, vulgarizada, seja manejada como sucedâneo recursal e, distorcida de sua finalidade, subverta a normalidade do trânsito das decisões pelas instâncias revisoras. Tenho sustentado que a suspensão de ato judicial constitui, no universo de nosso sistema normativo, *providência de caráter extraordinário*. É imperativo, portanto, que a presidência, no exercício de sua atribuição, face à *nota de absoluta excepcionalidade* que reveste a medida, proceda à estrita exegese das hipóteses insculpidas na legislação de regência. Dessa forma, só é aplicável a medida quando a manutenção da decisão hostilizada importe em verdadeiro risco de lesão aos interesses públicos tal como tutelados na instância das suspensões.[616] (grifos nossos)

A aferição da gravidade, magnitude, seriedade ou importância da lesão aos interesses públicos, contudo, pode decorrer, não da análise da *demanda isoladamente considerada* onde repousa a

---

[615] "Sendo a suspensão da liminar ou dos efeitos da sentença uma providência drástica e excepcional, só se justifica quando a decisão possa afetar de tal modo a ordem pública, a economia, a saúde ou qualquer outro interesse da coletividade que aconselhe sua sustação até o julgamento final do mandado" (MEIRELLES. *Mandado de segurança*: ação popular, ação civil pública, mandado de injunção, habeas data, ação direta de inconstitucionalidade, ação declaratória de constitucionalilade, argüição de descumprimento de preceito fundamental e controle incidental de normas no direito brasileiro, p. 89. nota rod. 2); "Destarte, não pode haver dúvida que a sua aplicação, na prática, deve ser restrita, excepcional, reservando-lhe a incidência apenas naqueles casos em que, pela natureza da situação de fato, tal se justifique, suficientemente" (LIMA. Suspensão da execução de liminar ou de sentença: observações. *Revista Emarf – Escola de Magistratura Regional Federal*, p. 204); "O deferimento da suspensão pretendida cuida-se, em nosso pensar, de providência absolutamente excepcional...(...)" (ALVIM. Suspensão da eficácia da decisão liminar ou da sentença em mandado de segurança: aspectos controvertidos do art. 4º da Lei 4.348/64. In: BUENO; ALVIM; WAMBIER (Coord.). *Aspectos polêmicos e atuais do mandado de segurança*: 51 anos depois, p. 257); "Sendo, pois, o mandado de segurança uma garantia constitucional, as hipóteses de restrição de sua efetivação devem ser excepcionalíssimas, sob pena de se estar usurpando as características especiais do próprio *writ*, como já apontado anteriormente. Assim sendo, as circunstâncias aptas a ensejar a suspensão da eficácia da decisão em mandado de segurança devem ser de tal ordem graves, que se não concebe sejam tomadas pelo presidente do tribunal de forma imprudente, ou mesmo corriqueiramente, como só acontecer em nossa prática forense, justamente por tratar-se de proteção de direito fundamental" (PATTO. Das liminares em mandado de segurança e o art. 4º da Lei 4.348/64 como norma obstaculizadora de direito fundamental. *Revista de Processo*, p. 123).

[616] NORTHFLEET. Suspensão de sentença e de liminar. *Revista do Instituto dos Advogados de São Paulo – Nova Série*, p. 173.

decisão judicial objeto do pedido de suspensão, mas do *conjunto de demandas* propostas ou em iminência de serem propostas com o mesmo objeto.[617] Neste sentido, doutrina Ellen Gracie Northfleet, que se tem "levado em consideração a reiteração de pedidos semelhantes, que no somatório representariam tal lesão de vulto, como exige a legislação de regência". E neste sentido, a jurisprudência do Superior Tribunal de Justiça[618] e do Supremo Tribunal Federal[619] tem

---

[617] Contra tal entendimento manifesta-se Geraldo Benfica Teixeira: "(...) a) "Somatório" de processos. A Fazenda Nacional justifica seus pleitos alegando a existência de grande número de processos idênticos. Ora, *o risco de grave lesão à economia, de acordo com o próprio texto legal em comento, deve ser medido nos limites do próprio processo, e não do conjunto de processos similares.* O próprio art. 4º da Lei nº 4.348/64 assim confirma ao se referir não às liminares ou às sentenças, mas ao singular desses termos (liminar, ou sentença). Em parte alguma se autoriza interpretar como lesivo à economia pública "o conjunto de processos similares". A lei é específica para o processo no qual se concedeu a liminar ou sentença cuja suspensão está em jogo, e estes são os limites aos quais a digna Presidência da Corte está adstrita ao apreciar a questão (até porque a interpretação, numa matéria que constitui exceção à regra geral de cumprimento das decisões judiciais em mandado de segurança, não pode ser ampliativa) (TEIXEIRA. Considerações sobre a figura da suspensão da sentença concessiva da segurança em matéria tributária: A lei nº 4.348/64. *Revista de Estudos Tributários*, p. 14, grifos nossos).

[618] Ao julgar o Agravo Regimental na Suspensão de Segurança nº 1.467/DF (*DJ*, 21.3.2005, p. 196), o Superior Tribunal de Justiça, sendo Relator o Min. Edson Vidigal, assim decidiu: "Agravo regimental em suspensão de segurança. União. Transplante de órgão no exterior. Alegada lesão à ordem administrativa e à saúde pública. *Efeito multiplicador.* 1. Cabe à Administração fixar e autorizar os tratamentos e remédios que devem ser fornecidos à população, sempre com vistas a garantir a segurança, a eficácia terapêutica e a qualidade necessárias, em território nacional. Questão relativa a matéria de Política Nacional de Saúde. Risco de lesão à ordem pública administrativa configurado. 2. A determinação *contra legem* que obriga o Estado brasileiro a fornecer todas as condições para que a agravante/requerida faça cirurgia de elevado custo no exterior, havendo quem a faça no país, tem potencial de lesionar a saúde pública, *constituindo-se precedente para um número indefinido de outras situações semelhantes.* 3. Regimental não provido". E ao analisar o Agravo Regimental na Petição nº 1.643/PR (*DJ*, 11.11.2002, p. 132), sendo Relator o Min. Nilson Naves, o mesmo órgão jurisdicional assim consignou: "Suspensão de medida antecipatória de tutela (deferimento). Tabela do SUS. Agravo regimental. Lesão à saúde e à economia públicas. *Efeito multiplicador.* Precedente da Primeira Turma. Questões de mérito não apreciadas na drástica medida. Decisões não-conflitantes. Recurso não provido. A suspensão de medida antecipatória de tutela será deferida quando a decisão impugnada tiver potencial suficiente para causar lesão aos valores tutelados pela norma de regência: saúde, segurança, economia e ordem públicas (art. 4º da Lei nº 8.437/92). *Na espécie, há, em razão do efeito multiplicador das decisões, potencial lesão à economia e à saúde públicas, porquanto os recursos orçamentários destinados ao atendimento de todo o sistema de saúde pública seriam desviados para atender a interesses de particulares.* A decisão promanada da Primeira Turma desta Corte não colide com as decisões proferidas pela Presidência do Superior Tribunal, visto que, na drástica medida, não existe espaço para apreciação de questões meritórias. Agravo não provido".

[619] O Supremo Tribunal Federal, ao analisar o Agravo Regimental na Suspensão de Segurança nº 1492/MA (*DJ*, 11.10.2001, p. 7) sob a relatoria do Ministro Carlos Velloso, assim julgou: "Constitucional. Processual civil. Tributário. Mandado de segurança: suspensão. Grave lesão à economia pública. *Efeito multiplicador.* Substituição tributária 'para frente'. ICMS:

296 | Isabel Cecília de Oliveira Bezerra

considerado possível a configuração de grave lesão aos interesses públicos a partir do que se denominou *efeito multiplicador* decorrente da reiteração atual ou iminente de semelhantes ações judiciais propostas com o mesmo objeto.

Nestes casos, doutrina Juvêncio Vasconcelos Viana que o pedido de suspensão se reveste do denominado *efeito didático*, evitando-se, adicionalmente, com o deferimento do pedido de suspensão, desestimular o ajuizamento de ações judiciais com o mesmo objeto, evitando, deste modo, a proliferação de semelhantes demandas.[620]

8.2 Ordem, saúde, segurança e economia públicas

Consoante reconhece pacificamente a doutrina e a jurisprudência nacionais, o pedido de suspensão somente pode ser acolhido se os efeitos da tutela jurisdicional impugnada forem capazes de causar grave prejuízo à *pelo menos um* dos bens especialmente protegidos pelo ordenamento jurídico: ordem, saúde, segurança ou economia públicas. Nada impede, outrossim, que *mais de um* destes mesmos bens seja simultaneamente malferido, intensificando a necessidade da suspensão.

Muito se discute se os conhecidos pressupostos elencados pelas normas de regência — ordem, saúde, segurança e economia públicas — são *elementos taxativos* destas normas, sendo vedada sua interpretação analógica ou sua interpretação extensiva, ou se

---

operações interestaduais de petróleo, lubrificantes e combustíveis líquidos e gasosos. C.F., art. 155, §2º, X, b. I. O Supremo Tribunal Federal, pelo seu Plenário, julgando os RREE 213.396-SP e 194.382-SP, deu pela legitimidade constitucional, em tema de ICMS, da denominada substituição tributária 'para frente'. II. A medida liminar, nos termos em que concedida, impossibilita a Fazenda Pública de receber a antecipação do ICMS por um largo período, o que lhe causa dano, sendo ainda certo que a segurança, se concedida, a final, não resultará inócua, dado que ao contribuinte é assegurada a restituição do pagamento indevido. III. *Necessidade de suspensão dos efeitos da liminar, tendo em vista a ocorrência do denominado 'efeito multiplicador'.* IV. Agravo não provido".

[620] "(...) Às vezes, tais pedidos têm fundamento no denominado 'efeito didático', ou seja, no risco de repetição do provimento impugnado. Assim, na satisfação de seus requisitos tem-se argüido — e, muita vez, acolhido —, a possibilidade objetiva do efeito multiplicador daquela liminar que se deseja suspender. Certas liminares, dependendo da parte envolvida ou mesmo da cobertura que seja dada pela mídia, viram perigoso precedente, estimulando a proliferação de iguais medidas capazes de trazer efetivo comprometimento à ordem e à economia públicas. Fácil ocorrer isso no plano tributário, por exemplo, com abalos à arrecadação estatal (...)" (VIANA. *Efetividade do processo em face da fazenda pública*, p. 236).

estes mesmos elementos são *elementos meramente exemplificativos*, sendo autorizada a agregação de outros bens assemelhados. Para uma parcela da doutrina, da qual é integrante Othon Sidou,[621] outros pressupostos podem ser reconhecidos igualmente relevantes para fins de suspensão dos efeitos de tutelas jurisdicionais. Já para outros juristas, dentre os quais Castro Nunes,[622] a enumeração dos pressupostos especialmente resguardados encontram-se taxativamente dispostos pela legislação, sem que haja qualquer possibilidade de aplicação da interpretação analógica ou da interpretação extensiva.

A análise da questão exige necessariamente a prévia compreensão do que constitui interpretação analógica e interpretação extensiva. Segundo Norberto Bobbio, a *interpretação analógica* diverge da *interpretação extensiva* porque enquanto na primeira "se formula uma *nova norma*, semelhante a uma já existente, para disciplinar um *caso não previsto* por esta última, mas similar àquele por ela regulado", na segunda, "amplia-se a hipótese estabelecida por uma norma, isto é, aplica-se *esta mesma norma* a uma caso por ela não previsto, mas similar àquele expressamente regulado"[623] (grifos nossos).

Também importantes são as considerações tecidas por Francesco Ferrara, segundo o qual:

> A analogia distingue-se da interpretação extensiva. De fato, *uma aplica-se quando um caso não é contemplado por uma disposição de lei*, enquanto *a outra pressupõe que o caso já está compreendido na regulamentação jurídica*, entrando no sentido de uma disposição, se bem que fuja à sua letra. *A interpretação extensiva não faz mais do*

---

[621] "Serial curial afirmar que a esses pressupostos se podem agregar outros. Já Levi Carneiro propunha, em seu aparecer sobre a redação da Lei nº 191, que a suspensão da medida judicial para autorizar a prática ou abstenção do ato administrativo, não devia estar adstrita às causas especificadas, mas àquelas que ocasionassem ou pudessem ocasionar 'grave dano irreparável'" (SIDOU. *Do mandado de segurança*, p. 452).

[622] "Com a indicação, agora estabelecida na lei, de enumeração taxativa (sendo disposição de caráter restritivo, impõe o afastamento da enumeração exemplificativa) volta-se ao critério da Lei nº 191: só em casos de risco de grave lesão à ordem, à saúde, à segurança ou à economia públicas é possível o exercício da faculdade outorgada aos presidentes dos tribunais *ad quem*, no mandado de segurança. Não mais vigora o critério do bom varão dos presidentes" (NUNES. *Do mandado de segurança*: e de outros meios de defesa contra atos do poder público, p. 317).

[623] BOBBIO. *Estado, governo, sociedade*: para uma teoria geral da política, p. 219.

que reconstruir a vontade legislativa já existente, para uma relação que só por inexata formulação dessa vontade parece excluída; a analogia, pelo contrário, está em presença de uma lacuna, de um caso não prevenido, para o qual não existe uma vontade legislativa, e procura tirá-la de casos afins correspondentes. A interpretação extensiva revela o sentido daquilo que o legislador realmente queria e pensava; a analogia, pelo contrário, tem de haver-se com casos em que o legislador não pensou, e vai descobrir uma nova norma inspirando-se na regulamentação de casos análogos: a primeira completa a *letra* e a outra, o *pensamento* da lei. Esta distinção não tem só valor teórico, senão também importância prática, porque *o princípio que veda estender as normas penais e excepcionais além dos casos expressos refere-se unicamente à aplicação por analogia, e não à interpretação extensiva.* O procedimento analógico, com efeito, não pode desenvolver-se no domínio do *ius singulare*, porque este, tendo sido introduzido *exclusivamente* para determinadas categorias de pessoas, coisas ou relações, constitui um *campo fechado* que não pode ser alargado pelo intérprete, mas só pelo legislador. Aqui há razão para se fazer valer o argumento *a contrario*, pois se o legislador, por considerações especiais de utilidade, dispôs limitadamente a certos fatos ou pessoas, *nos outros casos* entendeu que o mesmo tratamento não tivesse lugar. Sendo assim, logo se vê que a analogia não pode funcionar porque, consistindo ela na correspondente aplicação do pensamento jurídico a casos não contemplados, em regulamentar casos novos pela forma *como presumivelmente os teria regulado o legislador,* aqui esbarra com a vontade precisa do legislador, que disse: Fora destes casos quero o contrário.[624] (grifos nossos)

Das lições de Norberto Bobbio e Francesco Ferrara pode-se asseverar que:

a) a *interpretação extensiva* simplesmente *amplia o conteúdo de uma norma* para alcançar um elemento não expressamente previsto, mas inserido na *ratio legis* da hipótese prevista, podendo, deste modo, ser aplicada em face de *normas excepcionais,* posto que a vontade do legislador era exatamente incluir o elemento ampliado da hipótese, embora não o tenha feito expressamente;

b) a *interpretação analógica,* ao contrário, *cria uma nova norma* para regular uma hipótese não expressamente prevista, mas assemelhada a outras hipóteses legalmente previstas, não podendo, deste modo, ser aplicada em face

---

[624] FERRARA. *Como aplicar e interpretar as leis,* p. 54-56.

Suspensão de Tutelas Jurisdicionais contra o Poder Público | 299

de *normas excepcionais*, posto que a vontade do legislador era exatamente excluir a hipótese não prevista das demais expressamente previstas.

Para ilustrar tais interpretações, relacionando-as à matéria estudada, pode-se asseverar que, ao *interpretar extensivamente* o art. 15 da Lei nº 12.016/2009, pode-se, por exemplo, compreender que grave lesão ao *meio ambiente* pode ser considerado pressuposto suficiente para a suspensão de tutela jurisdicional definitiva (sentença) exarada em mandado de segurança; já ao *interpretar analogicamente* o mesmo art. 15 da Lei nº 12.016/2009, pode-se, por exemplo, compreender que grave lesão à economia pública pode ser considerado pressuposto suficiente para a suspensão de tutela jurisdicional definitiva (sentença) exarada em *ação cognitiva de Juizado Especial*. No primeiro caso, de interpretação extensiva, simplesmente se ampliou o conteúdo da norma existente, para incluir o meio ambiente entre os bens públicos merecedores de semelhante proteção especial, embora não expressamente referenciada pela norma; no segundo caso, de interpretação analógica, uma nova norma foi criada para regular uma hipótese não expressamente prevista mas assemelhada a outras hipóteses legalmente previstas. Deste modo, no primeiro caso, considerando que o meio ambiente também reside na vontade do legislador de tutelar, de modo diferenciado, relevantes interesses públicos, a interpretação extensiva de faz autorizada; mas, no segundo caso, considerando que a vontade do legislador era exatamente excluir das hipóteses de cabimento, as tutelas jurisdicionais definitivas (sentenças) exaradas em ações cognitivas de Juizado Especial, a interpretação analógica não se fará possível para incluí-las entre os provimentos susceptíveis de suspensão.

Em consonância com tais ensinamentos, pode-se concluir o seguinte:

    a) a *taxatividade* ou não taxatividade dos pressupostos inseridos nas normas de regência somente pode manter relação de pertinência com a possibilidade ou não possibilidade de realização da *interpretação extensiva* dos bens públicos ordem, saúde, segurança e economia públicas, posto que, ao se analisar tal possibilidade, não se questiona se se faz possível a *criação de uma nova hipótese de cabimento* do pedido de suspensão não expressamente prevista mas assemelhada a outras hipóteses legalmente previstas, mas se se faz possível a *ampliação de um elemento de uma hipótese de cabimento prevista*;

b) A *interpretação extensiva* de elementos de *normas excepcionais* se faz possível, eis que a inclusão do elemento ampliado se compatibiliza com a vontade do legislador. Pode, portanto, ser efetuada a interpretação extensiva dos bens públicos previstos nas normas de regência do instituto em estudo, sem que haja qualquer incompatibilidade com a vigente ordem jurídico-constitucional. Os conhecidos pressupostos ordem, saúde, segurança e economia públicas, deste modo, não devem ser concebidos como elementos taxativos da legislação, mas como *elementos meramente exemplificativos*, sendo autorizada a agregação de outros bens relevantes assemelhados por interpretação extensiva;

c) a *interpretação analógica* da legislação, para criação de uma nova hipótese de cabimento do pedido de suspensão, não se faz possível sem incompatibilidade com a vigente ordem jurídico-constitucional, posto que a vontade do legislador, ao editar as normas excepcionais, foi exatamente a de excluir das hipóteses de cabimento os casos não expressamente previstos.

Mas, é preciso esclarecer, que a interpretação extensiva dos pressupostos elencados na legislação não pode ser realizada sem a adoção de parâmetros. Portanto, para que a interpretação extensiva seja corretamente realizada, necessário se faz que o elemento ampliado encontre-se anteriormente inserido na *ratio legis* da hipótese de cabimento. Isto porque, conforme esclareceu Francesco Ferrara, a interpretação extensiva apenas "revela o sentido daquilo que o legislador realmente queria e pensava".[625] A *razão*, pois, que justifica a *inserção do elemento ampliado* deve ser semelhante àquela que justificou a *eleição dos elementos expressamente previstos*.

---

[625] FERRARA. *Como aplicar e interpretar as leis*, p. 55.

A inclusão de outros relevantes interesses públicos em adição àqueles expressamente previstos na legislação têm sido realizada, ao longo dos últimos anos, para autorizar a suspensão de tutelas jurisdicionais. E a própria jurisprudência do Superior Tribunal de Justiça e do Supremo Tribunal Federal confirmam tal assertiva. Com efeito, ao analisar o Agravo Regimental na Petição nº 924/GO (*DJ*, 29.5.2000, p. 106), o *Superior Tribunal de Justiça*, por sua Corte Especial, sob a relatoria do Ministro Antônio de Pádua Ribeiro, confirmou tutela jurisdicional suspensiva exarada para evitar grave dano ao *meio ambiente*.[626] E o *Supremo Tribunal Federal*, por sua composição plenária, ao apreciar o Agravo Regimental na Suspensão de Segurança nº 209/SP (*DJ*, 17.6.1988, p. 15.250), sendo relator o Ministro Rafael Mayer, julgou improvido o recurso para manter tutela jurisdicional suspensiva dos efeitos de decisão que autorizara o desmatamento de parcela da mata atlântica brasileira, impedindo, deste modo, grave lesão ao *meio ambiente*.[627]

---

[626] "Direito ambiental. Preservação ao meio ambiental. Liminar. I - A decisão vergastada fez-se ao pálio dos pressupostos ensejadores da liminar, eis que caracterizado o *grave risco ao meio ambiente*, consubstanciado na deterioração definitiva das águas do lençol termal. É de ser mantida a liminar uma vez atendidos seus pressupostos legais. II - Questões relativas a interesse econômico cedem passo quando colidem com deterioração do *meio ambiente*, se irreversível. II - Agravo Regimental desprovido." (Grifos nossos)

[627] "Suspensão de segurança. *Proteção da floresta da Serra do Mar. 'Periculum in mora'.* Cabível e a suspensão da segurança que reconheceu direito ao desmatamento parcial de propriedade encravada no parque estadual da serra do mar, posto que o provimento do recurso extraordinário, já interposto, não terá eficácia diante do fato consumado. Agravo regimental improvido" (Grifos nossos). Neste mesmo julgamento, assim consignou o Min. Néri da Silveira: "A excepcionalidade da suspensão dos efeitos da segurança, tal como prevista na legislação ordinária e no Regimento Interno deste Tribunal, *traz, sem dúvida, sob o ponto de vista técnico, alguma dificuldade para enquadrar-se em um dos quatro pressupostos, a presente hipótese.* As instâncias ordinárias examinaram a causa, havendo confronto dos interesses invocados para o pedido de suspensão com os direitos dos impetrantes, quanto ao uso e gozo de sua propriedade. O imóvel é do domínio particular e não foi desapropriado. Obtiveram os proprietários a segurança, no sentido do uso e gozo do imóvel. V. Exa., entretanto, esclarece que foi interposto recurso extraordinário, cuja admissão pende de exame na Corte local, por sua Presidência. Assim, de certa forma, a decisão agravada estaria a antecipar o que, eventualmente, poderia o Relator, no STF, conceder, logo chegasse a matéria a este Tribunal, qual seja, efeito suspensivo ao recurso interposto. Dos pressupostos estabelecidos no art. 297 do RISTF, na espécie, efetivamente, tão só seria invocável o concernente a evitar grave lesão à saúde, eis que se cuida de suspender os efeitos de decisão mandamental, que diz com a defesa do meio ambiente, com aspectos ecológicos. Já tive oportunidade de ressaltar esse tema, em voto proferido no Plenário do STF, a respeito da proibição do uso de defensivos agrícolas e agrotóxicos, quando do julgamento de representação de inconstitucionalidade de leis estaduais dispondo acerca de tal matéria. Na construção feita por V. Exa., Senhor Presidente, no despacho agravado, pôs-se, em *ultima ratio* essa questão no plano da preservação da saúde. Ora, ao menos, *si et in quantum*

Ademais, deve-se observar que a possibilidade de *interpretação extensiva* dos elementos normativos que compõem os pressupostos para o deferimento do pedido de suspensão se coaduna ainda com uma característica muito peculiar de tais elementos: a ordem, saúde, segurança e economia públicas representam, segundo a doutrina nacional, *conceitos jurídicos indeterminados*[628] que *podem sofrer modificações ao longo dos anos*, inclusive *aquelas que lhes alargam as perspectivas*.

Com efeito, conforme se pode aferir do voto do Ministro Néri da Silveira do Supremo Tribunal Federal, no julgamento do Agravo Regimental na Suspensão de Segurança nº 209/SP (*DJ*, 17.6.1988, p. 15.250), mencionado acima, embora se reconhecesse a dificuldade de se enquadrar o *meio ambiente* entre os pressupostos ordem, saúde, segurança e economia públicas, o julgador, embora omitindo, erroneamente, a possibilidade de realizar a interpretação extensiva dos aludidos elementos normativos, entendeu, para atender a uma necessidade social premente, que a necessidade de preservação do meio ambiente encontrava-se incluído no conceito de manutenção da saúde pública. Os *conceitos jurídicos*

---

já que a espécie há de ser submetida à consideração do Tribunal e está, em princípio, caracterizado o *periculum in mora*, conveniente se faz se suspenda a eficácia da decisão local. Ademais, não tendo efeito suspensivo o recurso extraordinário e estando autorizado, pela segurança concedida, o desmatamento imediato dessas áreas consideradas de tanta importância ecológica, poderia, mesmo se viesse a ser provido o recurso, já o desmatamento estar irremediavelmente operado. Certo, ao que compreendi do relatório, existiria, por parte do Poder Público, a necessidade de ato administrativo, para a preservação definitiva desses espaços verdes. Parece-me, consoante entendi, que não há ainda ato da Administração, no sentido de declarar o interesse desta área, aos efeitos de sua preservação. Sucintamente posta a questão, também confirmo a decisão de V. Exa., jurídico e *do interesse superior da Nação, da saúde do povo, que se dê à matéria relativa à defesa do meio ambiente, à ecologia, a importância de que se reveste, em nosso tempo,* cumprindo, em torno desses valores, se firme orientação jurisprudencial. Por último interposto que está o recurso extraordinário, mantido o ato de V. Exa., suspensos estarão os efeitos da decisão local, até que o Supremo Tribunal Federal se pronuncie sobre a espécie." (Grifos nossos)

[628] "Não obstante os valores trazidos pela lei, aptos a fundamentar um dos pressupostos da suspensão de segurança sejam expressos em *conceitos indeterminados*, impregnados de uma certa fluidez, com base em construção doutrinária e jurisprudencial, é possível extrair seu significado" (QUEIROZ NETO. Suspensão de segurança: uma análise à luz da doutrina e da jurisprudência. *Revista do Tribunal Regional Federal – 1ª Região*, p. 31, grifos nossos); "(...)os conceitos trazidos pela lei (ordem, saúde, segurança e economia públicas) são extremamente vagos, atribuindo certa margem de liberdade ao magistrado para a decisão em comento" (ALVIM. Suspensão da eficácia da decisão liminar ou da sentença em mandado de segurança: aspectos controvertidos do art. 4º da Lei 4.348/64. In: BUENO; ALVIM; WAMBIER (Coord.). *Aspectos polêmicos e atuais do mandado de segurança*: 51 anos depois, p. 258).

indeterminados, portanto, com o passar dos anos, podem sofrer processo de expansão, ampliação ou extensão, para sua melhor compatibilização com o meio social e com as necessidades deste. Mas o que de fato pode ser compreendido por *conceito jurídico indeterminado*, pode ser colhido dos ensinamentos de Germana de Oliveira Moraes. Para a jurista, as normas jurídicas podem conter conceitos que, em decorrência da *incerteza ou imprecisão do seu conteúdo e extensão*, demandam do seu intérprete, por ocasião de sua aplicação em *situações fáticas complexas*, a *determinação do seu exato significado* por um *processo valorativo*.[629] E segundo a mesma Germana de Oliveira Moraes, os *conceitos jurídicos indeterminados* podem ser classificados em:

a) *conceitos de experiência descritivos ou empíricos* – aqueles correspondentes a objetos reais ou perceptíveis pelos sentidos humanos e que, em situações de fato complexas, demandam determinação mediante processo valorativo, como, p. ex., *doença incurável, produto poluente*;

b) *conceitos de valor normativos* – aqueles correspondentes a objetos não perceptíveis pelos sentidos humanos mas apreendidos a partir de normas jurídicas, normas éticas ou normas sociais e que, em situações de fato complexas, demandam determinação mediante processo valorativo, como, p. ex., *funcionário público, dignidade, bons costumes*.

Para os fins do presente trabalho, portanto, pode-se realmente asseverar que os pressupostos legais para a suspensão dos efeitos de tutelas jurisdicionais — *ordem, saúde, segurança* e *economia públicas* — podem ser considerados *conceitos jurídicos indeterminados*, posto que realmente exigem dos Presidentes dos Tribunais, em decorrência da incerteza ou imprecisão do seu conteúdo e extensão, a determinação do seu exato significado por um processo valorativo. E dentre a classificação acima proposta, constituem *conceitos de valor normativos*.

Ainda sobre os aludidos pressupostos, convém recordar que os mesmos, qualificados pela doutrina como *interesses públicos*

---

[629] MORAES. *Controle jurisdicional da administração pública*, p. 59-60.

304 | Isabel Cecília de Oliveira Bezerra

primários,[630] próprios da coletividade, da integralidade do corpo social, não se confundem com os interesses próprios da pessoa jurídica de direito público, com os denominados *interesses públicos secundários*.

8.2.1 Ordem pública

Não constitui tarefa das mais fáceis explicar o que pode ser compreendido por *ordem pública* para os fins propostos no presente trabalho. Isto porque o termo representa *conceito jurídico indeterminado*, que pode, em razão da imprecisão do seu conteúdo, ter seu significado alterado em diferentes situações fáticas, e sofrer significativas alterações para sua melhor compatibilização com o tempo e com o lugar em que empregada. Neste sentido doutrina, com acerto, Álvaro Lazzarini que o conceito de ordem pública "varia no tempo e no espaço, de um para outro país e, até mesmo, em um determinado país de uma época para outra".[631]

A *legislação brasileira* utilizou o termo *ordem pública* para disciplinar diversas situações. Somente para ilustrar, além das normas que disciplinaram o instituto em estudo, pode-se recordar, por exemplo, que a *Constituição Federal Brasileira* de 1988, utilizou o conceito em seu art. 34, inc. III, para autorizar a *intervenção federal* nos Estados e no Distrito Federal para "pôr termo a grave comprometimento da *ordem pública*"; em seu art. 136, quando previu a possibilidade do Presidente da República decretar o *estado de defesa* "para preservar ou prontamente restabelecer, em locais restritos e determinados, a *ordem pública* ou a paz social ameaçadas por grave e iminente instabilidade institucional ou atingidas por calamidades de grandes proporções na natureza"; e em seu art. 144, ao dispor que "a *segurança pública*, dever do Estado, direito e responsabilidade de todos, é exercida para a preservação

---

[630] "(...) o interesse público em sua essência, que enseja o *periculum in mora* deflagrador da possibilidade do pedido de suspensão é o interesse público primário, ou seja, interesse de toda a coletividade, 'que a lei consagra e entrega à compita do Estado como representante do corpo social' e não o interesse da pessoa jurídica de direito público, este, interesse público secundário (...)" (BRANDÃO. A suspensão das medidas de urgência nas ações contra o poder público à luz do devido processo legal. *Revista Dialética de Direito Processual*, p. 33).

[631] CRETELLA JÚNIOR. *Direito administrativo da ordem pública*: polícia de manutenção da ordem pública e a justiça, p. 4.

da *ordem pública* e da incolumidade das pessoas e do patrimônio". A *Lei de Introdução ao Código Civil Brasileiro* (Decreto-Lei nº 4.657/42), em seu art. 17, dispõe que "as leis, atos e sentenças de outro país, bem como quaisquer declarações de vontade, não terão eficácia no Brasil, quando ofenderem a soberania nacional, a *ordem pública* e os bons costumes". O *Código Civil Brasileiro* (Lei nº 10.406/2002), em seu art. 20, estabelece que, "salvo se autorizadas, ou se necessárias à administração da justiça ou à manutenção da *ordem pública*, a divulgação de escritos, a transmissão da palavra, ou a publicação, a exposição ou a utilização da imagem de uma pessoa poderão ser proibidas, a seu requerimento e sem prejuízo da indenização que couber, se lhe atingirem a honra, a boa fama ou a respeitabilidade, ou se se destinarem a fins comerciais"; em seu art. 122, que "são lícitas, em geral, todas as condições não contrárias à lei, à *ordem pública* ou aos bons costumes; entre as condições defesas se incluem as que privarem de todo efeito o negócio jurídico, ou o sujeitarem ao puro arbítrio de uma das partes"; em seu art. 1.125, estabelece que "ao Poder Executivo é facultado, a qualquer tempo, cassar a autorização concedida a sociedade nacional ou estrangeira que infringir disposição de *ordem pública* ou praticar atos contrários aos fins declarados no seu estatuto"; em seu art. 2.035, parágrafo único, que "nenhuma convenção prevalecerá se contrariar preceitos de *ordem pública*, tais como os estabelecidos por este Código para assegurar a função social da propriedade e dos contratos". A Consolidação das Leis Trabalhistas (Decreto-Lei nº 5.452/43), em seu art. 377, estabelece que "a adoção de medidas de proteção ao trabalho das mulheres é considerada de *ordem pública*, não justificando, em hipótese alguma, a redução de salário". O *Código de Processo Penal* (Decreto-Lei nº 3.689/41), em seu art. 7º, dispõe que "para verificar a possibilidade de haver a infração sido praticada de determinado modo, a autoridade policial poderá proceder à reprodução simulada dos fatos, desde que esta não contrarie a moralidade ou a *ordem pública*"; em seu art. 312, que "a prisão preventiva poderá ser decretada como garantia da *ordem pública*, da ordem econômica, por conveniência da instrução criminal, ou para assegurar a aplicação da lei penal, quando houver prova da existência do crime e indício suficiente de autoria"; em seu art. 424, que, "se o interesse da *ordem pública* o reclamar, ou houver dúvida sobre a imparcialidade do júri ou sobre a segurança pessoal do réu, o Tribunal de Apelação, a requerimento de qualquer das partes ou mediante representação do juiz, e ouvido sempre o procurador-geral, poderá desaforar o julgamento para comarca ou termo próximo, onde não subsistam aqueles motivos, após informação do juiz, se a medida não tiver sido solicitada, de ofício, por ele próprio"; e em seu art. 781, que "as sentenças estrangeiras não serão homologadas, nem as cartas rogatórias cumpridas, se contrárias à *ordem pública* e aos bons costumes".

O *Código de Trânsito Brasileiro* (Lei nº 9.503/97), em seu art. 294, que "em qualquer fase da investigação ou da ação penal, havendo necessidade para a garantia da *ordem pública*, poderá o juiz, como medida cautelar, de ofício, ou a requerimento do Ministério Público ou ainda mediante representação da autoridade policial, decretar, em decisão motivada, a suspensão da permissão ou da habilitação para dirigir veículo automotor, ou a proibição de sua obtenção".

O *Estatuto da Criança e do Adolescente* (Lei nº 8.069/90), estabelece, em seu art. 174, que "comparecendo qualquer dos pais ou responsável, o adolescente será prontamente liberado pela autoridade policial, sob termo de compromisso e responsabilidade de sua apresentação ao representante do Ministério Público, no mesmo dia ou, sendo impossível, no primeiro dia útil imediato, exceto quando, pela gravidade do ato infracional e sua repercussão social, deva o adolescente permanecer sob internação para garantia de sua segurança pessoal ou manutenção da *ordem pública*". E até mesmo a *Declaração Universal dos Direitos Humanos* (Resolução nº 217-A, de 10.12.1948) assim dispôs: "2. No exercício deste direito e no gozo destas liberdades ninguém está sujeito senão às limitações estabelecidas pela lei com vista exclusivamente a promover o reconhecimento e o respeito dos direitos e liberdades dos outros e a fim de satisfazer as justas exigências da moral, da *ordem pública* e do bem-estar numa sociedade democrática".

Consoante se observa, embora os diversos dispositivos normativos transcritos tenham utilizado o termo *ordem pública* para disciplinar situações diversas, nenhum deles explicitou o seu significado, até mesmo porque a "noção de ordem pública *ultrapassa os textos de lei* que a organizaram, porque esta preocupação permanente assume a face quotidiana da vida. Fixá-la num texto seria desnaturá-la, suprimi-la".[632] Todavia, da leitura de tais normas se pode inferir que em todas as hipóteses em que utilizada, o termo *ordem pública* foi concebido como um *algo de fundamental importância para a sociedade,* cuja manutenção deveria ser priorizada mesmo diante do *sacrifício de interesses individuais* ou de *outros interesses públicos de menor relevância.*

Mas se na legislação o jurista não pode colher o significado preciso de ordem pública, não menos dificuldades o mesmo encontrará ao recorrer à doutrina nacional e internacional. Poucos se dedicaram ao estudo específico do conceito de ordem pública; e menos ainda foram os que analisaram o mesmo conceito na seara da suspensão dos efeitos de tutelas jurisdicionais. Segundo ressalta Diogo de Figueiredo Moreira Neto, "a ordem pública é desses conceitos extremamente usados, mas pouco estudados. Não obstante a sua longa trajetória histórica e reconhecida importância, só se produziu, na literatura jurídica, uma monografia de fôlego – *La notion d'ordre public en droit administratif,* de Paul Bernard, publicada em 1962".[633]

Dentre os *doutrinadores nacionais* que estudaram o conceito de *ordem pública,* destacam-se: José Cretella Júnior, que, apoiado nas lições de Georges Vedel, leciona que a ordem pública se faz constituída por um *mínimo de condições essenciais para uma vida social conveniente e adequada* e que esta encontra seu fundamento na segurança das pessoas e dos seus bens, na salubridade, na tranqüilidade, no equilíbrio econômico e na preservação dos bens públicos;[634] Álvaro Lazzarini, para quem a ordem pública "não deixa de ser uma *situação de legalidade e moralidade normal"* e "*existirá onde estiver ausente a desordem,* isto é, os atos de violência, de que espécie for, contra as pessoas, bens ou

---

[632] BERNARD. *La notion d'ordre public en droit administratif.* Paris: Librairie Générale de Droit et de Jurisprudence, 1962. p. 13 apud: CRETELLA JÚNIOR. *Direito administrativo da ordem pública*: direito administrativo da segurança pública. Texto de Diogo de Figueiredo Moreira Neto. p. 78.

[633] CRETELLA JÚNIOR. *Direito administrativo da ordem pública*: direito administrativo da segurança pública. Texto de Diogo de Figueiredo Moreira Neto, p. 77.

[634] CRETELLA JÚNIOR. *Dicionário de direito administrativo,* p. 370.

o próprio Estado";[635] Hely Lopes Meirelles, que conceitua ordem pública como *"situação de tranqüilidade e normalidade* que o Estado assegura — ou deve assegurar — às instituições e a todos os membros da sociedade, consoante as normas jurídicas legalmente estabelecidas";[636] e Ivo Dantas, para quem a ordem pública deve ser compreendida como aquela correspondente ao "funcionamento normal da sociedade como um todo".[637]

Mas a doutrina mais esclarecedora provém de Diogo de Figueiredo Moreira Neto, escorado nas lições do francês Paul Bernard, para quem a noção de *ordem pública* remonta ao Direito Romano, aos *mores populi romani,* à *observância dos costumes vigentes*; na Idade Média, corresponde a *bons costumes* e *interesses públicos*; na Idade Moderna, com o Estado Liberal, sofre restrições para atender aos reclamos do capital; e no Estado Social da pós-modernidade ganha novas e amplas dimensões para justificar todas as atividades interventivas estatais na seara individual. Nos dias atuais, *se impõe por exigência da própria sociedade,* que estabelece *imperativos legais, morais e consuetudinários* visando a manutenção da convivência pacífica e harmoniosa dos seus membros. Corresponde a uma situação fática onde se verifica "ausência de perturbações, paz pública e disposição harmoniosa da convivência".[638] E pode ser conceituada como *situação fática* a ser mantida ou recuperada, *de convivência pacífica e harmoniosa da população,* fundada em *princípios legais, morais ou consuetudinários* vigentes na sociedade.[639]

E dentre os *doutrinadores nacionais* que estudaram o conceito de *ordem pública* na seara específica da suspensão dos

---

[635] CRETELLA JÚNIOR. *Direito administrativo da ordem pública*: polícia de manutenção da ordem pública e a justiça. Texto de Álvaro Lazzarini, p. 8.

[636] CRETELLA JÚNIOR. *Direito administrativo da ordem pública*: polícia de manutenção da ordem pública e suas atribuições. Texto de Hely Lopes Meirelles, p. 92.

[637] DANTAS. *Da defesa do Estado e das instituições democráticas na nova constituição*: direito constitucional de crise ou legalidade especial: arts. 136 a 144, p. 48.

[638] BERNARD. *La notion d'ordre public en droit administratif.* Paris: Librairie Générale de Droit et de Jurisprudence, 1962. p. 252 apud CRETELLA JÚNIOR. (Coord.). *Direito administrativo da ordem pública*: direito administrativo da segurança pública. Texto de Diogo de Figueiredo Moreira Neto, p. 76-82.

[639] CRETELLA JÚNIOR (Coord.). *Direito administrativo da ordem pública*: direito administrativo da segurança pública. Texto de Diogo de Figueiredo Moreira, p. 79.

efeitos de tutelas jurisdicionais, pode-se citar Lúcia Valle Figueiredo, para quem "sem a defesa da ordem pública, não há sequer possibilidade de continuar existindo o Estado de Direito" e "lesão grave, pois, à ordem pública é ameaça às próprias *instituições* e ao próprio *Estado de Direito*";[640] e Fernando da Costa Tourinho Neto, segundo o qual "por *ordem pública* entende-se uma *situação de normalidade*, um estado de legalidade, em que há *observância às normas que disciplinam e ordenam a sociedade*. Se a decisão causa transtorno profundo a essa ordem, deve ser suspensa".[641]

A *jurisprudência nacional* tem exercido papel fundamental no aclaramento e no amadurecimento do conceito de *ordem pública*, principalmente quando aplicado com vistas à operacionalização do instituto estudado. E se algo se entende por ordem pública para fins de suspensão dos efeitos de tutelas jurisdicionais, isto muito se deve ao árduo trabalho desenvolvido pelos julgadores com vistas à aplicação de uma legislação pouco estudada.

As funções jurisdicionais exercidas pelo Supremo Tribunal Federal, pelo extinto Tribunal Federal de Recursos e pelo Superior Tribunal de Justiça têm sido relevantes para a composição do significado de ordem pública.

Ao analisar a o Recurso Extraordinário nº 14.658/SP (*DJ*, 2.4.1952, p. 1.710), o Supremo Tribunal Federal, sob a relatoria do Ministro Luis Gallotti, destacou que "o conceito de ordem pública pode variar, no espaço e no tempo; de um país para outro, ou, num mesmo país, de uma época para outra". E ao apreciar a Sentença Estrangeira nº 1.023 da Suíça (*DJ*, 30.9.1942), o mesmo órgão jurisdicional, por seu Ministro Orozimbo Nonato, assim destacou sobre o conceito de ordem pública:

> O conceito de ordem pública é esgueiriço e dificilmente se deixa prender em fórmula completa. Definindo-o, *vari varia dixerunt*, apinhando-se noções diversas, sem que qualquer delas logre generalidades das adesões. Todos, porém, compreendem e sentem que *ela se constitui dos princípios superiores que formam a base da vida jurídica e moral de cada povo*, formando um sistema institucional destinado a defender, como disse

---

[640] FIGUEIREDO. *Mandado de segurança*, p. 155.

[641] TOURINHO NETO. *Suspensão de segurança e de liminares pelos presidentes dos tribunais*, p. 9.

Calandrelli, altas concepções morais, políticas, religiosas e econômicas que fundamentam a organização do Estado, dentro do equilíbrio normal da vida do indivíduo e da nação. A noção de ordem pública, que é mais fácil de ser sentida do que definida, resulta, como escreveu Salvat, de um *conjunto de princípios de ordem superior, políticos, econômicos, morais e algumas vezes religiosos, aos quais uma sociedade considera estreitamente vinculada a existência e conservação da organização social estabelecida* (...). É o que, em outros termos, e mais amplos, constitui a fórmula tão aplaudida de Despagnet: a ordem pública se constitui de *princípios jurídicos que, dadas certas idéias particulares admitidas em determinado país, consideram-se ligados aos seus interesses essenciais.* Obedece, pois, a noção, a *critério contingente, histórico e nacional,* não tendo, assim *data venia,* irresistível poder persuasivo o exemplo, tão invocado para esforçar a jurisprudência aludida, dos julgados em colégios judiciários de países de grande cultura jurídica e política, mas cujas condições diferem do nosso. Por se tratar de critérios contingentes e nacionais, históricos, variáveis, dizia Arminjon que dependia seu reconhecimento da apreciação do juiz. Esse, porém, não pode subsistir por suas próprias idéias e inspirações o que constitui o *sentimento médio do povo.*

E sobre a concepção do conceito em estudo, na seara específica da suspensão da execução de tutelas jurisdicionais deferidas contra o Poder Público, o *Supremo Tribunal Federal* têm acolhido a postulação suspensiva por malferimento à *ordem pública,* quando a tutela jurisdicional impugnada, por exemplo: assegura o *pagamento de vencimentos e vantagens pecuniárias* contra reiterada jurisprudência do Supremo Tribunal Federal[642] ou mediante provimento jurisdicional liminar juridicamente descabido na espécie;[643] autoriza

---

[642] "Suspensão de segurança a envolver questões constitucionais, relativas ao direito adquirido, ao princípio de igualdade e a coisa julgada. *Grave lesão aos cofres públicos, decorrente de controversia sobre a qual existe reiterada jurisprudência do supremo tribunal, contraria a pretensao dos impetrantes* (Reajuste de 84,32%, com suposto fundamento na Lei n. 7.830-89)" (STF - SS 510 AgR/CE - Min. Octavio Gallotti - Tribunal Pleno - *DJ*, 19.11.1993, p. 24.656).

[643] "Agravo regimental na suspensão de segurança. Exame de mérito. Impossibilidade. Grave lesão à ordem e à economia pública. 1. Não cabe no pedido de suspensão de segurança a análise com profundidade e extensão da matéria de mérito examinada na origem. Suspensão de segurança. Pressupostos: potencialidade lesiva do ato decisório à ordem, à saúde, à segurança e à economia pública. 2. *Lesão à ordem pública, consubstanciada no fato de que o art. 1º, §4º, da Lei nº 5.021/66, veda a concessão de medida liminar para efeito de pagamento de vencimentos e vantagens pecuniárias. 3. A execução dos efeitos do mandado de segurança somente é possível após o seu trânsito em julgado, em obediência aos princípios orçamentários, dentre os quais o da impossibilidade de ser concedida vantagem ou aumento de vencimento sem previsão orçamentária* (CF/88, art. 169, §1º, I e II). Agravo regimental a que se nega provimento" (STF - SS nº 1.918 AgR/DF - Min. Maurício Corrêa - Pleno - *DJ*, 30.4.2004, p. 00030).

Suspensão de Tutelas Jurisdicionais contra o Poder Público | 311

a **execução provisória** de decisão judicial quando esta se faz legalmente proibida;[644] determina indevida **promoção** de servidor público **militar**[645] ou assegura **estabilidade** a servidores públicos militares temporários;[646] resulta em inobservância à normas jurídicas estabelecidas com vistas a evitar "lavagem de dinheiro",[647] implica

---

[644] "Constitucional. Processual civil. Mandado de segurança: suspensão. Mérito da segurança: delibação. Competência do Presidente do Supremo Tribunal Federal. I. - Matéria constitucional discutida e decidida na ação de segurança. Competência do Presidente do Supremo Tribunal Federal para apreciação do pedido de suspensão da segurança. Lei nº 8.038, de 1990, art. 25. II. - Mérito da causa: delibação: necessidade de, na decisão que examina o pedido de suspensão da segurança, observar-se um mínimo de delibação da matéria discutida na segurança. É que, se para a concessão da cautelar, examina-se a relevância do fundamento, o *fumus boni juris* e o *periculum in mora* Lei nº 1.533/51, art. 7º, II 3/4 na sua suspensão, que constitui contracautela, não pode o Presidente do Tribunal furtar-se a um mínimo de apreciação daqueles requisitos. Precedente do STF: SS nº 846 (AgRg)/DF, Pertence, Plenário, 29.5.1996, *DJ* de 08.11.96. III. - *Ordem pública: ordem pública administrativa: princípio da legalidade: execução provisória que arrosta proibição legal: hipóteses excepcionadas nos arts. 5º, par. único, e 7º da Lei nº 4.348/64. CPC, art. 588, II. A execução imediata, pois, da decisão que concedeu a segurança, arrostando proibição legal, seria atentatória à ordem pública, presente a doutrina do Ministro Néri da Silveira, a respeito do conceito de ordem pública.* SS nº 846 (AgRg)/DF, Pertence. IV. - Grave lesão à economia pública. Lei nº 4.348/64, art. 4º; Lei nº 8.038/90, art. 25; RI/STF, art. 297. V. - Agravo não provido" (STF - SS nº 1272 AgR/RJ - Min. Carlos Velloso - Pleno - *DJ*, 18.5.2001, p. 00435).

[645] "Agravo regimental na suspensão de segurança. Preliminar. Incompetência do STF. Improcedente. Militar. Promoção. Especificidade da carreira. Precedentes. 1. Suspensão de segurança. Pretensão fundada em matéria constitucional. Competência do Presidente do Supremo Tribunal Federal para apreciação do pedido: Lei nº 8.038/90, art. 25. Preliminar rejeitada. 2. *Militar. Promoção por merecimento. Mera expectativa de direito. Precedente. Medida liminar: alteração da lista de candidatos e anulação dos atos de promoção dos militares. Ordem judicial cuja execução implica violação à ordem pública, por comprometer a disciplina e a hierarquia, características da carreira militar.* Suspensão de segurança deferida. Agravo regimental a que se nega provimento" (STF – SS nº 2.190 AgR/RS - Min. Maurício Corrêa - Pleno - *DJ*, 19.12.2003, p. 00049).

[646] "Suspensão de segurança. 'Estabilidade' de integrantes do quadro 'temporário' do corpo feminino da reserva da aeronáutica. Art. 42. §9º, da Constituição Federal. Art. 4. da Lei nº 4.348, de 26.6.1964, art. 297 do RISTF e art. 25 da Lei nº 8.038, de 28.5.1990. 1. Tendo sido suscitadas, no processo do mandado de segurança, questões constitucionais, a competência, para a suspensão, da decisão concessiva do 'writ', e do Presidente do Supremo Tribunal Federal (art. 297 do RISTF e art. 25 da Lei nº 8.038, de 28.5.1990). 2. É pacífica a jurisprudência do Supremo Tribunal Federal, no sentido de que, na suspensão de segurança, de que tratam os artigos 4. da Lei nº 4.348, de 26.6.1964, 297 do RISTF, e 25 da Lei nº 8.038, de 28.5.1990, compatíveis, todos, com a Constituição de 1988, o presidente não examina o questões de causa, na qual foi a segurança deferida. 3. *Deferida a 'estabilidade' a dezenas de policiais militares do quadro 'temporário' do corpo feminino da reserva da aeronáutica, sem embargo do disposto no §9º do art. 42* da CF, em situação ostentada por inúmeras outras, que, em tese, poderão se valer de impetração idêntica, caracteriza-se o risco de grave lesão às finanças publicas e a ordem administrativa militar, justificando-se, em tais circunstancias, a suspensão da 'writ', até que sejam julgados pelo STF os recursos extraordinários, ou até que transitem em julgado as decisões concessivas. agravos regimentais improvidos" (STF - SS nº 432 AgR/DF - Min. Sydney Sanches - Pleno - *DJ*, 26.2.1993, p. 02355).

[647] "Constitucional. Administrativo. Cautelar: suspensão. Lei nº 9.613/98: 'lavagem de dinheiro'. Lesão à ordem e à economia públicas. I. - Cautelar deferida pelo Juiz de 1º grau, mantida pelo TRF/5ª Região. Pedido de suspensão da cautelar formulado ao Presidente do Supremo

Isabel Cecília de Oliveira Bezerra

em *desrespeito ao conteúdo de decisões judiciais*,[648] *deixa de observar normas jurídicas* estabelecidas para assegurar o *devido processo legal*,[649] assegura indevida *equiparação de vencimentos* a servidores públicos;[650] resulta em afronta ao *princípio da tripartição*

Tribunal Federal. *Indícios da ocorrência de 'lavagem de dinheiro', praticando a empresa fraude à Lei nº 9.613/98, que ordena a identificação das compras de moedas em quantia superior a US\$10.000,00 (dez mil dólares).* II. - A manutenção da liminar pode acarretar grave lesão à ordem e à economia públicas, dado que causa ela impacto negativo sobre as reservas internacionais. III. - *Lesão à ordem pública, considerada esta em termos de ordem administrativa, ordem legal, porque proporciona válvula de escape à Lei 9.613/98, que visa a coibir a 'lavagem de dinheiro'.* IV. - Agravo provido, restabelecendo-se a decisão do Presidente do STF que suspendeu a execução da cautelar" (STF - Pet nº 1.890 AgR-AgR/CE - Min. Marco Aurélio - *DJ*, 5.3.2004, p. 00014).

[648] "Constitucional. Processual civil. Tributário. Mandado de segurança: suspensão. Lesão à ordem e à economia públicas. Icms: índice de participação dos municípios. CF, art. 158, IV. I. - *A concessão de liminar em mandado de segurança que repete anterior writ denegado pelo Eg. Tribunal de Justiça do Estado de Goiás, confirmado pelo Eg. Superior Tribunal de Justiça e transitado em julgado, é lesiva à ordem pública, considerada esta em termos de ordem jurídico-constitucional.* II. Ocorrência de lesão à economia pública, dado que o Poder Executivo estadual ficaria obrigado a repartir a receita tributária proveniente do ICMS com diminuição das cotas de participação dos municípios goianos. III. - Agravo não provido" (STF - SS 1806 AgR/GO - Min. Carlos Velloso - Pleno - *DJ*, 11.10.2001, p. 00008).

[649] "Constitucional. Processual civil. Medida cautelar: liminar. Lei nº 8.437, de 30.6.92, art. 2º e art. 4º, §4º, redação da Med. Prov. nº 1.984-19, hoje Med. Prov. nº 1.984-22. Ordem pública: conceito. Princípios constitucionais: CF, art. 37. Economia pública: risco de dano. Lei nº 8.437, de 1992, art. 4º. I - Lei nº 8.437, de 1992, §4º do art. 4º, introduzido pela Med. Prov. nº 1.984-19, hoje Med. Prov. nº 1.984-22: sua não suspensão pelo Supremo Tribunal Federal na ADIn nº 2.251/DF, Min. Sanches, Plenário, 23.8.2000. II - *Lei nº 8.437, de 1992, art. 2º: no mandado de segurança coletivo na ação civil pública, a liminar será concedida, quando cabível, após a audiência do representante judicial da pessoa jurídica de direito público, que deverá se pronunciar no prazo de setenta e duas horas. Liminar concedida sem a observância do citado preceito legal. Inocorrência de risco de perecimento de direito ou de prejuízo irreparável. Ocorrência de dano à ordem pública, considerada esta em termos de ordem jurídico-processual e jurídico-administrativa.* III - *Princípios constitucionais: CF, art. 37: seu cumprimento faz-se num devido processo legal, vale dizer, num processo disciplinado por normas legais. Fora daí, tem-se violação à ordem pública, considerada esta em termos de ordem jurídico-constitucional, jurídico-administrativa e jurídico-processual.* IV - Dano à economia pública com a concessão da liminar: Lei nº 8.437/92, art. 4º. V - Agravo não provido" (STF - Pet nº 2.066 AgR/SP - Min. Marco Aurélio - Pleno - *DJ*, 28.2.2003, p. 00007). Neste sentido, doutrina Francesco Conte que "a noção de ordem pública compreende a boa ordem do processo, que é, igualmente, pública e objetiva colocar as partes em patamar de igualdade, de sorte que a subversão do princípio constitucional do devido processo legal, é fator de vulneração da ordem pública" (CONTE. Suspensão de execução de medidas liminares e sentenças contra o poder público. *Revista de Direito da Procuradoria Geral do Estado do Rio de Janeiro*, p. 127-128).

[650] "I. Suspensão de segurança: natureza cautelar e pressuposto de viabilidade do recurso cabível contra a decisão concessiva da ordem. A suspensão de segurança, concedida liminar ou definitivamente, é contracautela que visa à salvaguarda da eficácia pleno do recurso contra ela se possa manifestar, quando a execução imediata da decisão, posto que provisória, sujeita a riscos graves de lesão interesses públicos privilegiados — a ordem, a saúde, a segurança e a economia pública: sendo medida cautelar, não há regra nem princípio segundo

das funções estatais;[651] impede administradores públicos de decidir politicamente sobre a *alocação de recursos públicos* postos à sua disposição[652] ou sobre a *nomeação de cargos em comissão;*[653] neutraliza o *poder disciplinar* da Administração Pública;[654] impede o Poder Legislativo do exercício de suas funções típicas.[655]

---

os quais a suspensão da segurança devesse dispensar o pressuposto do *fumus boni juris* que, no particular, se substantiva na probabilidade de que, mediante o futuro provimento do recurso, venha a prevalecer a resistência oposta pela entidade estatal à pretensão do impetrante. II. *Distrito Federal: polícia civil e militar: organização e manutenção da União: significado. Ao prescrever a Constituição (art. 21, XIV) que compete à União organizar e manter a polícia do Distrito Federal — apesar do contra-senso de entregá-la depois ao comando do Governador (art. 144, §6º) — parece não poder a lei distrital dispor sobre o essencial do verbo 'manter', que é prescrever quanto custará pagar os quadros de servidores policiais: desse modo a liminar do Tribunal de Justiça local, que impõe a equiparação de vencimentos entre policiais — servidores mantidos pela União — e servidores do Distrito Federal parece que, ou impõe a este despesa que cabe à União ou, se a imputa a esta, emana de autoridade incompetente e, em qualquer hipótese, acarreta risco de grave lesão à ordem administrativa"* (STF - SS nº 846 AgR/DF - Min. Sepúlveda Pertence - Pleno - *DJ*, 8.11.1996, p. 43208).

"Liminar de equiparação de vencimentos, com aparente violação da Súmula nº 339 – Que o STF tem considerado haver subsistido ao art. 39, §1º, CF é com riscos de difícil reparação as finanças e a ordem administrativa do Estado: suspensão de segurança que se confirma" (STF - AGRSS nº 785/PI - Rel. Min. Sepúlveda Pertence - Pleno - *DJU*, 9.2.1996).

[651] *"Alteração de calendário escolar, por órgão do Poder Judiciário, em detrimento da competência do Poder Executivo*, reconhecida pelo Supremo Tribunal em feitos anteriores, especialmente no julgamento da medida cautelar na Ação Direta de Inconstitucionalidade nº 748 (*RTJ* nº 43/510). Grave lesão à ordem administrativa, concorrendo para a suspensão de segurança, que se mantêm" (STF - SS nº 682 AgR/RS - Min. Octavio Gallotti - Pleno - *DJ*, 30.9.1994, p. 26.169).

[652] "Grave lesão à ordem pública e administrativa e às finanças estaduais, imputável a decisão liminar, em mandado de segurança, por meio do qual *se atribuiu a disponibilidade das dotações orçamentárias do Ministério Público, por outrem, que não a legitima ocupante do cargo de Procurador-Geral da justiça de Tocantins"* (STF - SS nº 612 AgR/TO - Min. Octavio Gallotti - Pleno - *DJ*, 20.5.1994, p. 12.247).

[653] "Suspensão de segurança – *Liminar deferida a oficial mais antigo no posto para assegurar-lhe, com a sustação do ato do Governador que nomeará outrem, a permanência no cargo de Diretor de Saúde da Polícia Militar.* Plausibilidade das razões da oposição do Estado à tese da impetração, aparentemente bem fundadas no art. 24, §2º, e no art. 144, §6º, da Constituição e riscos de grave lesão à ordem administrativa que justificaram a suspensão de liminar e que o agravo do impetrante não logrou elidir" (STF - AGRSS nº 908/ES - Rel. Min. Sepúlveda Pertence - Pleno - *DJU*, 27.6.1997).

[654] "Suspensão de segurança. Demissão de policial civil estadual a bem do serviço público. Liminar, em mandado de segurança, assegurando o retorno do Delegado de Policia ao exercício de suas funções, ao fundamento de que, em virtude de estar respondendo a ações penais pelos fatos, somente após a conclusão destas seria possível a demissão. Dentre as faltas disciplinares graves atribuídas ao policial, algumas tem correspondência com os crimes dos arts. 316 e 317 do Código Penal (concussão e corrupção passiva), objeto das ações penais em curso; outras constituem faltas de natureza disciplinar, cuja apuração e imposição de sanções independem de qualquer apreciação no juízo penal. A autonomia das instancias administrativa, civil e penal autoriza, em princípio, *a imposição de sanção disciplinar, independentemente da conclusão do processo criminal. Fatos tão-só do âmbito disciplinar, considerados na decisão administrativa de demissão, após processo*

Importante contribuição adveio da jurisprudência do extinto *Tribunal Federal de Recursos*, posto que, ao analisar a Suspensão de Segurança n° 4.405/SP (*DJ*, 7.12.1979, p. 9.221), o Ministro José Néri da Silveira destacou que o conceito de ordem pública deveria ser compreendido no sentido de que nele se inseria a *ordem administrativa em geral*. Deste modo, a violação da ordem pública poderia decorrer dos efeitos de tutela jurisdicional que atingisse "a *normal execução do serviço público, o regular andamento das obras públicas, o devido exercício das funções da Administração pelas autoridades constituídas*".

O *Superior Tribunal de Justiça*, a seu turno, têm considerado configurada grave lesão à *ordem pública*, para fins de concessão de tutelas jurisdicionais suspensivas, quando os efeitos da execução de decisões judiciais: obstam a Administração Pública do exercício

---

administrativo regular. Não cabia, pois, liminarmente, suspender o ato governamental a partir da afirmativa de que se fazia mister previa decisão do juízo penal. A liminar concedida, a tal fundamento, constitui ameaça de grave lesão a ordem pública, enquanto nesta se compreende, também, a ordem administrativa em geral, o devido exercício das funções da Administração pelas autoridades constituídas. *Seria, nessa hipótese, coarctar o legitimo exercício, pela autoridade administrativa competente, do poder disciplinar, que lhe reserva a ordem jurídica.* Aspectos de ameaça, também, de grave lesão a segurança pública que merecem considerados, pela influencia do Delegado de Policia demitido e os graves envolvimentos que lhe são imputados, com reflexos no funcionamento do aparelho policial estadual e na segurança dos cidadãos, máxime, em virtude dos fatos apurados. Suspensão da liminar concedida, com base no art. 4. da Lei n. 4.348/1964. Agravo regimental desprovido" (STF - SS n° 284 AgR/DF - Min. Néri da Silveira - Pleno - *DJ*, 30.4.92, p. 05722).

[655] "Suspensão de segurança. Liminar concedida em mandado de segurança impetrado contra a Assembléia Legislativa do Estado, por cidadão que pretende concorrer à vaga de Conselheiro do Tribunal de Contas do mesmo Estado, *sustando-se a tramitação de procedimento legislativo em curso em que era apreciado nome já indicado para prover a vaga.* Fundamentação constitucional da causa. Competência do Presidente do STF para conhecer do pedido. Legitimidade da Assembléia Legislativa para requerer a suspensão da liminar. *Se a cautelar deferida, em mandado de segurança, determina que o Poder Legislativo não pratique ato que se arrola entre os de sua competência específica, atendendo, apenas, a pedido de particular, que não possui, 'prima facie', título de direito constituído a impedir o ato legislativo impugnado, há ameaça de lesão grave a ordem pública, nesta compreendida a ordem administrativa em geral, ou seja, a normal execução do serviço público e o devido exercício das funções próprias, no âmbito de qualquer dos Poderes do Estado.* Hipótese em que e manifesta *a interdição do exercício pela Assembléia Legislativa de competência concorrente ao provimento de cargo de Conselheiro do Tribunal de Contas do Estado,* que, sem sombra de duvida, não se submete ao procedimento ordinário do concurso público, pretendido pelo impetrante. Desde logo, cabe entender que os princípios do art. 37, I e II, da Constituição Federal, não lhe dizem respeito, sujeita a investidura de Conselheiro aos que se contem no art. 73, parágrafos 1. e 2., da Lei Magna Federal. Suspensão dos efeitos da liminar, até o julgamento do mandado de segurança, que se defere. Agravo regimental desprovido" (STF - SS n° 300 AgR/DF - Min. Néri da Silveira - Pleno - *DJ*, 30.4.92, p. 05722).

Suspensão de Tutelas Jurisdicionais contra o Poder Público | 315

pleno do seu *poder de polícia administrativo*, impedindo-a, por exemplo, de promover a fiscalização de máquinas de jogos eletrônicos proibidos[656] e de transportes alternativos de passageiros,[657] ou de recolher o pagamento de taxas;[658] impedem administradores públicos de decidir politicamente sobre a *alocação dos recursos públicos* postos à sua disposição;[659] impedem o prosseguimento de *concurso público* e a conseqüente nomeação dos aprovados

---

[656] "Mandado de segurança. Suspensão de liminar. Fiscalização de máquinas eletrônicas programáveis. Poder de polícia estatal. Grave lesão à ordem pública, nela compreendida a ordem administrativa. 1. A estreita via da suspensão de segurança não comporta a discussão de aspectos atinentes ao mérito da questão de fundo, devendo ater-se ao exame da alegada lesão aos bens tutelados pela norma de regência, a saber: ordem, saúde, segurança e economia públicas. 2. *A subsistência de liminar concedida para obstar que o Poder Público fiscalize máquinas eletrônicas programáveis sobre as quais paira a suspeita de veicularem jogo de azar acarreta grave lesão à ordem pública, nela compreendida a ordem administrativa*, impondo-se sua suspensão. 3. Agravo improvido" (STJ - AgRg na SS nº 1.252/RS - Min. Nilson Naves - Corte Especial - *DJ*, 28.6.2004, p. 175).

"Suspensão de tutela antecipada. Cabimento. Máquinas eletrônicas programadas. Exploração. Proibição. Contravenção. Agravo regimental. 1. À tutela antecipada aplicam-se as disposições da Lei nº 8.437/92, art. 4º, quando a magnitude da decisão atacada implicar em grave lesão aos valores sociais nela tutelados (ordem, saúde, segurança e economia públicas). 2. Tratando, a hipótese, de matéria afeta à ordem administrativa e jurídico-penal, deve prevalecer o interesse público sobre o particular. 3. *O tipo contravencional proibitivo dos jogos de azar inclui a exploração do jogo de bingo, do que resulta inadmissível a concessão de tutela antecipada a permitir a adoção de conduta penalmente tipificada, ou determinar, à autoridade competente, que se abstenha de tomar as medidas necessárias a coibi-la.* 4. Agravo Regimental não provido" (STJ - AgRg na STA nº 69/ES - Min. Edson Vidigal - Corte Especial - *DJ*, 6.12.2004, p. 172).

[657] "Suspensão de segurança (liminar). *Transportes alternativos. Fiscalização e controle pelo poder público impedidos.* Configurada grave lesão à ordem e à segurança públicas. Pedido deferido. Agravo regimental improvido. 1. A liminar suspensa, ao impedir a fiscalização e controle dos chamados transportes alternativos, engessa o exercício da função do poder público de resguardar e preservar a segurança dos passageiros. 2. Agravo improvido" (STJ; AgRg na SS nº 1.237/CE - Min. Nilson Naves - Corte Especial - *DJ*, 9.12.2003, p. 193).

[658] "*Taxa de classificação, inspeção e fiscalização – Produtos animais e vegetais – Lesão a ordem publica* – Suspensão – Liminar – Mandado de segurança. *O não recolhimento da taxa instituída pela lei 6.305/75 importaria em grave lesão a ordem publica.* No julgamento de suspensão de decisão proferida em mandado de segurança não se examina o merito da demanda. recurso improvido" (STJ - REsp. nº 143.697/PR - Min. Garcia Vieira - *DJ*, 8.6.1998, p. 00026).

[659] "Suspensão de tutela antecipada deferida. Conservação, restauração e sinalização de rodovias federais situadas no Estado do Rio Grande do Sul. Grave lesão à ordem pública, nela compreendia a ordem administrativa, configurada. Agravo regimental. 1. A suspensão de tutela antecipada será deferida quando presente um dos requisitos autorizadores constantes no art. 4º da Lei nº 8.437/92. 2. *Conquanto caiba ao Judiciário velar pela legalidade dos atos administrativos, trata-se, na espécie, de juízo de conveniência e oportunidade da autarquia federal para administrar, de forma equânime e proporcional, os parcos recursos de que dispõe para dispêndios com a sinalização das rodovias federais de todo o Brasil.* 3. Questões atinentes ao mérito da controvérsia só encontram espaço nas vias ordinárias. 4. Agravo improvido" (STJ - AgRg na STA nº 22/RS - Min. Nilson Naves - Corte Especial - *DJ*, 16.8.2004, p. 117).

em cargos públicos relevantes para a coletividade;[660] resultam em quebra do equilíbrio econômico-financeiro de importantes *contratos administrativos* firmados com a Administração Pública;[661] obstam a retomada da execução de *serviços públicos* pela Administração Pública,[662] impedem a ampliação de determinado

---

[660] "Agravo regimental em suspensão de liminar. Concursos da Polícia Federal. Reserva de vagas aos portadores de deficiência para os cargos de escrivão e perito. Publicação de edital retificador – Alteração no cronograma pré–estabelecido – Lesão à ordem pública administrativa. Questões de mérito da ação civil pública – Não cabimento. 1. A determinação para que se proceda à publicação de edital retificador, prevendo a reserva de vagas destinadas a portadores de deficiência para os cargos de Perito e Escrivão da Polícia Federal, *implica alteração do cronograma pré-estabelecido, com adiamento da nomeação e posse dos aprovados, suficiente a causar lesão à ordem pública administrativa, face ao retardo no preenchimento de cargos de extrema relevância à segurança pública.* 2. Não cabe na suspensão de liminar a apreciação de questões relacionadas ao mérito da ação principal, devendo o presidente limitar-se ao exame da alegada lesão a um ou mais dos bens públicos tutelados (ordem, saúde, segurança e/ou economia públicas). 3. Agravo Regimental não provido" (STJ - AgRg na SL n.º 122/RS - Min. Edson Vidigal - Corte Especial - *DJ*, 20.9.2004, p. 171).
"Suspensão de segurança (liminar). Concurso público para provimento de cargos de professores municipais. *Impedimento da realização da prova às vésperas da data marcada e do início do ano letivo.* Configurada grave lesão à ordem. Pedido deferido. Preliminar de não-cabimento rejeitada. Agravo regimental improvido. 1. "É da competência do Presidente do Superior Tribunal de Justiça apreciar eventual pedido de suspensão de segurança, mesmo pendente na origem julgamento de agravo regimental" (AgRgSS-927, Min. Nilson Naves, *DJ*, 20.5.2002). 2. *Há de se preservar o interesse público no confronto, de um lado, dos prejuízos iminentes para a administração municipal e para os alunos matriculados e, de outro, da irresignação, passível de correção ulterior, de interesse particular.* 3. Agravo improvido" (STJ - AgRg na SS n.º 1.169/SP; Min. Nilson Naves - Corte Especial - *DJ*, 9.12.2003, p. 192).

[661] "Agravo regimental. Suspensão de liminar. Ação civil pública. Lesão à ordem pública e econômica configurada. Insegurança jurídica e risco Brasil agravado. 1. No âmbito especial da suspensão liminar, cujos limites cognitivos prendem-se à verificação das hipóteses expressas na Lei n.º 8.437/92, art. 4.º, descabem alegações relativas às questões de fundo. 2. *Caracterizado o risco inverso, refletido no cenário de insegurança jurídica que pode se instalar com a manutenção da liminar, que, em princípio, admite a quebra do equilíbrio dos contratos firmados com o Poder Público, lesando a ordem pública administrativa e econômica e agravando o risco Brasil,* defere-se o pedido de suspensão. 3. Agravo regimental provido" (STJ - AgRg na SL n.º 57/DF - Min. Edson Vidigal - *DJ*, 6.9.2004, p. 152).

[662] "Agravo regimental em suspensão de segurança. Requisitos. Lei n.º 4.348/64, art. 4.º. Lesão à ordem e saúde públicas configurada. Extinção do contrato de concessão. Decurso do prazo contratual. Abastecimento de água e esgoto. Retomada do serviço pelo poder público concedente. 1. Nos casos de Mandado de Segurança, quando indeferido o pedido originário de suspensão em segundo grau, o novo pedido de suspensão, em se tratando de matéria infraconstitucional, pode ser requerido ao STJ, como na exata hipótese dos autos (Lei n.º 4.348/64, art. 4.º, §1.º). 2. A suspensão de liminar, como medida de natureza excepcionalíssima que é, somente deve ser deferida quando demonstrada a possibilidade real de que a decisão questionada cause conseqüências graves e desastrosas a pelo menos um dos valores tutelados pela norma de regência: ordem, saúde, segurança e economia públicas (Lei n.º 4.348/64, art. 4.º). 3. *Extinto o contrato de concessão — destinado ao abastecimento de água e esgoto do Município — por decurso do prazo de vigência, cabe ao Poder Público a retomada imediata da prestação do serviço, até a realização de nova licitação, a fim de assegurar a plena observância do princípio da continuidade do serviço público* (Lei n.º 8.987/95). A efetividade do direito à indenização da concessionária, caso devida, deve ser

serviço público[663] ou causam risco à manutenção de sua regular prestação;[664] invalidam exigências dispostas em edital de *licitação pública* apostos para o atendimento de interesses públicos[665] ou

---

garantida nas vias ordinárias. 4. Com a demonstração do risco de dano alegado, impõe-se a manutenção da suspensão concedida. 5. Agravo Regimental não provido" (STJ - AgRg na SS nº 1.307/PR - Min. Edson Vidigal - Corte Especial - *DJ*, 6.12.2004, p. 175).

"Pedido de suspensão (deferimento). Agravo regimental (cabimento). *Assunção dos serviços de água e esgoto pela municipalidade (precedente).* Lesão à ordem e à saúde públicas (art. 4º da Lei nº 8.437/92). Interesse público. 1 - A decisão suspensa, ao impedir que a municipalidade exerça, em sua plenitude, o direito consagrado por norma legal e constitucional como poder concedente que é, possui potencial suficiente para causar grave lesão à economia e à ordem públicas. 2 - Agravo improvido (STJ - AgRg na SS nº 1.072/GO; Min. Nilson Naves - Corte Especial - *DJ*, 29.9.2003, p. 133).

[663] "Suspensão de liminar (deferimento). Agravo regimental (cabimento). Lesão à ordem e à economia públicas (art. 4º da Lei nº 8.437/92). Interesse privado se sobrepondo ao interesse público. Agravo improvido. 1 - Na espécie, a decisão suspensa tinha potencial para causar lesão à ordem e à economia públicas, porquanto *impedia a instalação de nova linha de transmissão destinada ao abastecimento da área metropolitana da cidade de Recife.* 2 - O interesse público não pode ficar sob o jugo de interesses privados, pois eventuais prejuízos podem ser reparados pelos meios próprios. 3 - Agravo improvido" (STJ - AgRg na SL nº 45/PE - Min. Nilson Naves - Corte Especial - *DJ*, 29.3.2004, p. 162).

[664] "Suspensão de tutela antecipada (deferimento). Agravo regimental (cabimento). Matéria infraconstitucional. Presidente do Superior Tribunal (competência). Itaipu Binacional (legitimidade). Lesão à ordem e à economia públicas (art. 4º da Lei nº 8.437/92). Interesse público. 1. Estando a discussão situada no âmbito de matéria estritamente infraconstitucional, é esta Presidência competente para apreciar o pedido de suspensão (art. 25 da Lei nº 8.038/90). 2. Itaipu Binacional — empresa pública binacional — é parte legítima para postular o pedido de suspensão de acordo com precedente deste Superior Tribunal (REsp nº 50.284-5, *DJ*, 12.6.2000. Rel. Min. Peçanha Martins). 3. *A conservação da decisão suspensa tinha potencial para causar colapso no sistema elétrico paraguaio, o que causaria sérios riscos à economia e à ordem públicas, visto que o Paraguai exporta todo o excedente produzido na Hidroelétrica de Itaipu para o Brasil.* 4. A manutenção da suspensão visa ao atendimento do interesse público, ainda mais quando vivemos constantemente sob o risco de apagões e racionamento de energia elétrica. 5. Agravo improvido" (STJ - AgRg na PET nº 1.495/PR - Min. Nilson Naves - Corte Especial - *DJ*, 09.12.2003, p. 193)

"*Transferência de professores da zona rural para a urbana.* Grave lesão à ordem pública. Suspensão de segurança deferida. Agravo regimental improvido" (STJ - AgRg na SS nº 1.077/BA - Min. Nilson Naves - Corte Especial - *DJ*, 14.4.2003, p. 164).

[665] "Suspensão de liminar. Lei nº 4.348/64, art. 4º. Agravo interno. Competência do Presidente do Superior Tribunal de Justiça. Potencial de grave lesão à saúde e à ordem pública administrativa configurada. 1. Tratando-se de causa fundada em matéria infraconstitucional, compete o Presidente do Superior Tribunal de Justiça para apreciar o pedido de suspensão de liminar concedida, em Mandado de Segurança, por Desembargadora Relatora no Tribunal de Justiça do Estado, Lei nº 4.348/64, art. 4º e Lei nº 8.038/90, art. 25. 2. *Justifica-se a exigência, em edital de licitação, de disponibilização do aparelhamento e da equipe técnica no momento da contratação, na localidade onde serão realizados os programas que o Estado pretende divulgar através dos serviços da empresa vencedora.* 3. Presentes os pressupostos ensejadores da medida drástica, a ocorrência de manifesto interesse público a tocar, com carga de lesividade grave, qualquer um dos valores protegidos pela norma regente, no caso a ordem pública administrativa, impõe-se deferir o pedido de suspensão feito pelo Estado. 4. Agravo da empresa não provido" (STJ - AgRg na SS nº 1.397/MA - Min. Edson Vidigal - Corte Especial - *DJ*, 6.12.2004, p. 177).

318 | Isabel Cecília de Oliveira Bezerra

determinam a suspensão de *licitação pública*;[666] impedem a Administração Pública de efetivar a *publicidade* dos seus atos administrativos;[667] obstam a atuação *regulamentadora* e *fiscalizadora* da Administração Pública na prestação de serviços privados de saúde complementar;[668] asseguram à determinados *servidores públicos*

---

[666] "Agravo regimental – *Tutela antecipada para suspender licitação* – Concessionária de serviço público – Legitimidade ativa – Pedido de suspensão – Deferimento – Lesão à ordem e à economia públicas configurada – Manutenção. 1. As entidades de direito privado no exercício de atividade delegada da Administração Pública e em defesa do interesse público têm legitimidade para requerer suspensão de liminar nos termos da Lei nº 8.437/92, art. 4º e Lei nº 4.384/64, conforme precedentes do Supremo Tribunal Federal e desta Corte. 2. Há lesão a ordem pública, aqui compreendida a ordem administrativa, quando a decisão atacada interfere no critério de conveniência e oportunidade do ato administrativo impugnado. 3. Estando evidente o risco de lesão a pelo menos um dos bens jurídicos tutelados pela norma de regência é de ser deferida a suspensão de liminar. 4. Agravo Regimental não provido" (STJ - AgRg na STA nº 66/MA - Min. Edson Vidigal - Corte Especial - *DJ*, 6.12.2004, p. 171).

[667] "Agravo regimental – Ação civil publica – Tutela antecipada para suspender contrato de publicidade – Pedido de suspensão – Deferimento – Lesão à ordem e à saúde públicas configurada – Pedido de extinção – Inexistência de trânsito em julgado da decisão proferida na ação principal – Reconsideração – Manutenção da suspensão. 1. Não cabe examinar, o pedido de suspensão de liminar, as questões de fundo envolvidas na lide, tampouco se analisa erro de julgamento ou de procedimento, que devem ser discutidos nas vias ordinárias recursais. 2. Não tendo se operado o trânsito em julgado da decisão que apreciou o mérito da questão na instância ordinária, não há que se falar em perda de eficácia de suspensão já deferida. 3. *Estando a Administração obrigada a dar publicidade a seus atos, configura lesão à ordem pública, compreendida na ordem administrativa, decisão que inviabiliza os serviços de publicidade obrigatórios, tais como publicação de editais de licitação, avisos, notificações, convocações para audiências públicas, etc.* 4. Há manifesto risco à saúde pública quando, por força de decisão concessiva de tutela antecipada, resta obstaculizada a informação à população sobre paralisação de obras em Hospitais, suspensão de aquisição de medicamentos pela administração e importância da vacinação como instrumento de erradicação de doenças. 5. Não tendo sido infirmados os requisitos ensejadores da suspensão, é de ser mantida a mesma, para evitar lesão aos bens jurídicos tutelados pela norma de regência. 6. Agravo Regimental não provido" (STJ - AgRg na STA 29/DF - Min. Edson Vidigal - Corte Especial - *DJ*, 6.12.2004, p. 180).

[668] "Agravo regimental – Suspensão de liminar em ação civil pública – Deferimento – Planos de saúde – Programa de Incentivo à Adaptação de Contratos – Pedido de suspensão – Deferimento – Interesse público e grave lesão à ordem e à economia públicas configurados. 1. *Configurada lesão à ordem pública porque ao suspender não apenas a propaganda institucional, mas todo o PIAC – Programa de Incentivo à Adaptação de Contratos, instituído em cumprimento do que determina a Lei nº 10.850/04, a liminar atacada privou os consumidores da atuação regulamentadora da ANS quanto à aferição e fiscalização do cumprimento, pelas operadoras, das providências necessárias à adaptação e migração dos contratos não abrangidos pela Lei nº 9.656/98.* 2. Não é razoável a obstrução de um Programa desenvolvido a nível nacional com o objetivo de estender as garantias dadas pela Lei nº 9.656/98 aos milhões de usuários de planos de saúde, apenas por suposta irregularidade na atuação de duas operadoras de planos de saúde. 3. A suspensão abrupta do PIAC a nível nacional implica desperdício dos recursos públicos já despendidos na execução do Programa, configurando lesão à economia pública. 4. Na via excepcional da suspensão não se examina erro de julgamento ou de procedimento, devendo o Presidente ater-se à potencialidade lesiva do ato decisório atacado. 5. Não infirmados os motivos autorizadores da medida, deve ser mantida a suspensão, notadamente porque inegável a ofensa aos bens jurídicos protegidos pela norma de regência. 6. Agravo regimental não provido" (STJ - AgRG na SL nº 121/PE - Min. Edson Vidigal - Corte Especial - *DJ*, 6.12.2004, p. 173).

a concessão de elevados *reajustes remuneratórios,* mediante provimento jurisdicional antecipatório juridicamente indevido na espécie;[669] inviabilizam *desapropriação* de propriedade privada pela Administração Pública, para fins de reforma agrária;[670] impõem obstáculos às *atividades institucionais* de órgãos do Ministério Público[671] ou do Poder Legislativo;[672] neutralizam o *poder disciplinar* da Administração Pública.[673]

---

[669] "Agravo regimental. Juízes classistas da justiça do trabalho. Reajuste de proventos e pensões. Majoração dada pela Lei nº 10.474/00 à magistratura da União. Suspensão de tutela antecipada. Requisitos. Lesão aos valores tutelados pela Lei nº 8.437/92 demonstrada. Efeito multiplicador. 1. Exauridas todas as vias recursais no Tribunal de origem, revela-se cabível o pedido originário de suspensão perante o Superior Tribunal de Justiça, afigurando-se, no caso, como condição de procedibilidade do pleito o anterior julgamento, pela Corte local, do Agravo Regimental ou do Agravo de Instrumento lá interposto, conforme ocorreu no caso dos autos, a teor da Lei nº 8.437/92, art. 4º, §5º (acrescido pela MP nº 2.180-35/2001). 2. A suspensão de tutela antecipada, como medida de natureza excepcionalíssima, somente deve ser deferida quando demonstrada a possibilidade real de que a decisão questionada cause conseqüências graves e desastrosas a pelo menos um dos bens tutelados pela Lei nº 8.437/92, art. 4º: ordem, saúde, segurança e economia públicas. 3. *O provimento, consubstanciado na ordem de pagamento de reajustes de proventos e pensões de Juízes classistas, estendendo a eles os efeitos da majoração conferida pela Lei nº 10.474/00 à magistratura da União, é daqueles que não pode ser antecipado, a teor do decidido pelo Plenário da Suprema Corte, no julgamento da ADC-4/DF.* 4. *Há fundado risco de lesão à ordem pública, nesta compreendida a administrativa, particularmente quando considerado o real efeito multiplicador de inúmeras questões análogas, fundadas em argumentos lastreados em cognição sumária e ainda submetidas à solução definitiva nas instâncias ordinárias, aqui evidenciado na apresentação de ações idênticas perante esta Presidência, como a STA 62-PE.* 5. Somado a isso, o reajuste a 56 Juízes classistas aposentados e pensionistas, sendo que, na STA 62-PE, são mais 80 beneficiados com a antecipação de tutela, implica em considerável desembolso mensal pela União, antes mesmo que definitivamente julgadas tais ações, a configurar concreto risco de lesão à economia pública. 6. Com a demonstração do risco de dano alegado, impõe-se a manutenção da suspensão da tutela antecipada contra a União. 7. Agravo Regimental não provido" (STJ - AgRg na STA nº 61/CE - Min. Edson Vidigal - Corte Especial - *DJ*, 6.12.2004, p. 171).

[670] "Administrativo. Intervenção do Estado na propriedade. Desapropriação. Reforma agrária. Suspensão de liminar deferida. Agravo regimental. 1. *Ofende a ordem pública a decisão que irregularmente inviabiliza o pleno exercício de atribuição legal de Autarquia, obstruindo, assim, o próprio poder de polícia da Administração.* 2. Agravo Regimental não provido" (STJ - AgRg na SL nº 48/PE - Min. Edson Vidigal - Corte Especial - *DJ*, 20.9.2004, p. 170).

[671] Administrativo e processual civil. Inquérito civil. Atuação do ministério público. Obstáculos. Suspensão de segurança. Legitimidade para propositura. Competência e requisitos. Agravo regimental. 1. Concedida a liminar, a respectiva suspensão compete ao Presidente do Tribunal ao qual couber o respectivo recurso (Lei nº 4.348/64, art. 4º). Competência da Presidência do Superior Tribunal de Justiça para decidir pedido de suspensão de decisão de Desembargador Federal, membro do Tribunal Regional Federal da 2ª Região que se reconhece e declara. 2. As funções do Ministério Público Federal junto ao Superior Tribunal de Justiça são exercidas por titular do cargo de Subprocurador-Geral da República (LC 75/93, art. 47, §1º), não lhes faltando, pois, competência ou legitimidade

320 | Isabel Cecília de Oliveira Bezerra

Da análise da legislação, da doutrina e da jurisprudência acima expostos, pode-se formular algumas conclusões sobre o que se deve compreender por *ordem pública*:

a) a *ordem pública* pode ser concebida como uma *situação fática de normalidade* vigente numa sociedade, estabelecida ou buscada para fins de *conservação da convivência harmoniosa das relações* que nela se estabelecem, e implementada mediante a *observância das normas legais, morais e consuetudinárias* pelos seus diversos membros;

b) a *ordem pública* representa um *bem público de fundamental importância para a sociedade*, cuja manutenção deve ser priorizada mesmo diante do *sacrifício de interesses individuais* ou de *outros interesses públicos de menor relevância*;

c) a *ordem pública*, nos dias atuais, justifica todas as *atividades de intervenção do Estado* na liberdade e na propriedade dos indivíduos.

---

para aqui requerer a drástica medida de suspensão. 3. A simples alegação de que extenso o lapso temporal decorrido entre a decisão que confirmou a liminar e o efetivo pedido de suspensão não afasta, por si só, os pressupostos justificadores da medida, quando verificado que a decisão impugnada se prolonga no tempo, continuando a implicar lesão aos valores sociais tutelados pela norma específica. 4. *A imposição de obstáculos à atividade institucional do Ministério Público ameaça a ordem administrativa e, via desta, a ordem pública, especialmente quando ordenada em sede de cognição sumária, passível de reforma quando do exame definitivo da demanda.* 5. A via da suspensão não se presta à discussão de fatos e provas, afetos às instâncias ordinárias. 6. Agravo Regimental não provido (STJ - AgRg na SS nº 1.045/RJ - Min. Edson Vidigal - Corte Especial - *DJ*, 30.8.2004, p. 194).

[672] "Suspensão de segurança. Agravo regimental. 1. Manifesta a legitimidade ativa de Câmara Municipal, devidamente representada por seu presidente, para requerer suspensão de liminar concedida em *mandamus*, no qual se controverte sobre a realização de consulta plebiscitária. 2. *Preservação do critério da conveniência política, ínsito ao Poder Legislativo, sobre o qual, nesse aspecto, descabe controle judicial, porquanto nele recai a exclusiva titularidade da legitimação para inaugurar o procedimento emancipatório da entidade municipal.* 3. Situação que configura grave lesão a ordem publica, assim considerada no seu conceito mais amplo. 4. Agravo regimental desprovido" (STJ - AgRg na SS nº 413/GO - Min. Bueno de Souza - Corte Especial - *DJ*, 14.4.1997, p. 12.673).

[673] "Mandado de segurança. Liminar. Suspensão. Hipótese em que a providencia acautelatória *inibe o poder executivo de apurar, em processo regular, falta disciplinar praticada por servidor publico*, configurando grave perturbação da *ordem administrativa*. Agravo a que se nega provimento" (STJ - AGSS nº 49/BA - Min. Antônio Torreão Braz - *DJ*, 6.5.1991, p. 05635).

A violação da ordem pública, em sonância com a jurisprudência do Supremo Tribunal Federal e do Superior Tribunal de Justiça, pode decorrer:

1. de malferimento à *ordem jurídica*, quando não observadas as principais normas legais constitucionais ou infraconstitucionais estabelecidas com vistas à manutenção da ordem pública;

2. de malferimento à *ordem administrativa*, quando obstruído o regular desenvolvimento das diversas atividades administrativas, ou quando impedida "a *normal execução do serviço público, o regular andamento das obras públicas, o devido exercício das funções da Administração pelas autoridades constituídas*";[674]

3. de *malferimento à ordem moral ou consuetudinária*, quando não observadas as normas morais ou costumeiras de maior relevância para a sociedade, cuja violação seja amplamente repudiada no meio social por sua capacidade de alterar a convivência harmoniosa dos membros da sociedade ou a normalidade das relações.

Consoante visto, *a lesão à ordem pública pode decorrer de malferimento à ordem jurídica ou à ordem administrativa*. Mas deve ser esclarecido que *nem todas as lesões à ordem jurídica ou à ordem administrativa autorizam a suspensão dos efeitos normais da execução de tutelas jurisdicionais*, mas somente aquelas capazes de *atingir a normalidade do convívio social*, aquelas capazes de *perturbar a paz necessária para a manutenção da convivência harmoniosa das relações sociais*, aquelas de tão importante monta, que dela resulte grave lesão à ordem pública. *Grave lesão à ordem pública, portanto, não pode ser confundida com grave lesão à ordem jurídica ou à ordem administrativa*. E neste sentido corretamente manifestou-se o Superior Tribunal de Justiça, ao apreciar o Agravo Regimental na Suspensão de Segurança nº 1.358/AL (*DJ*, 6.12.2004, p. 176), sob a relatoria do Min. Edson Vidigal: "a ordem pública a que se refere a Lei nº 4.348/64, art. 4º, *não abrange a ordem jurídica*, porquanto

---

[674] TFR - SS nº 4.405/SP - Min. José Néri da Silveira - *DJ*, 7.12.1979, p. 9.221.

a via não permite a apreciação de questões que dizem respeito a juridicidade ou antijuridicidade da liminar ou da sentença que se busca suspender".[675]

Não se pode negar, contudo, que *a ordem jurídica possa ser preservada* com o instituto em análise; mas deve-se observar que *esta preservação, quando presente, se verifica de modo acidental,* posto que o objetivo da suspensão dos efeitos da execução de tutelas jurisdicionais não é a proteção da ordem jurídica, mas a proteção da ordem pública e de outros relevantes interesses públicos descritos pelas normas de regência ou àqueles assemelhados. E, a propósito, deve-se recordar que a injuridicidade do conteúdo da decisão judicial impugnada não constitui pressuposto para a acolhida do pedido de suspensão, que o instituto não possui natureza jurídica de recurso ou de sucedâneo recursal, e que *a preservação da ordem jurídica em juízo se efetiva pelos meios processuais ordinários legalmente previstos.*

Neste sentido, não se entende por correta a lição de Othon Sidou, quando o mesmo afirma que o conceito clássico de ordem pública evoluiu para permitir que a própria ordem jurídica fosse protegida de vulnerações, posto que, segundo o autor, há "casos em que, se o concedimento da medida liminar afasta a ineficácia futura da garantia, cria-se, em contraposição, dano irreparável à outra parte, *sem que seriamente se configure como lesão à ordem, à saúde, à segurança ou à economia pública*";[676] de Ana Luísa Celino Coutinho, quando a mesma, ao estudar o conceito de ordem pública, assevera que "a decisão arbitrária do juiz é contrária ao interesse público", "que *uma decisão judicial* (liminar ou sentença) *que não tem fundamento legal fere a ordem pública* e por isso dá ensejo à

---

[675] "Agravo regimental em suspensão de segurança. Concurso público da Polícia Civil. Cargo de Agente de Polícia. Vaga para deficiente. Alegação de lesão à ordem e à economia públicas – não demonstrada – Lesão à ordem jurídica – Impossibilidade de exame na suspensão. Efeito multiplicador – Não caracterizado. 1. Alegação de lesão à ordem e à economia públicas não demonstrada. 2. A via suspensiva não se presta ao reexame do provimento liminar, não se constituindo em sucedâneo recursal. 3. *A ordem pública a que se refere a Lei 4.348/64, art. 4º, não abrange a ordem jurídica, porquanto a via não permite a apreciação de questões que dizem respeito a juridicidade ou antijuridicidade da liminar ou da sentença que se busca suspender.* 4. Efeito multiplicador não caracterizado. Alegação desacompanhada de elementos de lhe dêem suporte. 5. Agravo Regimental não provido" (STJ - AgRg na SS nº 1.358/AL - Min. Edson Vidigal - *DJ*, 6.12.2004, p. 176).

[676] SIDOU. *Do mandado de segurança*, p. 455.

sua suspensão" e que "a lesão à ordem pública ocorre ao confrontar a decisão judicial com o próprio ordenamento jurídico"; de Aristoteles Atheniense, quando o mesmo defende que "o juiz, na condição de intérprete da lei, está submetido à sua obediência, não podendo arvorar-se em legislador. Se, no entanto, atrever-se a assumir essa posição, inconciliável com a sua missão social, a sua conduta constitui uma *violação da ordem pública*, capaz de justificar a suspensão da liminar outorgada". Isto porque o malferimento da ordem jurídica pode ou não resultar em lesão à ordem pública; mas somente quando resultar em lesão à ordem pública autoriza a acolhida do pedido suspensivo; quando não, à disposição do Poder Públicos restarão os meios processuais ordinários. Neste sentido, muito bem observa Ellen Gracie Northfleet que:

> (...) freqüentemente é invocado o risco de lesão à ordem jurídica que se insere no conceito de lesão à ordem pública. Aqui a questão que se coloca é a de saber se tal lesão efetivamente pode ser incluída no permissivo legal, pois, a rigor de lógica, qualquer decisão equivocada causa agravo à ordem jurídica. No entanto, como tantas vezes aqui se repetiu, *a suspensão não é sede revisional*. A própria Lei nº 8.437/92, quando fala em "flagrante ilegitimidade", propicia a dúvida quanto à virtualidade de utilização do pedido de suspensão para correção de erro da decisão da instância inferior. E, em certos caso, onde evidente a teratologia, assim se tem feito. *Não é essa, porém, a regra*. Em muitos casos, onde *primo oculi* evidente o equívoco em que incidiu o prolator da decisão atacada, porque ausentes as circunstâncias especialíssimas ensejadoras da suspensão, têm as Presidências recusado o deferimento, *confiando a correção do erro às instâncias revisoras*. É, a meu sentir, o procedimento correto, a ser adotado como regra. *Tal regra pode ser excepcionada nas hipóteses em que a provável delonga entre a entrada em vigor da decisão e sua provável correção na via do recurso possa causar danos graves e de impossível recomposição aos bens superiormente tutelados.*[677]

Do mesmo modo que se assevera que a suspensão dos efeitos da execução de tutelas jurisdicionais não se presta para preservação da ordem jurídica em juízo, embora, como dito, isto possa efetivar-se acidentalmente, também se assevera que a mesma também não se presta para o *controle incidental da constitucionalidade das*

---

[677] NORTHFLEET. Suspensão de sentença e de liminar. *Revista do Instituto dos Advogados de São Paulo – Nova Série*, p. 176.

normas, como bem destacou o Superior Tribunal de Justiça, ao analisar o Agravo Regimental na Petição nº 2.175/RJ (*DJ*, 6.12.2004, p. 180), sob a relatoria do Ministro Edson Vidigal: "não permitem a argüição incidental de inconstitucionalidade os elementos de individualização da *suspensão* de liminar ou de segurança, onde não há necessidade de apreciação da constitucionalidade de qualquer legislação correlata ao caso".[678]

8.2.2 Saúde pública

Segundo a legislação de regência das diversas modalidades de suspensão estudadas, o deferimento do pedido formulado pelo Poder Público pode efetivar-se para que seja evitado ou sustado grave dano à *saúde pública*, que também representa um *bem público de fundamental importância para a sociedade*, cuja manutenção deve ser priorizada mesmo diante do *sacrifício de interesses individuais* ou de *outros interesses públicos de importância menor*.

Embora o termo *saúde pública* também se enquadre naqueles conceitos jurídicos ditos indeterminados, a imprecisão do seu conteúdo se evidencia de modo menos aparente do que se verifica relativamente à ordem pública: assegurar a saúde pública, sem grandes desvios, nada mais representa do que assegurar a *vida* e a *incolumidade dos seres humanos* integrantes de uma sociedade.

O ordenamento jurídico brasileiro, em diversas ocasiões, confere *especial proteção à saúde pública*:

a) A *Constituição Federal Brasileira* de 1988, além de inserir o direito à *saúde* no rol dos *direitos sociais*, ressaltou ser a *saúde direito de todos e dever do Estado*, garantido

---

[678] "Suspensão de acórdão. Impossibilidade de sua utilização como sucedâneo recursal. Agravo regimental. Argüição de inconstitucionalidade do CPP, art. 84, §2º. Impossibilidade em suspensão de liminar ou de acórdão. 1. O instituto da suspensão de liminar, previsto na Lei nº 8.437/92, art. 4º, não pode ser utilizado como sucedâneo recursal, sendo também imprestável para conferir efeito suspensivo a Recurso Especial. Excepcionalidade da medida de contracautela (Lei nº 4.348/64, art. 4º e Lei nº 8.437/92, art. 4º). 2. *Não permitem a argüição incidental de inconstitucionalidade os elementos de individualização da suspensão de liminar ou de segurança, onde não há necessidade de apreciação da constitucionalidade de qualquer legislação correlata ao caso*. 3. Agravo desprovido" (STJ - AgRg na PET nº 2.175/RJ - Min. Edson Vidigal - Corte Especial - *DJ*, 6.12.2004, p. 180).

mediante políticas sociais e econômicas com vistas à redução do risco de doença e de outros agravos, e ao acesso universal e igualitário às ações e serviços para sua promoção, proteção e recuperação. Para assegurar o direito à saúde, dispôs sobre a *competência administrativa* dos diversos entes de direito público, considerou *relevantes as ações e os serviços de saúde*, implementou o *Sistema Único de Saúde* para a prestação de *serviços públicos de saúde à população* e para a adoção de outras providências administrativas com vistas à manutenção da saúde pública (controle e fiscalização de procedimentos, produtos e substâncias; participação na produção de medicamentos, equipamentos, imunobiológicos, hemoderivados e outros insumos; ações de vigilância sanitária e epidemiológica; saneamento básico; desenvolvimento científico e tecnológico; fiscalização e inspeção de alimentos, bebidas e águas para consumo humano; controle e fiscalização da produção, transporte, guarda e utilização de substâncias e produtos psicoativos, tóxicos e radioativos; proteção do meio ambiente), e estabeleceu ainda a origem e o montante dos *recursos necessários para o seu financiamento*;

b) O *Código Penal Brasileiro* (Decreto-Lei nº 2.848/40), em diversos dos seus dispositivos, estabelece severas penas pelo cometimento de crimes contra a *saúde pública*;[679]

---

[679] O Código Penal Brasileiro, em seu art. 267, prevê punição penal para aquele que causar *epidemia*, mediante a *propagação de germes patogênicos*; em seu 268, para aquele que *infringir determinação do Poder Público*, destinada a impedir introdução ou propagação de doença contagiosa; em seu art. 269, para aquele médico que se omite no seu dever de denunciar à autoridade pública doença cuja notificação seja compulsória; em seu art. 270, para quem *envenenar água potável*, de uso comum ou particular, ou *substância alimentícia ou medicinal destinada a consumo*; em seu art. 271, contra quem *corrompe ou polui água potável*, de uso comum ou particular, tornando-a imprópria para consumo ou nociva à saúde; em seu art. 272, contra quem *corrompe, adultera, falsifica ou altera substância ou produtos alimentícios* destinado a consumo, tornando-o nocivo à saúde ou reduzindo-lhe o valor nutritivo; em seu art. 273, para quem *falsifica, corrompe, adultera ou altera produto destinado a fins terapêuticos ou medicinais*, dentre os quais medicamentos, matérias-primas, insumos farmacêuticos, cosméticos, saneantes e de uso em diagnóstico; em seu art. 274, para quem *emprega, no fabrico de produto destinado a consumo, revestimento, gaseificação artificial, matéria corante, substância aromática, antisséptica, conservadora ou qualquer outra não expressamente permitida pela legislação sanitária*; em seu art. 275, para quem inculca em invólucro ou recipiente de produtos alimentícios, terapêuticos ou medicinais, a existência de substância que não se

c) A *Lei nº 8.080/90*, a *Lei Orgânica da Saúde*, dispõe sobre as condições para a promoção, proteção e recuperação da saúde, a organização e o funcionamento dos serviços correspondentes;[680] e

encontra em seu conteúdo ou que nele existe em quantidade menor que a mencionada; em seu art. 276, contra quem vende, expõe à venda, tem em depósito para vender ou, de qualquer forma, entrega a consumo produto nas condições dos artigos 274 e 275; em seu art. 277, para quem vende, expõe à venda, tem em depósito ou cede substância destinada à *falsificação de produtos alimentícios, terapêuticos ou medicinais*; em seu art. 277, contra quem vende, expõe à venda, tem em depósito ou cede substância destinada à falsificação de produto alimentício ou medicinal; em seu 278, contra quem fabrica, vende, expõe à venda, tem em depósito para vender ou, de qualquer forma, entrega a consumo coisa ou *substância nociva à saúde*, ainda que não destinada à alimentação ou a fim medicinal; em seu art. 280, contra quem *fornece substância medicinal em desacordo com receita médica*; em seu art. 282, para aquele que *exerce, ainda que a título gratuito, a profissão de médico, dentista ou farmacêutico, sem autorização legal ou excedendo-lhe os limites*; em seu art. 283, quem *inculca ou anuncia cura por meio secreto ou infalível*; em seu art. 284, para aquele que *exerce o curandeirismo*, prescrevendo, ministrando ou aplicando, habitualmente, qualquer substância, usando gestos, palavras ou qualquer outro meio, ou ainda fazendo diagnósticos.

[680] "Art. 2º. *A saúde é um direito fundamental do ser humano, devendo o Estado prover as condições indispensáveis ao seu pleno exercício*. §1º O dever do Estado de garantir a saúde consiste na formulação e execução de políticas econômicas e sociais que visem à redução de riscos de doenças e de outros agravos e no estabelecimento de condições que assegurem acesso universal e igualitário às ações e aos serviços para a sua promoção, proteção e recuperação. §2º O dever do Estado não exclui o das pessoas, da família, das empresas e da sociedade. Art. 3º. A saúde tem como fatores determinantes e condicionantes, entre outros, a alimentação, a moradia, o saneamento básico, o meio ambiente, o trabalho, a renda, a educação, o transporte, o lazer e o acesso aos bens e serviços essenciais; os níveis de saúde da população expressam a organização social e econômica do País. Parágrafo único. Dizem respeito também à saúde as ações que, por força do disposto no artigo anterior, se destinam a garantir às pessoas e à coletividade condições de bem-estar físico, mental e social. Art. 4º. O conjunto de ações e serviços de saúde, prestados por órgãos e instituições públicas federais, estaduais e municipais, da Administração direta e indireta e das fundações mantidas pelo Poder Público, constitui o Sistema Único de Saúde (SUS). §1º Estão incluídas no disposto neste artigo as instituições públicas federais, estaduais e municipais de controle de qualidade, pesquisa e produção de insumos, medicamentos, inclusive de sangue e hemoderivados, e de equipamentos para saúde. §2º A iniciativa privada poderá participar do Sistema Único de Saúde (SUS), em caráter complementar. Art. 5º. São objetivos do Sistema Único de Saúde SUS: I - a identificação e divulgação dos fatores condicionantes e determinantes da saúde; II - a formulação de política de saúde destinada a promover, nos campos econômico e social, a observância do disposto no §1º do art. 2º desta lei; III - a assistência às pessoas por intermédio de ações de promoção, proteção e recuperação da saúde, com a realização integrada das ações assistenciais e das atividades preventivas. Art. 6º. Estão incluídas ainda no campo de atuação do Sistema Único de Saúde (SUS): I - a execução de ações: a) de vigilância sanitária; b) de vigilância epidemiológica; c) de saúde do trabalhador; e d) de assistência terapêutica integral, inclusive farmacêutica; II - a participação na formulação da política e na execução de ações de saneamento básico; III - a ordenação da formação de recursos humanos na área de saúde; IV - a vigilância nutricional e a orientação alimentar; V - a colaboração na proteção do meio ambiente, nele compreendido o do trabalho; VI - a formulação da política de medicamentos, equipamentos, imunobiológicos e outros insumos de interesse para a saúde e a participação na sua produção; VII - o controle e a fiscalização de serviços, produtos e substâncias de interesse para a saúde; VIII - a

Suspensão de Tutelas Jurisdicionais contra o Poder Público | 327

fiscalização e a inspeção de alimentos, água e bebidas para consumo humano; IX - a participação no controle e na fiscalização da produção, transporte, guarda e utilização de substâncias e produtos psicoativos, tóxicos e radioativos; X - o incremento, em sua área de atuação, do desenvolvimento científico e tecnológico; XI - a formulação e execução da política de sangue e seus derivados. §1º Entende-se por vigilância sanitária um conjunto de ações capaz de eliminar, diminuir ou prevenir riscos à saúde e de intervir nos problemas sanitários decorrentes do meio ambiente, da produção e circulação de bens e da prestação de serviços de interesse da saúde, abrangendo: I - o controle de bens de consumo que, direta ou indiretamente, se relacionem com a saúde, compreendidas todas as etapas e processos, da produção ao consumo; e II - o controle da prestação de serviços que se relacionam direta ou indiretamente com a saúde. §2º Entende-se por vigilância epidemiológica um conjunto de ações que proporcionam o conhecimento, a detecção ou prevenção de qualquer mudança nos fatores determinantes e condicionantes de saúde individual ou coletiva, com a finalidade de recomendar e adotar as medidas de prevenção e controle das doenças ou agravos. §3º Entende-se por saúde do trabalhador, para fins desta lei, um conjunto de atividades que se destina, através das ações de vigilância epidemiológica e vigilância sanitária, à promoção e proteção da saúde dos trabalhadores, assim como visa à recuperação e reabilitação da saúde dos trabalhadores submetidos aos riscos e agravos advindos das condições de trabalho, abrangendo: I - assistência ao trabalhador vítima de acidentes de trabalho ou portador de doença profissional e do trabalho; II - participação, no âmbito de competência do Sistema Único de Saúde (SUS), em estudos, pesquisas, avaliação e controle dos riscos e agravos potenciais à saúde existentes no processo de trabalho; III - participação, no âmbito de competência do Sistema Único de Saúde (SUS), da normatização, fiscalização e controle das condições de produção, extração, armazenamento, transporte, distribuição e manuseio de substâncias, de produtos, de máquinas e de equipamentos que apresentam riscos à saúde do trabalhador; IV - avaliação do impacto que as tecnologias provocam à saúde; V - informação ao trabalhador e à sua respectiva entidade sindical e às empresas sobre os riscos de acidentes de trabalho, doença profissional e do trabalho, bem como os resultados de fiscalizações, avaliações ambientais e exames de saúde, de admissão, periódicos e de demissão, respeitados os preceitos da ética profissional; VI - participação na normatização, fiscalização e controle dos serviços de saúde do trabalhador nas instituições e empresas públicas e privadas; VII - revisão periódica da listagem oficial de doenças originadas no processo de trabalho, tendo na sua elaboração a colaboração das entidades sindicais; e VIII - a garantia ao sindicato dos trabalhadores de requerer ao órgão competente a interdição de máquina, de setor de serviço ou de todo ambiente de trabalho, quando houver exposição a risco iminente para a vida ou saúde dos trabalhadores. Art. 7º. As ações e serviços públicos de saúde e os serviços privados contratados ou conveniados que integram o Sistema Único de Saúde (SUS), são desenvolvidos de acordo com as diretrizes previstas no art. 198 da Constituição Federal, obedecendo ainda aos seguintes princípios: I - universalidade de acesso aos serviços de saúde em todos os níveis de assistência; II - integralidade de assistência, entendida como conjunto articulado e contínuo das ações e serviços preventivos e curativos, individuais e coletivos, exigidos para cada caso em todos os níveis de complexidade do sistema; III - preservação da autonomia das pessoas na defesa de sua integridade física e moral; V - igualdade da assistência à saúde, sem preconceitos ou privilégios de qualquer espécie; V - direito à informação, às pessoas assistidas, sobre sua saúde; VI - divulgação de informações quanto ao potencial dos serviços de saúde e a sua utilização pelo usuário; VII - utilização da epidemiologia para o estabelecimento de prioridades, a alocação de recursos e a orientação programática; VIII - participação da comunidade; IX - descentralização político-administrativa, com direção única em cada esfera de governo: a) ênfase na descentralização dos serviços para os municípios; b) regionalização e hierarquização da rede de serviços de saúde; X - integração em nível executivo das ações de saúde, meio ambiente e saneamento básico; XI - conjugação dos recursos financeiros, tecnológicos, materiais e humanos da União, dos Estados, do Distrito Federal e dos Municípios na prestação de serviços de assistência à saúde da população; XII - capacidade de resolução dos serviços em todos os níveis de assistência; e XIII - organização dos serviços públicos de modo a evitar duplicidade de meios para fins idênticos. Art. 8º. As ações e serviços de saúde, executados pelo Sistema Único de Saúde (SUS), seja diretamente ou

328 | Isabel Cecília de Oliveira Bezerra

mediante participação complementar da iniciativa privada, serão organizados de forma regionalizada e hierarquizada em níveis de complexidade crescente. Art. 9º. A direção do Sistema Único de Saúde (SUS) é única, de acordo com o inc. I do art. 198 da Constituição Federal, sendo exercida em cada esfera de governo pelos seguintes órgãos: I - no âmbito da União, pelo Ministério da Saúde; II - no âmbito dos Estados e do Distrito Federal, pela respectiva Secretaria de Saúde ou órgão equivalente; e III - no âmbito dos Municípios, pela respectiva Secretaria de Saúde ou órgão equivalente. Art. 10. Os municípios poderão constituir consórcios para desenvolver em conjunto as ações e os serviços de saúde que lhes correspondam. §1º Aplica-se aos consórcios administrativos intermunicipais o princípio da direção única, e os respectivos atos constitutivos disporão sobre sua observância. §2º No nível municipal, o Sistema Único de Saúde (SUS), poderá organizar-se em distritos de forma a integrar e articular recursos, técnicas e práticas voltadas para a cobertura total das ações de saúde. Art. 11. (Vetado). Art. 12. Serão criadas comissões intersetoriais de âmbito nacional, subordinadas ao Conselho Nacional de Saúde, integradas pelos Ministérios e órgãos competentes e por entidades representativas da sociedade civil. Parágrafo único. As comissões intersetoriais terão a finalidade de articular políticas e programas de interesse para a saúde, cuja execução envolva áreas não compreendidas no âmbito do Sistema Único de Saúde (SUS). Art. 13. A articulação das políticas e programas, a cargo das comissões intersetoriais, abrangerá, em especial, as seguintes atividades: I - alimentação e nutrição; II - saneamento e meio ambiente; III - vigilância sanitária e farmacoepidemiologia; IV - recursos humanos; V - ciência e tecnologia; e VI - saúde do trabalhador. Art. 14. Deverão ser criadas Comissões Permanentes de integração entre os serviços de saúde e as instituições de ensino profissional e superior. Parágrafo único. Cada uma dessas comissões terá por finalidade propor prioridades, métodos e estratégias para a formação e educação continuada dos recursos humanos do Sistema Único de Saúde (SUS), na esfera correspondente, assim como em relação à pesquisa e à cooperação técnica entre essas instituições. Art. 15. A União, os Estados, o Distrito Federal e os Municípios exercerão, em seu âmbito administrativo, as seguintes atribuições: I - definição das instâncias e mecanismos de controle, avaliação e de fiscalização das ações e serviços de saúde; II - administração dos recursos orçamentários e financeiros destinados, em cada ano, à saúde; III - acompanhamento, avaliação e divulgação do nível de saúde da população e das condições ambientais; IV - organização e coordenação do sistema de informação de saúde; V - elaboração de normas técnicas e estabelecimento de padrões de qualidade e parâmetros de custos que caracterizam a assistência à saúde; VI - elaboração de normas técnicas e estabelecimento de padrões de qualidade para promoção da saúde do trabalhador; VII - participação de formulação da política e da execução das ações de saneamento básico e colaboração na proteção e recuperação do meio ambiente; VIII - elaboração e atualização periódica do plano de saúde; IX - participação na formulação e na execução da política de formação e desenvolvimento de recursos humanos para a saúde; X - elaboração da proposta orçamentária do Sistema Único de Saúde (SUS), de conformidade com o plano de saúde; XI - elaboração de normas para regular as atividades de serviços privados de saúde, tendo em vista a sua relevância pública; XII - realização de operações externas de natureza financeira de interesse da saúde, autorizadas pelo Senado Federal; XIII - para atendimento de necessidades coletivas, urgentes e transitórias, decorrentes de situações de perigo iminente, de calamidade pública ou de irrupção de epidemias, a autoridade competente da esfera administrativa correspondente poderá requisitar bens e serviços, tanto de pessoas naturais como de jurídicas, sendo-lhes assegurada justa indenização; XIV - implementar o Sistema Nacional de Sangue, Componentes e Derivados; XV - propor a celebração de convênios, acordos e protocolos internacionais relativos à saúde, saneamento e meio ambiente; XVI - elaborar normas técnico-científicas de promoção, proteção e recuperação da saúde; XVII - promover articulação com os órgãos de fiscalização do exercício profissional e outras entidades representativas da sociedade civil para a definição e controle dos padrões éticos para pesquisa, ações e serviços de saúde; XVIII - promover a articulação da política e dos planos de saúde; XIX - realizar pesquisas e estudos na área de saúde; XX - definir as instâncias e mecanismos de controle e fiscalização inerentes ao poder de polícia sanitária; XXI - fomentar, coordenar e executar programas e projetos estratégicos e de atendimento emergencial. Art. 16. A direção nacional do Sistema Único da Saúde (SUS) compete: I - formular, avaliar e apoiar políticas de alimentação e

Suspensão de Tutelas Jurisdicionais contra o Poder Público | 329

nutrição; II - participar na formulação e na implementação das políticas: a) de controle das agressões ao meio ambiente; b) de saneamento básico; e c) relativas às condições e aos ambientes de trabalho; III - definir e coordenar os sistemas: a) de redes integradas de assistência de alta complexidade; b) de rede de laboratórios de saúde pública; c) de vigilância epidemiológica; e d) vigilância sanitária; IV - participar da definição de normas e mecanismos de controle, com órgão afins, de agravo sobre o meio ambiente ou dele decorrentes, que tenham repercussão na saúde humana; V - participar da definição de normas, critérios e padrões para o controle das condições e dos ambientes de trabalho e coordenar a política de saúde do trabalhador; VI - coordenar e participar na execução das ações de vigilância epidemiológica; VII - estabelecer normas e executar a vigilância sanitária de portos, aeroportos e fronteiras, podendo a execução ser complementada pelos Estados, Distrito Federal e Municípios; VIII - estabelecer critérios, parâmetros e métodos para o controle da qualidade sanitária de produtos, substâncias e serviços de consumo e uso humano; IX - promover articulação com os órgãos educacionais e de fiscalização do exercício profissional, bem como com entidades representativas de formação de recursos humanos na área de saúde; X - formular, avaliar, elaborar normas e participar na execução da política nacional e produção de insumos e equipamentos para a saúde, em articulação com os demais órgãos governamentais; XI - identificar os serviços estaduais e municipais de referência nacional para o estabelecimento de padrões técnicos de assistência à saúde; XII - controlar e fiscalizar procedimentos, produtos e substâncias de interesse para a saúde; XIII - prestar cooperação técnica e financeira aos Estados, ao Distrito Federal e aos Municípios para o aperfeiçoamento da sua atuação institucional; XIV - elaborar normas para regular as relações entre o Sistema Único de Saúde (SUS) e os serviços privados contratados de assistência à saúde; XV - promover a descentralização para as Unidades Federadas e para os Municípios, dos serviços e ações de saúde, respectivamente, de abrangência estadual e municipal; XVI - normatizar e coordenar nacionalmente o Sistema Nacional de Sangue, Componentes e Derivados; XVII - acompanhar, controlar e avaliar as ações e os serviços de saúde, respeitadas as competências estaduais e municipais; XVIII - elaborar o Planejamento Estratégico Nacional no âmbito do SUS, em cooperação técnica com os Estados, Municípios e Distrito Federal; XIX - estabelecer o Sistema Nacional de Auditoria e coordenar a avaliação técnica e financeira do SUS em todo o Território Nacional em cooperação técnica com os Estados, Municípios e Distrito Federal. Parágrafo único. A União poderá executar ações de vigilância epidemiológica e sanitária em circunstâncias especiais, como na ocorrência de agravos inusitados à saúde, que possam escapar do controle da direção estadual do Sistema Único de Saúde (SUS) ou que representem risco de disseminação nacional. Art. 17. À direção estadual do Sistema Único de Saúde (SUS) compete: I - promover a descentralização para os Municípios dos serviços e das ações de saúde; II - acompanhar, controlar e avaliar as redes hierarquizadas do Sistema Único de Saúde (SUS); III - prestar apoio técnico e financeiro aos Municípios e executar supletivamente ações e serviços de saúde; IV - coordenar e, em caráter complementar, executar ações e serviços: a) de vigilância epidemiológica; b) de vigilância sanitária; c) de alimentação e nutrição; e d) de saúde do trabalhador; V - participar, junto com os órgãos afins, do controle dos agravos do meio ambiente que tenham repercussão na saúde humana; VI - participar da formulação da política e da execução de ações de saneamento básico; VII - participar das ações de controle e avaliação das condições e dos ambientes de trabalho; VIII - em caráter suplementar, formular, executar, acompanhar e avaliar a política de insumos e equipamentos para a saúde; IX - identificar estabelecimentos hospitalares de referência e gerir sistemas públicos de alta complexidade, de referência estadual e regional; X - coordenar a rede estadual de laboratórios de saúde pública e hemocentros, e gerir as unidades que permaneçam em sua organização administrativa; XI - estabelecer normas, em caráter suplementar, para o controle e avaliação das ações e serviços de saúde; XII - formular normas e estabelecer padrões, em caráter suplementar, de procedimentos de controle de qualidade para produtos e substâncias de consumo humano; XIII - colaborar com a União na execução da vigilância sanitária de portos, aeroportos e fronteiras; XIV - o acompanhamento, a avaliação e divulgação dos indicadores de morbidade e mortalidade no âmbito da unidade federada. Art. 18. À direção municipal do Sistema de Saúde (SUS) compete: I - planejar, organizar, controlar e avaliar as ações e os serviços de saúde e gerir e executar os serviços públicos de saúde; II - participar do planejamento, programação e organização da rede

330 | Isabel Cecília de Oliveira Bezerra

regionalizada e hierarquizada do Sistema Único de Saúde (SUS), em articulação com sua direção estadual; III - participar da execução, controle e avaliação das ações referentes às condições e aos ambientes de trabalho; IV - executar serviços: a) de vigilância epidemiológica; b) vigilância sanitária; c) de alimentação e nutrição; d) de saneamento básico; e e) de saúde do trabalhador; V - dar execução, no âmbito municipal, à política de insumos e equipamentos para a saúde; VI - colaborar na fiscalização das agressões ao meio ambiente que tenham repercussão sobre a saúde humana e atuar, junto aos órgãos municipais, estaduais e federais competentes, para controlá-las; VII - formar consórcios administrativos intermunicipais; VIII - gerir laboratórios públicos de saúde e hemocentros; IX - colaborar com a União e os Estados na execução da vigilância sanitária de portos, aeroportos e fronteiras; X - observado o disposto no art. 26 desta Lei, celebrar contratos e convênios com entidades prestadoras de serviços privados de saúde, bem como controlar e avaliar sua execução; XI - controlar e fiscalizar os procedimentos dos serviços privados de saúde; XII - normatizar complementarmente as ações e serviços públicos de saúde no seu âmbito de atuação. Art. 19. Ao Distrito Federal competem as atribuições reservadas aos Estados e aos Municípios. Art. 19-A. As ações e serviços de saúde voltados para o atendimento das populações indígenas, em todo o território nacional, coletiva ou individualmente, obedecerão ao disposto nesta Lei. Art. 19-B. É instituído um Subsistema de Atenção à Saúde Indígena, componente do Sistema Único de Saúde - SUS, criado e definido por esta Lei, e pela Lei nº 8.142, de 28 de dezembro de 1990, com o qual funcionará em perfeita integração. Art. 19-C. Caberá à União, com seus recursos próprios, financiar o Subsistema de Atenção à Saúde Indígena. Art. 19-D. O SUS promoverá a articulação do Subsistema instituído por esta Lei com os órgãos responsáveis pela Política Indígena do País. Art. 19-E. Os Estados, Municípios, outras instituições governamentais e não-governamentais poderão atuar complementarmente no custeio e execução das ações. Art. 19-F. Dever-se-á obrigatoriamente levar em consideração a realidade local e as especificidades da cultura dos povos indígenas e o modelo a ser adotado para a atenção à saúde indígena, que se deve pautar por uma abordagem diferenciada e global, contemplando os aspectos de assistência à saúde, saneamento básico, nutrição, habitação, meio ambiente, demarcação de terras, educação sanitária e integração institucional. Art. 19-G. O Subsistema de Atenção à Saúde Indígena deverá ser, como o SUS, descentralizado, hierarquizado e regionalizado. §1º O Subsistema de que trata o caput deste artigo terá como base os Distritos Sanitários Especiais Indígenas. §2º O SUS servirá de retaguarda e referência ao Subsistema de Atenção à Saúde Indígena, devendo, para isso, ocorrer adaptações na estrutura e organização do SUS nas regiões onde residem as populações indígenas, para propiciar essa integração e o atendimento necessário em todos os níveis, sem discriminações. §3º As populações indígenas devem ter acesso garantido ao SUS, em âmbito local, regional e de centros especializados, de acordo com suas necessidades, compreendendo a atenção primária, secundária e terciária à saúde. Art. 19-H. As populações indígenas terão direito a participar dos organismos colegiados de formulação, acompanhamento e avaliação das políticas de saúde, tais como o Conselho Nacional de Saúde e os Conselhos Estaduais e Municipais de Saúde, quando for o caso. Art. 19-I. São estabelecidos, no âmbito do Sistema Único de Saúde, o atendimento domiciliar e a internação domiciliar. §1º Na modalidade de assistência de atendimento e internação domiciliares incluem-se, principalmente, os procedimentos médicos, de enfermagem, fisioterapêuticos, psicológicos e de assistência social, entre outros necessários ao cuidado integral dos pacientes em seu domicílio. §2º O atendimento e a internação domiciliares serão realizados por equipes multidisciplinares que atuarão nos níveis da medicina preventiva, terapêutica e reabilitadora. §3º O atendimento e a internação domiciliares só poderão ser realizados por indicação médica, com expressa concordância do paciente e de sua família. Art. 20. Os serviços privados de assistência à saúde caracterizam-se pela atuação, por iniciativa própria, de profissionais liberais, legalmente habilitados, e de pessoas jurídicas de direito privado na promoção, proteção e recuperação da saúde. Art. 21. A assistência à saúde é livre à iniciativa privada. Art. 22. Na prestação de serviços privados de assistência à saúde, serão observados os princípios éticos e as normas expedidas pelo órgão de direção do Sistema Único de Saúde (SUS) quanto às condições para seu funcionamento. Art. 23. É vedada a participação direta ou indireta de empresas ou de capitais estrangeiros na assistência à saúde, salvo através de doações de organismos internacionais vinculados à Organização das Nações Unidas, de

Suspensão de Tutelas Jurisdicionais contra o Poder Público | 331

entidades de cooperação técnica e de financiamento e empréstimos. §1º Em qualquer caso é obrigatória a autorização do órgão de direção nacional do Sistema Único de Saúde (SUS), submetendo-se a seu controle as atividades que forem desenvolvidas e os instrumentos que forem firmados. §2º Excetuam-se do disposto neste artigo os serviços de saúde mantidos, em finalidade lucrativa, por empresas, para atendimento de seus empregados e dependentes, sem qualquer ônus para a seguridade social. Art. 24. Quando as suas disponibilidades forem insuficientes para garantir a cobertura assistencial à população de uma determinada área, o Sistema Único de Saúde (SUS) poderá recorrer aos serviços ofertados pela iniciativa privada. Parágrafo único. A participação complementar dos serviços privados será formalizada mediante contrato ou convênio, observadas, a respeito, as normas de direito público. Art. 25. Na hipótese do artigo anterior, as entidades filantrópicas e as sem fins lucrativos terão preferência para participar do Sistema Único de Saúde (SUS). Art. 26. Os critérios e valores para a remuneração de serviços e os parâmetros de cobertura assistencial serão estabelecidos pela direção nacional do Sistema Único de Saúde (SUS), aprovados no Conselho Nacional de Saúde. §1º Na fixação dos critérios, valores, formas de reajuste e de pagamento da remuneração aludida neste artigo, a direção nacional do Sistema Único de Saúde (SUS) deverá fundamentar seu ato em demonstrativo econômico-financeiro que garanta a efetiva qualidade de execução dos serviços contratados. §2º Os serviços contratados submeter-se-ão às normas técnicas e administrativas e aos princípios e diretrizes do Sistema Único de Saúde (SUS), mantido o equilíbrio econômico e financeiro do contrato. §4º Aos proprietários, administradores e dirigentes de entidades ou serviços contratados é vedado exercer cargo de chefia ou função de confiança no Sistema Único de Saúde (SUS). (...) Art. 31. O orçamento da seguridade social destinará ao Sistema Único de Saúde (SUS) de acordo com a receita estimada, os recursos necessários à realização de suas finalidades, previstos em proposta elaborada pela sua direção nacional, com a participação dos órgãos da Previdência Social e da Assistência Social, tendo em vista as metas e prioridades estabelecidas na Lei de Diretrizes Orçamentárias. Art. 32. São considerados de outras fontes os recursos provenientes de: I - (Vetado). II - Serviços que possam ser prestados sem prejuízo da assistência à saúde; III - ajuda, contribuições, doações e donativos; IV - alienações patrimoniais e rendimentos de capital; V - taxas, multas, emolumentos e preços públicos arrecadados no âmbito do Sistema Único de Saúde (SUS); e VI - rendas eventuais, inclusive comerciais e industriais. §1º Ao Sistema Único de Saúde (SUS) caberá metade da receita de que trata o inc. I deste artigo, apurada mensalmente, a qual será destinada à recuperação de viciados. §2º As receitas geradas no âmbito do Sistema Único de Saúde (SUS) serão creditadas diretamente em contas especiais, movimentadas pela sua direção, na esfera de poder onde forem arrecadadas. §3º As ações de saneamento que venham a ser executadas supletivamente pelo Sistema Único de Saúde (SUS), serão financiadas por recursos tarifários específicos e outros da União, Estados, Distrito Federal, Municípios e, em particular, do Sistema Financeiro da Habitação (SFH). §4º (Vetado). §5º As atividades de pesquisa e desenvolvimento científico e tecnológico em saúde serão co-financiadas pelo Sistema Único de Saúde (SUS), pelas universidades e pelo orçamento fiscal, além de recursos de instituições de fomento e financiamento ou de origem externa e receita própria das instituições executoras. §6º (Vetado). Art. 33. Os recursos financeiros do Sistema Único de Saúde (SUS) serão depositados em conta especial, em cada esfera de sua atuação, e movimentados sob fiscalização dos respectivos Conselhos de Saúde. §1º Na esfera federal, os recursos financeiros, originários do Orçamento da Seguridade Social, de outros Orçamentos da União, além de outras fontes, serão administrados pelo Ministério da Saúde, através do Fundo Nacional de Saúde. §2º (Vetado). §3º (Vetado). §4º O Ministério da Saúde acompanhará, através de seu sistema de auditoria, a conformidade à programação aprovada da aplicação dos recursos repassados a Estados e Municípios. Constatada a malversação, desvio ou não aplicação dos recursos, caberá ao Ministério da Saúde aplicar as medidas previstas em lei. Art. 34. As autoridades responsáveis pela distribuição da receita efetivamente arrecadada transferirão automaticamente ao Fundo Nacional de Saúde (FNS), observado o critério do parágrafo único deste artigo, os recursos financeiros correspondentes às dotações consignadas no Orçamento da Seguridade Social, a projetos e atividades a serem executados no âmbito do Sistema Único de Saúde (SUS). Parágrafo único. Na distribuição dos recursos financeiros da Seguridade Social será observada a mesma proporção da despesa prevista de cada área, no Orçamento da Seguridade Social.

332 | Isabel Cecília de Oliveira Bezerra

d) A *Lei nº 6.437/77*, em seu art. 10, dispõe sobre as *infrações sanitárias*, atos que representam *perigo para a saúde pública*, podendo fornecer importantes parâmetros para a operacionalização do instituto em estudo.[681]

Art. 35. Para o estabelecimento de valores a serem transferidos a Estados, Distrito Federal e Municípios, será utilizada a combinação dos seguintes critérios, segundo análise técnica de programas e projetos: I - perfil demográfico da região; II - perfil epidemiológico da população a ser coberta; III - características quantitativas e qualitativas da rede de saúde na área; IV - desempenho técnico, econômico e financeiro no período anterior; V - níveis de participação do setor saúde nos orçamentos estaduais e municipais; VI - previsão do plano qüinqüenal de investimentos da rede; VII - ressarcimento do atendimento a serviços prestados para outras esferas de governo. §1º Metade dos recursos destinados a Estados e Municípios será distribuída segundo o quociente de sua divisão pelo número de habitantes, independentemente de qualquer procedimento prévio. §2º Nos casos de Estados e Municípios sujeitos a notório processo de migração, os critérios demográficos mencionados nesta lei serão ponderados por outros indicadores de crescimento populacional, em especial o número de eleitores registrados. §3º (Vetado). §4º (Vetado). §5º (Vetado). §6º O disposto no parágrafo anterior não prejudica a atuação dos órgãos de controle interno e externo e nem a aplicação de penalidades previstas em lei, em caso de irregularidades verificadas na gestão dos recursos transferidos. Art. 36. O processo de planejamento e orçamento do Sistema Único de Saúde (SUS) será ascendente, do nível local até o federal, ouvidos seus órgãos deliberativos, compatibilizando-se as necessidades da política de saúde com a disponibilidade de recursos em planos de saúde dos Municípios, dos Estados, do Distrito Federal e da União. §1º Os planos de saúde serão a base das atividades e programações de cada nível de direção do Sistema Único de Saúde (SUS), e seu financiamento será previsto na respectiva proposta orçamentária. §2º É vedada a transferência de recursos para o financiamento de ações não previstas nos planos de saúde, exceto em situações emergenciais ou de calamidade pública, na área de saúde. Art. 37. O Conselho Nacional de Saúde estabelecerá as diretrizes a serem observadas na elaboração dos planos de saúde, em função das características epidemiológicas e da organização dos serviços em cada jurisdição administrativa. Art. 38. Não será permitida a destinação de subvenções e auxílios a instituições prestadoras de serviços de saúde com finalidade lucrativa. (...) Art. 52. Sem prejuízo de outras sanções cabíveis, constitui crime de emprego irregular de verbas ou rendas públicas (Código Penal, art. 315) a utilização de recursos financeiros do Sistema Único de Saúde (SUS) em finalidades diversas das previstas nesta lei (...)."

[681] "Art. 10. São infrações sanitárias: I - construir, instalar ou fazer funcionar, em qualquer parte do território nacional, laboratórios de produção de medicamentos, drogas, insumos, cosméticos, produtos de higiene, dietéticos, correlatos, ou quaisquer outros estabelecimentos que fabriquem alimentos, aditivos para alimentos, bebidas, embalagens, saneantes e demais produtos que interessem à saúde pública, sem registro, licença e autorizações do órgão sanitário competente ou contrariando as normas legais pertinentes: Pena - advertência, interdição, cancelamento de autorização e de licença, e/ou multa. II - construir, instalar ou fazer funcionar hospitais, postos ou casas de saúde, clínicas em geral, casas de repouso, serviços ou unidades de saúde, estabelecimentos ou organizações afins, que se dediquem à promoção, proteção e recuperação da saúde, sem licença do órgão sanitário competente ou contrariando normas legais e regulamentares pertinentes: Pena - advertência, interdição, cancelamento da licença e/ou multa. III - instalar ou manter em funcionamento consultórios médicos, odontológicos e de pesquisas clínicas, clínicas de hemodiálise, bancos de sangue, de leite humano, de olhos, e estabelecimentos de atividades afins, institutos de esteticismo, ginástica, fisioterapia e de recuperação, balneários, estâncias hidrominerais, termais, climatéricas, de repouso, e congêneres, gabinetes ou serviços que utilizem aparelhos e equipamentos geradores de raios X, substâncias radioativas, ou radiações ionizantes e outras, estabelecimentos, laboratórios, oficinas e serviços de ótica, de aparelhos ou materiais

Suspensão de Tutelas Jurisdicionais contra o Poder Público | 333

óticos, de prótese dentária, de aparelhos ou materiais para uso odontológico, ou explorar atividades comerciais, industriais, ou filantrópicas, com a participação de agentes que exerçam profissões ou ocupações técnicas e auxiliares relacionadas com a saúde, sem licença do órgão sanitário competente ou contrariando o disposto nas demais normas legais e regulamentares pertinentes: Pena - advertência, intervenção, interdição, cancelamento da licença e/ou multa. IV - extrair, produzir, fabricar, transformar, preparar, manipular, purificar, fracionar, embalar ou reembalar, importar, exportar, armazenar, expedir, transportar, comprar, vender, ceder ou usar alimentos, produtos alimentícios, medicamentos, drogas, insumos farmacêuticos, produtos dietéticos, de higiene, cosméticos, correlatos, embalagens, saneantes, utensílios e aparelhos que interessem à saúde pública ou individual, sem registro, licença, ou autorizações do órgão sanitário competente ou contrariando o disposto na legislação sanitária pertinente: Pena - advertência, apreensão e inutilização, interdição, cancelamento do registro, e/ou multa. V - fazer propaganda de produtos sob vigilância sanitária, alimentos e outros, contrariando a legislação sanitária: Pena - advertência, proibição de propaganda, suspensão de venda, imposição de mensagem retificadora, suspensão de propaganda e publicidade e multa. VI - deixar, aquele que tiver o dever legal de fazê-lo, de notificar doença ou zoonose transmissível ao homem, de acordo com o que disponham as normas legais ou regulamentares vigentes: Pena - advertência, e/ou multa. VII - impedir ou dificultar a aplicação de medidas sanitárias relativas às doenças transmissíveis e ao sacrifício de animais domésticos considerados perigosos pelas autoridades sanitárias: Pena - advertência, e/ou multa. VIII - reter atestado de vacinação obrigatória, deixar de executar, dificultar ou opor-se à execução de medidas, sanitárias que visem à prevenção das doenças transmissíveis e sua disseminação, à preservação e à manutenção da saúde: Pena - advertência, interdição, cancelamento de licença ou autorização, e/ou multa. IX - opor-se à exigência de provas imunológicas ou à sua execução pelas autoridades sanitárias: Pena - advertência, e/ou multa. X - obstar ou dificultar a ação fiscalizadora das autoridades sanitárias competentes no exercício de suas funções: Pena - advertência, intervenção, interdição, cancelamento de licença e/ou multa; XI - aviar receita em desacordo com prescrições médicas ou determinação expressa de lei e normas regulamentares: Pena. advertência, interdição, cancelamento de licença, e/ou multa. XII - fornecer, vender ou praticar atos de comércio em relação a medicamentos, drogas e correlatos cuja venda e uso dependam de prescrição médica, sem observância dessa exigência e contrariando as normas legais e regulamentares: Pena. advertência, interdição, cancelamento da licença, e/ou multa. XIII - retirar ou aplicar sangue, proceder a operações de plasmaferese, ou desenvolver outras atividades hemoterápicas, contrariando normas legais e regulamentares: Pena - advertência, intervenção, interdição, cancelamento da licença e registro e/ou multa. XIV - exportar sangue e seus derivados, placentas, órgãos, glândulas ou hormônios, bem como quaisquer substâncias ou partes do corpo humano, ou utilizá-los contrariando as disposições legais e regulamentares: Pena - advertência, intervenção, interdição, cancelamento de licença e registro e/ou multa; XV - rotular alimentos e produtos alimentícios ou bebidas, bem como medicamentos, drogas, insumos farmacêuticos, produtos dietéticos, de higiene, cosméticos, perfumes, correlatos, saneantes, de correção estética e quaisquer outros, contrariando as normas legais e regulamentares: Pena - advertência, inutilização, interdição, e/ou multa. XVI - Alterar o processo de fabricação dos produtos sujeitos a controle sanitário, modificar os seus componentes básicos, nome, e demais elementos objeto do registro, sem a necessária autorização do órgão sanitário competente: Pena - advertência, interdição, cancelamento do registro, da licença e autorização, e/ou multa. XVII - reaproveitar vasilhames de saneantes, seus congêneres e de outros produtos capazes de serem nocivos à saúde, no envasilhamento de alimentos, bebidas, refrigerantes, produtos dietéticos, medicamentos, drogas, produtos de higiene, cosméticos e perfumes: Pena - advertência, apreensão e inutilização, interdição, cancelamento do registro, e/ou multa. XVIII - importar ou exportar, expor à venda ou entregar ao consumo produtos de interesse à saúde cujo prazo de validade tenha se expirado, ou apor-lhes novas datas, após expirado o prazo: Pena - advertência, apreensão, inutilização, interdição, cancelamento do registro, da licença e da autorização, e/ou multa. XIX - industrializar produtos de interesse sanitário sem a assistência de responsável técnico, legalmente habilitado: Pena - advertência, apreensão, inutilização, interdição, cancelamento do registro, e/ou multa. XX - utilizar, na preparação de hormônios, órgãos de animais

334 | Isabel Cecília de Oliveira Bezerra

doentes, estafados ou emagrecidos ou que apresentem sinais de decomposição no momento de serem manipulados: Pena - advertência, apreensão, inutilização, interdição, cancelamento do registro, da autorização e da licença, e/ou multa. XXI - comercializar produtos biológicos, imunoterápicos e outros que exijam cuidados especiais de conservação, preparação, expedição, ou transporte, sem observância das condições necessárias à sua preservação: Pena - advertência, apreensão, inutilização, interdição, cancelamento do registro, e/ou multa. XXII - aplicação, por empresas particulares, de raticidas cuja ação se produza por gás ou vapor, em galerias, bueiros, porões, sótãos ou locais de possível comunicação com residências ou freqüentados por pessoas e animais: Pena - advertência, interdição, cancelamento de licença e de autorização, e/ou multa. XXIII - descumprimento de normas legais e regulamentares, medidas, formalidades e outras exigências sanitárias pelas empresas de transportes, seus agentes e consignatários, comandantes ou responsáveis diretos por embarcações, aeronaves, ferrovias, veículos terrestres, nacionais e estrangeiros: Pena - advertência, interdição, e/ou multa. XXIV - inobservância das exigências sanitárias relativas a imóveis, pelos seus proprietários, ou por quem detenha legalmente a sua posse: Pena - advertência, interdição, e/ou multa. XXV - exercer profissões e ocupações relacionadas com a saúde sem a necessária habilitação legal: Pena - interdição e/ou multa. XXVI - cometer o exercício de encargos relacionados com a promoção, proteção e recuperação da saúde a pessoas sem a necessária habilitação legal: Pena - interdição, e/ou multa. XXVII - proceder à cremação de cadáveres, ou utilizá-los, contrariando as normas sanitárias pertinentes: Pena - advertência, interdição, e/ou multa. XXVIII - fraudar, falsificar ou adulterar alimentos, inclusive bebidas, medicamentos, drogas, insumos farmacêuticos, correlatos, cosméticos, produtos de higiene, dietéticos, saneantes e quaisquer outros que interessem à saúde pública: Pena - advertência, apreensão, inutilização e/ou interdição do produto, suspensão de venda e/ou fabricação do produto, cancelamento do registro do produto, interdição parcial ou total do estabelecimento, cancelamento de autorização para funcionamento da empresa, cancelamento do alvará de licenciamento do estabelecimento e/ou multa; XXIX - transgredir outras normas legais e regulamentares destinadas à proteção da saúde: Pena - advertência, apreensão, inutilização e/ou interdição do produto; suspensão de venda e/ou fabricação do produto, cancelamento do registro do produto; interdição parcial ou total do estabelecimento, cancelamento de autorização para funcionamento da empresa, cancelamento do alvará de licenciamento do estabelecimento, proibição de propaganda e/ou multa; XXX - expor ou entregar ao consumo humano sal refinado, moído ou granulado, que não contenha iodo na proporção estabelecida pelo Ministério da Saúde. Pena - advertência, apreensão, e/ou interdição do produto, suspensão de venda e/ou fabricação do produto, cancelamento do registro do produto e interdição parcial ou total do estabelecimento, cancelamento de autorização para funcionamento da empresa, cancelamento do alvará de licenciamento do estabelecimento e/ou multa; XXXI - descumprir atos emanados das autoridades sanitárias competentes visando à aplicação da legislação pertinente: Pena - advertência, apreensão, inutilização e/ou interdição do produto, suspensão de venda e/ou de fabricação do produto, cancelamento do registro do produto; interdição parcial ou total do estabelecimento; cancelamento de autorização para funcionamento da empresa, cancelamento do alvará de licenciamento do estabelecimento, proibição de propaganda e/ ou multa; XXXII - descumprimento de normas legais e regulamentares, medidas, formalidades, outras exigências sanitárias, por pessoas física ou jurídica, que operem a prestação de serviços de interesse da saúde pública em embarcações, aeronaves, veículos terrestres, terminais alfandegados, terminais aeroportuários ou portuários, estações e passagens de fronteira e pontos de apoio de veículos terrestres: Pena - advertência, interdição, cancelamento da autorização de funcionamento e/ou multa; XXXIII - descumprimento de normas legais e regulamentares, medidas, formalidades, outras exigências sanitárias, por empresas administradoras de terminais alfandegados, terminais aeroportuários ou portuários, estações e passagens de fronteira e pontos de apoio de veículos terrestres: Pena - advertência, interdição, cancelamento da autorização de funcionamento e/ou multa; XXXIV - descumprimento de normas legais e regulamentares, medidas, formalidades, outras exigências sanitárias relacionadas à importação ou exportação, por pessoas física ou jurídica, de matérias-primas ou produtos sob vigilância sanitária: Pena - advertência, apreensão, inutilização, interdição, cancelamento da autorização de funcionamento, cancelamento do

Consoante de observa, a legislação brasileira, em diversos momentos, estabeleceu quais seriam as *atividades administrativas* a serem executadas pelos diversos entes estatais para a promoção da saúde pública, e quais seriam as *atividades individuais* a serem obstadas sob pena de malferimento à saúde pública. Nestes termos, pode-se concluir que podem ser excepcionalmente suspensos os efeitos de tutelas jurisdicionais que possam resultar em malferimento à *saúde pública*, posto que promovem:

a) a *obstrução de quaisquer das atividades administrativas destinadas à promoção da saúde pública*;

b) a *permissão de quaisquer das atividades individuais lesivas à saúde pública*.

---

registro do produto e/ou multa; XXXV - descumprimento de normas legais e regulamentares, medidas, formalidades, outras exigências sanitárias relacionadas a estabelecimentos e às boas práticas de fabricação de matérias-primas e de produtos sob vigilância sanitária: Pena - advertência, apreensão, inutilização, interdição, cancelamento da autorização de funcionamento, cancelamento do registro do produto e/ou multa; XXXVI - proceder a mudança de estabelecimento de armazenagem de produto importado sob interdição, sem autorização do órgão sanitário competente: Pena - advertência, apreensão, inutilização, interdição, cancelamento da autorização de funcionamento, cancelamento do registro do produto e/ou multa; XXXVII - proceder a comercialização de produto importado sob interdição: Pena - advertência, apreensão, inutilização, interdição, cancelamento da autorização de funcionamento, cancelamento do registro do produto e/ou multa; XXXVIII - deixar de garantir, em estabelecimentos destinados à armazenagem e/ou distribuição de produtos sob vigilância sanitária, a manutenção dos padrões de identidade e qualidade de produtos importados sob interdição ou aguardando inspeção física: Pena - advertência, apreensão, inutilização, interdição, cancelamento da autorização de funcionamento, cancelamento do registro do produto e/ou multa; XXXIX - interromper, suspender ou reduzir, sem justa causa, a produção ou distribuição de medicamentos de tarja vermelha, de uso continuado ou essencial à saúde do indivíduo, ou de tarja preta, provocando o desabastecimento do mercado: Pena - advertência, interdição total ou parcial do estabelecimento, cancelamento do registro do produto, cancelamento de autorização para funcionamento da empresa, cancelamento do alvará de licenciamento do estabelecimento e/ou multa; XL - deixar de comunicar ao órgão de vigilância sanitária do Ministério da Saúde a interrupção, suspensão ou redução da fabricação ou da distribuição dos medicamentos referidos no inc. XXXIX: Pena - advertência, interdição total ou parcial do estabelecimento, cancelamento do registro do produto, cancelamento de autorização para funcionamento da empresa, cancelamento do alvará de licenciamento do estabelecimento e/ou multa; XLI - descumprir normas legais e regulamentares, medidas, formalidades, outras exigências sanitárias, por pessoas física ou jurídica, que operem a prestação de serviços de interesse da saúde pública em embarcações, aeronaves, veículos terrestres, terminais alfandegados, terminais aeroportuários ou portuários, estações e passagens de fronteira e pontos de apoio de veículo terrestres: Pena - advertência, interdição total ou parcial do estabelecimento, cancelamento do registro do produto, cancelamento de autorização para funcionamento da empresa, cancelamento do alvará de licenciamento do estabelecimento e/ou multa. Parágrafo único. Independem de licença para funcionamento os estabelecimentos integrantes da Administração Pública ou por ela instituídos, ficando sujeitos, porém, às exigências pertinentes às instalações, aos equipamentos e à aparelhagem adequados e à assistência e responsabilidade técnicas."

Tal entendimento se alinha com a doutrina dos constitucionalistas portugueses Gomes Canotilho e Vital Moreira, segundo os quais o direito social à saúde comporta duas vertentes: "uma, de *natureza negativa*, que consiste no direito a exigir do Estado (ou de terceiros) que se abstenha de qualquer acto que prejudique a saúde; outra, de *natureza positiva*, que significa o direito às medidas e prestações estaduais visando a prevenção das doenças e o tratamento delas".[682]

O *Supremo Tribunal Federal* e o *Superior Tribunal de Justiça*, neste sentido, têm deferido pedidos de suspensão em face de decisões judiciais cujos efeitos malferem a saúde pública porque: impedem a Administração Pública de *adquirir medicamentos* importados necessários para a reposição dos estoques de rede hospitalar pública;[683] asseguram a *redução da carga horária de trabalho dos médicos* de hospital público, em prejuízo do atendimento à população;[684] autorizam a *instalação irregular de condomínio* tendente a agredir o meio ambiente e a saúde pública pela desordenada ocupação do solo, abertura de fossas de coleta de esgoto próximas a poços artesianos, com grave risco de contaminação de lençóis freáticos e nascentes d'água, e pela ausência de regular coleta de lixo, com grave risco de doenças;[685] inviabilizam o sistema de

---

[682] CANOTILHO; MOREIRA. *Constituição da República Portuguesa anotada*. 3. ed. Coimbra: Coimbra, 1984. p. 342 apud SILVA. *Curso de direito constitucional positivo*, p. 311.

[683] "Suspensão de Segurança. Relevância dos fundamentos jurídicos opostos, pela União Federal, à *liminar obstativa da aquisição de medicamentos importados*. Grave lesão à saúde publica, caracterizada pela *inviabilidade de reposição, em tempo útil, dos estoques da rede hospitalar oficial*, a prosperarem os efeitos da liminar" (STF - AGRSS - Min. Octavio Gallotti - *DJ*, 24.2.1995, p. 03679).

[684] "Suspensão de segurança. Sustação de eficácia de medida liminar. Redução de carga horária de médicos da fundação hospitalar do distrito federal. Possibilidade de risco de grave lesão à saúde pública. I. *A concessão de liminar para a redução da carga horária do corpo de saúde da Fundação Hospitalar do Distrito Federal traz ínsita a possibilidade de grave risco à saúde pública, especificamente às populações do Distrito Federal e demais localidades do entorno*. II. Desinfluente ao desate da contenda a inexata correspondência entre o número de médicos indicado pela requerente e o real efetivo daqueles beneficiados pela medida liminar, quando *desponta expressivo o número de profissionais da área de saúde a terem reduzida a carga horária de atendimento à população*. III. A estreita via da medida drástica não obriga dilação probatória. Ocorrente a hipótese de incidência da lei regente, impõe-se a respectiva suspensão. IV. Agravo Regimental denegado" (STJ - AGSS nº 694/DF - Min. Antonio de Padua Ribeiro - *DJ*, 5.10.1998, p. 00001).

[685] "1 - *A instalação irregular de condomínio tendente a agredir o ecossistema com a desordenada ocupação do solo, acarretando grave risco de contaminação de lençóis freáticos e nascentes d'água pela abertura de fossas de coleta de esgoto próximas a*

aquisição e distribuição de medicamentos à população carente;[686]
resultam em *desvios dos recursos* destinados ao financiamento do
sistema único de saúde;[687] obstaculizam a *prestação de informações
importantes para a saúde da população.*[688]

---

*poços artesianos; a ausência de regular coleta de lixo e o risco de doenças decorrentes
da insalubridade; a inexistência de serviços de segurança e bombeiros em local sem
iluminação pública com população estimada em mais de quatro mil pessoas;* e a
possibilidade de arcar com a indenização de edificações diante do fato consumado são
hábeis a configurar a presença dos pressupostos autorizadores da suspensão da liminar. 2
- Fundando-se a impetração em alegação de descumprimento da Lei nº 6.766/79, que cuida
de loteamento ou parcelamento de solo, firma-se a competência do Presidente do Superior
Tribunal de Justiça para examinar o pedido de suspensão da medida liminar. 3 - Afigura-
se inadequado o exame, nessa sede, de questões relativas ao mérito da decisão, as quais
devem ser dirimidas nas vias recursais ordinárias. 4 - Agravo desprovido" (STJ - AGSS nº
693/DF - Min. Antônio de Pádua Ribeiro - *DJ*, 20.9.1999, p. 00033).

[686] "Suspensão de tutela antecipada. Deferimento. Sistema único de saúde. Fornecimento gratuito de medicação. Decisão genérica. Saúde pública. Lesão reconhecida. Agravo regimental.
1. A imposição do fornecimento gratuito, aleatório e eventual de medicação não especi-
ficada ou sequer discriminada tem potencial suficiente para *inviabilizar o aparelho de
aquisição e distribuição de medicamentos à população carente* e, por isso, o próprio
sistema de saúde pública. 2. Agravo Regimental não provido" (STJ; AgRg na STA nº 59/SC
- Min. Eliana Calmon - Corte Especial - *DJ*, 28.2.2005, p. 171).

[687] "Processual civil. Suspensão de tutela antecipada. Reajuste da tabela do Sistema Único de
Saúde – SUS. Lesão à saúde e economia públicas. I - No âmbito estreito do pedido de suspensão de decisão proferida contra o Poder Público, impõem-se a verificação da ocorrência dos
pressupostos atinentes ao risco de grave lesão à ordem, à saúde, à segurança e à economia
públicas, sendo vedado o exame do mérito da controvérsia principal. II - A Corte Especial
firmou o entendimento de que as inúmeras ações propostas com o intuito de se reajustar a
tabela do SUS têm potencial suficiente para causar lesão à saúde pública, visto que devem ser
apreciadas em conjunto e não em cada caso particular. III - *A proliferação de ações idênticas tem potencial suficiente para causar lesão à saúde pública, porquanto os recursos
orçamentários destinados ao atendimento de todo o sistema público serão desviados
para o atendimento de interesse de particulares.* IV - Agravo regimental desprovido (STJ
- AgRg na STA nº 16/RS - Min. Edson Vidigal - Corte Especial - *DJ*, 11.10.2004, p. 210).

[688] Agravo regimental - Ação civil pública - Tutela antecipada para suspender contrato de publicidade - Pedido de suspensão - Deferimento - Lesão à ordem e à saúde públicas configurada
- Pedido de extinção - Inexistência de trânsito em julgado da decisão proferida na ação
principal - Reconsideração - Manutenção da suspensão. 1. Não cabe examinar, no pedido
de suspensão de liminar, as questões de fundo envolvidas na lide, tampouco se analisa erro
de julgamento ou de procedimento, que devem ser discutidos nas vias ordinárias recursais.
2. Não tendo se operado o trânsito em julgado da decisão que apreciou o mérito da questão
na instância ordinária, não há que se falar em perda de eficácia de suspensão já deferida.
3. Estando a Administração obrigada a dar publicidade a seus atos, configura lesão à ordem
pública, compreendida na ordem administrativa, decisão que inviabiliza os serviços de
publicidade obrigatórios, tais como publicação de editais de licitação, avisos, notificações,
convocações para audiências públicas, etc. 4. *Há manifesto risco à saúde pública
quando, por força de decisão concessiva de tutela antecipada, resta obstaculizada
a informação à população sobre paralisação de obras em Hospitais, suspensão de
aquisição de medicamentos pela administração e importância da vacinação como
instrumento de erradicação de doenças.* 5. Não tendo sido infirmados os requisitos
ensejadores da suspensão, é de ser mantida a mesma, para evitar lesão aos bens jurídicos
tutelados pela norma de regência. 6. Agravo Regimental não provido (STJ - AgRg na STA
29/DF - Min. Edson Vidigal - Corte Especial - *DJ*, 6.12.2004, p. 180).

A suspensão dos efeitos da execução de tutelas jurisdicionais, portanto, pode ser deferida para impedir a consumação de lesões graves à *saúde pública,* impedindo-se que seja comprometida a regular prestação dos serviços públicos de saúde ou que se verifique evento capaz de malferir diretamente a saúde da população.

8.2.3 Segurança pública

A acolhida do pedido de suspensão dos efeitos da execução de tutelas jurisdicionais também pode verificar-se para evitar grave lesão à segurança pública, bem público de semelhante relevância para a coletividade, tanto que a própria Constituição Federal de 1988, em seu art. 5º, *caput,* destinou-lhe proteção especial, ao assegurar "aos brasileiros e aos estrangeiros residentes no País, a inviolabilidade do direito à vida, à liberdade, à igualdade, à *segurança* e à propriedade" e em seu art. 144, quando aduz que "a *segurança pública,* dever do Estado, direito e responsabilidade de todos, é exercida para a preservação da ordem pública e da incolumidade das pessoas e do patrimônio".

Consoante se colhe o aludido art. 144 da Constituição Federal Brasileira de 1988, *a segurança pública se materializa quando preservada a ordem pública*[689] *e a incolumidade das pessoas e do patrimônio,* sendo primordial o seu asseguramento para a manutenção do próprio convívio social, de onde decorre sua relevância para a coletividade, fundamento jurídico capaz de justificar a adoção excepcional da suspensão da execução da tutela jurisdicional deferida em seu desfavor.

Para a preservação da *segurança pública,* portanto, o Supremo Tribunal Federal e o Superior Tribunal de Justiça têm deferido postulações suspensivas em face de decisões judiciais que: suspendeu planos governamentais de desapropriação para reforma agrária, gerando riscos de *iminentes conflitos agrários;*[690]

---

[689] Consoante visto, a *ordem pública* pode ser concebida como uma *situação fática de normalidade* vigente numa sociedade, estabelecida ou buscada para fins de *conservação da convivência harmoniosa das relações* que nela se estabelecem, e implementada mediante a *observância das normas legais, morais e consuetudinárias* pelos seus diversos membros.

[690] "Processual civil. Suspensão de liminar em mandado de segurança. Agravo regimental. 1. Programa de assentamento rural adotado e desenvolvido pelo Governo do Estado de São Paulo na região denominada 'Pontal do Paranapanema'. 2. Decretos liminares concedidos

Suspensão de Tutelas Jurisdicionais contra o Poder Público | 339

autorizou a construção de terminal de combustível em área urbana residencial, com sérios riscos de *explosão e incêndio*;[691] permitiu a instalação irregular de condomínio em localidade desprovida de *serviços de segurança, bombeiros, ou iluminação pública*;[692] reintegrou às funções Delegado de Polícia submetido à processo investigativo.[693]

---

em ações mandamentais que, ao emprestarem efeito suspensivo a agravos de instrumento interpostos contra decisões concessivas de cautela antecipada, tiveram o condão de paralisar o plano governamental. 3. *Potencialidade de ocorrência de graves e imprevisíveis distúrbios da ordem e segurança públicas, mercê da atuação de grupo de pessoas que se auto-intitulam 'sem terras'*. 4. 'Conquanto o Poder Judiciário não possa descurar do direito de propriedade, de um lado, por outra parte deve estar atento aos reflexos no contexto social que suas decisões provocam'. 5. *Situação de intranqüilidade social que ainda persiste na localidade Bandeirante*, não sendo elidida pelos meros argumentos trazidos pelos agravantes. 6. Agravo regimental desprovido, sem discrepância de votos" (STJ - AGSS nº 450/SP - Min. Bueno de Souza - *DJ*, 16.9.1996, p. 33.651).

[691] "Suspensão de segurança (deferimento). Cognição sumária. Potencial de lesão à saúde e segurança públicas. Interesse público. Recurso improvido. A suspensão de segurança será deferida quando a decisão impugnada tiver potencial suficiente para causar lesão aos valores tutelados pela norma de regência: saúde, segurança, economia e ordem públicas (art. 4º da Lei nº 4.348/64). *Construção de terminal de combustível em área urbana residencial – potencial de lesão à saúde e à segurança públicas*. O interesse privado não deve sobrepor-se ao interesse público. Recurso improvido" (STJ - AgRg na SS nº 1.026/PA - Min. Nilson Naves - *DJ*, 18.11.2002).

[692] "1 - A instalação irregular de condomínio tendente a agredir o ecossistema com a desordenada ocupação do solo, acarretando grave risco de contaminação de lençóis freáticos e nascentes d'água pela abertura de fossas de coleta de esgoto próximas a poços artesianos; a ausência de regular coleta de lixo e o risco de doenças decorrentes da insalubridade; *a inexistência de serviços de segurança e bombeiros em local sem iluminação pública com população estimada em mais de quatro mil pessoas*; e a possibilidade de arcar com a indenização de edificações diante do fato consumado são hábeis a configurar a presença dos pressupostos autorizadores da suspensão da liminar. 2 - Fundando-se a impetração em alegação de descumprimento da Lei nº 6.766/79, que cuida de loteamento ou parcelamento de solo, firma-se a competência do Presidente do Superior Tribunal de Justiça para examinar o pedido de suspensão da medida liminar. 3 - Afigura-se inadequado o exame, nessa sede, de questões relativas ao mérito da decisão, as quais devem ser dirimidas nas vias recursais ordinárias. 4 - Agravo desprovido" (STJ - AGSS nº 693/DF - Min. Antônio de Pádua Ribeiro - *DJ*, 20.9.1999, p. 00033).

[693] "Suspensão de segurança. Demissão de policial civil estadual a bem do serviço público. Liminar, em mandado de segurança, assegurando o retorno do Delegado de Policia ao exercício de suas funções, ao fundamento de que, em virtude de estar respondendo a ações penais pelos fatos, somente após a conclusão destas seria possível a demissão. Dentre as faltas disciplinares graves atribuídas ao policial, algumas tem correspondência com os crimes dos arts. 316 e 317 do Código Penal (concussão e corrupção passiva), objeto das ações penais em curso; outras constituem faltas de natureza disciplinar, cuja apuração e imposição de sanções independem de qualquer apreciação no juízo penal. A autonomia das instancias administrativa, civil e penal autoriza, em princípio, a imposição de sanção disciplinar, independentemente da conclusão do processo criminal. Fatos tão-só do âmbito disciplinar, considerados na decisão administrativa de demissão, após processo administrativo regular. Não cabia, pois, liminarmente, suspender o ato governamental a partir da afirmativa de que se fazia mister previa decisão do juízo penal. A liminar concedida, a tal fundamento,

8.2.4 Economia pública

Deve-se registrar, por fim, que a suspensão dos efeitos de determinada tutela jurisdicional pode ser deferida para a evitar grave lesão à *economia pública*.

O termo economia pública deve ser concebido em amplo sentido, e pode se referir tanto à *economia* ou às *finanças* de determinada *entidade de direito público ou a esta equiparada*, comprometendo, deste modo, a execução das diversas atividades sob sua responsabilidade, quanto à *ordem econômica* em geral.

A *economia* ou as *finanças* de determinada *entidade de direito público ou equiparada* pode restar atingida pelos efeitos de determinada decisão judicial principalmente quando destes resultam:

a) *grave comprometimento do montante das receitas e das despesas previstas nas leis orçamentárias;*

b) infringência às principais normas jurídicas estabelecidas com vistas à *captação das receitas e ao controle das despesas;* ou

c) *prejuízo econômico* (prejuízo às atividades econômicas exercidas direta ou indiretamente,[694] *patrimonial* (prejuízo

---

constitui ameaça de grave lesão a ordem pública, enquanto nesta se compreende, também, a ordem administrativa em geral, o devido exercício das funções da Administração pelas autoridades constituídas. Seria, nessa hipótese, coarctar o legitimo exercício, pela autoridade administrativa competente, do poder disciplinar, que lhe reserva a ordem jurídica. *Aspectos de ameaça, também, de grave lesão a segurança pública que merecem considerados, pela influencia do Delegado de Policia demitido e os graves envolvimentos que lhe são imputados, com reflexos no funcionamento do aparelho policial estadual e na segurança dos cidadãos, máxime, em virtude dos fatos apurados.* Suspensão da liminar concedida, com base no art. 4. da Lei nº 4.348/1964. Agravo regimental desprovido" (STF - SS nº 284 AgR/DF - Min. Néri da Silveira - Pleno - *DJ*, 30.4.92, p. 05722).

[694] Dispõe a Constituição Federal Brasileira de 1988, que: "Art. 173. Ressalvados os casos previstos nesta Constituição, a *exploração direta de atividade econômica pelo Estado* só será permitida quando necessária aos *imperativos da segurança nacional ou a relevante interesse coletivo*, conforme definidos em lei. §1º. A lei estabelecerá o estatuto jurídico da empresa pública, da sociedade de economia mista e de suas subsidiárias que explorem atividade econômica de produção ou comercialização de bens ou de prestação de serviços, dispondo sobre: I - sua função social e formas de fiscalização pelo Estado e pela sociedade; II - a sujeição ao regime jurídico próprio das empresas privadas, inclusive quanto aos direitos e obrigações civis, comerciais, trabalhistas e tributários; III - licitação e contratação de obras, serviços, compras e alienações, observados os princípios da administração pública; IV - a constituição e o funcionamento dos conselhos de administração e fiscal, com a participação de acionistas minoritários; V - os mandatos, a avaliação de desempenho e a responsabilidade dos

aos diversos bens patrimoniais públicos) ou *pecuniário* (prejuízo financeiro) *direto*. Além disso, consoante têm registrado a jurisprudência do Supremo Tribunal Federal e do Superior Tribunal de Justiça, "a questão do impacto

---

administradores. §2º. As empresas públicas e as sociedades de economia mista não poderão gozar de privilégios fiscais não extensivos às do setor privado. §3º. A lei regulamentará as relações da empresa pública com o Estado e a sociedade. §4º. A lei reprimirá o abuso do poder econômico que vise à dominação dos mercados, à eliminação da concorrência e ao aumento arbitrário dos lucros. §5º. A lei, sem prejuízo da responsabilidade individual dos dirigentes da pessoa jurídica, estabelecerá a responsabilidade desta, sujeitando-a às punições compatíveis com sua natureza, nos atos praticados contra a ordem econômica e financeira e contra a economia popular. (...) Art. 175. *Incumbe ao Poder Público, na forma da lei, diretamente ou sob regime de concessão ou permissão, sempre através de licitação, a prestação de serviços públicos*. Parágrafo único. A lei disporá sobre: I - o regime das empresas concessionárias e permissionárias de serviços públicos, o caráter especial de seu contrato e de sua prorrogação, bem como as condições de caducidade, fiscalização e rescisão da concessão ou permissão; II - os direitos dos usuários; III - política tarifária; IV - a obrigação de manter serviço adequado. Art. 176. As jazidas, em lavra ou não, e demais recursos minerais e os potenciais de energia hidráulica constituem propriedade distinta da do solo, para efeito de exploração ou aproveitamento, e pertencem à União, garantida ao concessionário a propriedade do produto da lavra. §1º. A pesquisa e a lavra de recursos minerais e o aproveitamento dos potenciais a que se refere o caput deste artigo somente poderão ser efetuados mediante autorização ou concessão da União, no interesse nacional, por brasileiros ou empresa constituída sob as leis brasileiras e que tenha sua sede e administração no País, na forma da lei, que estabelecerá as condições específicas quando essas atividades se desenvolverem em faixa da fronteira ou terras indígenas. §2º. É assegurada participação ao proprietário do solo nos resultados da lavra, na forma e no valor que dispuser a lei. §3º. A autorização de pesquisa será sempre por prazo determinado, e as autorizações e concessões previstas neste artigo não poderão ser cedidas ou transferidas, total ou parcialmente, sem prévia anuência do poder concedente. §4º. Não dependerá de autorização ou concessão o aproveitamento do potencial de energia renovável de capacidade reduzida. Art. 177. Constituem *monopólio* da União: I - a pesquisa e a lavra das jazidas de petróleo e gás natural e outros hidrocarburetos fluidos; II - a refinação do petróleo nacional ou estrangeiro; III - a importação e exportação dos produtos e derivados básicos resultantes das atividades previstas nos incisos anteriores; IV - o transporte marítimo do petróleo bruto de origem nacional ou de derivados básicos de petróleo produzidos no País, bem assim o transporte, por meio de conduto, de petróleo bruto, seus derivados e gás natural de qualquer origem; V - a pesquisa, a lavra, o enriquecimento, o reprocessamento, a industrialização e o comércio de minérios e minerais nucleares e seus derivados. §1º. A União poderá contratar com empresas estatais ou privadas a realização das atividades previstas nos incisos I a IV deste artigo, observadas as condições estabelecidas em lei. §2º. A lei a que se refere o §1º disporá sobre: I - a garantia do fornecimento dos derivados de petróleo em todo o território nacional; II - as condições de contratação; III - a estrutura e atribuições do órgão regulador do monopólio da União. §3º. A lei disporá sobre o transporte e a utilização de materiais radioativos no território nacional. §4º A lei que instituir contribuição de intervenção no domínio econômico relativa às atividades de importação ou comercialização de petróleo e seus derivados, gás natural e seus derivados e álcool combustível deverá atender aos seguintes requisitos: I - a alíquota da contribuição poderá ser: a) diferenciada por produto ou uso; b) reduzida e restabelecida por ato do Poder Executivo, não se lhe aplicando o disposto no art. 150, III, b; II - os recursos arrecadados serão destinados: a) ao pagamento de subsídios a preços ou transporte de álcool combustível, gás natural e seus derivados e derivados de petróleo; b) ao financiamento de projetos ambientais relacionados com a indústria do petróleo e do gás; c) ao financiamento de programas de infra-estrutura de transportes" (Grifos nossos).

patrimonial ao orçamento deve ser analisada à luz da situação sócio-econômica de cada Unidade da Federação".[695]

Malferimento à *ordem econômica*,[696] a seu turno, acontecerá quando os efeitos da decisão judicial forem capazes de *afetar negativamente as principais relações econômicas estabelecidas em nosso país ou por nosso país*[697] ou resultar em *infringência*

---

[695] Vejamos os seguintes casos apreciados pelo Supremo Tribunal Federal: "Suspensão de segurança. Deferimento. Agravo regimental. 1. Em sede angusta de pedido suspensivo basta verificar se o *decisum* malsinado exibe potencialidade apta a causar grave lesão à ordem, à saúde, à segurança e à economia públicas. 2. A questão do impacto patrimonial ao orçamento deve ser analisada à luz da situação sócio-econômica de cada Unidade da Federação. 3. Agravo regimental desprovido" (STJ - AgRg na SS nº 446/PA - Min. Bueno de Souza - Corte Especial - *DJ*, 28.6.1999, p. 40).
"Agravo regimental. Suspensão de segurança. Grave lesão à economia pública. 1. A grave lesão à economia pública não está relacionada tão-somente com o montante do débito, mas sim com os danos que a decisão judicial possa causar na ordem jurídica, no ponto em que privilegia o interesse particular em detrimento do público. 2. Agravo Regimental desprovido" (STJ - AgRg na SS nº 546/CE - Min. Bueno de Souza - Corte Especial - *DJ*, 28.6.1999, p. 41).
"Suspensão de segurança. Deferimento. Agravo regimental. 1. Em sede augusta de pedido suspensivo basta verificar se o *decisum* malsinado exibe potencialidade apta a causar grave lesão à ordem, à saúde, à segurança e à economia públicas. 2. *A questão do impacto patrimonial ao orçamento deve ser analisada à luz da situação sócio-econômica de cada Unidade da Federação.* 3. Agravo regimental desprovido" (STF - AGSS nº 375/PA - Min. Bueno de Souza - *DJ*, 21.6.1999, p. 00067).

[696] Segundo Vital Moreira, a expressão *ordem econômica* pode ser assim compreendida: "– em um primeiro sentido, 'ordem econômica' é o modo de ser empírico de uma determinada economia concreta; a expressão, aqui, é termo de um *conceito de fato* e não de um conceito normativo ou de valor (é conceito do mundo do ser, portanto); o que o caracteriza é a circunstância de referir-se não a um conjunto de regras ou normas reguladoras de relações sociais, mas sim a uma relação entre *fenômenos econômicos e materiais*, ou seja, relação entre fatores econômicos concretos; conceito do mundo do ser, exprime a realidade de uma inerente articulação do econômico como fato; – em um segundo sentido, 'ordem econômica' é expressão que designa o conjunto de todas as *normas* (ou regras de conduta), qualquer que seja a sua natureza (jurídica, religiosa, moral etc.), que respeitam à regulação do comportamento dos sujeitos econômicos; é o sistema normativo (no sentido sociológico) da ação econômica; – em um terceiro sentido, 'ordem econômica' significa ordem *jurídica* da economia" (MOREIRA. *A ordem jurídica do capitalismo*, p. 67-71).

[697] Assim dispõe a Constituição Federal de 1988: "Art. 170. A *ordem econômica*, fundada na valorização do trabalho humano e na livre iniciativa, tem por fim assegurar a todos existência digna, conforme os ditames da justiça social, observados os seguintes princípios: I - soberania nacional; II - propriedade privada; III - função social da propriedade; IV - livre concorrência; V - defesa do consumidor; VI - defesa do meio ambiente; VII - redução das desigualdades regionais e sociais; VIII - busca do pleno emprego; IX - tratamento favorecido para as empresas de pequeno porte constituídas sob as leis brasileiras e que tenham sua sede e administração no País. Parágrafo único. É assegurado a todos o livre exercício de qualquer atividade econômica, independentemente de autorização de órgãos públicos, salvo nos casos previstos em lei. (...) Art. 172. A lei disciplinará, com base no interesse nacional, os investimentos de capital estrangeiro, incentivará os reinvestimentos e regulará a remessa de lucros. (...) Art. 174. *Como agente normativo e regulador da atividade econômica, o Estado exercerá, na forma da lei, as funções de fiscalização, incentivo e planejamento, sendo este determinante para o setor público e indicativo para o setor privado.* §1º. A lei

às principais normas jurídicas estabelecidas com vistas à regulação destas mesmas relações econômicas.

Consoante tais observações, o Supremo Tribunal Federal e o Superior Tribunal de Justiça têm considerado passíveis de causar grave lesão à *economia pública*, os efeitos de decisões judiciais que: promoveram, mediante provimento jurisdicional antecipatório, a *elevação dos valores do FUNDEF devidos por cada aluno* a serem repassados pela União (Ministério da Educação), aos Municípios, resultando em vultosa soma não prevista na legislação orçamentária;[698] asseguraram o pagamento das diferenças decorrentes do *reajustamento da tabela de procedimentos do SUS*, com o conseqüente desvio de elevados recursos destinados à saúde;[699]

---

estabelecerá as diretrizes e bases do planejamento do desenvolvimento nacional equilibrado, o qual incorporará e compatibilizará os planos nacionais e regionais de desenvolvimento. §2º. A lei apoiará e estimulará o cooperativismo e outras formas de associativismo. §3º. O Estado favorecerá a organização da atividade garimpeira em cooperativas, levando em conta a proteção do meio ambiente e a promoção econômico-social dos garimpeiros. §4º. As cooperativas a que se refere o parágrafo anterior terão prioridade na autorização ou concessão para pesquisa e lavra dos recursos e jazidas de minerais garimpáveis, nas áreas onde estejam atuando, e naquelas fixadas de acordo com o art. 21, XXV, na forma da lei. (...) Art. 178. A lei disporá sobre a ordenação dos transportes aéreo, aquático e terrestre, devendo, quanto à ordenação do transporte internacional, observar os acordos firmados pela União, atendido o princípio da reciprocidade. Art. 179. A União, os Estados, o Distrito Federal e os Municípios dispensarão às microempresas e às empresas de pequeno porte, assim definidas em lei, tratamento jurídico diferenciado, visando a incentivá-las pela simplificação de suas obrigações administrativas, tributárias, previdenciárias e creditícias, ou pela eliminação ou redução destas por meio de lei. Art. 180. A União, os Estados, o Distrito Federal e os Municípios promoverão e incentivarão o turismo como fator de desenvolvimento social e econômico. Art. 181. O atendimento de requisição de documento ou informação de natureza comercial, feita por autoridade administrativa ou judiciária estrangeira, a pessoa física ou jurídica residente ou domiciliada no País dependerá de autorização do Poder competente" (Grifos nossos).

[698] "Agravo regimental em suspensão de liminar. União. Ministério público. Ação civil pública. *FUNDEF. Definição do valor mínimo anual por aluno.* Alegação de risco de lesão à ordem e à economia públicas. Requisitos à concessão da tutela – Não presentes. Irreversibilidade do provimento antecipado – Vedada. *Valores discutidos vultosos* – Possibilidade de lesão à economia pública. 1. A suspensão é medida de caráter excepcional, devendo ser concedida somente quando evidenciado pela parte requerente a possibilidade de lesão a pelo menos um dos bens públicos protegidos pela norma de regência, no caso a Lei 8.437/92, art. 4º. 2. A tutela antecipada requer prova inequívoca e verossimilhança da alegação para a sua concessão. No presente caso, tais pressupostos não ficaram evidenciados, tendo em consideração que a matéria discutida é controvertida e os valores apresentados não gozam de qualquer certeza e liquidez. 3. Veda-se a concessão da antecipação de tutela quando houver perigo de irreversibilidade do provimento antecipado. 4. Agravo Regimental não provido" (STJ - AgRg na SL nº 33/SP - Min. Edson Vidigal - Corte Especial - *DJ*, 6.12.2004, p. 171).

[699] "Agravo regimental em pedido de suspensão. *Reajuste na Tabela do SUS.* Levantamento de valores antes de decisão definitiva. Efeito multiplicador. Lesão à economia e saúde públicas configurada. Lei nº 8.437/92, art. 4º. 1. A extrema medida de suspensão tem análise restrita aos aspectos concernentes à potencialidade lesiva do ato decisório contra os valores juridicamente protegidos pela Lei nº 8.437/92, art. 4º: ordem, saúde, segurança e economia

garantiram a *majoração da remuneração*[700] ou a *não realização de descontos previdenciários sobre a remuneração* de servidores

públicas. 2. *Quanto às decisões que impõem à União o desembolso de quantia vultosa, referente ao reajuste de 9,56% nas tabelas de remuneração dos prestadores de serviços médico-hospitalares ao Sistema Único de Saúde – SUS*, afigura-se mais prudente aguardar o deslinde definitivo da controvérsia em sede de cognição plena, para que, aí sim, caso vencida a União, seja determinado o pagamento em debate. 3. Com a demonstração do risco de dano alegado, evidenciado pelo efeito multiplicador de ações propostas com idêntico objeto, impõe-se a manutenção da suspensão concedida pela Presidência desta Corte. 4. Agravo Regimental não provido" (STJ - AgRg na PET nº 1.491/RS - Min. Edson Vidigal - Corte Especial - *DJ*, 6.12.2004, p. 178).

[700] "Suspensão de liminar (deferimento). Decisão judicial que determinou *majoração da remuneração de servidores municipais*. Lesão à ordem pública (ocorrência). 1. Para a concessão da suspensão de liminar, faz-se imprescindível lesão ao menos a um dos bens tutelados pela norma de regência, a saber: ordem, saúde, economia ou seguranças públicas. 2. Pedido de suspensão formulado contra decisão que determinou a limitação dos proventos dos servidores municipais ao teto dos proventos do prefeito gera grande aumento no gasto suplementar mensal do ente público, configurando lesão à economia pública. 3. Há a possibilidade de a municipalidade ressarcir os servidores caso perdedora nas vias ordinária, não ocorrendo o mesmo na situação inversa. 4. Agravo improvido" (STJ - AgRg na SL nº 8/AM - Min. Nilson Naves - Corte Especial - *DJ*, 16.8.2004, p. 117).

"Mandado de segurança deferido, por Tribunal Estadual, a fim de atribuir *direito de equiparação de Tesoureiro-Auxiliar a Juiz de Direito, para efeito de remuneração* – Relevância jurídica da tese do Estado requerente, baseada no art. 37, XIII, da Constituição Federal. Grave lesão a economia pública, em face da liquidação de atrasados, em desrespeito ao §3º do art. 1º da Lei nº 5.021/1966 e a Súmula nº 271 do STF (STF - AGRSS nº 660/MA - Min. Octávio Gallotti - Pleno - *DJU*, 23.9.1994).

"Mandado de segurança – Pedido de suspensão de segurança, versando tema constitucional relevante, concernente a *vinculação entre a remuneração de servidores públicos* (art. 37, XIII, da CF), com grave repercussão sobre a economia pública estadual" (STF - AGRSS nº 601/ES - Min. Octávio Gallotti - Pleno - *DJU*, 8.4.1994).

"Vinculação, ao duplo valor do salário mínimo, da base de retribuição de servidores municipais – Relevância da tese da Prefeitura requerente, em face da cláusula final do inc. IV do art. 7º da Constituição Federal e do princípio da autonomia municipal. Seria repercussão, sobre a economia pública, da concessão da segurança, cuja suspensão se mantém" (STF - AGRSS nº 591/SP - Rel. Min. Octávio Gallotti - Pleno - *DJU*, 25.3.1994).

"Suspensão de Segurança. *Mandados de Segurança que determinaram pagamentos a funcionários estaduais, com graves repercussões sobre a situação do Tesouro do Estado, afirmando o Chefe do Poder Executivo que as importâncias pretendidas implicam onerar as finanças publicas no percentual de 138,40% da arrecadação total.* Suspensão de segurança deferida, suspendendo-se a execução das decisões concessivas dos mandados de segurança, até o trânsito em julgado dos acórdãos respectivos, ou até a decisão do STF, em recurso extraordinário eventualmente interposto. Agravo regimental. A competência do Presidente do STF, para conhecer do pedido de suspensão de segurança, resulta da fundamentação de natureza constitucional da causa, onde se propõe discussão em torno do art. 38 e seu parágrafo único do ADCT, da Carta Política de 1988, bem assim dos arts. 167, II, e 169, parágrafo único, ambos da Constituição Federal. A legitimidade da representação do Estado requerente decorre do só fato de a inicial estar firmada pelo próprio Governador e pelo Procurador-Geral do Estado, além dos advogados constituídos pelo Estado. Não há elementos no agravo regimental a afastarem os fundamentos do despacho agravado. Decisão anterior na Suspensão de Segurança n. 299/ES. Em suspensão de segurança, não há espaço a discutir o mérito do mandado de segurança, nem quanto a validade do reajuste trimestral a base dos índices do IPC. Ameaça de grave lesão à ordem e a economia publicas que se tem como caracterizada, aos efeitos da suspensão de segurança. Agravo regimental desprovido" (STF - SS nº 302 AgR/DF - Min. Néri da Silveira - Tribunal Pleno - *DJ*, 18.10.1991, p. 14548).

públicos;[701] autorizaram a *compensação de créditos tributários* em valores milionários;[702] determinaram que se procedesse a *correção dos balanços patrimoniais das empresas* com base em indexadores diferentes dos até então adotados;[703] resultaram em quebra

---

"Suspensão de segurança. Decisão, em mandado de segurança, que determina o pagamento de vencimentos de Oficiais inativos da Polícia Militar do Ceará, sem as restrições do teto. Alegação de ofensa ao art. 37, XI, da Constituição Federal, e art. 17 do ADCT. Indenização de representação prevista em lei estadual. Saber se essa vantagem, com as características da lei estadual, corresponde a parcela de remuneração, a título de 'gratificação de representação', ao lado do vencimento básico, assim como e concedida, largamente, na função pública, ou se cabe como mera 'vantagem pessoal', a semelhança da gratificação de tempo de serviço, ou de acréscimo relativo a 'natureza ou ao local de trabalho', a teor do art. 39, §1º, da Lei Magna Federal, e para os efeitos do art. 37, XI, da Constituição, eis o tema de índole constitucional que se anuncia trazer ao STF, em recurso extraordinário. Não se analisa, na suspensão de segurança, o mérito da impetração, mas, tão-só, a ocorrência de qualquer dos pressupostos legais que legitimam essa providencia excepcional, destinada a 'evitar grave lesão a ordem, a saúde, a segurança e a economia publicas'. Lei nº 4.348/1964, art. 4º. *Hipótese em que os elementos de fato evidenciam o risco de grave dano a economia pública, no caso de, executada a decisão concessiva da segurança, vir a prover-se o recurso anunciado, diante do numero dos beneficiários e dos montantes da remuneração, em certos casos, de quase o triplo dos limites máximos fixados.* Pedido que se defere, para suspender a execução do acórdão, até o julgamento do recurso pelo STF, ficando sem efeito a suspensão, se o aresto local for mantido pelo Supremo Tribunal Federal, ou vier a transitar em julgado (RISTF, art. 297, §3º). Agravo regimental desprovido" (STF - SS nº 282 AgR/CE - Min. Néri da Silveira - Tribunal Pleno - *DJ*, 24.4.1992, p. 05375).

[701] "Agravo regimental – *Decisão de relator do TRE que concedeu liminar para suspender a incidência do desconto previdenciário sobre o adicional de férias e horas extras e demais parcelas não incorporáveis ao vencimento* – Pedido de suspensão de eficácia de liminar deferida – Em processo de suspensão de segurança, não se examinam as questões da causa em que deferida a segurança ou a liminar, mas, apenas, se ocorre, com tal deferimento, hipótese de risco de grave lesão à ordem, à saúde, à segurança e à economia pública. Precedentes do STF. Impetrações dessa natureza, em cascata, denominadas de 'efeito multiplicador' são aptas a caracterizar 'grave lesão à ordem e economia públicas', requisito necessário ao deferimento de pedidos de suspensão dos efeitos de decisões. Precedentes do STF e TSE. Decisão agravada que se mantém por seus próprios fundamentos. Agravo regimental improvido" (TSE - ASS nº 32 - Min. Nelson Jobim - *DJU*, 15.2.2002, p. 141).

[702] "Suspensão de Segurança. Mandado de Segurança. Extinção. Ilegitimidade. Medida Cautelar. Liminar. Concessão. Grave lesão à ordem pública. Possibilidade. I - Julgado extinto o Mandado de Segurança por ilegitimidade passiva da autoridade citada como coatora e por ausência de direito líquido e certo da impetrante, a liminar posteriormente deferida, unilateralmente, por relator de medida cautelar para *liberar a compensação de créditos de IPI no valor de mais de duzentos e quatorze milhões de reais*, poderá acarretar grave lesão à ordem econômica. II - Agravo regimental provido para deferir o pedido de suspensão da liminar concedida" (STJ - AgRg na SS nº 1.228/SP - Min. Nilson Naves - Corte Especial - *DJ*, 19.12.2003, p. 300).

[703] "Constitucional. Processual. Mandado de segurança. Suspensão de liminar. 1. A suspensão de liminar em mandado de segurança deve ser decretada quando os seus efeitos afetem a economia pública. 2. Os critérios da valoração da conveniência e da oportunidade da suspensão de liminar em mandado de segurança são fixados pelo Presidente do Tribunal, que exerce o juízo crítico a respeito da existência ou não de atentado à ordem administrativa, à saúde e à economia da coletividade. 3. Em tema de suspensão de liminar em mandado de segurança, há de se considerar a provisoriedade do ato expedido, em comparações com o dever de serem resguardados interesses maiores da nação que devem se submeter à definitividade da coisa julgada. 4. *Há de se considerar, de modo objetivo, como provocador de*

346 | Isabel Cecília de Oliveira Bezerra

do *equilíbrio econômico* de contrato firmado com o Poder Público, gerando impactos negativos sobre o risco Brasil;[704] implicaram em *paralisação de obra pública*, com riscos de prejuízo ao erário;[705] comprometeram a *repartição das receitas tributárias*;[706] resultaram em comprometimento do regime de *substituição tributária*;[707]

---

grave lesão às finanças do país, a proliferação de liminares concedendo a correção de todos os balanços patrimoniais das empresas com base em indexadores diferentes dos até então adotados. 5. Não há possibilidade de, em sede recurso especial, proceder-se a revisão de entendimento posto em acórdão que prestigiou decisão do Presidente do Tribunal no sentido de suspender liminar em mandado de segurança, por entendê-la capaz de afetar a economia pública. 6. O juízo emitido pelo acórdão não contém violação ao art. 4º, da Lei n. 7.384/64, haja vista não conter excesso e se comportar nos limites da discricionariedade a ser gerida pelo julgador, conforme lhe permite o dispositivo legal supra-referido. 7. Agravo regimental improvido" (STJ - AgRg nos EDcl no AG nº 156.497/MG - Min. José Delgado - Primeira Turma - *DJ*, 3.8.1998, p. 101).

[704] "Agravo regimental. Suspensão de liminar. Ação civil pública. Lesão à ordem pública e econômica configurada. Insegurança jurídica e risco Brasil agravado. 1. No âmbito especial da suspensão liminar, cujos limites cognitivos prendem-se à verificação das hipóteses expressas na Lei nº 8.437/92, art. 4º, descabem alegações relativas às questões de fundo. 2. Caracterizado o risco inverso, refletido no cenário de insegurança jurídica que pode se instalar com a manutenção da liminar, que, em princípio, *admite a quebra do equilíbrio dos contratos firmados com o Poder Público, lesando a ordem pública administrativa e econômica e agravando o risco Brasil, defere-se o pedido de suspensão*. 3. Agravo regimental provido" (STJ - AgRg na SL nº 57/DF - Min. Edson Vidigal - Corte Especial - *DJ*, 6.9.2004, p. 152).

[705] "Agravo regimental. Liminar em ação cautelar. Pedido de suspensão. Fixação da competência. Agressão ao meio ambiente. Risco de lesão à economia pública plausível. Ocorrência dos pressupostos legais (Lei nº 8.437/92). Desprovimento do recurso. I - Concedida liminar por membro de Tribunal, a competência atribuída ao Presidente do Superior Tribunal de Justiça para apreciação do pedido de suspensão da medida, fundado em risco de grave lesão à ordem, à saúde, à segurança e à economia públicas não afasta, no âmbito daquela Corte, o cabimento de agravo para exame da ocorrência de eventuais vícios (*error in procedendo* ou *in judicando*) na decisão. Precedente (Rcl. nº 460/PE). II - Caracterizada a potencialidade de dano ao meio ambiente em face da proximidade de chuvas regulares na região e *o risco de graves prejuízos à economia pública, decorrentes da suspensão de obras de engenharia em vias de conclusão (ponte sobre o rio Paraná)*, impõe-se a suspensão da eficácia da medida. III - Configuração dos pressupostos não elidida pela impugnação recursal. IV - Agravo desprovido" (STJ - AgRg na PET nº 1.018/PR - Min. Antônio de Pádua Ribeiro - Corte Especial - *DJ*, 26.4.1999, p. 36).

[706] "Constitucional – Processual civil – Tributário – Mandado de segurança: Suspensão – Lesão à ordem e à economia públicas – ICMS: índice de participação dos Municípios – CF, art. 158, IV – I. A concessão de liminar em mandado de segurança que repete anterior writ denegado pelo Eg. Tribunal de Justiça do Estado de Goiás, confirmado pelo Eg. Superior Tribunal de Justiça e transitado em julgado, é lesiva à ordem pública, considerada esta em termos de ordem jurídico-constitucional. II. *Ocorrência de lesão à economia pública, dado que o Poder Executivo estadual ficaria obrigado a repartir a receita tributária proveniente do ICMS com diminuição das cotas de participação dos municípios goianos*. III. Agravo não provido" (STF - AGRSS nº 1.806/GO - Min. Carlos Velloso - Pleno - *DJU*, 11.10.2001, p. 00008).

[707] "Agravo regimental na suspensão de segurança. ICMS. Substituição tributária. Constitucionalidade. Precedentes. Imunidade tributária. Impossibilidade. Grave lesão à ordem pública. Ausência. 1. É responsável tributário, por substituição, o industrial, o comerciante ou o prestador de serviço, relativamente ao imposto devido pelas anteriores ou subseqüentes

Suspensão de Tutelas Jurisdicionais contra o Poder Público | 347

desrespeitaram as normas jurídicas estabelecidas com vistas a evitar "lavagem de dinheiro", causando *impactos negativos sobre as reservas internacionais*;[708] geraram grandes riscos de prejuízos às exportações brasileiras;[709] asseguraram o *não-recolhimento de elevados valores de tributos* devidos;[710] garantiram o *seqüestro de*

---

saídas de mercadorias ou, ainda, por serviços prestados por qualquer outra categoria de contribuinte. Legitimidade do regime de substituição tributária declarada pelo Pleno deste Tribunal. 2. Distribuidora de petróleo, combustíveis e derivados. Benefício da imunidade tributária. Concessão. Impossibilidade, por cuidar-se de benesse concedida aos Estados e não às empresas distribuidoras de combustíveis. 3. Mandado de segurança. *Suspensão da medida liminar, em face da probabilidade de sua execução causar lesão à ordem e à economia públicas.* Pressupostos para o seu deferimento. Observância. Agravo regimental a que se nega provimento" (STF - SS 2242 AgR/MA - Min. Maurício Corrêa - Pleno - *DJ*, 21.5.2004, p. 00033).

"Constitucional – Processual civil – Tributário – Mandado de segurança: Suspensão – Grave lesão à economia pública – Efeito multiplicador – Substituição tributária "para frente" – I. O Supremo Tribunal Federal, pelo seu Plenário, julgando os RREE nº 213.396/SP e nº 194.382/SP, deu pela legitimidade constitucional, em tema de ICMS, da denominada substituição tributária "para frente". II. *A medida liminar, nos termos em que concedida, impossibilita a Fazenda Pública de receber a antecipação do ICMS por um largo período, o que lhe causa dano, sendo ainda certo que a segurança, se concedida, a final, não resultará inócua, dado que ao contribuinte é assegurada a restituição do pagamento indevido.* III. Necessidade de suspensão dos efeitos da liminar, tendo em vista a ocorrência do denominado "efeito multiplicador". IV. Agravo não provido" (STF - AGRSS nº 1.307/PE - Rel. Min. Carlos Velloso - TP - *DJU*, 11.10.2001, p. 00007).

[708] "Constitucional. Administrativo. Cautelar: suspensão. Lei nº 9.613/98: 'lavagem de dinheiro'. Lesão à ordem e à economia públicas. I. - Cautelar deferida pelo Juiz de 1º grau, mantida pelo TRF/5ª Região. Pedido de suspensão da cautelar formulado ao Presidente do Supremo Tribunal Federal. *Indícios da ocorrência de 'lavagem de dinheiro', praticando a empresa fraude à Lei nº 9.613/98, que ordena a identificação das compras de moedas em quantia superior a US$10.000,00 (dez mil dólares).* II. - A manutenção da liminar pode acarretar grave lesão à ordem e à economia públicas, dado que causa ela *impacto negativo sobre as reservas internacionais.* III. - *Lesão à ordem pública, considerada esta em termos de ordem administrativa, ordem legal, porque proporciona válvula de escape à Lei 9.613/98, que visa a coibir a 'lavagem de dinheiro'.* IV. - Agravo provido, restabelecendo-se a decisão do Presidente do STF que suspendeu a execução da cautelar" (STF - Pet nº 1.890 AgR-AgR/CE - Min. Marco Aurélio - Pleno - *DJ*, 5.3.2004, p. 00014).

[709] "Suspensão de liminar (deferimento) – Agravo regimental (cabimento) – *Possibilidade de alastramento de praga causada pelo cancro europeu em lavoura de maçãs (lesão à economia pública).* Incineração da plantação já realizada (pedido prejudicado). Perdas e danos (meios próprios). 1. *A ocorrência da praga causada pelo cancro europeu em propriedade da agravante tem potencial para causar lesão à economia pública, visto que causará prejuízo às nossas exportações. US$30.000.000,00.* 2. Na espécie, a plantação de maçãs já foi incinerada, o que esvazia a pretensão da agravante. 3. Possível reparação por perdas e danos há de ser buscada em outras ações. 4. Agravo prejudicado" (STJ - AGSS nº 1.144/RS - Min. Nilson Naves - Corte Especial - *DJU*, 22.9.2003, p. 00248).

[710] "Suspensão de segurança (deferimento) – Agravo regimental (cabimento) – Presidência do Superior Tribunal (competência) – Norma constitucional (forma reflexa) – Não-recolhimento de quantia a título de ICMS – Lesão à economia pública (art. 4º da Lei nº 4.348/64) – Interesse público – I - É competente o Presidente do Superior Tribunal de Justiça para apreciar pedido de suspensão de liminar quando a controvérsia gira em torno de questão de mera legalidade. II - Na espécie, o conflito com a norma constitucional ocorre de forma

recursos públicos, comprometendo a continuidade da prestação de serviços públicos;[711] obstaculizam a elevação da alíquota de imposto com efeitos extrafiscais.[712]

8.2.5 Manifesto interesse público e flagrante ilegitimidade

A Lei n° 8.437/92 (em seu art. 4°) e a Lei n° 9.494/97 (em seu art. 1°), além de elencar como pressupostos para o deferimento do pedido de suspensão a possibilidade de "grave lesão à ordem, à saúde, à segurança e à economia públicas", estudados acima, estabeleceram ainda a necessidade de que a tutela jurisdicional suspensiva somente fosse deferida "em caso de manifesto interesse público ou flagrante ilegitimidade".

A expressão acrescentada às normas em referência em nada contribui para o aperfeiçoamento do instituto objeto do presente trabalho. E sua redação apenas desperta a preocupação dos estudiosos da matéria para o grande desconhecimento técnico dos parlamentares brasileiros incumbidos de sua elaboração.

Em primeiro lugar, porque *não se admite qualquer deferimento de pedido de suspensão senão 'em caso de manifesto interesse público'*. A expressão, deste modo, se faz absolutamente desnecessária, posto que *em todas as hipóteses legalmente previstas, somente se faz possível a acolhida do pedido para o*

---

reflexa, o que não permitiria, em tese, a interposição de recurso extraordinário. III - *O não-recolhimento de quantia superior a R$24.000.000, 00 a título de ICMS incidente sobre o provimento de acesso à internet causa grave lesão à economia pública.* IV - O interesse privado não deve sobrepor-se ao público. V - Agravo improvido" (STJ - AGSS n° 1.084/SP - Min. Nilson Naves - Corte Especial - *DJU*, 14.4.2003).

[711] "Suspensão de liminar que assegurou o seqüestro de recursos municipais, para prover a satisfação de futura e determinada cobrança, a ser ajuizada contra a Prefeitura – Relevante alegação, pela Municipalidade, de ofensa ao art. 100 da Constituição Federal, com grave lesão a economia pública e *reflexo negativo na execução dos serviços básicos locais*" (STF - AGRSS n° 751/BA - Min. Octávio Gallotti - Pleno - *DJU*, 6.10.1995).

[712] "Imposto de importação: automóveis de passeio: *aumento da alíquota* (CF, art. 153, I e §1°): incidência sobre mercadorias já adquiridas, quando da edição do decreto: pedido de suspensão de liminar em mandado de segurança impetrado sob a alegação de ofensa ao ato jurídico perfeito: deferimento da suspensão, com base na relevância da tese contraria da União e da necessidade de salvaguardar os efeitos extrafiscais da medida: suspensão que se mantém, dado que ditos efeitos não foram definitivamente prejudicados pela remessa das divisas correspondentes a aquisição de mercadoria, dadas as providencias governamentais tomadas para viabilizar a reexportação" (STF - SS n° 775 AgR/SP - Min. Sepúlveda Pertence - Tribunal Pleno - *DJ*, 23.2.1996, p. 03625).

resguardo do interesse público manifestado no caso concreto. Assim, em todas as hipóteses em que deferida a suspensão, este caso sempre será um caso de "de manifesto interesse público".[713] Em segundo lugar, porque a denominada "flagrante ilegitimidade", concebida por alguns como injuridicidade ou ilegalidade do conteúdo da decisão cujos efeitos de impugna, pode ou não restar presente para fins de suspensão, e não representa, como estudado acima, pressuposto para a acolhida do pedido.[714] Com efeito, segundo bem observa Marcelo Abelha Rodrigues:

> Outro aspecto que pensamos ter sido baralhado pelo legislador é o de ter dito que a suspensão da execução da liminar pode ser dada em caso de *flagrante ilegitimidade* e para evitar grave lesão ao interesse público. Ora, quando permite a suspensão da execução da liminar por flagrante ilegitimidade, está, ao contrário de todas as hipóteses anteriores, pretendendo entrar na discussão da juridicidade da decisão proferida pelo juízo, que, *data venia*, só será possível por intermédio de recurso próprio. Está, pois, desvirtuando a própria finalidade do instituto para lhe entregar um efeito devolutivo que não se coaduna com a sua natureza.

E para os que concebem a aludia "flagrante ilegitimidade" como malferimento ao *consentimento social*, do mesmo modo, tal pressuposto se identificaria com a necessidade de conformação da tutela suspensiva com os interesses da coletividade, sendo mesmo desnecessária a sua expressa previsão normativa.

Nestes termos, não se considera correta a doutrina de Mantovanni Colares Cavalcante, quando assevera que a Lei nº 8.437/92 incluiu mais "duas hipóteses autorizadoras da contracautela em favor do Poder Público, quais sejam, o manifesto interesse público e a flagrante ilegitimidade da decisão proferida", promovendo,

---

[713] Consoante também observa Cristina Gutierrez, "(...) verifica-se que o *pressuposto fundamental* a autorizar a utilização da via excepcional do pedido de suspensão de liminar ou de sentença, nada mais é do que *a preservação do interesse público*, em seu sentido lato, consubstanciado no risco de grave lesão aos bens jurídicos — ordem, saúde, segurança e economia públicas" (GUTIÉRREZ. *Suspensão de liminar e de sentença na tutela do interesse público*, p. 37).

[714] Em sentido diverso: "Neste caso específico, portanto, por força do texto legal, haveria uma perfeita simbiose de situações, carecendo a própria suspensão da eficácia da liminar da prova efetiva, pelo legitimado a requerer a suspensão perante o tribunal competente, de um quê de ilegitimidade (= comprovação da ausência de direito tutelável) do ato judicial praticado em prol do impetrante" (BUENO. *Liminar em mandado de segurança*: um tema com variações, p. 224).

deste modo, "nítido alargamento do campo de abrangência dessa suspensão da execução da decisão proferida contra o Poder Público",[715] e de Francesco Conte, quando aduz que o pedido de suspensão somente pode ser deferido quando, cumulativamente, verificar-se manifesto interesse público ou flagrante ilegitimidade (decisão de semblante teratológico).[716]

---

[715] CAVALCANTE. *Mandado de segurança*: texto atualizado inclusive com as alterações promovidas pelas leis 10.532 e 10.538, de 26 e 27 de dezembro de 2001, respectivamente, p. 167.

[716] CONTE. Suspensão de execução de medidas liminares e sentenças contra o poder público. *Revista de Direito da Procuradoria Geral do Estado do Rio de Janeiro*, p. 120.

Conclusões

1 As pessoas jurídicas de direito público ou a estas equiparadas, para resguardar os interesses públicos sob sua guarda, podem postular judicialmente a suspensão dos efeitos da execução provisória de determinadas tutelas jurisdicionais, quando destas possam decorrer graves lesões à ordem, à saúde, à segurança ou à economia públicas.

2 O instituto jurídico-processual estudado deve ser compreendido como o incidente processual destinado à paralisação, cessação, sustação ou detenção temporária dos efeitos normais decorrentes da execução provisória de tutelas jurisdicionais cautelares, antecipadas ou definitivas, nas hipóteses legalmente previstas, mediante provimento jurisdicional deferido principalmente pelos Presidentes dos Tribunais nacionais, exarado após prévia postulação formalizada por pessoa jurídica de direito público ou equiparada, e para evitar ou impedir grave lesão à ordem, à saúde, à segurança e à economia públicas.

3 A usual denominação "suspensão de segurança" decorrente da originária aplicabilidade do instituto unicamente em face de tutelas jurisdicionais exaradas em mandados de segurança não mais se faz adequada, adotando o presente trabalho denominação mais ampla, capaz de atualmente acolher todas as modalidades do instituto jurídico-processual em estudo: "suspensão dos efeitos de tutelas jurisdicionais deferidas contra o Poder Público".

4 A finalidade do instituto em análise sempre foi a proteção de interesses públicos primários, ou seja, o resguardo de interesses próprios da coletividadede cuja maculação resultaria em prejuízos diretos para esta.

5 O objeto da suspensão dos efeitos de tutelas jurisdicionais deferidas contra o Poder Público representa, em termos exatos, a paralisação, cessação, sustação ou detenção temporária dos efeitos normais decorrentes da execução provisória de tutelas jurisdicionais cautelares, antecipadas ou definitivas, nos moldes do que disciplina sua legislação de regência, que estabelece seus precisos limites: a) sua incidência repercute não sobre o conteúdo da tutela jurisdicional impugnada, mas somente sobre seus efeitos; b) sua extensão alcança unicamente a execução provisória de tutelas jurisdicionais, cessando diante do advento da possibilidade de iniciação da execução definitiva.

6 O desenvolvimento histórico-normativo do instituto se inicia com a Lei nº 221, de 20.11.1894, ingressa em nosso ordenamento jurídico com a Lei nº 191, de 16.1.1936 e, a partir de então, passa a sofrer sucessivas alterações promovidas pelo Código de Processo Civil de 1939; Lei nº 1.533, de 31.12.1951; Lei nº 4.348, de 26.6.1964; Lei nº 6.014, de 27.12.1973; Emenda Constitucional nº 7, de 13.4.1977, que alterou a Constituição Federal de 24.1.1967, substituída pela Emenda Constitucional nº 1, de 17.10.1969; Lei nº 7.347, de 24.7.1985; Lei nº 8.038, de 28.5.1990; Lei nº 8.437, de 30.6.1992; Medida Provisória nº 375, de 23.11.1993; Lei nº 9.494, de 10.9.1997; Lei nº 9.507, de 12.11.1997; Medida Provisória nº 1.798, de 13.1.1999; Medida Provisória nº 1.906, de 29.6.1999; Medida Provisória nº 1.984, de 10.12.1999; Medida Provisória nº 2.059, de 8.9.2000; Medida Provisória nº 2.102, de 27.12.2000; Medida Provisória nº 2.180, de 27.8.2001; e Lei nº 12.016, de 7 de agosto de 2009.

7 Além das diversas normas jurídicas editadas com a finalidade específica de regulamentar o incidente processual em estudo, outras normas jurídicas vigentes em nosso ordenamento jurídico lhe são aplicadas. Deste modo, regem a matéria:

1. os diversos dispositivos constitucionais que estabelecem normas processuais aplicáveis ao seu processamento;
2. a legislação ordinária federal especialmente editada visando à sua regulação;
3. os diversos dispositivos do Código de Processo Civil Brasileiro, nas questões em que forem omissas as leis especiais, de modo subsidiário, e desde que compatíveis com as peculiaridades do instituto;
4. os Regimentos Internos dos diversos Tribunais Brasileiros, no que tange à competência dos órgãos jurisdicionais

incumbidos da análise e julgamento do pedido de suspensão, bem como do seu respectivo processamento; 5. a analogia, o costume e os princípios gerais do direito, na hipótese de omissão da lei.

8 Considerando que o aparecimento do instituto inicialmente não despertou o interesse da doutrina por seu estudo isolado, o desenvolvimento doutrinário da matéria somente se inicia com o seu posterior crescimento qualitativo e quantitativo. E a quase inexistência de trabalhos doutrinários sobre a matéria sempre conferiu aos julgadores brasileiros a árdua tarefa de interpretar os dispositivos normativos regentes do instituto para sua aplicação na resolução dos casos concretos submetidos ao seu conhecimento e julgamento.

9 Ao analisar o direito comparado, podem-se encontrar diversos institutos afins ao incidente de suspensão ora analisado, os quais, à semelhança do instituto brasileiro, têm por finalidade o resguardo de interesses da coletividade, em excepcional detrimento de interesses particulares. Os ordenamentos jurídicos de Roma, da Alemanha, da Argentina, da Áustria, da Costa Rica, da Espanha, dos Estados Unidos, da Grã-Bretanha, da Itália, e do México contém dispositivos normativos destinados a evitar a configuração de prejuízos à ordem pública decorrentes de provimentos jurisdicionais.

10 O incidente processual em análise se faz cabível para sustar os efeitos normais decorrentes de:

1. tutelas jurisdicionais cautelares e tutelas jurisdicionais antecipatórias, liminares ou não-liminares;
2. tutelas jurisdicionais definitivas, prolatadas em mandados de segurança, ação popular, ação civil pública, ação cautelar inominada e *habeas data,* podendo ainda ser interposto em face de tutelas jurisdicionais prolatadas em juízo cível ou criminal.

11 A natureza jurídica do instituto pode ser analisada sob o aspecto substancial e formal. Sob o aspecto substancial, duas principais vertentes doutrinárias podem ser construídas:

1. a primeira delas concebendo-o como instituto jurídico de natureza jurisdicional manifestada:

   a) como exercício do direito de ação;

b) como exercício do direito de recurso ou de sucedâneo recursal;

c) como exercício do direito de exceção ou defesa;

2. a segunda delas concebendo-o como instituto jurídico de natureza administrativa.

Sob o aspecto formal, a doutrina se biparte entre as seguintes concepções:

a) a primeira delas entendendo que o instituto constitui incidente extraprocessual;

b) a segunda delas, que o instituto constitui incidente processual.

Dentre as concepções analisadas, a que melhor se conforma com a vigente sistemática jurídico-processual é a que a compreende como instituto de natureza jurisdicional manifestada como exercício do direito de ação cognitiva constitutiva formalizada em incidente processual.

12 O instituto em estudo se operacionaliza por um processo judicial, inaugurado por um pedido formal, seqüenciado por diversos atos processuais e concluído ou finalizado pela tutela jurisdicional. Para postular a suspensão dos efeitos de tutelas jurisdicionais, o demandante deve demonstrar o atendimento dos requisitos processuais previstos na legislação processual civil: legitimidade ativa, interesse processual, e conformidade do seu pedido com as hipóteses de cabimento previstas expressamente na legislação de regência (possibilidade jurídica do pedido).

13 São legitimados ativos para propor o pedido de suspensão:

1. as pessoas jurídicas de direito público:

a) a União, os Estados, o Distrito Federal, os Municípios;

b) as autarquias públicas federais, estaduais, distritais e municipais;

c) as fundações públicas federais, estaduais, distritais e municipais ou autarquias públicas fundacionais;

d) as agências executivas e as agências reguladoras, autarquias públicas especiais ou submetidas a regime jurídico especial;

2. pessoas jurídicas de direito privado (associações, sociedades civis ou comerciais, fundações privadas, e outras entidades regidas por legislação específica), desde que prestadoras de serviços públicos submetidos ao regime de concessão, permissão ou autorização do Poder Público, e para o resguardo dos interesses públicos subjacentes às suas respectivas áreas de atuação;

3. os órgãos públicos destituídos de personalidade jurídica, mas dotados de excepcional personalidade judiciária, em condições de anormalidade caracterizada pela existência de conflitos internos entre diferentes órgãos públicos de uma mesma pessoa jurídica de direito público, e ainda para a defesa dos seus interesses institucionais, poderes ou prerrogativas;

4. o Ministério Público.

14 O interesse processual do postulante no pedido de suspensão deve ser aferido a partir:

1. do âmbito das competências constitucionais ou legais da pessoa jurídica de direito público ou equiparada;

2. da necessidade/utilidade da medida, o que somente se verifica enquanto:

 a) permanente a possibilidade de danos aos interesses públicos primários;

 b) produtora de efeitos a tutela jurisdicional impugnada;

 c) persistente a possibilidade de execução meramente provisória da tutela jurisdicional impugnada.

15 O pedido de suspensão somente se faz juridicamente possível se a pretensão autoral escorar-se em norma jurídica que expressamente preveja a sua hipótese de cabimento.

16 O processo que veicula a pretensão suspensiva, para que possa desenvolver-se válida e regularmente, deve atender aos pressupostos processuais.

17 O órgão jurisdicional competente para o julgamento dos pedidos de suspensão, segundo as diversas normas editadas visando a sua regulamentação, é o Presidente do Tribunal competente para o julgamento do recurso cabível contra a tutela jurisdicional impugnada e inserido no órgão jurisdicional dotado de hierarquia imediatamente superior.

18 A exordial suspensiva não pode ser apreciada por órgão jurisdicional impedido ou suspeito.

19 Em face do princípio da iniciativa da parte, para que os Presidentes dos Tribunais exerçam suas competências jurisdicionais, o pedido de suspensão deve ser previamente formalizado, sendo vedada a suspensão *ex officio*. A petição que veicula o pedido de suspensão deve atender aos requisitos estabelecidos pelo artigo 282 do Código de Processo Civil, obrigando-se, portanto, a indicar:

1. o órgão jurisdicional competente;

2. a identificação e a qualificação da parte postulante;

3. a identificação e a qualificação da parte postulada;

4. os fatos e os fundamentos jurídicos do pedido;

5. o pedido com as suas especificações;

6. o valor da causa, quando cabível, para a fixação do valor das taxas judiciárias e custas;

7. o requerimento para que o Presidente do Tribunal determine a ouvida da parte demandada e do Ministério Público.

20 A exordial suspensiva deve anexar os documentos indispensáveis para a propositura do pedido, dentre os quais se inserem as cópias da tutela jurisdicional cujos efeitos se busca suspender, de outras peças judiciais indispensáveis à ampla compreensão da situação fático-jurídica e dos documentos que demonstram o risco de lesão aos interesses públicos protegidos pelas normas.

21 A petição que veicula o pedido de suspensão deve atender aos pressupostos processuais de capacidade para ser parte, capacidade processual e capacidade postulatória. As entidades de direito públicas ou privadas, dotadas de capacidade para ser parte, mas destituídas de capacidade processual, devem ser representadas por seus representantes legais. As exordiais devem ser subscritas por representantes judiciais legalmente habilitados.

22 A efetivação do contraditório no processo que veicula o pedido de suspensão, além de constituir pressuposto processual inafastável para sua validade e desenvolvimento regular, representa exigência constitucional que não pode ser mitigada.

23 A coisa julgada, a litispendência e a perempção representam o conjunto de pressupostos processuais negativos previstos em nossa sistemática processual, cuja ausência se exige para que o processo possa desenvolver-se regularmente.

24 O pedido de suspensão, embora insubmisso a qualquer prazo, não pode ser ajuizado a qualquer tempo, posto que dele constituem limites temporais a cessação da produção dos efeitos da tutela jurisdicional impugnada e o advento da possibilidade de realização da execução definitiva.

25 O procedimento desenvolvido no processo que veicula a postulação suspensiva é o procedimento especial sumário, integrado por quatro fases - a postulatória, a preliminar (providências jurisdicionais preliminares), a decisória e a recursal.

26 Integra a fase postulatória a formalização do pedido de suspensão mediante o ajuizamento, perante o órgão jurisdicional competente, da exordial suspensiva acompanhada dos documentos indispensáveis à propositura do pedido.

27 Integram a fase preliminar as diversas providências jurisdicionais adotadas pelos Presidentes dos Tribunais em momento anterior ao julgamento definitivo:

1. a rejeição da exordial suspensiva por ausência dos requisitos e/ou pressupostos processuais, com a extinção do processo sem julgamento do mérito;

2. a rejeição da exordial suspensiva por incompetência do juízo, com a remessa dos autos para o órgão jurisdicional competente;

3. a rejeição da exordial suspensiva por impedimento ou suspeição, com a remessa dos autos para o órgão jurisdicional substituto;

4. a intimação da parte postulante para que promova a emenda da exordial suspensiva;

5. o indeferimento imediato do pedido;
6. o deferimento liminar do pedido, quando plausível o direito do postulante e urgente a necessidade de concessão da suspensão;
7. a ouvida da parte demandada, a ouvida do Ministério Público e a ouvida do órgão jurisdicional prolator da decisão cujos efeitos se pretende suspender.

28 A cognição desenvolvida pelos julgadores no procedimento do incidente processual em estudo se verifica, quanto à sua intensidade (vertical), de modo exauriente e superficial, na análise definitiva e liminar dos pedidos de suspensão, respectivamente; e quanto à sua amplitude (horizontal), de modo parcial.

29 Considerando a parcialidade da cognição desenvolvida, as questões processuais ou meritórias pertinentes à demanda originária não integram o objeto submetido à apreciação e julgamento dos Presidentes dos Tribunais, sendo-lhes afetas questões processuais e meritórias próprias.

30 A decisão que aprecia o pedido de suspensão para deferi-lo ou indeferi-lo, embora caracterizada pela politicidade do seu conteúdo, representa uma decisão jurisdicional destinada à resolução de determinado conflito concreto de interesses; possui conteúdo sentencial, posto que determina a finalização ou terminação da relação jurídico-processual, mediante a aplicação da lei ao caso concreto; e quando acolhe o pedido, paralisa, cessa, susta ou detém, temporariamente, a produção total ou parcial dos efeitos normais decorrentes da execução provisória da tutela jurisdicional impugnada, modificando situação jurídica anterior mediante a constituição de uma situação jurídica nova.

31 Os Presidentes dos Tribunais, ao analisarem e julgarem os pedidos de suspensão, devem dissolver, nos casos concretos, colisões entre princípios constitucionais dotados de semelhante hierarquia constitucional (o princípio da supremacia do interesse público sobre o interesse particular e o princípio da efetividade da tutela jurisdicional), mediante a aplicação do princípio da proporcionalidade, que exige correlação equilibrada entre os objetos perseguidos e os ônus impostos. Para tanto, deles se exigem amplos conhecimentos sobre a integralidade da situação fático-jurídica, sendo insuficiente a simples verificação da comparência ou não dos pressupostos elencados nas normas de regência.

32 O termo inicial de produção dos efeitos da decisão que defere a postulação suspensiva, em razão da sua natureza constitutiva, deve ser considerado o momento da sua própria prolação, sendo vedada, por ausência de anterior previsão normativa, a suspensão retroativa. O estabelecimento do termo final se verifica com a cessação da causa que justifica a suspensão, ou seja, quando:

a) desaparecerem as possibilidades de danos aos interesses públicos primários;

b) desaparecerem os efeitos da tutela jurisdicional impugnada;

c) advier a possibilidade de execução definitiva.

33 Contra a decisão que aprecia o pedido de suspensão, nos moldes da legislação, se faz cabível a interposição do agravo legal, do agravo regimental, dos embargos de declaração, dos recursos especial e extraordinário e da reclamação.

Informativo de legislação

Lei nº 12.016, de 7.8.2009
Disciplina o mandado de segurança individual e coletivo e dá outras providências.

Lei nº 9.507, de 12.11.1997
Regula o direito de acesso a informações e disciplina o rito processual do *habeas data*.

Lei nº 9.494, de 10.9.1997
Disciplina a aplicação da tutela antecipada contra a Fazenda Pública, altera a Lei nº 7.347, de 24 de julho de 1985, e dá outras providências.

Lei nº 8.437, de 30.6.1992
Dispõe sobre a concessão de medidas cautelares contra atos do Poder Público e dá outras providências.

Lei nº 8.038, de 28.5.1990
Institui normas procedimentais para os processos que especifica, perante o Superior Tribunal de Justiça e o Supremo Tribunal Federal.

Lei nº 7.347, de 24.7.1985
Disciplina a ação civil pública de responsabilidade por danos causados ao meio-ambiente, ao consumidor, a bens e direitos de valor artístico, estético, histórico, turístico e paisagístico (VETADO) e dá outras providências.

Lei nº 4.348, de 26.6.1964
Estabelece normas processuais relativas a mandado de segurança (*Revogada pela Lei nº 12.016, de 2009*).

Lei nº 1.533, de 31.12.1951
Altera disposições do Código do Processo Civil, relativas ao mandado de segurança (*Revogada pela Lei nº 12.016, de 2009*).

Referências

AIRES FILHO, Durval. *Dez faces do mandado de segurança*. Brasília: Brasília Jurídica, 1998.

ALESSI, Renato. *Sistema istituzionale del diritto amministrativo italiano*. 3. ed. nuovamente riv. rielaborata e ampl. Milano: A. Giuffrè, 1960.

ALEXY, Robert. Colisão de direitos fundamentais e realização de direitos fundamentais no Estado de Direito Democrático. *Revista de Direito Administrativo – RDA*, n. 217, p. 67-79, jul./set. 1999.

ALVIM, Eduardo Arruda. *Mandado de segurança e direito público*. São Paulo: Revista dos Tribunais, 1995.

ALVIM, Eduardo Arruda. *Manual de direito processual civil*. 6. ed. rev. e atual. São Paulo: Revista dos Tribunais, 1997. 2 v.

ALVIM, Eduardo Arruda. Medida liminar. Hipóteses de cabimento para sua concessão. Eficácia da medida liminar. A caução e a responsabilidade por danos: revogação, caducidade, cassação, suspensão da liminar. *Revista do Curso de Direito da Universidade Federal de Uberlândia*, v. 14, n. 2, p. 15-30, 1985.

ALVIM, Eduardo Arruda. Suspensão da eficácia da decisão liminar ou da sentença em mandado de segurança: aspectos controvertidos do art. 4º da Lei 4.348/64. In: BUENO, Cássio Scarpinella; ALVIM, Eduardo Arruda; WAMBIER, Teresa Arruda Alvim (Coord.). *Aspectos polêmicos e atuais do mandado de segurança*: 51 anos depois. São Paulo: Revista dos Tribunais, 2002.

ARAS, José. A inocorrência de prejudicialidade entre o pedido de suspensão da execução de decisão liminar e agravo de instrumento com pedido de efeito suspensivo. *Jurídica – Administração Municipal*, v. 7, n. 3, p. 17-19, mar. 2002.

ATHENIENSE, Aristoteles. A suspensão da liminar no mandado de segurança. *Revista de Informação Legislativa*, v. 26, n. 103, p. 273-284, jul./set. 1989.

BANDEIRA DE MELLO, Celso Antônio. *Curso de direito administrativo*. 17. ed., rev. e atual. até as emendas 41 (da previdência) e 42, de 2003. São Paulo: Malheiros, 2004.

BARBI, Celso Agrícola. *Do mandado de segurança*. 10. ed. rev. e atual. por Eliana Barbi Botelho. Rio de Janeiro: Forense, 2002.

BARBI, Celso Agrícola. *Do mandado de segurança*. 3. ed. rev., aum. e atual., de acordo com o Código de Processo Civil de 1973 e legislação posterior. Rio de Janeiro: Forense, 1976.

BARCELOS, Pedro dos Santos. Medidas liminares em mandado de segurança: suspensão de execução de medida liminar, suspensão de execução de sentença, medidas cautelares. *Revista dos Tribunais*, v. 80, n. 663, p. 37-46, jan. 1991.

BERNARD, Paul. *La notion d'ordre public en droit administratif*. Paris: Librairie Générale de Droit et de Jurisprudence, 1962. p. 13 apud CRETELLA JÚNIOR, José. (Coord.). *Direito administrativo da ordem pública*: direito administrativo da

364 | Isabel Cecília de Oliveira Bezerra

segurança pública. Texto de Diogo de Figueiredo Moreira Neto. 3. ed. Rio de Janeiro: Forense, 1998.

BIELSA, Rafael. El recurso de amparo. *Revista Jurídica Argentina La Ley*, v. 105, p. 1068-1086, ene./mar. 1962.

BOBBIO, Norberto. *Estado, governo, sociedade*: para uma teoria geral da política. Tradução de Marco Aurélio Nogueira. 7. ed. São Paulo: Paz e Terra, 1999.

BOBBIO, Norberto. *O positivismo jurídico*: lições de filosofia do direito. Tradução de Márcio Pugliesi, Edson Bini, Carlos E. Rodrigues. São Paulo: Ícone, 1996.

BONAVIDES, Paulo. *Ciência política*. 8. ed. Rio de Janeiro: Forense, 1992.

BRAGA, Valeschka e Silva. *Princípios da proporcionalidade e da razoabilidade*. Curitiba: Juruá, 2004.

BRANDÃO, Flavia Monteiro de Castro. A suspensão das medidas de urgência nas ações contra o poder público à luz do devido processo legal. *Revista Dialética de Direito Processual*, n. 4, p. 29-41, jul. 2003.

BUENO, Cássio Scarpinella; ALVIM, Eduardo Arruda; WAMBIER, Teresa Arruda Alvim (Coord.). *Aspectos polêmicos e atuais do mandado de segurança*: 51 anos depois. São Paulo: Revista dos Tribunais, 2002.

BUENO, Cássio Scarpinella. *Liminar em mandado de segurança*: um tema com variações. 2. ed. rev., atual. e ampl. São Paulo: Revista dos Tribunais, 1999.

BUENO, Cássio Scarpinella. *Mandado de segurança*: comentários às leis n. 1.533/51, 4.348/64 e 5.021/66 e outros estudos sobre mandado de segurança. São Paulo: Saraiva, 2002.

BUENO, Cássio Scarpinella. O agravo interno e o indeferimento da suspensão de segurança: o cancelamento da súmula 506 do STF: notas para uma primeira reflexão. *Revista Dialética de Direito Processual*, n. 3, p. 9-24, jun. 2003.

BUENO, Cássio Scarpinella. *O poder público em juízo*: as (constantes) alterações impostas pela Medida Provisória n. 1984 no Processo Civil. São Paulo: M. Limonad, 2000.

BUENO, Cássio Scarpinella; SUNDFELD, Carlos Ari (Coord.). *Direito processual público*: a fazenda pública em juízo. 1. ed., 2. tiragem. São Paulo: Sociedade Brasileira de Direito Público; Malheiros, 2003.

BUZAID, Alfredo. *Do mandado de segurança*. São Paulo: Saraiva, 1989. v. 1: Do mandado de segurança individual.

BUZAID, Alfredo. Juicio de amparo e o mandado de segurança: contrastes e confrontos. In: OLIVEIRA, Percival de et al. *Estudos de direito processual in memoriam do Ministro Costa Manso*. São Paulo: Revista dos Tribunais, 1965.

CALAMANDREI, Piero. *Instituições de direito processual civil*: segundo o novo código. Tradução de Douglas Dias Ferreira. 2. ed. Campinas: Bookseller, 2003. 3 v. (Coleção ciência do processo).

CANOTILHO, J. J. Gomes; MOREIRA, Vital. *Constituição da República Portuguesa anotada*. 3. ed. Coimbra: Coimbra, 1984. p. 342 apud SILVA, José Afonso da. *Curso de direito constitucional positivo*. 16. ed. rev. e atual. nos termos da reforma constitucional até a emenda constitucional n. 20, de 15.12.1998. São Paulo: Malheiros, 1999.

CANOTILHO, José Joaquim Gomes. *Direito constitucional e teoria da constituição.* 6. ed. Coimbra: Almedina, 2002.

CARNEIRO, Athos Gusmão. Da intervenção da União Federal, como 'amicus curiae': ilegitimidade para, nesta qualidade, requerer a suspensão dos efeitos de decisão jurisdicional; leis n° 8437/92, art. 4° e n° 9469/97, art. 5°. Parecer. *Revista Forense*, v. 98, n. 363, p. 181-192, set./out. 2002.

CARNELUTTI, Francesco. *Instituições do processo civil.* Tradução de Adrian Sotero de Witt Batista. São Paulo: Classic Book, 2000. 3 v.

CARVALHO FILHO, José dos Santos. *Ação civil pública*: comentários por artigo: Lei n° 7.347, de 24.7.85. 3. ed. rev., ampl. e atual. Rio de Janeiro: Lumen Juris, 2001.

CAVALCANTE, Mantovanni Colares. *Mandado de segurança*: texto atualizado inclusive com as alterações promovidas pelas leis 10.532 e 10.538, de 26 e 27 de dezembro de 2001, respectivamente. São Paulo: Dialética, 2002.

CAVALCANTI, Themístocles Brandão. *Do mandado de segurança.* 4. ed. rev. e atual. Rio de Janeiro: Freitas Bastos, 1957.

CHIOVENDA, Giuseppe. *Instituições de direito processual civil.* Tradução de Paolo Capitanio. 2. ed. Campinas: Bookseller, 2000. 3 v.

CINTRA, Weiler Jorge. Acción de amparo. *Consulex – Revista Jurídica*, v. 3, n. 26, p. 64, fev. 1999.

COELHO, Fábio Ulhoa. *Roteiro de lógica jurídica.* São Paulo: M. Limonad, 1996.

CONTE, Francesco. Suspensão de execução de medidas liminares e sentenças contra o poder público. *Revista de Direito da Procuradoria Geral do Estado do Rio de Janeiro*, n. 48, p. 112-133, 1995.

CORRÊA, Luiz Artur de Paiva. Juicio de amparo. *Revista Síntese de Direito Civil e Processual Civil*, v. 1, n. 6, p. 67-70, jul./ago. 2000.

COUTINHO, Ana Luísa Celino. *Mandado de segurança*: da suspensão de segurança no direito brasileiro. Curitiba: Juruá, 1998.

CRETELLA JÚNIOR, José (Coord.). *Direito administrativo da ordem pública.* 3. ed. Rio de Janeiro: Forense, 1998.

CRETELLA JÚNIOR, José. *Comentários à lei do mandado de segurança*: contém comentários à nova lei do agravo. 12. ed. rev. e atual. Rio de Janeiro: Forense, 2002.

CRETELLA JÚNIOR, José. *Comentários à lei do mandado de segurança*: contém comentários à nova lei do agravo. 11. ed. rev. e atual. Rio de Janeiro: Forense, 2000.

CRETELLA JÚNIOR, José. *Comentários à lei do mandado de segurança*: de acordo com a constituição de 5 de outubro de 1988. 6. ed. Rio de Janeiro: Forense, 1993.

CRETELLA JÚNIOR, José. *Dicionário de direito administrativo.* 3. ed. rev. e aum. Rio de Janeiro: Forense, 1978.

CUNHA, Leonardo José Carneiro da. *A Fazenda pública em juízo.* São Paulo: Dialética, 2003.

DALLARI, Dalmo de Abreu. *Elementos de teoria geral do Estado.* 17. ed. atual. e ampl. São Paulo: Saraiva, 1993.

DANTAS, Ivo. *Da defesa do Estado e das instituições democráticas na nova constituição*: direito constitucional de crise ou legalidade especial: arts. 136 a 144. Rio de Janeiro: Aide, 1989.

DI PIETRO, Maria Sylvia Zanella. *Direito administrativo*. 12. ed. São Paulo: Atlas, 2000.

DINAMARCO, Cândido Rangel. O regime jurídico das medidas urgentes. *CD Jurídico Júris Síntese*, Porto Alegre, n. 33, jan./fev. 2002.

DINAMARCO, Cândido Rangel. Suspensão do mandado de segurança pelo presidente do tribunal. *ADV Advocacia Dinâmica – Seleções Jurídicas*, n. 4, p. 1-7, abr./maio 2002.

DINIZ, Maria Helena. *Dicionário jurídico*. São Paulo: Saraiva, 1998. 4 v.

DWORKIN, Ronald. *Levando os direitos a sério*. Tradução de Nelson Boeira. São Paulo: Martins Fontes, 2002.

FADEL, Sergio Sahione. *Antecipação da tutela no processo civil*. São Paulo: Dialética, 1998.

FERNANDES NETO, Edgar Moury. Suspensão de liminar concedida em agravo de instrumento. *Repertório IOB de Jurisprudência – Civil, Processual Penal e Comercial*, n. 2, p. 35, 36, 2. quinz. jan. 1997.

FERRARA, Franceso. *Como aplicar e interpretar as leis*. Tradução de Joaquim Campos de Miranda. Belo Horizonte: Líder, 2002. Título original: *Tratatto di Diritto Civille Italiano*. Roma, 1921.

FIGUEIREDO, Lúcia Valle. *Mandado de segurança*. 3. ed. São Paulo: Malheiros, 2000.

GIMENO SENDRA, Vicente. Función del recurso de amparo. *Revista de Processo*, v. 9, n. 36, p. 128-159, out./dez. 1984.

GRAU, Eros Roberto. *A ordem econômica na Constituição de 1988*: interpretação e crítica. 8. ed. rev. e atual. São Paulo: Malheiros, 2003.

GRECO FILHO, Vicente. *Direito processual civil brasileiro*. 5. ed. São Paulo: Saraiva, 1988. v. 1: teoria geral do processo a auxiliares da justiça.

GUERRA FILHO, Willis Santiago. *Processo constitucional e direitos fundamentais*. 2. ed. rev. e ampl. São Paulo: C. Bastos; 2001. (Instituto Brasileiro de Direito Constitucional).

GUERRA FILHO, Willis Santiago. *Teoria processual da Constituição*. 2. ed. São Paulo: C. Bastos; 2002. (Instituto Brasileiro de Direito Constitucional).

GUERRA, Marcelo Lima. *Estudos sobre o processo cautelar*. 1. ed., 2. tiragem. São Paulo: Malheiros, 1997.

GUERRA, Marcelo Lima. *Execução forçada*: controle de admissibilidade. São Paulo: Revista dos Tribunais, 1995. (Coleção estudos de direito de processo Enrico Tullio Liebman; v. 32).

GUTIÉRREZ, Cristina. Legitimidade ativa na suspensão de liminar e de sentença. *ADV Advocacia Dinâmica – Seleções Jurídicas*, n. 3, p. 12-13, mar. 1999.

GUTIÉRREZ, Cristina. *Suspensão de liminar e de sentença na tutela do interesse público*. Rio de Janeiro: Forense, 2000.

HÄBERLE, Peter. O recurso de amparo no sistema germânico de justiça constitucional. *Direito Público*, v. 1, n. 2, p. 83-137, out./dez. 2003.

LAZZARINI, Álvaro. A suspensão da liminar e a sentença. *Informativo Jurídico Consulex*, v. 14, n. 44, p. 8, 30 out. 2000.

LIEBMAN, Enrico Tullio. *Manuale di diritto processuale civile*. 2. ed. Milano: A. Giuffrè, 1957.

LIMA, Arnaldo Esteves. Suspensão da execução de liminar ou de sentença: observações. *Revista Emarf – Escola de Magistratura Regional Federal*, v. 3, n. 1, p. 203-205, mar. 2001.

MACHADO, Agapito. Efeitos de liminar em "writ" cassado pelo tribunal. *Correio Braziliense*, n. 11.633, Brasília, 06 mar. 1995. (Caderno Direito e Justiça, p.2).

MACHADO, Hugo de Brito. *Mandado de segurança em matéria tributária*. São Paulo: Revista dos Tribunais, 1994.

MACHADO, Hugo de Brito. Mandado de segurança: extensão do conceito do direito líquido e certo; discricionariedade; concessão e suspensão da execução da liminar; efeitos jurídicos. *Boletim de Direito Municipal*, v. 13, n. 10, p. 557-562, out. 1997.

MAIA FILHO, Napoleão Nunes. *Estudos processuais sobre o mandado de segurança*. 3. ed. Fortaleza: Imprece, 2003.

MARINONI, Luiz Guilherme. *Efetividade do processo e tutela de urgência*. Porto Alegre: S.A. Fabris, 1994.

MARINONI, Luiz Guilherme. *Tutela cautelar e tutela antecipatória*. 1. ed., 2. tiragem. São Paulo: Revista dos Tribunais, 1994.

MEIRA, José de Castro. Mandado de segurança: extensão do conceito do direito liquido e certo: discricionariedade, concessão e suspensão da execução da liminar efeitos jurídicos. *Boletim de Direito Administrativo*, v. 13, n. 9, p. 591-594, set. 1997.

MEIRELLES, Hely Lopes. *Direito administrativo brasileiro*. 20. ed. atual. por Eurico de Andrade Azevedo, Délcio Balestero Aleixo e José Emmanuel Burle Filho. São Paulo: Malheiros, 1995.

MEIRELLES, Hely Lopes. *Mandado de segurança*: ação popular, ação civil pública, mandado de injunção, habeas data, ação direta de inconstitucionalidade, ação declaratória de constitucionalildade, argüição de descumprimento de preceito fundamental e controle incidental de normas no direito brasileiro. 27. ed. atual. e compl. de acordo com as emendas constitucionais, a legislação vigente e a mais recente jurisprudência do STF e do STJ por Arnoldo Wald e Gilmar Ferreira Mendes, com a colaboração de Rodrigo Garcia da Fonseca. São Paulo: Malheiros, 2004.

MEIRELLES, Hely Lopes. *Mandado de segurança*: ação popular, ação civil pública, mandado de injunção, habeas data, ação direta de inconstitucionalidade, ação declaratória de constitucionalidade e argüição de descumprimento de preceito fundamental. 23. ed. atual. e complementada de acordo com as Emendas Constitucionais, a legislação vigente e a mais recente jurisprudência do STF e do STJ por Arnold Wald

368 | Isabel Cecília de Oliveira Bezerra

e Gilmar Ferreira Mendes, com a colaboração de Rodrigo Garcia da Fonseca. São Paulo: Malheiros, 2001.

MEIRELLES, Hely Lopes. *Mandado de segurança*: ação popular, ação civil pública, mandado de injunção, habeas data. 17. ed. atual. por Arnoldo Wald. São Paulo: Malheiros, 1996.

MELLO, Marco Aurélio Mendes de Farias. Mandado de segurança: recorribilidade e suspensão dos efeitos da liminar ou da sentença proferida. *Revista LTR – Legislação do Trabalho e Previdência Social*, v. 53, n. 8, p. 901-904, ago. 1989.

MENDES, Gilmar Ferreira. A Súmula 506 do Supremo Tribunal Federal: necessidade de superação. *Revista Del Rey Jurídica*, v. 7, n. 14, p. 12-15, 2005.

MORAES, Germana de Oliveira. *Controle jurisdicional da administração pública*. São Paulo: Dialética, 1999.

MOREIRA NETO, Diogo de Figueiredo. *Teoria do poder*: sistema de direito político: estudo juspolítico do poder. São Paulo: Revista dos Tribunais, 1992.

MOREIRA, Thiers Martins. *O mandado de segurança e sua jurisprudência*. Rio de Janeiro: Centro de Pesquisas do Ministério da Educação e Cultura; Casa de Rui Barbosa, 1960. t. 2.

MOREIRA, Vital. *A ordem jurídica do capitalismo*. Coimbra: Centelha, 1973.

NERY JÚNIOR, Nelson. *Princípios fundamentais*: teoria geral dos recursos. São Paulo: Revista dos Tribunais, 1990.

NERY JÚNIOR, Nelson; NERY, Rosa Maria de Andrade. *Código de processo civil comentado e legislação extravagante*: atualizado até 7 de julho de 2003. 7. ed. rev. e ampl. São Paulo: Revista dos Tribunais, 2003.

NORTHFLEET, Ellen Gracie. Suspensão de sentença e de liminar. *Revista do Instituto dos Advogados de São Paulo – Nova Série*, v. 1, n. 2, p. 168-176, jul./dez. 1998.

NUNES, José de Castro. *Do mandado de segurança*: e de outros meios de defesa contra atos do poder público. 7. ed. atual. por José de Aguiar Dias. Rio de Janeiro: Forense, 1967.

OLIVEIRA, Gleydson Kleber Lopes de. Incidente de suspensão de execução de liminar e de sentença em mandado de segurança. In: BUENO, Cássio Scarpinella; ALVIM, Eduardo Arruda; WAMBIER, Teresa Arruda Alvim (Coord.). *Aspectos polêmicos e atuais do mandado de segurança*: 51 anos depois. São Paulo: Revista dos Tribunais, 2002.

OLIVEIRA, Percival de et al. *Estudos de direito processual in memoriam do Ministro Costa Manso*. São Paulo: Revista dos Tribunais, 1965.

PACHECO, José da Silva. *O mandado de segurança e outras ações constitucionais típicas*. 3. ed. rev. e ampl. São Paulo: Revista dos Tribunais, 1998.

PASSOS, José Joaquim Calmon de. *Mandado de segurança coletivo, mandado de injunção, habeas data*: constituição e processo. Rio de Janeiro: Forense, 1989.

PATTO, Belmiro Jorge. Das liminares em mandado de segurança e o art. 4º da Lei 4.348/64 como norma obstaculizadora de direito fundamental. *Revista de Processo*, v. 29, n. 114, p. 107-130, mar./abr. 2004.

PAULA, Alexandre de. *O processo civil à luz da jurisprudência*: com o texto do Decreto-Lei n. 1.608, de 18 de setembro de 1939, alterado pela posterior legislação até agosto de 1957. 2. ed. ampl. e refund. Rio de Janeiro: Forense, 1958. v. 5.

QUEIROZ NETO, Luiz Vicente de Medeiros. Suspensão de segurança: uma análise à luz da doutrina e da jurisprudência. *Revista do Tribunal Regional Federal – 1ª Região*, v. 14, n. 5, p. 22-37, maio 2002.

QUEIROZ, Raphael Augusto Sofiati de. *Os princípios da razoabilidade e proporcionalidade das normas e sua repercussão no processo civil brasileiro.* Rio de Janeiro: Lumen Juris, 2000.

ROCHA, José de Albuquerque. *Estudos sobre o Poder Judiciário.* São Paulo: Malheiros, 1995.

ROCHA, José de Albuquerque. *Teoria geral do processo.* 2. ed. atual. pela Constituição Federal de 1988. São Paulo: Saraiva, 1991.

RODRIGUES, Marcelo Abelha. *Suspensão de segurança*: sustação da eficácia de decisão judicial proferida contra o poder público. São Paulo: Revista dos Tribunais, 2000.

ROMANO, Santi. *Princípios de direito constitucional geral.* Tradução de Maria Helena Diniz. São Paulo: Revista dos Tribunais, 1977.

SANTOS NETO, João Antunes dos. Legalidade e decisões políticas. *Revista de Direito Administrativo – RDA*, n. 234, p. 147-175, out./dez. 2003.

SANTOS, Ulderico Pires dos. *O mandado de segurança na doutrina e na jurisprudência.* 2. ed. atual. de acordo com o novo Código de Processo Civil. Rio de Janeiro: Forense, 1977.

SIDOU, José Maria Othon. As liminares em mandado de segurança: liminar de inadmissão, liminar de exibição, liminar de concessão, liminar de suspensão. *Revista de Processo*, v. 11, n. 44, p. 31-43, out./dez. 1986.

SIDOU, José Maria Othon. *Do mandado de segurança.* 3. ed. rev. e ampl. São Paulo: Revista dos Tribunais, 1969.

SIDOU, José Maria Othon. *Habeas corpus, ação popular, mandado de segurança*: as garantias ativas dos direitos coletivos: estrutura constitucional e diretivas processuais. Rio de Janeiro: Forense, 1977.

SIDOU, José Maria Othon. *Habeas corpus, mandado de segurança, mandado de injunção, habeas data, ação popular*: as garantias ativas dos direitos coletivos. 5. ed., 2. tiragem. Rio de Janeiro: Forense, 2000.

SILVA, De Plácido e. *Vocabulário jurídico.* Rio de Janeiro: Forense, 1963. 4 v.

SILVA, De Plácido e. *Vocabulário jurídico*: edição universitária. 3. ed. Rio de Janeiro: Forense, 1993. 4 v.

SILVA, José Afonso da. *Curso de direito constitucional positivo.* 16. ed. rev. e atual. nos termos da reforma constitucional até a emenda constitucional n. 20, de 15.12.1998. São Paulo: Malheiros, 1999.

SIQUEIRA FILHO, Élio Wanderley de. Da ultra-atividade da suspensão de liminar em *writ. Revista dos Tribunais*, São Paulo, v. 83, n. 701, p. 22-29, mar. 1994.

SOUZA, Marcela Trigo. O incidente da suspensão de execução de decisões liminares de sentenças no âmbito das agências reguladoras. *Revista da ABPI*, n. 63, p. 36-45, mar./abr. 2003.

TEIXEIRA, Geraldo Bemfica. Considerações sobre a figura da suspensão da sentença concessiva da segurança em matéria tributária: A lei nº 4.348/64. *Revista de Estudos Tributários*, n. 16, p. 14, nov./dez. 2000.

THEODORO JÚNIOR, Humberto. *Curso de direito processual civil*. 18. ed. rev. e atual. Rio de Janeiro: Forense, 1996. 3 v.

TOURINHO NETO, Fernando da Costa. *Suspensão de segurança e de liminares pelos presidentes dos tribunais*. Brasília: Tribunal Regional Federal da 1. Região, 2001. (Cartilha jurídica; n. 83).

VASCONCELOS, Antonio Vital Ramos de. Aspectos controvertidos da suspensão da segurança. *Repertório IOB de Jurisprudência – Civil, Processual Penal e Comercial*, n. 16, p. 316-311, 2. quinz. ago. 1993.

VELLOSO, Andrei Pitten. Pedido de suspensão da execução e o princípio da inafastabilidade do controle judicial. *Boletim dos Procuradores da República*, v. 3, n. 26, p. 16-22, jun. 2000.

VIANA, Juvêncio Vasconcelos. *Efetividade do processo em face da fazenda pública*. São Paulo: Dialética, 2003.

VILLEGAS VÁZQUEZ, Carlos. *El incidente de suspensión del acto reclamado en el juicio de amparo*: prontuario de jurisprudencia. México: Ed. Botas, 1959.

WALD, Arnoldo. *Do mandado de segurança na prática judiciária*. 4. ed., rev. e atual. com a colaboração da Professora Ana Maria Goffi Flaquer Scartezzini. Rio de Janeiro: Forense, 2003.

WALD, Arnoldo. *O mandado de segurança na prática judiciária*. Rio de Janeiro: Ed. Nacional de Direito, 1958.

WATANABE, Kazuo. *Da cognição no processo civil*. São Paulo: Revista dos Tribunais, 1987.

APÊNDICE
Proposta de reformulação legislativa

Lei nº ____ de ____ de ____ de ____.

Regulamenta a ação incidental de suspensão dos efeitos da execução dos efeitos de tutelas jurisdicionais deferidas contra o Poder Público.

O Presidente da República faz saber que o Congresso Nacional decreta e eu sanciono a seguinte Lei:

1º Quando os efeitos normais decorrentes da execução provisória das tutelas jurisdicionais indicadas nesta Lei puderem causar grave e irreparável lesão à ordem, à saúde, à segurança à economia pública ou a outros relevantes interesses públicos primários, as entidades de direito público ou a estas equiparadas, legal ou constitucionalmente incumbidas do seu resguardo, poderão ajuizar ação incidental suspensiva objetivando provimento jurisdicional que determine a cessação temporária daqueles mesmos efeitos, apresentando, desde logo, as provas documentais capazes de demonstrar o alegado.

2º A ação incidental suspensiva poderá ser ajuizada em face de:

I - tutelas jurisdicionais antecipatórias;

II - tutelas jurisdicionais cautelares;

III - tutelas jurisdicionais definitivas prolatadas em mandados de segurança, ação popular, ação civil pública, ação cautelar inominada e *habeas data*.

3º O ajuizamento da ação incidental de suspensão não prejudica nem condiciona o ajuizamento do recurso cabível contra a tutela jurisdicional impugnada e vice-versa.

4º O Presidente do Tribunal incumbido do julgamento do recurso cabível contra a tutela jurisdicional impugnada será o competente para apreciar a ação incidental suspensiva.

5º O Presidente do Tribunal, ao receber a ação incidental suspensiva, poderá deferi-la liminarmente, quando plausível o direito do postulante e iminente a possibilidade de danos aos interesses públicos primários especialmente resguardados por esta Lei. Em hipótese diversa, o Julgador determinará a imediata intimação daqueles a quem interesse a manutenção dos efeitos da tutela jurisdicional impugnada para que se manifestem no prazo de 5 (cinco) dias, e, em seguida, a intimação do Ministério Público para que também se pronuncie no mesmo prazo.

6º O pedido de suspensão somente será deferido quando devidamente demonstrados os pressupostos materiais exigidos por esta Lei, quando o caso concreto evidencie a necessidade da adoção da medida excepcional, e ainda quando os interesses públicos primários, mediante aplicação do princípio da proporcionalidade, prevaleçam sobre os interesses particulares.

7º A decisão prolatada pelo Presidente do Tribunal produz efeitos *ex nunc* e somente vigorará enquanto não advenha a possibilidade da execução definitiva.

8º Contra a decisão que aprecia do pedido de suspensão será cabível o recurso de agravo regimental, nos moldes do que dispõe o Regimento Interno de cada Tribunal.

9º Esta Lei entrará em vigor na data de sua publicação, revogadas as disposições em contrário.

Brasília, _____ de _____ de _____.

Índice

A

Ação cautelar
- Conceito 102

Ação cautelar inominada
- Hipóteses de cabimento (pedido de suspensão) 85

Ação civil pública
- Hipóteses de cabimento (pedido de suspensão) 84-85

Ação cognitiva
- Conceito 107

Ação executiva
- Conceito 102

Ação judicial diversa
Ver Tutela jurisdicional antecipada

Ação jurisdicional cognitiva (tutelas jurisdicionais)
- Classificação 101
- - Condenatória 101
- - Constitutiva 102
- - Declaratória 101
- Conceito 78, 101

Ação popular
- Hipóteses de cabimento (pedido de suspensão) 85

Ação suspensiva
- Características 104
- Função preventiva 105
- Objetivo 104

Administração Pública
- Atuação 97

C

Cognição (Fase decisória, pedido de suspensão)
- Amplitude (grau)
- - Parcial 213
- - Plena 212
- Conceito 211-212
- Desenvolvimento 213
- Intensidade (grau)
- - Exauriente 212-213

- - Sumária 212
- - Superficial 212-213
- Questões processuais
- - Conceito 214
- - Recursos 215

Conceito jurídico indeterminado
- Classificação 303
- Conceito 303

D

Decisão de natureza jurídica
- Conceito 234, 236
- Funções estatais
- - Executiva 235
- - Judiciária 235
- - Legislativa 235
- Influência 235
- Papel 235

Direito administrativo
- Administração pública
- - Indivíduo
- - - conflito de interesses 94
- Atos administrativos 92
- - Auto-executoriedade 93
- Estado moderno
- - Positivismo jurídico 93
- Interesse público 92

Direito comparado (suspensão de tutelas jurisdicionais)
- Alemanha 69
- Argentina 70
- Áustria 70
- Brasil 74
- Costa Rica 70
- Espanha 71
- Estados Unidos 71
- Grã-Bretanha 71
- Itália 71
- México 73
- Roma 69

Direito de ação
- Conceito 98
- Exercício 98

E

Economia pública
- Conceito 340
- Decisão judicial
- - Efeitos 340
- Malferimento
- - Efeitos 342
Ver também Pedido de suspensão
(deferimento)
Estado
- Conceito 76
- Papel 77

F

Flagrante ilegitimidade
- Conceito 349
Ver também Pedido de suspensão
(deferimento)
Função cautelar
- Conceito 105
Função jurisdicional
- Conceito 236

H

Habeas data
- Hipótese de cabimento (pedido de
suspensão) 88
Hipóteses de cabimento (pedido de
suspensão)
- Ações cautelares inominadas 85
- Ações civis públicas 84-85
- Ações populares 85
- *Habeas data* 88
- Mandado de segurança 83
- Tutela jurisdicional prolatada em juízo
cível 88-89

I

Incidente processual (Natureza jurídica da
suspensão)
- Elementos constitutivos 120
- Manifestação 121
- - Causas incidentes 121
- - Pontos incidentes 121
- - Questões incidentes 121
- - - prejudiciais 123
- - - suscitações 124
Interesses públicos primários
- Conceito 25

Interesses públicos secundários
- Conceito 25

L

Liminar (suspensão)
- Termo (utilização imprópria) 81-82

M

Mandado de segurança (hipótese de
cabimento em espécie)
- Lei nº 12.016/2009 83
Manifesto interesse público
- Conceito 348
Ver também Pedido de suspensão
(deferimento)

N

Natureza administrativa (Suspensão dos
efeitos de tutelas jurisdicionais)
- Conceito 116-119
- Incompatibilidades 117-119
Natureza jurídica (Suspensão dos efeitos
de tutelas jurisdicionais)
- Aspecto formal 92, 119
- - Incidente processual 120
- - - elementos constitutivos 120
- - - manifestação 121
- Aspecto substancial 92, 247
- - Natureza jurisdicional
- - - ação 97-108
- - - exceção 108-109
- - - objetivo 238
- - - origem 238
- - - recurso 109-115
- - - direito administrativo 92
Ver também Pedido de suspensão

O

Ordem pública
- Conceito 307-309, 320
- Conceito jurídico indeterminado 304
- Estado
- - Intervenção 320
- Grave lesão 314
- Poder de polícia administrativa 315
- Representação 320
- Violação 321
Ver também Pedido de suspensão
(deferimento)

Suspensão de Tutelas Jurisdicionais contra o Poder Público | 375

página

Órgão
- Conceito 156
Órgão público
- Conceito 155, 157
- Pedidos de suspensão 157

P

Pedido de suspensão
- Ação cognitiva 107
- Ações 101-108
- Características
- - Acessoriedade 100
- Conceito 96-97, 99, 101, 108
- Exceção 108
- Fundamento 111
- Identificação 109
- Interesse processual 113
- Objetivo 109, 111
- Órgão jurisdicional 114
- Pretensão resistida 99
- Requisitos 113
Ver também Recurso
Ver também Pedido de suspensão
(processamento)
Pedido de suspensão (processamento)
- Decisão apreciada
- - Natureza jurídica
- - - aspecto substancial 247
- Decisão jurisdicional
- - Classificação 248
- - - decisões interlocutórias 248-249
- - - despachos 248
- - - sentenças 248-249
- - Requisitos 252
- Pressupostos processuais
- - Ausência de coisa julgada
- - - conceito 191
- - Capacidade postulatória 189
- - Capacidade processual 189
- - Contraditório 191
- - Litispendência
- - - conceito 191
- - Órgão jurisdicional
- - - aspecto 176-181
- - - competência 169, 176
- - Órgão jurisdicional imparcial .. 181-182
- - Perempção
- - - conceito 191
- - Petição inicial apta 182

página

- - - documentos indispensáveis . 186-189
- - - formalização 184-186
- - - pedido (imprescindibilidade) 182
- - Positivos e negativos 169-174
- - Prazo 192-193
- - Presidentes dos tribunais 171-174
- Procedimento
- - Classificação 195
- - Deferimento
- - - efeitos 262-263
- - - encerramento 264-265
- - - suspensão 263
- - Fase decisória
- - - cognição 211-214
- - Fase postulatória 197
- - Fase preliminar 198
- - - exordial suspensiva 198
- - - exordial suspensiva
(recebida) 200-201
- - - exordial suspensiva
(rejeição) 198-199
- - Fase recursal 273
- - - agravo legal 275
- - - agravo regimental 280
- - - embargos de declaração 281
- - - reclamação 287
- - - recurso especial 282
- - - recurso extraordinário 282
- - Intimação da parte demandada 204
- - - defesa 207
- - Ministério Público 209
- - Natureza jurisdicional
- - - objetivo 238
- - - origem 238
- - Órgão jurisdicional de origem 211
- - Presidentes dos tribunais
- - - competência 244-245
- - - decisão de natureza jurídica 234
- - - discricionariedade administrativa .. 239
- - Procedimento comum ordinário
- - - conceito 196
- - - fase instrutória 197
- - Procedimento comum sumário
- - - conceito 195
- - Procedimento especial
- - - conceito 195, 196
- - - modo sumário 196
- - Questões processuais
- - - segmentos 242-243

376 | Isabel Cecília de Oliveira Bezerra

página

- - Razões extrajurídicas
- - - conceito 239
- Requisitos processuais
- - Interesse processual
- - - agências executivas 163
- - - agências reguladoras 163
- - - autarquias públicas 163
- - - conceito 165
- - - Distrito Federal 161
- - - estados 161
- - - fundações públicas 163
- - - legitimidade ativa 160
- - - Ministério Público 163
- - - municípios 161
- - - órgão público 163
- - - pessoas jurídicas de direito privado
  prestadoras de serviço público ... 163
- - - territórios 161
- - - União 161
- - Legitimados ativos em espécie
- - - Ministério Público 158
- - - órgãos públicos
  despersonalizados 151-158
- - - pessoas jurídicas de direito
  privado 136-146
- - - pessoas jurídicas em direito
  público 133-135
- - - pessoas físicas 146-151
- - Legitimidade ativa 131
- - - participação na anterior relação
  jurídica processual 132
- - Lei nº 12.016/2009 131
- - Possibilidade jurídica
- - - normas (características) 167
- - Postulação (suspensão dos efeitos
  de tutelas jurisdicionais) 130
- *Ver também* Cognição
- *Ver também* Decisão de natureza jurídica
- *Ver também* Órgãos públicos
- *Ver também* Pedido de suspensão
  (deferimento)
- *Ver também* Pessoa física
- *Ver também* Pessoa jurídica de direito
  privado
- *Ver também* Pessoa jurídica em direito
  público
- *Ver também* Presidentes dos Tribunais
- *Ver também* Sentenças

página

Ver também Tutela jurisdicional liminar
  suspensiva
Pedido de suspensão (deferimento)
- Conceitos jurídicos indeterminado
- - Classificação 303
- - - conceito de experiência descritivo
  ou empírico 303
- - - conceito de valor normativo 303
- - Conceito 303
- Interpretação analógica
- - Conceito 297-298
- - Legislação 300
- Interpretação extensiva
- - Conceito 297-298
- - Elementos de normas
  excepcionais 300, 302
- Lesão grave 293-296
- - Economia pública 292
- - - elemento taxativo 296
- - Ordem 292
- - - elemento taxativo 296
- - Saúde pública 292
- - - elemento taxativo 296
- - Segurança pública 292
- - - elemento taxativo 296
- Pressupostos materiais
- - Autorização 289
- - Injuridicidade
- - - desconsideração (suspensão) 290
- - Objetivo 289
- Taxatividade 299
Ver também Economia pública
Ver também Ordem
Ver também Saúde pública
Ver também Segurança pública
Pessoa física (pedido de suspensão)
- Ampla possibilidade 147
- Impossibilidade 147
- Possibilidade 148
- Suspensão de segurança
- - Objetivo 151
Pessoa jurídica de direito privado (Pedido
  de suspensão)
- Conceito 136
- Pedido de suspensão
- - Possibilidade da interposição . 136-138
- - - ampla possibilidade 137
- - - impossibilidade 136
- - - possibilidade condicionada 138

Suspensão de Tutelas Jurisdicionais contra o Poder Público | 377

Pessoa jurídica em direito público
(Pedido de suspensão)
- Agências executivas
- - Conceito 135
- Agências reguladoras 135
- - Conceito 135
- Autarquias públicas especiais 135
- Autarquias públicas federais 134
- Distrito Federal 134
- Estados 134
- Fundações públicas 134
- Municípios 134
- União 134
Pessoa jurídica de direito público
interessada
- Conceito 141, 153
Poder discricionário
- Conceito 240
- Sentido fraco 241
Poder estatal (monopólio)
- Estabelecimento 128
Poder público
- Interesses públicos 24-25
Política
- Conceito 234-235
- Função de direção política
- - Conceito 235
- Papel 235
Presidentes dos Tribunais
- Competências jurisdicionais
- - Não competência 232
- Competências jurisdicionais em
espécie 174-176
- Competências jurisdicionais
funcionais 173
- Decisões 236, 238
- - Fundamentos 256
- Funções administrativas 172
- Funções jurisdicionais 171-172
- Papel 173
- Princípio da proporcionalidade 261
Princípio
- Aplicação 258
- Conceito 258-259
- Relativização 258
Processo
- Conceito 128
- Normas jurídicas 128

- Postulação suspensiva 129
- - Normas jurídico-processuais 129
- Princípios gerais do direito 129
R
Recurso (pedido de suspensão)
- Conceito 109-111
- Fundamento 111
- Interesse processual 113
- Legitimidade ativa 112
- Objetivo 111
- Órgãos jurisdicionais 114
- Prazo 113
- Preparo 114
- Princípio da taxatividade 114
- Princípio da singularidade dos
recursos 114
- Requisitos de regularidade formal ... 113
Regras
- Aplicação 258
- Conceito 258-259
- Conflitos 258
- Relativização 258
Relações jurídicas
- Conceito 156
S
Saúde pública
- Atividades administrativas 335
- Atividades individuais 335
- Conceito 324
- Ordenamento jurídico
- - Código Penal Brasileiro 325
- - Constituição da República Federal
Brasileira (1988) 324
- - Lei nº 6.437/1977
- - - infrações sanitárias 332
- - Lei orgânica da saúde
(Lei nº 8.080/1990) 326
Ver também Pedido de suspensão
(deferimento)
Segurança pública
- Preservação 338
Ver também Pedido de suspensão
(deferimento)
Sentenças
- Conceito 124, 249
Sistema da jurisdição única
- Atributos
- - Definitividade 253

página

- - Indiscutibilidade 253
- - Imutabilidade 253
- Conceito 95
- Fundamentação 253, 255
Suspensão
- Conceito 21
- Hipóteses de cabimento 75-90
- Objetivo 26
- Representação 21
Suspensão de segurança
- Aplicação 22, 23
- Conceito 22
- Denominações 23-24
- Desenvolvimento 24
- - Qualitativo 23
- Lei nº 12.016/2009 23
- Objetivo (pessoas físicas) 151
- Origem 22
- - Mandado de segurança 22
Suspensão dos efeitos de tutelas
jurisdicionais (poder público)
- Administração Pública
- - Atuação 97
- - Pedido ao Poder Judiciário
- - - tutela jurisdicional 97
- Causa incidente 122
- Conceito 21
- Direito comparado
- - Alemanha 69
- - Argentina 70
- - Áustria 70
- - Brasil 74
- - Costa Rica 70
- - Espanha 71
- - Estados Unidos 71
- - Grã-Bretanha 71
- - Itália 71
- - México 73
- - Roma 69
- Doutrina
- - Desenvolvimento 64
- História (normativa) 27-61, 170-174
- Mandado de segurança 63
- - Livro 66
- Natureza jurídica 92-125
- - Aspecto formal 92
- - Aspecto substancial 92, 247
- Natureza jurisdicional 96
- Natureza administrativa 116-119

página

- Objetivo 32
- Origem 32, 63
- Supremo Tribunal Federal 67
Ver também Natureza jurídica
(Suspensão dos efeitos de tutelas
jurisdicionais)
Ver também Pedido de suspensão
Ver também Pedido de suspensão
(processamento)

T
Tutela jurisdicional
- Classificação 79
- Conceito 76-77, 102
- Efeitos
- - Extinção 271
- Postulação
- - Conceito 97
- Suspensão de efeitos 95
- - Aplicação 95
Ver também Pedido de suspensão
Ver também Pedido de suspensão
(processamento)
Ver também Tutela jurisdicional
antecipatória
Ver também Tutela jurisdicional cautelar
Ver também Tutela jurisdicional
cognitiva
Ver também Tutela jurisdicional
constitutiva
Ver também Tutela jurisdicional
definitiva
Ver também Tutela jurisdicional liminar
suspensiva
Tutela jurisdicional antecipatória
- Conceito 79, 80, 86
Ver também Tutela jurisdicional
Tutela jurisdicional cautelar
- Conceito 102
- Concessão 105
- Requisitos 105
Ver também Tutela jurisdicional
Tutela jurisdicional cognitiva
- Classificação 78
- - Condenatória 78, 101
- - Constitutiva 78, 102
- - Declaratória 78, 101
- Conceito 78, 101
Ver também Tutela jurisdicional

Suspensão de Tutelas Jurisdicionais contra o Poder Público | 379

página

Tutela jurisdicional constitutiva
- Conceito 107
Ver também Tutela jurisdicional
Tutela jurisdicional definitiva
- Conceito 79, 80, 250
- Desenvolvimento 81
- Expressão (uso) 82
Tutela jurisdicional liminar
- Hipótese de cabimento (pedido de
  suspensão) 88-90
Ver também Tutela jurisdicional

página

Tutela jurisdicional prolatada em juízo cível
- Conceito 88-90
Ver também Tutela jurisdicional
Tutela jurisdicional liminar suspensiva
- Autorização 203
- Concessão
- - Requisitos 105
- Natureza antecipatória 202
- Provisoriedade 105
- Ultra-atividade 269
Ver também Tutela jurisdicional

Esta obra foi composta em fonte Garnet corpo 11,5 e
impressa em papel Offset 75g (miolo) e Supremo 250g
(capa) pela Gráfica e Editora O Lutador.
Belo Horizonte/MG, agosto de 2009.